Pat Burns, l'homme
qui voulait gagner

Rosie DiManno

Pat Burns, l'homme qui voulait gagner

Traduit de l'anglais par André Gagnon

Hurtubise

Catalogage avant publication de Bibliothèque et Archives nationales du Québec et Bibliothèque et Archives Canada

DiManno, Rosie

    Pat Burns, l'homme qui voulait gagner

    Traduction de : Coach : the Pat Burns story.

    ISBN 978-2-89723-103-3

    1. Burns, Pat, 1952-2010. 2. Hockey - Entraîneurs - Canada - Biographies. I. Titre.

GV848.5.B88D5414 2013   796.962092   C2012-942552-4

Les Éditions Hurtubise bénéficient du soutien financier des institutions suivantes pour leurs activités d'édition :

- Conseil des Arts du Canada ;
- Gouvernement du Canada par l'entremise du Fonds du livre du Canada (FLC) ;
- Société de développement des entreprises culturelles du Québec (SODEC) ;
- Gouvernement du Québec par l'entremise du programme de crédit d'impôt pour l'édition de livres.

Nous remercions le gouvernement du Canada de son soutien financier pour nos activités de traduction dans le cadre du Programme national de traduction pour l'édition du livre.

Conception graphique : René St-Amand
Illustration de la couverture : Shaney Komulainen, La Presse Canadienne
Maquette intérieure et mise en pages : Folio infographie

ISBN (version imprimée) : 978-2-89723-103-3
ISBN (version numérique PDF) : 978-2-89723-104-0
ISBN (version numérique ePub) : 978-2-89723-105-7

Dépôt légal : 2ᵉ trimestre 2013
Bibliothèque et Archives nationales du Québec
Bibliothèque et Archives Canada

Diffusion-distribution au Canada :   Diffusion-distribution en Europe :
Distribution HMH   Librairie du Québec/DNM
1815, av. De Lorimier   30, rue Gay-Lussac
Montréal (Québec) H2K 3W6   75005 Paris FRANCE
www.distributionhmh.com   www.librairieduquebec.fr

Imprimé au Canada
www.editionshurtubise.com

À nos pères,
Domenic DiManno
et
Alfred Burns.

Prologue

Il est plus de minuit et, à mi-chemin de son domicile, Pat Burns roule sous la neige verglaçante. Sur le siège du passager repose un six-pack de bière, un sac de toile contenant un peu de linge et un téléphone cellulaire arborant le logo des Maple Leafs de Toronto. À la sortie de Kingston, l'enseigne «vacant» d'un motel Super 8 semble cligner de l'œil à son intention. Burns est exténué, ses yeux sont bouffis par le manque de sommeil, des taches se promènent dans son champ visuel, si bien qu'il se résoud à quitter l'autoroute 401 et à immobiliser son pick-up dans le stationnement du motel. À la réception, le commis distrait ne reconnaît pas le client débraillé qui prend une chambre pour la nuit et Burns lui en est reconnaissant. L'anonymat est son besoin le plus viscéral à ce moment et il est heureux d'éviter un chasseur d'autographes, et encore plus un gérant d'estrades avec un bon conseil pour remettre sur le chemin de la victoire une équipe en déroute. Partout au Canada, chaque citoyen devient un entraîneur lorsqu'il est question de hockey.

Mais les Maple Leafs ne constituent plus un problème pour Burns. Depuis quelques heures, il n'est plus leur entraîneur. Nous sommes le 5 mars 1996.

Seules quelques personnes sont à ce moment-là au courant de la nouvelle. C'est encore un secret, un stratagème qui se veut pour les Leafs un geste de compassion à l'égard de Burns, qui représentait un fleuron de la concession, au même titre que Doug Gilmour, son bien-aimé «Dougie». Tout le monde est confronté un jour à une situation stressante et effrayante qu'il doit affronter ou fuir. Devant le dilemme, Burns a pris les jambes à son cou. Au beau milieu de la nuit, alors que la ville dort encore, cet homme qui s'est toujours fait un devoir de ne jamais se défiler devant aucun défi, aucune épreuve, fuit éperdument.

Burns ne compte plus les fois où il a fait le trajet entre Toronto et les Cantons-de-l'Est, en camion ou en Harley. Trois ans et demi plus tôt, par une belle journée d'été, il a fait le chemin inverse, avec l'auto-radio à plein volume, fonçant à toute allure vers un avenir radieux qui s'offrait à lui comme cette route où sifflaient à ses oreilles les panneaux de signalisation. Maintenant qu'il bat en retraite et que le « Big Smoke » disparaît dans son rétroviseur, il laisse derrière lui une montagne d'anxiété et un puissant sentiment d'échec, sans compter 25 complets, des centaines de cravates et deux Harley entreposées chez un concessionnaire de Richmond Hill.

Dans l'austère petite chambre fugitivement éclairée par les phares des voitures qui sillonnent l'autoroute, Burns se débarrasse de son manteau, envoie valser ses bottes de cow-boy faites sur mesure et se laisse couler dans le lit. Il allume une cigarette extradouce et décapsule une première cannette de bière, désagréablement chaude. De toute façon, Burns n'est pas vraiment un buveur de bière, il préfère le scotch ou le vin – des boissons plus recherchées et moins abordables. Un jour, alors qu'il avait été invité à dîner par un journaliste qui lui consacrait un portrait, Burns avait nonchalamment commandé une bouteille de California Opus One d'une valeur de 400 $, tandis que son interlocuteur se demandait comment diable il pourrait justifier cette dépense devant ses patrons. Burns pouvait être comme ça : malicieux ou insouciant.

Seul dans sa chambre, l'entraîneur qui n'en est plus un sirote de loin en loin sa bière et revit le tourbillon des événements des dernières 48 heures, les ultimes soubresauts d'un emploi qui lui paraissait si sûr encore à la mi-saison, alors que le directeur général Cliff Fletcher lui avait offert – et qu'il avait accepté – une prolongation de contrat. Le plus fort, c'est que Burns percevait encore des paiements différés pour son précédent poste d'entraîneur des Canadiens de Montréal, un job de rêve qui s'était terminé aussi abruptement, quoique moins cruellement, à la fin de sa troisième saison derrière le banc. Un entraîneur aux contrats de quatre ans qui n'en faisait finalement que trois : voilà que le même scénario se reproduisait, et cette étiquette lui resterait collée au front, songeait Burns. Il décroche le téléphone et compose le numéro d'un ami.

— C'est fini, dit-il simplement, sur un ton très calme.

À 22 heures, sans même être vu des agents de sécurité, Burns s'était glissé dans son bureau du Maple Leafs Gardens et avait vidé son pupitre, jetant quelques effets personnels dans un sac. Dans ce vestiaire, calme au point d'en être presque inquiétant, il avait quelques mois plus tôt délibérément organisé un point de presse explosif, de façon à ce que ses joueurs sachent parfaitement à qui s'adressaient ses reproches. Aujourd'hui, il s'était contenté d'écrire un simple message d'adieu sur le tableau : *Good luck, boys! Burnsie.* Il laissa aussi un mot de bienvenue à Nick Beverley, l'entraîneur par intérim qui lui succédait. Puis il avait sauté dans son camion et avait roulé en direction de son petit chalet rustique au bord du lac Memphrémagog.

Son licenciement par les Leafs était devenu inévitable, même si son agonie avait paru ne jamais vouloir finir, après six semaines de défaites qui n'avaient cessé de s'ajouter les unes aux autres, d'abord lors d'une première dégringolade, suivie, après un bref répit, d'une seconde, celle-là fatale. Fletcher avait été catégorique : il ne congédierait pas son entraîneur au beau milieu d'une saison, ce qu'il n'avait d'ailleurs jamais fait de toute sa longue et prestigieuse carrière en tant que dirigeant dans le monde du hockey. Le 6 février, Fletcher avait assuré aux journalistes que le poste de son entraîneur n'était pas en danger :

« Pat Burns est notre entraîneur pour l'an prochain aussi, s'il décide de revenir. Son avenir n'est pas différent de celui qui s'offrait à lui quand il nous a menés durant deux printemps de suite en demi-finale. Il n'y a aucun doute là-dessus. »

Burns, qui se débattait comme un diable dans l'eau bénite, avait apprécié à sa juste valeur l'appui de Fletcher. Bien qu'il se doutât que certains joueurs complotaient dans son dos, Burns avait publiquement réfuté toute rumeur de dissension dans son équipe. « Les joueurs ne m'ont jamais laissé tomber, et je ne les laisserai pas tomber. » Le 25 février, alors que le club plongeait vers la cave du classement de la conférence, Fletcher y allait d'un autre vote de confiance à son entraîneur pour calmer le jeu avec les médias. « Ce poste appartient à Pat, point final. Il n'y a pas à en sortir. »

Sept jours plus tard, Fletcher congédiait Burns.

Tous ceux qui avaient suivi l'évolution de la situation avaient senti que l'issue approchait. L'alignement taillé sur mesure pour satisfaire les ambitions de Burns avait déraillé et Gilmour, hypothéqué par une blessure au dos, ne pouvait plus porter le club sur ses épaules. Des joueurs généreusement récompensés pour leurs performances passées semblaient avoir perdu tout intérêt au jeu ; assurément, ceux-là ne trouvaient plus de motivation dans les menaces que Burns pouvait leur adresser. À la fin de février, l'équipe était en lambeaux, prise dans une spirale infernale qui risquait de les sortir des séries pour la première fois en quatre ans. Dans ses déclarations publiques, Burns demeurait loyal, même si son ton était réticent et grognon.

« Plus que jamais, tout ce qui a été dit et écrit me donne encore davantage envie de revenir l'an prochain. Si Cliff veut de moi, je serai de retour et je gagnerai encore des matchs. Je ne suis pas devenu stupide en trois mois ! »

Mais la solution finale était imminente.

Cette semaine-là, les Leafs jouaient à l'étranger. Le samedi, ils avaient été battus par Dallas, lors de la 600e partie de Burns comme entraîneur dans la LNH. Dimanche, c'était au tour de l'Avalanche du Colorado de les déclasser, 4-0 – une huitième défaite consécutive pour les Leafs, qui n'avaient savouré la victoire qu'à trois reprises au cours des 22 derniers matchs. Depuis la mi-février, même les Raptors de Toronto, club d'expansion de la NBA, avaient gagné plus souvent qu'eux !

Les Leafs avaient tout essayé : réunions de groupe, rencontres individuelles, consultations psychologiques, engueulades en règle, entretiens aimables, transactions, mais rien n'avait pu redresser la trajectoire descendante de l'équipe. En désespoir de cause, Fletcher s'était tourné vers une ancienne gloire locale, Darryl Sittler, autrefois capitaine de l'équipe et héros de la concession dans les années 1970, embauché récemment par l'organisation en qualité de « consultant ». La tâche de Sittler consistait à faciliter la communication entre les joueurs et l'équipe des entraîneurs. Burns avait très mal perçu cette initiative, ayant l'impression que Sittler n'était qu'un informateur à la solde de la direction. Un des premiers gestes de Sittler avait été de rencontrer Gilmour pour avoir avec lui une conversation à cœur ouvert, ce qui avait aussi irrité Burns, possessif à l'égard de son capitaine. Mais à ce moment-là, l'entraîneur était déjà fortement paranoïaque.

Pendant le voyage, Burns avait lu *L'Art de la guerre*, de Sun Tzu.

Il s'entretenait fréquemment avec son meilleur ami Kevin Dixon, de Magog.

« Il me disait : "Ça s'en vient, ça s'en vient. *Fuck*, ça va arriver aujourd'hui ou demain." Il croyait que Mike Gartner était monté contre lui, Jamie Macoun aussi. Il croyait que ces gars-là disaient à Fletcher qu'il devait partir. Pensez à ce qu'il devait vivre, l'équipe creusait sa tombe un peu plus chaque soir. Il passait derrière le banc et à la fin de la première période, c'était toujours la même chose, il levait la tête vers le tableau d'affichage et voyait que les Leafs tiraient de l'arrière. Plus les Leafs s'enfonçaient, plus il s'enfonçait. Honnêtement, il aurait dû prendre des antidépresseurs : c'était à ce point-là. Puis il m'a appelé de Phoenix et il m'a juste dit : "C'est fini." »

Avant la partie contre l'Avalanche – que les Leafs disputaient sans leurs vedettes Mats Sundin et Dave Gagner –, Burns avait dit à ses joueurs qu'ils possédaient déjà une excuse toute faite pour perdre un autre match, mais qu'ils ne devaient pas s'en servir.

« Debout au milieu du vestiaire, j'ai parlé un bon moment. Je les regardais tous dans les yeux. Pas plus de cinq d'entre eux ne pouvaient supporter mon regard. J'ai su que c'était fini. »

Criblé de questions après la partie, Fletcher avait dit aux médias qui accompagnaient l'équipe que Burns serait assurément derrière le banc des Leafs au Gardens, juché sur la contremarche qui procurait à l'entraîneur un subtil avantage sur son vis-à-vis, pour le prochain match, mercredi soir contre les champions de la coupe Stanley, les Devils du New Jersey. Contrairement à son habitude, l'équipe n'avait pas quitté Denver immédiatement après la partie, demeurant pour la nuit au Mile High, leur hôtel.

Tôt lundi matin, Fletcher avait convoqué Burns à sa chambre. Les deux hommes s'étaient brièvement entretenus. Ce fut une rencontre douloureuse, durant laquelle, en fait, Burns eut à consoler son aîné, ami et bienfaiteur, en larmes, effondré par l'obligation de devoir enlever à Burns ce poste qu'il lui avait confié avec tant d'optimisme au début de leur aventure commune.

Fletcher soupesait sa décision depuis deux jours, priant pour que l'équipe remporte au moins une victoire durant leur voyage, histoire de ne pas revenir les mains vides à la maison.

« Nous ne pouvons pas revenir à Toronto sans une victoire », avait-il dit en guise d'avertissement.

La victoire tant espérée n'était pas venue et Fletcher n'avait désormais plus d'option.

« J'avais dit à Cliff que je ne démissionnerais pas. Mais j'ai compris qu'il faisait ce qu'il avait à faire. Je lui ai dit : "Cliff, je sais que tu n'as jamais congédié un entraîneur en pleine saison et que ce n'est pas facile pour toi de le faire. Ne t'en fais pas, je comprends. Tu as été formidable pour moi." »

Burns avait prétendu être vivement préoccupé par le choix de son successeur et il avait approuvé celui de Beverley à titre d'intérim. Celui-ci n'avait aucune expérience dans le rôle d'entraîneur dans la LNH ; c'était le directeur du personnel des joueurs des Leafs. « J'étais heureux d'apprendre qu'il s'agissait de Nick. C'est une bonne personne. » Plus tard, le poste d'entraîneur reviendrait à Mike Murphy, qui avait été l'assistant de Burns pendant trois saisons. Burns s'était toujours méfié de lui. « Il veut mon job », avait-il confié à un ami, et il avait raison. On n'avait pas proposé à Burns un poste dans l'organisation des Leafs ; il l'aurait de toute manière refusé. Il n'avait pas offert de démissionner ; on l'avait congédié. Mais il avait mis sa tête sur le billot, invitant le bourreau à faire son office.

À vrai dire, maintenant que l'abcès était crevé, Burns pouvait recommencer à respirer. C'était du moins ce qu'il avait confié à Dixon : « C'était comme si on avait cessé de me tenir en joue avec une arme. Ils ont tous un revolver pointé sur moi. Allez, tirez donc ! » Dixon précisait : « Pour être soulagé, il l'était, ça oui ! »

Burns et Fletcher se jurèrent l'un l'autre de garder le silence sur leur conversation avant de se serrer la main et d'échanger une étreinte maladroite. Puis ils allèrent à l'aéroport pour embarquer à bord de leur avion, le visage impassible. On dit souvent que « la comédie est finie » ; dans leur cas, elle ne faisait que commencer.

La fuite de Burns hors de la ville semblait trancher avec sa personnalité. Il prétendait ne s'être jamais désisté d'un combat. Mais en fait, il avait passé sa vie entière à fuir : un mariage raté, des relations qui s'effritaient, ses responsabilités de père, ses engagements, les jobs qui ne lui convenaient pas ou qui ne l'inspiraient plus, les risques de faillite, les échecs. Rien de tout cela n'en avait fait une mauvaise personne, loin de là. Mais comme bien des êtres compliqués, il ne ressemblait guère à cette façade qu'il projetait. Il n'était pas dur et insensible jusqu'à la moelle, mais plutôt fragile et facile à blesser ; pas direct, mais secret ; pas flamboyant, mais louvoyant. Il était en fin de compte sa plus grande invention : un personnage qu'il s'était ingénié à façonner au fil des ans de manière à dissimuler sa personnalité réelle, tous ses doutes, ses faiblesses et ses plaies, un orphelin qui avait appris par lui-même à devenir un homme de valeur et qui s'y employait encore le jour de sa mort.

———

Dans sa chambre d'hôtel, par cette nuit glaciale de mars 1996, c'étaient ces mêmes démons qui hantaient Burns, véritablement soulagé d'être dorénavant libéré du cauchemar qu'avait été de diriger les Leafs au travers d'un calvaire de 53 jours, perdant peu à peu tous ses moyens derrière le banc, suant à grosses gouttes sous les feux des médias. Les événements l'avaient tant affligé qu'il n'avait pu faire face aux journalistes ; c'était la raison pour laquelle il s'était défilé et pourquoi Fletcher avait consenti à cette feinte, au retour de Denver.

Burns n'informa que quelques intimes de la nouvelle, appelant Gilmour pour le remercier (« Parce que ce gars est le cœur et l'âme de cette équipe et que je ne l'oublierai jamais »), avisant son cousin et agent Robin Burns et mettant dans le secret ses deux enfants, dont sa fille Maureen, qui fut inconsolable.

En milieu de matinée, le lendemain, la rumeur avait toutefois commencé à se propager, et les Leafs avaient convoqué une conférence de presse, un Cliff Fletcher visiblement secoué s'adressant aux journalistes. Ceux-ci manifestèrent leur dépit d'avoir été bernés. Ne pouvant s'en prendre qu'à Fletcher, ils l'accusèrent d'hypocrisie.

L'ancien entraîneur et grand absent, lui, n'éprouvait aucun remords d'avoir ainsi pris congé des journalistes – dont certains s'étaient cru proches de Burns – dans la débâcle ambiante.

« J'ai parlé à tous ceux à qui je voulais parler, dirait-il plus tard. C'est mon choix. Ils ont eu la chance de dire tout le mal qu'ils pensaient de moi pendant quatre ans et je n'ai jamais refusé de parler à aucun d'entre eux dans le cadre de mon travail. Maintenant, c'est fini. Je suis parti. J'ai fermé ma gueule. J'ai avalé ma pilule et je suis rentré à la maison. Je n'ai jamais rien dit qui ait pu nuire à la carrière d'aucun joueur. Je n'ai envoyé de flèche à personne. Je conserve toujours un grand respect pour Cliff et je ne le blâme pas pour la tournure des événements, car il a toujours été correct avec moi. Ils ont pris une décision et voilà. Mais tout s'est-il tellement mieux passé après mon départ ? Sont-ils allés loin dans les séries ? Est-ce aussi ma faute ? J'ai donné quatre ans de ma vie aux Maple Leafs de Toronto. J'ai donné tout ce que j'avais. Et nous avons fait de grandes choses. Peut-être ne nous sommes-nous pas rendus jusqu'au bout, puisque nous n'avons pas gagné la coupe Stanley. Mais nous avons bien fait. »

Sur le chemin de la maison, ce matin-là, le temps s'était dégagé, le ciel avait viré au bleu et le moral de Burns avait pris du mieux. Comme un ours blessé, il se dirigeait là où il se sentirait en sûreté – « Je vais me cacher un moment dans les bois » –, sans se douter que son hibernation durerait aussi longtemps : une saison entière loin du sport qui était sa seule véritable passion.

À Magog, son propre chalet étant loué jusqu'à la fin du mois, il trouva refuge chez un ami, dans une maison aux bardeaux de cèdre près du lac gelé, une propriété de 25 acres avec toutes les commodités de la vie citadine, en plus d'un foyer et d'une grosse chatte tigrée. De temps en temps, il pouvait voir par la fenêtre un chevreuil émerger timidement des bois.

« Je vais seulement me relaxer et laisser les choses se tasser. Je ne quitte assurément pas le hockey. Je crois que je suis encore un bon coach. Je pense que j'ai fait mes preuves. Je ne suis pas un moins que rien parce que j'ai été congédié. Je reviendrai. »

Il était déjà passé par là et il y repasserait encore. Sept ans plus tard, il atteindrait son but suprême, brandissant gauchement le trophée d'argent légué par lord Stanley, lui, le petit garçon de Saint-Henri qui s'était juré de réussir, passant de policier à entraîneur de la LNH, finissant par parader avec la coupe tant convoitée dans un stationnement insipide du New Jersey – bien autrement qu'il se l'était imaginé dans ses rêves. Le destin aurait enfin souri à Pat Burns, avant de lui servir une grimace mortelle.

CHAPITRE 1

Le garçon sans père

« Un grand, grand trou qui ne se remplit jamais. »

Patrick John Joseph Burns naquit le 4 avril 1952 dans le quartier de Saint-Henri, à Montréal, une communauté canadienne-française et irlandaise immortalisée par Gabrielle Roy dans *Bonheur d'occasion*. Mais ce Saint-Henri était évidemment celui d'avant sa gentrification, plus près des tanneries du XIXe siècle que des immeubles à condos dernier cri et des ateliers d'artistes branchés.

Alfred Burns était à ce point fier de ce nouveau venu dans sa famille, un second fils qui serait aussi le dernier de ses six enfants, qu'il se mit immédiatement à planifier sa carrière future de hockeyeur, ainsi que le font des milliers de pères québécois rêvant de la LNH pour leurs bébés encore aux couches. Alfred Burns était un si fervent supporter des Canadiens de Montréal que, à peine sorti de l'hôpital et revenu au logement de la famille, au 819, rue Laporte, il acheta deux bâtons de hockey et les cloua en forme de croix au-dessus du berceau de l'enfant. Les Burns n'avaient peut-être pas les moyens d'offrir des layettes de fantaisie à leur nouveau-né ou encore des mobiles pour le distraire, mais dès ses tout premiers jours, les yeux noisette de bébé Patrick ont pu se fixer sur un ornement sacré qui témoignait de l'amour de son père pour le hockey.

Du côté paternel, les Burns étaient des catholiques venus originellement de l'Écosse, dont on peut remonter la trace dans une ville appelée Burnshead, dans le comté de Cumberland, au temps du règne d'Édouard Ier. Les Burns avaient leurs propres armoiries : une main tenant un cor de chasse, symbole de pouvoir, entourée par trois fleurs de lys blanches, signifiant la paix. Le clan avait aussi sa devise : « Toujours prêt. »

D'après les recherches généalogiques menées par Diane, la sœur de Pat, les aïeux de la famille ont abandonné l'Écosse pour l'Irlande aux environs de la Grande Famine qui commença en 1845 – une malencontreuse initiative, puisque des familles irlandaises sans ressources fuyaient la disette par navires entiers à destination de l'Amérique. Beaucoup de Burns joignirent les rangs des immigrants, mais la branche de la famille de Burns tint bon. Ce fut le grand-père d'Alfred qui vint au Canada à partir du comté de Cork.

Sa lignée se perpétua, et de cette fournée de travailleurs acharnés émergea un beau jour Pat Burns, un des entraîneurs de la LNH les plus respectés, trois fois lauréat du trophée Jack Adams, décerné à l'entraîneur de l'année, et parmi les mieux payés de sa profession. Bien entendu, Louise Géraldeau Burns ne pouvait envisager rien de tout cela lorsqu'elle ramena son bébé dans le minuscule logement de la famille. Des ancêtres de Louise, on sait fort peu de chose, sinon qu'ils vécurent dans la région de Pointe-Calumet, d'aussi loin qu'on peut remonter dans leurs origines.

Alfred Burns était un individu costaud au crâne dégarni, avec du bagout à revendre et un sens de l'humour pas piqué des vers, autant de traits dont hériterait son fils. « Mon père était Irlandais jusqu'à la moelle », dirait plus tard Pat. Sa carrure imposante lui venait également d'Alfred, mais Pat ressemblait par ailleurs à sa mère. Diane, qui le précédait parmi les enfants et de sept ans son aînée, idolâtrait son père :

« C'était un très bon père. Il m'a appris à enfiler un ver à un hameçon. Il appelait Patrick son chum. Il était si heureux d'avoir un autre fils ! Papa était un grand pêcheur, il aimait les bateaux. Pat tenait un peu ça de lui. »

Louise et Alfred s'étaient rencontrés à l'Imperial Tobacco, où ils travaillaient. Elle avait été attirée en ville par la perspective d'un bon emploi et vivait dans une pension. Elle avait tour à tour été femme de chambre, puis gouvernante dans une famille « de la haute » avant de se retrouver à l'Imperial. Son nom de fille était Géraldeau, mais Alfred était incapable de le prononcer et tout le monde l'appelait Louise. Alfred était maître électricien et Louise travaillait à la chaîne de montage, empaquetant des cigarettes. Elle ne parlait pas l'anglais ; il ne parlait pas le français.

Les femmes de l'usine portaient toutes le pantalon, non par souci de la mode, mais pour des questions de confort et de commodité. Par un après-midi assez chaud, elle était assise dans le parc situé de l'autre côté de la rue de l'énorme usine et avait roulé le bas de son pantalon. Alfred repéra les jolis mollets de la jeune femme et émit un « Hmm » de fin connaisseur. Moins d'un an plus tard, ils étaient mariés et les bébés commencèrent bientôt à défiler.

L'appartement de l'avenue Laporte, situé à 15 minutes de marche de l'usine, était long et étroit. Un corridor menait aux diverses pièces en enfilade : le salon, la salle à manger, la chambre du couple, la chambre des aînés et, tout au bout, une autre avec des lits superposés, qui serait partagée plus tard par Pat et Diane. La première à naître fut Violet, aujourd'hui toute fraîche septuagénaire, suivie d'Alfred Jr – surnommé Sonny –, puis de Lilian, Phillys et Diane. Ensuite, plus aucune grossesse pendant sept ans.

« Pat arriva vraiment très tard, se rappelle Diane. Cet enfant n'était pas prévu. Je ne sais pas s'il s'agissait d'un coup de chance… Maman disait qu'elle aurait aimé en avoir d'autres si papa n'était pas mort. »

À Saint-Henri, les enfants – à l'exception de Pat, encore bébé – fréquentaient l'école Saint-Thomas-d'Aquin et allaient chaque dimanche à l'église du même nom. Cependant, la famille quitta Montréal et déménagea à Châteauguay avant le troisième anniversaire de Pat. Un attachant portrait écrit par le chroniqueur Michael Farber de la *Gazette* en 1988, au moment où Pat entamait sa carrière dans la LNH, constituerait finalement une base biographique incontournable du personnage, qui serait reprise à grande échelle 22 ans plus tard comme une sorte de requiem. Accompagnant l'entraîneur dans son ancien quartier, Farber n'avait peut-être pas compris que, même à ce moment-là, Burns recréait une enfance fantasmée, imaginant des bribes d'un passé tel qu'il aurait aimé le vivre.

Burns racontait que son père l'emmenait voir les parties des Canadiens chaque semaine, qu'ils prenaient place dans les « blancs » du vieux Forum, étirant le cou parce que les piliers d'alors entravaient leur vision du jeu, le jeune Pat arborant un chandail avec le numéro 9 du Rocket.

« Un de ces gros chandails en laine, tu sais ? Avec le col roulé. Au printemps et à l'été, ils commençaient à vous démanger. Quelqu'un de la famille m'a acheté une chemise aux couleurs des Blackhawks. Je ne sais plus qui, une tante, je crois. J'en ai braillé. Je ne pouvais pas porter ça ici. Je ne pouvais pas porter ça ici… »

Bien qu'il n'eût pas encore trois ans à cette époque, Burns disait se souvenir de son père et de son frère Sonny écoutant les reportages à la radio, un soir, à propos d'une émeute autour du Forum. C'était le 17 mars 1955, le jour de la Saint-Patrick, et ce jour-là passerait à l'histoire sous le nom de l'Émeute Richard, un événement politique et culturel mémorable pour la nation québécoise. Le président de la LNH de l'époque, Clarence Campbell, rompu aux mesures disciplinaires à l'endroit du légendaire attaquant des Canadiens, avait cette fois suspendu – pour le reste de la saison régulière et les séries éliminatoires – l'indomptable supervedette, jugeant qu'il avait délibérément blessé un adversaire pendant une partie contre Boston, puis frappé un juge de ligne. Les Québécois devinrent fous de rage : la décision mettait en péril les chances de Richard de décrocher son premier championnat des compteurs et la première place du club au classement de la ligue, sans compter qu'elle compromettait vivement leur rendement futur en séries.

Après avoir rendu publique la suspension de Richard, Campbell avait eu l'inconscience d'assister à la partie suivante des Canadiens au Forum. Bien des spectateurs n'avaient pu se contenir et avaient assaisonné l'ennemi public numéro un de nourriture et de détritus. La partie avait dû être suspendue et l'amphithéâtre évacué, ce qui fit déferler dans les rues avoisinantes des milliers d'amateurs furieux. Dans la mêlée qui s'ensuivit, des vitrines furent fracassées et quelqu'un lança une bombe fumigène. Certains observateurs disent que l'émeute marqua l'émergence d'un mouvement nationaliste moderne au Québec.

Sans doute marqué par les récits répétés de l'émeute – plutôt que par sa propre présence sur les lieux, à l'âge de trois ans ! –, Burns évoquait son père et son frère arpentant l'avenue Atwater afin d'assister aux événements.

« Une histoire courait dans le voisinage à l'effet que mon père avait cassé des vitrines, qu'il s'était rendu là exprès pour faire du grabuge.

C'est ridicule. Des années plus tard, il en parlait et disait qu'il se rappelait qu'en 1955, des gens lançaient des choses à la tête de M. Campbell et que... »

En fait, il n'y eut pas d'« années plus tard » pour Alfred Burns, qui mourut en 1957 à l'âge de 49 ans. Et la vérité est plus troublante que n'importe quel souvenir inventé...

« Quand il est devenu entraîneur des Canadiens, il a raconté dans les journaux que son père l'emmenait voir des parties, mais ça n'est jamais arrivé, relate Diane, remettant les pendules à l'heure. Ce n'est pas que notre père ne l'aurait pas fait, c'est juste qu'il n'en a pas eu le temps. »

Quand la famille fit ses boîtes et déménagea à Châteauguay, en 1955, un oncle marié à la sœur d'Alfred leur permit de demeurer dans une « maison » qu'il possédait là. En fait, il s'agissait davantage d'un garage qui se trouvait sur la propriété où la famille de l'oncle habitait dans une grande demeure isolée. Mais Alfred était habile de ses mains et eut tôt fait de convertir le bâtiment en un logis décent pour les siens.

« Papa a converti le garage en maison pour nous, raconte Diane. Mais nous n'avons jamais eu aucun acte de propriété qui prouvait qu'elle nous appartenait. Quand mon père est mort, mon oncle nous a mis dehors. »

C'était aux alentours de Noël. Alfred avait tenté de déboucher un puits gelé sur la propriété avec un chalumeau. Il avait essayé de l'allumer plusieurs fois, sans succès. Rien ne se passait. Alors qu'Alfred s'était penché sur la margelle du puits, des vapeurs de gaz s'échappèrent du chalumeau qui explosa, et le retour de flamme le frappa de plein fouet à la figure. De manière assez surprenante, il ne fut pas tué – pas plus qu'il ne sembla gravement blessé. Il demanda à Lilian de lui apporter une serviette. Elle voulut appeler un médecin, mais Alfred ne voulut rien entendre.

Louise et Diane étaient allées faire des achats en ville. Quand elles revinrent à la maison – à pied, parce que la famille n'avait pas de voiture –, elles découvrirent un Alfred hagard. Malgré ce que Pat a pu dire plus tard, il n'avait pas été témoin de l'accident, lui non plus.

« L'explosion avait brûlé le visage de papa, il avait les cils et les paupières tout roussis, raconte Diane. Il paraissait bien aller, à part les traces de roussi et le fait qu'il n'avait plus de sourcils. Mais il ne voulait pas se rendre à l'hôpital, parce que c'était le temps des Fêtes et qu'il voulait être avec sa famille. C'est en tout cas ce qu'il nous a dit. »

Cependant, en l'espace de quelques semaines, Louise a remarqué que quelque chose n'allait pas chez Alfred. Il était faible et tenait mal sur ses jambes. On fit venir le docteur.

« Le médecin est venu, n'a jeté qu'un coup d'œil à papa et a dit : "Oh non, on doit tout de suite le mener à l'hôpital." Son frère l'y a conduit. Quand papa est arrivé là-bas, il a eu une crise cardiaque en se penchant pour délacer ses souliers et il est mort. »

Cinquante ans plus tard, quelle hypothèse peut-on avancer pour expliquer sa mort ? Sans doute qu'il avait un cœur malade et que des conditions préexistantes, dont personne ne savait rien, laissaient planer sur lui la menace d'une fin précoce, que l'explosion avait contribué à provoquer. Il n'y avait pas de problème de cœur dans la famille d'Alfred ; son père était décédé d'un cancer, et sa mère de mort naturelle, à un âge avancé.

« Peut-être avait-il un problème de cholestérol, suppose Diane. C'était un homme doté d'un gros appétit, un bon mangeur de tartes et d'œufs. Il n'allait jamais consulter un docteur. À le voir, vous n'auriez jamais pu croire qu'il y avait quoi que ce soit qui clochait avec sa santé. »

Pour le tout jeune Pat, la perte soudaine de son père a affecté sa psyché, ouvrant une plaie béante, un mal lancinant que rien ni personne ne pourrait jamais apaiser. Avant même qu'il pût appréhender ce qu'il avait perdu, l'absence définitive d'Alfred Burns l'a marqué. Ainsi commencerait la quête de toute une vie pour des mentors, pour des patriarches bienveillants susceptibles de combler ce vide. Il y avait toujours chez lui une tristesse enfouie que Burns, en adulte qui fuyait le misérabilisme et évitait l'introspection, refusait même de reconnaître.

« Je ne crois pas qu'il ait jamais été un homme heureux, relate Diane, qui était sa sœur la plus proche de lui. Du jour où mon père est mort, il s'est creusé en lui un trou qui n'a jamais été rempli par personne – aucun ami, aucune femme, et pourtant il y en a eu beaucoup. Il avait seulement ce grand, grand vide qui ne pouvait jamais être comblé. Cela a affecté toutes ses relations. Il n'a jamais su comment être un père parce qu'il n'en a jamais vraiment eu un. »

Louise reçut un montant d'argent d'une compagnie d'assurance et une pension de veuve, mais la famille connut de dures épreuves. Trois de ses enfants – Sonny, Lilian et Phyllis – travaillaient à l'Imperial Tobacco de Montréal, et Violet, qui se marierait bientôt, à une usine qui fabriquait de l'Aspirine. Aucun des enfants d'Alfred ne recevrait une éducation universitaire, chacun intégrant le marché du travail dès sa sortie de l'école secondaire. Quand le beau-frère d'Alfred chassa la famille du garage reconverti en maison, Louise vécut une crise. Le jeune Pat à sa remorque, elle retourna à Saint-Henri, louant un petit appartement dans un sous-sol de la rue Saint-Antoine. Elle décrocha un emploi dans une boutique de vêtements. Puis son frère lui offrit un travail dans le restaurant qu'il possédait à Pointe-au-Chine, près de Hawkesbury, en Ontario. Louise devint cuisinière, et Phyllis travailla à ses côtés une bonne année avant d'épouser son petit ami et de partir. Le petit Pat, âgé de quatre ans, était toujours pendu au tablier de sa mère, mais Diane, qui en avait 11, fut envoyée pour un temps chez ses grands-parents maternels, à Pointe-Calumet. La famille était dorénavant dispersée. « Ma mère essayait juste de s'en sortir », rappelle Diane.

Un peu plus tard, Louise relocalisa sa famille rétrécie, avec seulement Diane et Pat, à Gatineau. Violet y habitait alors, et Louise voulait se rapprocher de sa fille et de son sympathique gendre Bill Hickey. Elle loua un autre minuscule appartement pour leur trio itinérant. Cette époque marqua un moment moins éprouvant dans l'histoire de la famille Burns. Ce Noël-là, alors que Pat avait six ans, Louise avait mis des sous de côté pour lui acheter – avec un rabais d'employée, car Diane travaillait dans un magasin Handy Andy's – un équipement complet aux couleurs des Canadiens. Dickie Moore était l'idole de Pat, et c'était ce joueur qu'il prétendait incarner quand il jouait sur la rivière gelée et à la patinoire municipale.

« Il enfilait ses patins à la maison, rue Oak, et marchait cinq pâtés de maison jusqu'à la patinoire, située à côté de l'église de notre paroisse, la Saint-Aloysius. Il y jouait pendant des heures et des heures, parfois tout seul, avec juste son bâton et sa rondelle. Il y restait si longtemps que ma mère devait appeler le prêtre et lui demander de renvoyer Patrick à la maison. Et alors le prêtre lui répondait : "Oh, tout va bien. Je l'ai fait rentrer et je lui ai déjà donné à manger." Plus tard, elle appelait de nouveau et disait : "Vraiment, mon père, il est l'heure de dire à Patrick de rentrer." Et quand il revenait enfin à la maison, il était si exténué qu'il tenait à peine sur ses patins. Ma mère les lui enlevait puis elle allongeait les jambes de Patrick dans le four pour réchauffer ses pieds ! »

Étrangement, dans ses propres souvenirs, Burns se plaisait souvent à transposer ces scènes dans le cadre de Saint-Henri, désireux d'accréditer cette fiction voulant qu'il y ait passé la majeure partie de sa jeunesse, à deux pas du Forum. Mais il avait certainement de bonnes raisons d'ainsi retoucher sa vie.

Si la volonté de se rapprocher de Violet avait compté pour beaucoup dans la décision de Louise de s'établir à Gatineau, la romance semblerait également avoir joué un certain rôle : Louise avait à ce moment-là déjà rencontré l'homme qui deviendrait son second mari. Ses enfants n'ont jamais su avec précision quand elle a fait la connaissance de Harvey Barbeau, un veuf père d'un grand garçon, et peut-être cette rencontre a-t-elle eu lieu dès le séjour des Burns à Châteauguay. Mais tous s'entendent pour dire qu'ils regrettent le jour où cet homme est devenu leur beau-père.

« C'était un employé de bureau chargé du classement aux Anciens Combattants, se rappelle Diane, et un alcoolique. Maman ne s'en est d'abord pas rendu compte parce qu'il ne buvait jamais devant elle. À ce moment de sa vie, maman avait vraiment envie d'avoir un foyer, d'avoir sa propre maison, ce qu'elle n'avait pas eu. Alors, ils se sont mariés. »

Pour Diane et Pat, le nouveau mari de leur mère a toujours été Harvey, jamais papa. Il travaillait à Ottawa, mais Louise a insisté pour qu'ils vivent à Gatineau, où Pat a grandi.

« Ça n'a pas été un bon mariage, dit Diane à propos de la deuxième et longue union de sa mère. Harvey est resté dans sa vie pendant 35 ans. Il n'a jamais été violent ou rien de tout ça, ni pour Pat ni pour moi. Mais ma mère avait du caractère. Et s'il rentrait saoul à la maison, elle ne le prenait pas. Pat et moi allions nous cacher dans notre chambre. Nous ne voulions pas être là quand ils se disputaient, et nous restions tous les deux dans la chambre, la porte close, pendant tout ce temps-là.

« Harvey avait un bon emploi au gouvernement et une bonne pension, en plus de sa pension de l'armée, donc maman a finalement touché un peu d'argent. Mon Dieu, elle a fait du mieux qu'elle a pu, c'était une femme extrêmement courageuse. Mais tout cela a eu un effet terrible sur Pat. Harvey n'était pas un bon père. En fait, c'est le mari de Violet, Bill Hickey, qui nous a davantage traités comme un père. Pat était très proche de Bill quand il était jeune. Bill nous amenait à la plage, nous faisait faire des balades en auto et tout un tas de trucs. Si Harvey faisait la fête, Bill venait nous chercher et nous emmenait chez ma tante. Tout ça était épeurant pour nous – encore plus pour Pat, je crois. Il a grandi avec une certaine amertume, et je ne peux pas le blâmer. Il avait seulement trois ans quand notre père est mort, et quand nous parlions de lui, c'était comme si nous parlions d'un étranger. Moi je pouvais me souvenir de lui, mais Pat ne l'a jamais vraiment connu. Puis ma mère s'est remariée avec Harvey, qui était un alcoolique et tout ce que vous voulez, sauf un père pour Pat. Notre famille était dispersée ici et là et Pat, lui, se cachait en dessous de son lit. »

Pat trouva du réconfort ailleurs. Adolescent, il devint passionné de musique, apprenant seul à jouer de la guitare. Tout comme les motocyclettes, les guitares haut de gamme seraient les jouets de son âge adulte. À 12 ans, il forma son propre « band de garage », et un an plus tard, au mariage de Diane, le groupe jouait à l'occasion du banquet.

Quoiqu'il fît parfois preuve d'un comportement fanfaron, comme tous les jeunes garçons qui font l'apprentissage de la vie, Pat ne fut pas un adolescent à problème. Il avait une foule d'amis et était en quelque sorte protégé des tentations dans la chasse gardée de la paisible Gatineau. Ce n'était pas un bon élève ; il réservait ses pires notes pour les mathématiques. Il n'avait aucun intérêt et aucune aptitude pour poursuivre des études académiques. Il n'obtint même jamais son diplôme d'études secondaires, impatient qu'il était de gagner sa vie par ses propres moyens. Burns fréquenta Saint-Aloysius en 9e année, puis l'école secondaire Saint-Patrick en 10e avant de mettre fin à ses études. Il continua à jouer au hockey dans une ligue organisée, étant un ailier droit décent affligé d'un genou éclopé, mais il ne s'éleva jamais très haut au niveau junior. Il ne fut jamais repêché et se rendit compte assez tôt qu'il n'avait aucun espoir de jouer dans la LNH, bien qu'il fût prétendument – sans aucun statut particulier, si ce n'était celui de figurant – invité au camp d'entraînement des Blues de Saint Louis, une offre qu'il déclina.

———

Pendant un an, il fit partie de la garde à pied du gouverneur général et étudia le soudage à l'Ottawa Technical School. Puis, à la stupéfaction générale de sa famille, le jeune homme, mentant sur son âge – 17 ans – s'engagea dans les forces de police d'Ottawa. Mais Louise ne l'entendit pas ainsi et se rendit tout droit au bureau du chef de police de Gatineau, un homme qu'elle ne connaissait pas, et lui demanda, si son fils tenait à ce point à devenir policier, qu'il fût au moins embauché par le corps local. Quand elle se transformait en mère-poule, Louise Burns Barbeau devenait une arme de persuasion massive.

« Si elle voulait quelque chose, évoque Diane, elle l'obtenait. Harvey l'appelait "la mairesse de Gatineau". »

Pour sa part, Burns disait que c'était le chef de police de Gatineau qui l'avait convaincu de faire carrière dans les forces de l'ordre :

« Je lui ai dit quelque chose comme : "Moi, policier ? Êtes-vous tombé sur la tête ?" Et il m'a répondu : "Tu sais, nous avons des motos." Et voilà, il m'avait eu. »

En fait, le chef y était allé d'un pieux mensonge : la police de Gatineau n'avait pas de motocyclette. Mais pour un jeune homme sans diplôme et sans aptitude particulière, la carrière de policier offrait une alternative de choix au moulin à papier, le principal employeur de la place. « Je n'avais pas le choix », ajoutait Burns. C'est ainsi qu'il fut envoyé à l'Académie de police d'Aylmer. Quand il eut dûment gagné ses galons et qu'il fit ses débuts à Gatineau en 1970, Burns touchait un formidable pactole de 39 $ par semaine.

— Qu'est-ce que je dois faire ? demanda-t-il à son chef au premier jour de sa nouvelle carrière.

— Voici ta casquette, voici ton sifflet et voici ton arme, lui répondit son supérieur. Contente-toi de suivre les autres. Et ne pointe pas ton arme vers toi. Si tu veux qu'elle fonctionne, appuie sur la gâchette.

Quand on lui donna 24 chemises réglementaires, il fut éberlué d'en recevoir autant. Lors de son premier quart de travail, qui s'étendait de huit heures du soir à quatre heures du matin, on demanda des agents pour arrêter une bagarre dans un hôtel.

« Je savais que j'allais y retrouver la moitié de mes amis, raconta-t-il plus tard à un journaliste de Boston. Sans surprise, en arrivant là, j'aperçois quelques-uns de mes amis. Je leur dis de cesser leur grabuge, ils se contentent de rire en m'envoyant au diable. Tout à coup, je reçois un bon coup de poing sur le côté de la tête. Je me mets à pisser le sang et ma chemise est toute tachée et déchirée. J'ai pensé aussitôt : "Hé, c'est pour ça, les 24 chemises !" »

Ce fut à ce moment-là qu'une ravissante jeune femme, Suzanne Francœur, fit son entrée dans la vie de Burns. Toute sa vie, où qu'il fût, quoi qu'il fît, il réussirait à attirer vers lui les plus belles femmes, appâtées par sa virilité, conquises par sa personnalité, avant d'inévitablement déchanter devant son manque de sens des responsabilités. Peu après leur rencontre, Suzanne se rendit compte qu'elle était enceinte. La nouvelle abasourdit Burns, du haut de ses 19 ans.

« Je me souviens qu'il est rentré un soir à la maison en disant à ma mère que Suzanne était enceinte et elle lui a dit qu'il devait l'épouser, se souvient Diane. Ce fut un mariage forcé. Suzanne, elle, voulait ce mariage, mais lui non. Mais il venait juste de joindre les rangs de la police de Gatineau et il ne voulait surtout pas créer un scandale. Alors il a cédé et il s'est marié. Mais il a su dès le départ que ce mariage ne durerait pas. »

L'union dura en fait 11 mois, le temps que Suzanne donnât naissance à leur fille Maureen. Ils n'étaient pas faits pour vivre ensemble et avaient des problèmes qui ne se bornaient pas qu'à leur jeunesse ou à leur manque de préparation à la vie conjugale. Suzanne, admettent à mots couverts des proches, buvait – peut-être, justement, pour se consoler de ce mariage éphémère. Juste avant leur séparation se déroula un épisode des plus pénibles pour Burns, qui répondait à un appel de routine : une jeune femme en état d'ébriété sur la voie publique… Un ancien confrère de Burns à Gatineau évoque la scène :

« Pat et moi nous sommes présentés en auto-patrouille à l'adresse et devinez qui était dans la rue ? Eh oui, Suzanne ! Ils passaient alors un dur moment dans leur vie de couple. Quand elle a aperçu Pat, elle a piqué une crise et s'est mise à crier : "Va-t'en ! Ne t'approche pas de moi !" J'ai essayé de la calmer, mais elle a commencé à s'en prendre aussi à moi. Finalement, je suis parvenu à l'apaiser et l'ambulance est arrivée et l'a emmenée. Cela a été très éprouvant pour Pat. Il était fâché et embarrassé. »

Plus souvent, c'était son beau-père en état d'ébriété que Burns se voyait charger de recueillir sur la voie publique. Harvey Barbeau, un vétéran de l'armée, était un habitué de la salle de réunion de la Légion.

« Les collègues de Pat l'appelaient et lui disaient : "Viens ramasser ton beau-père et ramène-le chez lui !", raconte Diane. Ça l'embarrassait terriblement, mais il le faisait. Et il avait beau engueuler Harvey, celui-ci finissait toujours pas recommencer. »

Séparé puis divorcé de Suzanne, Burns devint moins présent dans la vie de sa petite fille, bien qu'il tentât maladroitement de vaquer à ses responsabilités de père.

« De temps à autre, il amenait Suzanne et la petite chez sa mère, poursuit Diane, qui est la marraine de la fillette. Évidemment, maman finissait par s'occuper de Maureen plus que quiconque. Pat faisait et payait ce qu'il pouvait, mais il n'y avait pas de pension formelle. »

Plusieurs années plus tard, Burns tenterait de se racheter pour la manière dont il avait fui ses devoirs parentaux.

Burns connaîtrait par la suite bien d'autres femmes de Gatineau. Et pourquoi s'en serait-il privé ? Il était jeune, charmant, séduisant. Son partenaire enquêteur durant deux longs mandats, John Janusz, le confirme :

« C'était un homme à femmes, sans conteste. Mais ce n'était pas comme s'il leur courait après, c'étaient plutôt les femmes qui le talonnaient. L'uniforme devait y être pour quelque chose. Bien des femmes ont un faible pour l'uniforme. Et Pat n'avait pas que l'uniforme, il avait aussi une belle apparence et tout ce qui allait avec. Il était cool. J'ai toujours voulu lui ressembler. En fait, je voulais *être* lui. »

Burns vécut par la suite une relation sérieuse avec une autre très belle femme, Danielle Sauvé, une employée de la bibliothèque de Gatineau. Même s'ils ne se marièrent jamais, ils passèrent ensemble cinq années plutôt heureuses et eurent un fils, Jason, pour qui Burns fut un père plus attentif, même après son départ de Gatineau. Sa relation avec Danielle prit fin sur une note déchirante, chacun accusant l'autre d'infidélité. Cette trahison blessa profondément Burns. Ils tentèrent bien de recoller les pots cassés, en partie pour le bien de Jason, mais aussi parce qu'ils s'aimaient véritablement, en dépit de tout. Hélas, ils ne parvinrent pas à surmonter leurs différends.

De nouveau célibataire, père de deux jeunes enfants et sans aucune envie de regoûter à la procréation, dorénavant méfiant à l'égard des femmes qui voulaient l'entraîner vers le mariage ou un quelconque engagement, Burns, toujours dans la vingtaine, subit une vasectomie. Il ne provoquerait plus jamais de naissance, désirée ou non. « J'aime les familles, dirait-il dix ans plus tard à une petite amie. J'aime voir des parents avec leurs enfants. C'est juste que je ne veux pas être cette famille-là. »

Quand on connaît l'enfance et l'adolescence de Burns, quand on sait à quel point sa famille a été marquée par la perte de son chef et ses déménagements fréquents, il est compréhensible que l'homme, plutôt que de rechercher la stabilité et la confiance qu'apporte une relation durable et sincère, ait préféré aller dans une direction contraire, fuyant les engagements profonds. Ce qui en revanche est plus surprenant, pour quelqu'un qui avait été presque entièrement élevé par des femmes – une mère et quatre sœurs –, c'est la faible intuition que Burns pouvait avoir de l'autre sexe. Il avait été le fils surprotégé d'une mère dominatrice, et cette relation dut avoir son influence sur toutes celles qu'il tissa plus tard à l'âge adulte. Diane a sa petite idée là-dessus :

« Il ne savait pas ce qu'un homme doit faire pour une femme. Il l'ignorait parce qu'il n'avait jamais eu un modèle pour le lui montrer. Ma mère était une personne autoritaire. Peut-être que cela l'a échaudé ou affecté, lui faisant craindre que s'il s'engageait avec une femme, elle finirait par le commander, ce qu'il ne voulait pas. Je crois que ça l'a rendu plus réservé. Il plaisait assurément aux très belles femmes, et celles-ci étaient attirées par lui. Je ne me souviens pas qu'il ait jamais été seul, mais on dirait qu'il ne désirait pas vraiment se trouver une compagne pour la vie. Il aimait qu'on s'occupe de lui. Il paraissait davantage rechercher une femme qui remplirait auprès de lui un rôle traditionnel, celui des épouses d'autrefois, dévouées aux besoins de leur mari – ce qui est bizarre, parce que ma mère n'était décidément pas une personne soumise. »

Quand Burns se remaria, à l'âge de 49 ans, sa décision fut largement influencée par les exigences de l'Immigration américaine. Sa compagne était canadienne et il dirigeait alors les Bruins. Elle ne pouvait habiter avec lui en permanence à moins qu'ils ne soient mariés. Précisons toutefois que Burns lui avait fait la grande demande avant son embauche par les Bruins.

L'indomptable Louise Burns vécut jusqu'à 92 ans, continuant de se teindre en blonde, d'entretenir une apparence impeccable, de se vêtir avec élégance et de se maquiller, même quand elle déménagea ses pénates à la résidence pour aînés d'Aylmer, située dans un ancien monastère. À un certain moment, elle envisagea même d'unir sa destinée à un corésidant octogénaire, ce qui déclencha la fureur de son rejeton. Burns demeura toujours très attaché à sa mère, quand bien même sa conduite pouvait parfois être outrancière, la bombardant de toutes les gâteries dont il lui prenait l'envie – incluant la « Cadillac des marchettes ».

Quand Louise repérait un article qui lui tombait dans l'œil, elle appelait Diane et lui disait :

« Si Pat a envie de m'acheter quelque chose, voici ce que j'aimerais… »

Jusqu'à la fin de sa vie, sans le moindre répit, Louise garderait l'habitude de téléphoner à son fils pour lui dire de corriger tel ou tel de ses travers ou lui témoigner sa désapprobation.

« Pat était un dandy, il tenait ça de sa mère, souligne Diane. Mais si elle n'aimait pas ce qu'il portait quand elle le voyait à la télé, elle le lui laissait savoir. Ou si elle le voyait fumer un cigare durant une entrevue, elle lui disait de ne pas recommencer. Quand il se mit à chiquer du tabac, elle l'a appelé et lui a dit : "Arrête ça tout de suite, ce n'est pas à ton avantage." Et bien sûr il l'a écoutée. »

À la fin, Louise savourait à sa juste valeur la gloire que lui conférait l'extraordinaire succès de son fils cadet ; elle était aussi fière de sa célébrité que les jolies dames dont il aimait s'entourer.

« À partir du moment où il est devenu entraîneur dans la LNH, se rappelle Diane avec affection, peu importe où et quand nous sortions, dans une boutique ou ailleurs, elle rappelait qui elle était en disant : "Vous savez qui je suis ? Je suis la mère de Pat Burns." »

CHAPITRE 2

Une affaire policière

« Policier un jour, policier toujours. »

La scène aurait pu être tirée d'un film de malfrats québécois, avec des dialogues nets et crus. Dans le box des accusés, un jeune homme assigné à procès pour le meurtre d'un prêtre se tourna vers l'enquêteur qui l'avait arrêté et grogna :

— Tu vas crever, mon maudit chien sale !

Pat Burns était l'enquêteur en question. Son partenaire et lui avaient résolu l'un des cas de meurtre les plus sensationnels de l'histoire de Hull – l'assassinat sordide d'un prêtre catholique qui avait été piégé par un prostitué. Le père Roger Rinfret avait été retrouvé par une femme de chambre, gisant dans une mare de sang dans sa chambre du motel Ritz, à Gatineau. Il avait été poignardé neuf fois dans la poitrine, deux fois dans le dos et deux autres fois dans la gorge. Des coupures à la paume de sa main gauche et à ses avant-bras suggéraient que la victime avait probablement tenté de résister à son assaillant.

Sexe, homosexualité, meurtre, religion : tous les ingrédients d'un scandale des plus indécent étaient réunis. Très tôt dans l'enquête, Burns révéla aux journalistes que la police n'avait ni suspect dans sa mire ni motif susceptible d'expliquer le crime, mais il possédait des pistes pour l'un et pour l'autre en ce qui concernait la nuit du 30 mars 1980. Les enquêteurs suivirent d'abord une piste émanant d'un autre suspect – un féroce et vicieux criminel de Gatineau, pensionnaire du pénitencier de Millhaven, qui avait, lors d'un transfert en plein centre-ville d'Ottawa, faussé compagnie à deux officiers en pointant un couteau sur leur gorge.

Burns pensa d'abord que cette arme était celle qui avait servi à tuer Rinfret, mais cette piste n'aboutit nulle part, si bien que son partenaire et lui cherchèrent ailleurs. D'entretiens menés avec des gens peu instruits mais très bien informés, ils apprirent que Rinfret était un homosexuel inavoué – comment aurait-il pu en être autrement, pour un religieux ? – qui cherchait à satisfaire ses pulsions dans des endroits mal famés. Alors âgé de 28 ans et confronté à son premier cas d'homicide, Burns avait passé quelques semaines habillé en civil à rôder du côté du parc Major's Hill, lieu de prédilection de la faune gay, un poste de surveillance qui le conduisit à Alain McMurtrie et à un autre homme, qui fut identifié dans les archives de la Cour sous le nom de M. X.

Rinfret, 49 ans, était prêtre depuis 24 ans et en avait passé sept comme pasteur à l'église Saint-Matthieu, à Gatineau, avant de passer à celle de L'Ange-Gardien, à Masson, une banlieue de Hull. Le dimanche soir où il avait sauvagement été assassiné, Rinfret avait dîné avec des amis à Aylmer puis était parti seul dormir dans un motel pour récupérer du sommeil perdu – l'homme s'offrait souvent des retraites d'une nuit à l'écart des obligations de son ministère. Comme on l'apprendrait plus tard, pendant l'enquête préliminaire, Rinfret avait rencontré son tueur alors qu'il se trouvait dans une automobile devant le chic Château Laurier d'Ottawa.

McMurtrie et un ami avaient passé la soirée à fumer du haschich, gober des Valium et boire de la bière. Il proposa à son acolyte de « s'en faire un », c'est-à-dire de tabasser quelqu'un. Âgé de 20 ans, McMurtrie avait commencé à se prostituer au parc Major's Hill sept ans plus tôt. Par une ironie du sort dont le destin a le secret, Rinfret était le prêtre qui avait reconduit le père de McMurtrie à son dernier repos.

Aux abords du Château Laurier, vers 22 heures, les deux comparses repérèrent leur proie et lui demandèrent s'il était intéressé par un « trip à trois ». L'homme opina du bonnet et les conduisit au motel Ritz. Une fois dans la chambre, le client demanda à McMurtrie de l'embrasser et ce fut alors que celui-ci se mit à le poignarder, s'acharnant sur lui avec tant de férocité qu'il lui sectionna une artère à l'avant-bras gauche.

Le soir précédant, McMurtrie avait rencontré un autre client avide de discrétion sur ses activités sexuelles. Monsieur X, un éminent citoyen, était désespéré à l'idée que sa vie clandestine et ses soirées de débauche soient portées à la connaissance de sa famille ou du public.

Ayant ramené McMurtrie chez lui, M. X eut la surprise de voir son invité l'attaquer avec un couteau de boucher (le même dont il userait le lendemain sur la personne de Rinfret). Mais la victime réussit à dissuader McMurtrie de le tuer en lui promettant de ne rien révéler de cette agression à la police.

À l'enquête préliminaire, Burns prit la parole, y allant d'une déposition contre l'accusé suffisante pour que l'affaire soit portée en jugement. Mais ce fut le témoignage incriminant de M. X qui convainquit McMurtrie de plaider coupable – même si une annulation du procès aurait été à sa portée – à une accusation d'homicide au deuxième degré de Rinfret, un crime commis, selon les termes du juge lui-même, « avec une fureur sauvage et sadique ». McMurtrie fut condamné à la prison à vie et envoyé au pénitencier de Saint-Vincent-de-Paul, sans possibilité de libération conditionnelle avant 10 années de sa peine purgées.

Par une autre ironie du sort, Burns avait connu McMurtrie bien avant qu'il n'assassine le prêtre : il avait été son entraîneur au hockey mineur.

« C'était un petit voyou, mais qui n'avait aucune tendance à des accès de violence, dit Burns au journaliste Robert Marleau, du *Ottawa Citizen*. Je me souviens de lui avoir dit qu'il tournerait mal s'il ne se prenait pas en main. »

Burns fut policier à plein temps pendant 16 ans, soit la moitié de sa vie adulte, et cette profession façonna sa personnalité, sa manière de voir le monde et celle dont les gens le voyaient. Seize ans, une période de temps équivalente à celle pendant laquelle il dirigea des équipes de la LNH.

« Pat a touché à tout dans la police : la moralité, les drogues, l'alcool, l'infiltration, se rappelle John Janusz, son partenaire dans l'affaire Rinfret. Vous pouvez imaginer le scandale que ça a fait : un prêtre dans un motel, des gays, du sexe… Nous avons travaillé six bons mois sur le dossier, on nous a introduits auprès de gens de la communauté gay et nous avons réussi à classer l'affaire. Et puis, dans le box des témoins, ce gars qui menace de le tuer… Mais vous ne pouviez pas intimider Pat, pas avec son tempérament d'Irlandais. »

La résolution du meurtre de Rinfret serait le haut fait d'arme de la carrière de Pat Burns le policier. La plupart des cas qu'on lui confiait n'étaient pas aussi tragiques, quoique souvent très colorés ou bizarres, comme si on les avait extraits d'abracadabrantes séries policières. Il y eut entre autres ce conseiller municipal de Gatineau dont la maison avait été dévalisée, et sous le nez duquel trois bandits masqués avaient pointé un revolver, le soulageant de 14 000 $ en espèces et en bijoux. Bien que les trois hommes se fussent munis de bas de soie pour dissimuler leurs traits, le conseiller Claude Bérard reconnut plus tard l'un d'eux dans un bar de Masson. Bérard fit semblant de sympathiser avec l'homme, l'invita chez lui puis le força à s'excuser auprès de sa femme pour tout le mal que ses complices et lui leur avaient infligé, avant d'appeler finalement la police. Burns, qui avait répondu à cet appel, raconta à l'audience de mise en liberté sous caution sa surprise quand il était arrivé sur les lieux et avait appréhendé le suspect bourrelé de remords. Il soutira de l'individu assez d'informations pour pouvoir se rendre à Edmonton afin d'arrêter ses complices, en profitant au passage pour assister à deux parties des Oilers.

Une autre enquête mémorable mettait en vedette Burns infiltrant un salon de massage qui était en fait un bordel. Une équipe de quatre policiers mit sous surveillance le Minou noir, appréhendant une douzaine de ses clients pour fins d'interrogatoire. L'un d'eux, ayant apparemment un avis mitigé quant aux « services » qu'il avait reçus, dit aux enquêteurs qu'une masseuse lui avait proposé d'enlever son haut (pour un modique supplément de 5 $) et de le masturber (pour 20 $ de mieux). Burns et ses collègues décidèrent d'effectuer une descente et accusèrent le proprio et sa femme de tenir une maison de débauche. Au procès, Burns réfuta avoir menacé les clients de flagrant délit s'ils ne collaboraient pas. Mais l'affaire était délicate et valut bien des inimitiés à Burns en haut lieu, car le propriétaire du Minou noir était un ancien sergent de la police d'Ottawa.

Il y eut également cet épisode où une furie l'assomma avec une dinde surgelée alors qu'il essayait de calmer une dispute conjugale. Même si l'anecdote avait été embellie par le passage des ans et la patine du souvenir, elle ne venait pas de nulle part.

« Elle m'a assommé avec une dinde ! La sauce aux atocas me coulait dans le cou, j'avais de la farce dans les oreilles et j'étais étalé pour le compte. Mon partenaire a dû se charger seul de maîtriser la femme et son mari. »

Sans parler de ce chauffeur ivre qu'il avait arrêté et qui retourna plus tard au poste en brandissant un revolver, avec le résultat que tous plongèrent au sol en quête d'un abri… sauf bien sûr Burns, parti paisiblement manger et, du coup, privé de ces sensations fortes.

Un sens de l'humour en acier trempé l'aida à composer avec tous ces fêlés et le quotidien moins excitant du maintien de l'ordre. Un jour, l'équipe avait amené en garde à vue un suspect sur qui pesait le soupçon d'une série d'agressions, et dont l'esprit de coopération était déficient. Le hasard voulut que la salle des biens saisis du poste regorgeait de déguisements récupérés à la suite du vol d'un camion. Burns proposa d'enfiler un costume de lapin de Pâques complet, avec une grosse tête aux longues oreilles flottantes, puis d'entrer dans la cellule du suspect pour le tabasser avec ses énormes pattes bien coussinées «jusqu'à ce qu'il parle». Allez savoir pourquoi, la suggestion de Burns fut déclinée…

Les forces de police de Hull fusionnèrent quelques années plus tard avec celles de Gatineau. Depuis longtemps ces municipalités s'étaient développées de manière différente, mais les deux villes restaient des destinations prisées des fêtards assoiffés d'Ottawa.

«Les bars de Gatineau ferment à trois heures du matin, se souvenait Burns. On était dans l'auto-patrouille et on regardait le trafic sur le pont. C'était comme assister à l'invasion d'une ville par une armée d'alcooliques!»

Maintenant qu'elles étaient loin derrière lui, Burns adorait raconter ces histoires de police, les deux pieds sur son bureau, entouré d'une meute de journalistes subjugués.

Quand il était d'humeur badine, personne du métier n'était un meilleur *raconteur**. Peu importe si ses histoires étaient vraies (ou peu, ou pas), toutes avaient le ton de l'authenticité. Après qu'un journaliste eut repris quelques-uns de ces récits, Burns feignit l'indignation:

«Écoutez, j'ai mis à l'ombre pas mal de bandits. Certains d'entre eux savent tout de même lire…»

Quand Pat se joignit à la police de Gatineau, de nouvelles recrues héritèrent du quart de travail nocturne, puis d'une auto-patrouille avant de devenir enquêteurs. Janusz et Burns, arrivés deux ans plus

---

* En français dans le texte.

tôt, étaient les seuls policiers du service à parler anglais au milieu des années 1970 ; ils étaient liés l'un à l'autre avant même d'être réunis dans la même patrouille et, plus tard, dans leur tandem d'enquêteurs. Soulignant leurs distinctions communes, Janusz raconte :

« Son nom était Burns et le mien, Janusz. Nous parlions tous les deux anglais et venions tous les deux de Montréal. »

Chacun avait aussi, de son côté, perdu son père assez tôt dans la vie. Ils s'étaient immédiatement entendus.

Burns reçut l'appui de la haute direction quand il manifesta le désir d'apprendre le français, après qu'on lui eut souligné la présence de fleurs de lys sur les épaules de son uniforme. Du temps de sa jeunesse, il avait toujours entendu parler cette langue autour de lui et il la comprenait, mais n'avait jamais appris à la parler correctement, n'en maîtrisant que quelques tournures en joual. Son français peu châtié constituerait plus tard un problème dans son travail d'entraîneur, à Montréal, lorsqu'il aurait à composer chaque jour avec des médias francophones chatouilleux et prompts à railler son accent et sa prononciation. En tant que policier novice, toutefois, il s'efforça d'améliorer son français en prenant des cours et en rédigeant ses rapports dans les deux langues.

« Il ne parlait pas le meilleur français, mais disons qu'il était coloré ! », dit en souriant Janusz.

Burns passa de simple agent affecté à la circulation avec un pistolet radar – bien que Gatineau finît par acquérir les motocyclettes faussement promises – à agent battant les trottoirs, puis auto-patrouilleur, puis enquêteur dans l'une de ces voitures banalisées, de ces grosses Chevrolet noires que repéraient immédiatement les malfrats. Avec la fusion de cinq services de police régionaux, la nouvelle direction scinda les effectifs de Gatineau en trois équipes d'enquêteurs.

« Nous étions habillés en civil et conduisions des voitures banalisées, raconte Janusz. Nous patrouillions et faisions de la surveillance, essayant de recueillir de l'information ou de retracer des gens pour aider les sergents qui travaillaient au secteur des homicides. Pat et moi étions constables, mais plus tard, nous avons été promus enquêteurs criminels ensemble. On nous avait donné le titre d'*agent enquêteur*[*], ce qui se voulait une façon coquette de dire détective. »

---

[*]. En français dans le texte.

Dès le début, Burns eut le don de soutirer des informations de ses contacts et mouchards, se faufilant aisément au travers de la racaille, du côté de la face cachée du crime urbain. C'était un talent particulier, un instinct, il était taillé sur mesure pour un policier ambitieux.

« Il pouvait adresser la parole à n'importe qui, se rappelle Janusz. Pour récolter des renseignements, tu dois avoir une manière d'approcher les gens, être capable de te fondre dans leur milieu. Il avait travaillé sa méthode. Il savait s'adapter. S'il devait se montrer intraitable, il était intraitable. Et s'il devait être cool, il était cool. »

Aux yeux de Burns, travailler en civil était ce qu'il y avait de plus enivrant dans son métier. Il releva le défi avec enthousiasme, se laissant pousser les cheveux – pendant un moment, il porta même une coupe afro ! –, bichonnant son ensemble bouc, gros favoris et moustache, dans le plus pur style motard. Il était fasciné par la mentalité des criminels et se sentait à l'aise avec leur esprit anti-establishment. À de nombreuses reprises, plus tard dans sa vie, Burns admit que, s'il n'était pas devenu un policier, il aurait très bien pu mal tourner et se retrouver de l'autre côté de la clôture. Dans une certaine mesure, dans sa vie personnelle, il recréerait quelque chose qui s'approchait d'un club de motards avec des amis tout comme lui fous de motos, de choppers, de Harley. Ils se baptiseraient les Red Dogs et, enfourchant leurs bruyantes montures, se lanceraient dans de longues virées à travers le Canada et les États-Unis, ratant rarement le grand rassemblement annuel de motos de Laconia, dans le New Hampshire. Son penchant pour cette culture – et le fait que certains gros bonnets de vrais clubs de motards avaient pour lui une réelle, et peut-être même trop grande, affection – le placerait dans une situation délicate, 20 ans plus tard, quand le nom de Burns surgirait au détour d'écoutes électroniques, lors d'une enquête policière portant sur les gangs de motards montréalais.

« Il y avait une salle de billard sur la *main*, à Gatineau, et tous les motards de la place se tenaient là, raconte Janusz. Ils avaient leur écusson et leurs têtes rasées. Ils s'appelaient les Popeyes, hors du Québec, et ils sont devenus les Hells. Ils étaient impliqués dans le trafic de drogue et l'écoulement de biens volés. Pat allait les voir et leur parlait. Il avait l'habitude de les qualifier de pourritures. Mais il pouvait leur parler et se sentir à l'aise parmi eux. Il n'avait pas peur d'eux. Était-il respecté par ces pourritures ? Oui, je pense bien qu'il l'était… »

En évoquant ses années d'aventures de policier en civil, Burns poussa peut-être le bouchon un peu loin en prétendant qu'il avait réellement joint les rangs des Outlaws, quand l'organisation avait déclaré la guerre ouverte à sa rivale, les Hells Angels, chapitre de Hull.

« J'avais une queue de cheval, je conduisais une grosse Harley-Davidson. Ce n'était pas une trop mauvaise mission. On buvait de la bière toute la journée et on regardait les filles danser dans un bar topless. »

———

Burns ne se débarrasserait jamais de cette réputation de policier rompu à la réalité de la rue une fois qu'il serait devenu un entraîneur – et ses antécédents de policier étaient précisément ce qui captiverait les directeurs généraux d'équipes de hockey, mais ses 16 années passées à côtoyer intimement le monde criminel teinteraient son caractère pour de bon, biaiseraient sa vision du monde et alimenteraient une méfiance bien enracinée à l'endroit de la bête humaine.

« Policier un jour, policier toujours, dit Janusz. Les gens dans notre métier n'ont pas le choix de voir tout ce qui ne va pas dans le monde puisque personne n'appelle la police quand tout va bien… seulement quand ça va mal. Vous voyez tout ça et vous apprenez, et ça ne vous quitte jamais. C'est dur pour nous de faire confiance à qui que ce soit. Nous finirons par faire confiance à quelqu'un, mais ce ne sera pas du premier coup. »

Il est facile d'oublier ces 16 ans que Burns passa dans les forces de l'ordre. Mais durant tout ce temps, son intérêt – et son implication – dans le sport ne diminuèrent pas. Il continua à jouer au hockey dans une équipe de junior B de Hull, puis dans une équipe senior, toujours en dépit de la mauvaise condition de ses genoux.

« C'était du hockey de ruelle, du genre *Slap Shot*, avec des gens qui lançaient des roches sur notre bus quand nous quittions la ville », se rappelait-il.

Il intégra l'équipe de balle-molle de la police et se mit à entraîner des jeunes, au hockey mineur, du niveau moustique jusqu'à midget en passant par le peewee et le bantam. Une de ses équipes de niveau midget, les Kiwanis de Hull, comptait un garçon timide du nom de Stéphane Richer. Une équipe midget dont il prit les rênes perdit un tournoi aux mains des Hurricanes de Ville-Émard quand un talentueux jeune homme de 14 ans du nom de Mario Lemieux compta en prolongation. Quand son emploi du temps le lui permettait, Burns participait à des cliniques de coaching, friand de ces tableaux blancs où les stratégies de jeu s'élaborent avec des O et des X.

« Il a pratiqué un tas de sports et il était sacrément bon dans chacun d'eux, mais il préférait le hockey, dit Janusz. Au temps où nous étions enquêteurs criminels, le vendredi, en fin d'après-midi, quand les choses se tassaient et qu'on se préparait pour la fin de semaine, Pat parlait de hockey. S'il y avait de gros matchs prévus pendant le week-end, Pat pouvait nous en parler de long en large. Et quand on se retrouvait le lundi matin, assis autour d'un café en ouvrant nos dossiers, Pat repassait le match en revue. Il nous donnait son opinion sur les joueurs, l'entraîneur, et ainsi de suite. Il disait : "Ce crétin d'entraîneur a fait ceci, moi j'aurais fait cela." En fait, il analysait la partie et nous faisait part de ce qu'il aurait fait en tant qu'entraîneur, les décisions qu'il aurait prises. Où avait-il été chercher cette intelligence du hockey ? Je n'en sais rien. Personne ne lui avait rien expliqué, il n'avait eu aucun mentor…

« Je lui disais toujours : "Un jour, Pat, tu vas te ramasser à la télé à analyser le hockey." Je lui tirais la pipe : "Pat, tu vas être le prochain Don Cherry." Il n'avait pas nécessairement la même attitude que Cherry, mais Pat pouvait être drôle tout en allant droit au but. Ce que vous voyez aujourd'hui à la télé, ces émissions de fond sur le hockey, tous ces gars sur un plateau, c'est ce que faisait déjà Pat, et bien avant qu'il soit entraîneur dans la LNH, analysant, évaluant… Il voyait des choses que personne d'entre nous ne voyait. Nous, nous étions de simples amateurs ; lui, c'est comme s'il *enquêtait* sur chacune des parties qu'il voyait. »

Burns dirigea par intérim, en relève d'un ami malade, un club de niveau midget AAA et le mena jusqu'au championnat de la ligue, la coupe Daoust. Au son de la sirène, il regarda dans les gradins et fit signe à Janusz de venir le rejoindre et de célébrer avec lui sur la patinoire de l'aréna Robert-Guertin de Hull.

« Je suis donc allé sur la glace sans pouvoir imaginer jusqu'où irait Pat un jour… Pat brandissait le trophée, pas bien gros, peut-être, mais qui signifiait tant. Après tout, c'est en entraînant des jeunes que les portes du hockey se sont ouvertes pour lui. Il a eu sa chance. »

Faire tenir hockey et boulot dans l'horaire d'une même journée demandait parfois à Burns son lot d'acrobaties. Le directeur de cette équipe midget était lui-même un inspecteur de police à Gatineau qui réaménagea un peu le temps de travail de Burns à son avantage. Plus souvent qu'autrement, Janusz devait couvrir son partenaire.

« Nous travaillions pendant deux semaines de jour, puis pendant une semaine de soir, du lundi au vendredi. Les semaines où nous travaillions de soir, nous commencions à trois heures de l'après-midi et finissions à minuit. Il y avait plein de ces soirs-là où Pat avait des matchs. Il me disait : "*Fuck*, John, je dois y aller, je dois vraiment y être, tu vas me couvrir, hein ?" Je lui répondais : "OK, mais s'il y a un gros problème, un homicide ou quelque chose d'aussi grave, tu vas ramener ton cul de l'aréna et venir m'aider." Pour être honnête, tout ça me rendait nerveux. Je veux dire, il trompait un peu l'organisation, n'est-ce pas ? Mais bon, c'était du hockey, non ? Alors, je l'ai fait et je n'ai aucune gêne à l'avouer aujourd'hui. Ça a été en quelque sorte ma petite contribution à sa carrière. Mais est-ce que j'ai pensé que ça pourrait éventuellement le mener à devenir un entraîneur de la LNH ? Non. Je me suis dit qu'au mieux, il pourrait se ramasser à diriger au niveau junior ou dans les ligues mineures, peut-être entraîneur-adjoint dans la LNH. Mais entraîneur-chef ? Et de trois des six équipes originales ? Entraîneur de l'année à trois reprises ? Gagnant de la coupe Stanley ? Non, je n'aurais jamais parié un vieux sou noir là-dessus… »

Alors qu'il travaillait pour l'équipe midget, Burns faisait dans ses temps libres un peu de recrutement et observait de nouveaux talents pour le compte des Olympiques de Hull (aujourd'hui les Olympiques de Gatineau) de la Ligue de hockey junior majeur du Québec (LHJMQ). Pendant ce temps-là, les Olympiques faisaient la même chose : ils *observaient* Burns. On lui offrit – et il accepta avidement – le poste d'entraîneur-adjoint des Olympiques en 1983 tandis qu'il continuait à travailler à plein temps comme policier.

« Oh, c'était fou, se rappelait-il. J'étais alors sergent-détective, je travaillais de jour avec l'unité contre la fraude, de sept heures du matin à trois heures de l'après-midi, me consacrant surtout à rédiger des rapports. J'allais directement du poste de police à la patinoire. La séance d'entraînement se déroulait de quatre heures à six heures. Il y avait les parties, les voyages. J'avais négocié une entente qui me permettait de prendre mes vacances en heures plutôt qu'en jours. Je travaillais jusqu'à midi et puis je sautais dans l'autobus et nous allions à la partie. C'était fou. »

La saison suivante, après que l'équipe eut fini avant-dernière et raté les séries pour une quatrième fois en 11 ans, l'entraîneur-chef Michel Morin retourna à l'enseignement et le poste revint à Burns. Mais quelques montagnes durent être déplacées pour qu'il en fût ainsi...

Dans l'entourage de l'équipe, à ce moment-là, se trouvait un homme de hockey du nom de Charles Henry, fort de son quart de siècle d'expérience dans les niveaux mineur et junior. Il était – et il est d'ailleurs toujours – le bras droit bienveillant de nul autre que Wayne Gretzky, qui venait de vendre 46,5 % de sa participation dans les Bulls de Belleville de la Ligue de hockey de l'Ontario.

« Pourquoi n'achetons-nous pas une autre équipe ? m'a-t-il demandé. J'ai dit : "D'accord. Regarde, les Olympiques ont l'air disponible." »

En fait, les médiocres Olympiques, alors la propriété de la Ville, venaient tout juste de déclarer faillite.

« Dès qu'ils ont su que Wayne avait un œil sur l'équipe, ils étaient déjà à genoux pour la vendre... »

En qualité d'entraîneur-adjoint, Burns faisait partie du marché, mais Gretzky et Henry, éventuel directeur général de l'équipe, l'avaient déjà désigné entraîneur-chef dans leurs plans.

« Nous tentions de changer l'attitude du club, raconte Henry qui observait discrètement certains des entraînements conduits par Burns, et notre agent de changement était là, sous nos yeux. J'ai étudié d'autres possibilités quand nous avons acheté l'équipe. J'ai tout passé en revue, j'ai changé ceci et cela, mais l'entraîneur que nous voulions, nous l'avions ici. Nous nous sommes dit : "C'est lui que nous voulons." J'en ai parlé à Pat et il sauté sur l'offre. »

Ce fut Gretzky qui se chargea de faire l'appel « rentre-dedans ». Burns était à la maison quand le téléphone sonna.

— Pat, c'est pour toi, fit sa petite amie.

— C'est qui ?

— C'est un interurbain d'Edmonton. Ils disent que c'est Wayne Gretzky.

Burns pensa qu'il s'agissait d'une plaisanterie stupide de ses amis du poste, mais prit tout de même l'appareil. À l'autre bout du fil, une voix dit :

— Allô Pat, c'est Wayne Gretzky.

Burns, toujours convaincu d'être victime d'un mauvais coup de ses amis, grogna :

— OK, arrêtez de niaiser, bande de caves.

— Non, Pat, c'est vraiment moi.

La Merveille finit par dissiper les doutes de Burns et le persuader qu'il s'agissait bien de lui. Il désirait que Burns reste à l'emploi des Olympiques en qualité d'entraîneur-chef.

— Écoutez, j'apprécie beaucoup, répondit Burns, mais je suis un policier, pas un entraîneur de hockey. Je n'ai pas de temps libre et vous ne pouvez pas savoir l'enfer que j'ai vécu la saison dernière.

Pourtant, le lendemain, il avait sauté dans un avion pour Edmonton, aux frais de Gretzky, et une entente avait été signée. Cela dit, les ennuis de logistique demeuraient les mêmes.

« À cette époque, il était toujours employé à temps plein au service de police de Gatineau, se rappelle Gretzky. Mais nous croyions réellement qu'il serait un jour entraîneur dans la LNH et que si nous l'embauchions, son séjour avec les Olympiques ne durerait peut-être pas très longtemps. J'ai dit à Charlie que si nous voulions courtiser Pat, nous devions foncer pendant qu'il en était encore temps. Il y avait des chances pour que nous le perdions assez vite. Nous pensions pouvoir le garder au moins une année avant qu'une équipe de la LNH se manifeste. »

Burns ne pouvait absolument pas continuer à maintenir le rythme frénétique imposé par deux emplois simultanés requérant toutes ses énergies. Gretzky appela personnellement le chef de police de Gatineau. Charlie Henry, lui, alla rencontrer le maire :

« Je lui ai dit que si nous voulions faire un entraîneur de ce jeune homme, parce qu'il en avait les capacités, nous aurions besoin qu'il puisse s'absenter un an. Cela n'était jamais arrivé auparavant. Mais je connaissais le maire et il a accepté. Il a dit : "OK, je vous donne un an, mais pas plus." »

Avec sa modestie habituelle, Gretzky réfute le fait que sa participation dans ce dossier ait pu avoir le moindre effet de persuasion sur le maire Hizzoner :

« Ils ont été très coopératifs. Ils savaient que Burns était quelqu'un qui deviendrait un jour un entraîneur de la LNH. Je ne crois pas avoir fait quoi que ce soit qui ait pu contribuer à aider Burns en ce sens. Peut-être que je les ai un peu poussés… Ces gens-là comprenaient que la trajectoire de Pat n'était pas très éloignée de celle de la LNH. Pat avait une telle compréhension du hockey, une présence forte, et c'était un travailleur acharné. »

Convaincu que la présence dans ses effectifs d'un policier – qui serait aussi l'entraîneur d'une équipe appartenant à Gretzky – constituerait un bel atout pour la communauté, le chef de police fit tous les arrangements nécessaires et valida l'année sabbatique de Burns. De son côté, Burns était doublement heureux parce qu'il touchait un bon salaire pour diriger les Olympiques, en même temps qu'il conservait son ancienneté et les bénéfices qu'il avait accumulés comme policier. À ce moment-là, Janusz et son partenaire virent leur association professionnelle prendre fin, mais cela ne les empêcha pas de demeurer amis jusqu'à la mort de Burns. Plus tard, Janusz deviendrait chef de la police de Gatineau. Il est aujourd'hui directeur général du service de la sécurité de la Chambre des communes. Pour deux petits gars de Montréal de modeste condition, chacun ne s'en est pas trop mal tiré.

Ce que Gretzky et Henry aimaient le plus de Burns étaient les atouts évidents qu'il mettait à leur disposition : son sens du hockey – acquis de manière totalement autodidacte – et la réputation de policier pas commode qui le précédait.

« Il faisait preuve de discipline, de gros bon sens et de fermeté dans ses décisions, dit Henry. Les joueurs l'aimaient, mais ils en avaient peur. Oh, pour être dur, il était dur. Il pouvait être intraitable. Avec le genre de discipline qu'il instaurait, honnêtement, je ne sais pas s'il pourrait être entraîneur aujourd'hui. Très souvent, il inspirait la peur autour de lui. Les joueurs étaient terrorisés par Pat, et ce ne fut pas très différent quand il accéda à la LNH. »

Sur le même sujet, Gretzky ajoute son grain de sel :

« Il dirigeait de jeunes joueurs de 16 à 20 ans. Que ça leur plaise ou non, il était tranchant avec eux. Il était toujours extrêmement honnête avec chacun de ses joueurs, même si parfois ils n'avaient pas envie de l'entendre. »

Charles Henry deviendrait bientôt pour Burns un autre de ses innombrables pères de substitution. « Peut-être recherchait-il une figure paternelle », se contente de dire Henry. Mais ce maître à penser expérimenté veillait à ne pas mettre le bien-être de l'équipe devant celui de cet « homme merveilleux » pour qui il développa une grande affection. Confiant que son entraîneur novice atteindrait ultimement la LNH, il échafauda prudemment un plan B, au cas où sa prédiction ne se réaliserait pas. Bien connu dans la région d'Ottawa, où il avait déjà été pompier, et fort d'une foule de contacts dans le monde des entreprises et des affaires, Henry fit un jour part à Burns que s'il ne connaissait pas le succès escompté au hockey, il pourrait probablement lui décrocher un poste de chef de la sécurité dans le plus grand réseau de magasins à rayons, A. J. Freiman. La réaction explosive de Burns le déconcerta :

« Il était insulté ! Ce que je voulais lui signifier, c'était simplement qu'il n'avait pas à s'inquiéter de se retrouver sans emploi s'il ne retournait pas au service de police, qu'il pourrait compter sur un emploi dans la sécurité chez Freiman, et être l'homme fort de la place. Ce que Pat comprenait, lui, c'était : *Jesus Christ*, tu penses que je ne vaux pas mieux que ça ? " »

Quand l'année sabbatique de Burns fut achevée – les Olympiques avaient terminé au deuxième rang de leur division et au cinquième de la ligue, perdant en demi-finale en cinq matchs –, il n'était pas question pour Henry de laisser son joyau en devenir retourner faire la loi chez les malfrats ou résoudre des homicides.

« Quand son année sabbatique prit fin, le service de police a dit à Pat qu'il ne pourrait pas en avoir une autre. Alors, je suis retourné voir le maire de Hull et je l'ai persuadé de m'accompagner chez le chef de police afin de convaincre celui-ci d'accorder une autre année sabbatique à Pat. Et on y est arrivés ! »

Il n'y aurait pas de troisième année sabbatique. Pat Burns ne reprendrait plus jamais de service dans les forces de l'ordre.

Plus jamais il ne dégainerait un revolver…

CHAPITRE 3

Aventures dans la LHJMQ
« OK, j'ai été un entraîneur un peu *showman* dans le hockey junior. »

C'était un lendemain de veille, et d'une lamentable veille. Les Olympiques avaient perdu une grosse partie, et cela n'avait pas été joli. Les joueurs, en uniforme, étaient réunis dans le vestiaire avant la séance d'entraînement dans l'attente anxieuse d'une sortie en règle de Pat Burns, un entraîneur dont les sermons explosifs pouvaient faire s'écailler la peinture des murs, même quand son équipe gagnait. Le défenseur Cam Russell se souvient :

« Le soigneur nous a prévenus que personne n'allait sur la glace avant l'arrivée de Pat. Bien sûr, nous tremblions comme des feuilles dans nos patins, craignant de devoir patiner jusqu'à en vomir. Puis Pat est enfin arrivé avec le soigneur... et quatre caisses de bière ! Alors tout le monde s'est assis et s'est mis à boire. C'était une autre époque... »

Burns s'était promené dans la pièce et avait jasé avec ses jeunes protégés.

« À partir de ce moment-là, quand nous avions une mauvaise partie, on ressortait toujours la même blague : nous espérions avoir une dégustation de bière. Le coup de la bière, c'était Pat tout craché. Il avait un tas de tours dans son sac et il savait quand les sortir. »

Cette manie de Burns de recourir aux tactiques les plus farfelues demeura sa marque de commerce tout au long de sa carrière. Ce fut durant ces trois années mouvementées derrière le banc des Olympiques, dans la féroce LHJMQ, que Burns forgea en grande partie son futur style... et son arsenal de trucs. S'il ne fut jamais reconnu comme un grand technicien, il démontra rapidement ses capacités de motivateur et son sens du hockey, et qu'il était un homme qui pouvait tirer de chacun de ses joueurs son plein potentiel. Ce don serait le catalyseur qui lui permettrait d'améliorer rapidement le rendement de toutes les équipes de la LNH qu'on lui confierait, particulièrement durant les premières années de son règne, et c'était aussi ce qui le rendait si précieux aux yeux des directeurs généraux.

Chaque joueur qui a évolué sous les ordres de Burns au hockey junior reconnaîtrait plus tard sa contribution cruciale dans leur progression vers la LNH. On pense à de jeunes recrues tels que Cam Russell, Luc Robitaille et Benoît Brunet, qui le connurent lors de leur passage à Hull, une équipe que Burns mena à la coupe Memorial en 1986. À cette époque où le hockey était bien différent de celui d'aujourd'hui – et où Burns lui-même, mince et affublé d'une permanente, ne ressemblait guère à l'image qu'il imposerait plus tard –, il repéra, embaucha et mit en valeur quantité de talents bruts, formant, aussi bien dans la vie que sur la glace, des adolescents dont il ferait des hommes qui joindraient plus tard les rangs de la LNH.

Les Olympiques de Hull, rebaptisés en 2002 les Olympiques de Gatineau après les fusions municipales, partageaient le marché local du hockey junior ainsi qu'une intense rivalité avec les 67's d'Ottawa, qui nichaient de l'autre côté de la rivière. Quand Burns joignit l'équipe en 1983 à titre d'entraîneur-adjoint, elle était encore la propriété de la Ville de Hull. La saison précédente, le club avait terminé au classement 40 points derrière les Voisins de Laval, ses adversaires en quarts de finale (qui nécessitèrent tout de même sept matchs). Puis la Ville céda la propriété du club à une société à but non lucratif.

En qualité d'adjoint pendant la saison 1983-1984, Burns ne se trouvait pas derrière le banc parce que l'entraîneur-chef Michel Morin préférait avoir les coudées franches au niveau de la patinoire. Par conséquent, Burns observa depuis les gradins toutes les parties en prenant des notes. Ce qu'il pouvait voir de là-haut n'était guère enthousiasmant: les Olympiques finirent avant-derniers dans la division Lebel. Comme on l'a dit précédemment, ils se voyaient exclus des séries pour une quatrième fois en 11 ans, et cela en dépit de la présence dans leur alignement d'un excellent ailier gauche, Luc Robitaille, repêché par l'équipe et immédiatement étiqueté du sobriquet « La Franchise ».

Au terme d'une seule année aux commandes des Olympiques, Morin tira sa révérence et céda la place à Burns, toujours à faire la navette entre le poste de police et la patinoire. En 1984-1985, les Olympiques finirent au deuxième rang de leur division, avec un Robitaille répondant aux espoirs fondés en lui et exprimant son talent à sa pleine mesure, fort d'une fiche de 55 buts et 148 points. En demi-finale, l'équipe s'inclina en cinq matchs contre Verdun. Pendant ce temps, Gretzky procédait officiellement à l'acquisition de l'équipe, et la conférence de presse qui s'ensuivit attira près de 150 journalistes des quatre coins de l'Amérique. Auréolés du lustre de Gretzky, les Olympiques ne passeraient plus jamais inaperçus. Le premier ministre du Canada était du nombre des spectateurs, le soir du match d'ouverture de la saison locale. Pour sa deuxième année sous les rênes de Burns, l'équipe pouvait compter sur un alignement gagnant mené par le talentueux Robitaille.

« Quand je suis arrivé à Hull, à ma première saison, raconte-t-il, Pat était encore à moitié policier, à moitié entraîneur. Il était là pour la plupart de nos matchs à domicile et, quand il le pouvait, il voyageait avec nous. L'année suivante, il était devenu le patron. L'année précédente, nous avions fait les séries, mais nous en avions vite été sortis. Notre équipe était tout de même prometteuse, et c'est la raison pour laquelle Wayne, à son arrivée dans le décor, a gardé Pat en selle : parce qu'il savait que Pat accomplissait déjà quelque chose de spécial. »

« Exigeante » est le premier mot qui vient à l'esprit de Robitaille quand il songe à la manière dont Burns travaillait.

« Il était déjà un excellent communicateur. Il était très émotif et vous n'oubliiez jamais qu'il était l'entraîneur. Mais il y avait tout de même des moments où il frayait avec nous et nous avions alors beaucoup de plaisir, et ça rendait notre relation spéciale. Si nous gagnions, il nous rejoignait au fond de l'autobus et s'amusait avec nous pendant trois bonnes heures. Si nous perdions, nous ne le voyions pas mais nous savions qu'il reviendrait à la prochaine victoire.

« Chaque joueur qui a joué pour Pat l'aimait. Si vous étiez honnête avec lui, il devenait votre ami hors de la patinoire. Mais il avait une façon de déplacer cela sur la glace… C'était un entraîneur que vous pouviez à la fois aimer et respecter. Il a été un des rares entraîneurs que j'ai connus qui était capable d'inspirer ça. »

Le côté rusé de Burns s'exprimait quand il «traînait» avec ses joueurs, rapporte Robitaille; il en profitait alors pour «rentrer dans leur tête», généralement dans un but stratégique. L'équipe comptait un joueur, un gars de la place, que Burns adorait parce qu'il jouait avec une intensité incroyable.

«Une fois, Burns est venu nous voir dans l'autobus pendant que nous voyagions. Il parlait vraiment très fort. Puis il m'a fait un clin d'œil et a dit que le centre de l'équipe que nous allions affronter était un vrai dur et que nous devrions procéder à un échange pour lui mettre la main dessus. Ce n'était évidemment pas vrai, mais Pat essayait de mettre le gars de Hull dans tous ses états. Et bien sûr, dès le début de la partie, celui-ci s'en est pris au centre adverse dès que la rondelle a touché la glace. Pat faisait ce qu'il avait à faire pour tirer le meilleur de nous et nous aider à gagner.»

Les règles de Burns étaient simples:

«Tu devais te défoncer, point à la ligne, poursuit Robitaille. S'il décrétait un couvre-feu, tout le monde le respectait. C'était un préfet de discipline, mais d'une façon sensée. Il voulait que nous soyons respectueux de l'organisation et de la ville pour lesquelles nous jouions, mais il nous laissait aussi vivre. Il était conscient qu'il s'agissait d'un jeu et que nous devions nous amuser.»

Puis Robitaille ajoute en s'esclaffant:

«Bien sûr, c'était plus plaisant pour lui quand nous gagnions. Mais il m'a aidé à devenir un meilleur joueur en me faisant comprendre les sacrifices que tu dois consentir afin de gagner. Et c'est la clé de ce que tout joueur doit comprendre.»

Mais si Burns, à sa deuxième saison à Hull, disait aux journalistes qu'il se donnait deux ans pour accéder à la LNH et respecter l'échéance qu'il s'était fixée à lui-même, il ne donna jamais à ses joueurs du niveau junior cette impression qu'il ne faisait que passer, en route pour un échelon supérieur.

«Nous ne pensions pas comme ça, et lui non plus d'ailleurs, reprend Robitaille, qui ferait le saut du junior directement à la LNH et y brillerait pendant 19 saisons, dont 16 en trois séjours avec les Kings de Los Angeles, dont il est aujourd'hui le président du marketing. Lui et moi avons débuté ensemble, mais peu importe ce que nous faisions à ce moment-là, nous pensions que rien ne pouvait battre cet instant présent. Il aimait diriger au junior. Puis il est allé dans la Ligue américaine et il a aimé son expérience. Je ne crois pas qu'il soit arrivé dans la LAH en se disant : "OK, je passe deux ans dans les mineures et puis je m'en vais dans la LNH." Non, il s'est présenté dans la LAH et s'est juste dit : "Je veux gagner ici." Il a regardé son équipe et il a pensé : "Je vais faire de mon mieux ici." Et quand il a accédé à la LNH, il n'a pas cru qu'il serait entraîneur dans le circuit pendant 10 ans. Je suis sûr qu'il a plutôt pensé : "Qu'est-ce que je peux faire pour cette équipe afin qu'elle soit la meilleure possible aujourd'hui ?" Et il nous a inculqué cette manière de voir les choses dans le junior.

« C'est peut-être ce qui explique qu'il passait seulement trois ou quatre ans à la fois avec une équipe, parce qu'il faisait tout son possible chaque jour, parce qu'il faisait tout ce qui lui semblait essentiel chaque jour. »

Autant dire qu'il s'agit d'un euphémisme pour décrire la manière dont Burns pouvait littéralement épuiser ses joueurs en se montrant toujours si impitoyablement exigeant. Il en paierait d'ailleurs le prix, une fois dans la LNH, quand ses joueurs – ou une faction d'entre eux – s'insurgeraient contre lui.

« Il ne protégeait jamais son propre poste, dit Robitaille. Il ne pensait jamais : "OK, si je prends cette décision, je vais garder mon job ici plus longtemps." »

Peu de joueurs ont eu une relation plus complexe avec Pat Burns que Stéphane Richer, en qui bien des amateurs de hockey québécois ont voulu voir, pendant un temps, le digne héritier de Guy Lafleur – qui reste encore à ce jour le dernier attaquant légendaire des Canadiens. Il partageait avec le Démon blond l'instinct et le sens du spectaculaire, mais malheureusement pas la force mentale nécessaire pour supporter la pression d'être l'idole d'un peuple. La fragilité psychologique de Richer et sa tendance à la dépression sont des sujets qu'il n'a accepté d'aborder que récemment ; à l'époque, on le tenait pour un drôle de numéro, parfois pour une diva, et il a certainement plus d'une fois testé la patience de Burns.

Richer n'était encore qu'un enfant quand son chemin a croisé celui de Burns :

« Il m'a sauvé la vie. J'ai toujours dit que sans lui, je ne serais jamais devenu un joueur de hockey professionnel. Il m'a déniché dans mon petit village de Ripon et m'a amené jouer dans son équipe midget de Hull. J'étais un enfant solitaire dont on lui avait vanté les performances, je crois. Il était encore policier à ce moment-là, mais il connaissait des gens qui observaient de jeunes joueurs. Pat a appelé mon père et lui a demandé si j'étais prêt à quitter mon patelin pour aller à Hull. Ça représentait pour moi toute une aventure ! Mon père m'a dit : "Ça dépend de toi, mon gars. Veux-tu aller là-bas ? Alors, appelle Pat. Nous ne le ferons pas à ta place. Tu es assez grand pour savoir." »

« J'avais 14 ans et je devais décider si je devais ou non quitter ma famille. Mais Pat m'a dit : "Je pense que tu peux faire quelque chose de bien de ta vie." »

L'adaptation ne fut pas chose aisée.

« Si j'avais peur ? Oh, *man*… Quand tu joues au hockey mineur avec tes amis et que du jour au lendemain, tu te retrouves dans une grande ville comme Hull, avec un équipement neuf complet… Je me demandais vraiment ce qui m'arrivait. »

Richer, le plus petit joueur de l'équipe, avec 5 pieds 3 pouces et 135 livres, fut placé par Burns sur le quatrième trio. À la fin de la saison, il avait gagné 7 pouces.

Son arrivée parmi les Kiwanis de Hull, l'équipe midget de Burns, causa un véritable choc culturel au « petit gars de la campagne ».

« Pour une équipe du midget AA, ils étaient vraiment très bons, se rappelle Richer. J'étais le plus jeune de la bande. Nous étions censés tout rafler et nous y sommes presque arrivés. Il se passait parfois des choses très drôles. Pat avait l'habitude de retirer son uniforme de policier pour enfiler son survêtement, le temps d'un entraînement, puis de remettre son uniforme pour retourner aussitôt travailler. »

Après avoir attiré le jeune Richer à Hull, Burns ne lui fit aucun passe-droit et n'eut aucune indulgence pour le désarroi du jeune homme.

« Il me répétait sans cesse : "Te rends-tu compte de la chance que tu as ?" Bien des fois, j'ai dû payer à la place de tous les autres.

Croyez-moi, il était dur. Nous avions tous peur de lui. Pat était un bon homme de hockey, mais il oubliait que nous avions seulement 14 ans. »

Richer allait être repêché par une équipe midget AAA, mais retrouverait Burns, avec plus de peine que de joie pour l'un comme pour l'autre, plusieurs années plus tard à Montréal, après avoir joué son hockey junior avec les Bisons de Granby et les Saguenéens de Chicoutimi.

« Dans le junior, je ne rêvais pas de la LNH. J'essayais plutôt de survivre. Je n'avais jamais envisagé de jouer à un échelon supérieur, quel qu'il soit. Mais je savais que si je voulais faire quelque chose de bien dans la vie, comme me l'avait dit Pat, je devais prendre soin de moi et accepter la discipline. Quand vous êtes loin de votre famille, c'est facile de se perdre. Pat comprenait ça et veillait de très près sur moi. »

Les compétences personnelles que Burns se mit à inculquer, avec sa fermeté sympathique, vinrent avec son poste d'entraîneur au niveau junior, même si dans sa vie personnelle, à cette époque, il était un père rarement présent et peu engagé. Burns tentait de faire cheminer ses jeunes protégés vers une certaine maturité en leur enseignant comment exploiter à son maximum un potentiel que la plupart d'entre eux n'étaient pas conscients de posséder. Il y avait toutefois au programme bien peu de contenu technique à ces niveaux de hockey organisé (midget et junior).

« Il n'a jamais été un entraîneur axé sur la technique, dit Richer. Pour dire vrai, Pat ne connaissait rien à la technique. Je ne suis même pas sûr qu'il connaissait ce mot ! »

———

Cam Russell, qui débarqua chez les Olympiques à 16 ans, partage ce point de vue. Aujourd'hui directeur général des Mooseheads d'Halifax, il se rappelle :

« Pat était un motivateur, point à la ligne. Il ne s'embarrassait pas d'aspects techniques : un défenseur dans un coin, un autre devant le filet, un échec-avant robuste, de solides plaquages, se vider à chaque présence sur la patinoire – et si vous ne faisiez pas ça, vous aviez affaire à lui. Le maître-mot avec Pat était responsabilité, peu importe où vous étiez. Nos meilleurs joueurs étaient ceux qui travaillaient le plus fort, et c'est la plus belle qualité que tu peux attribuer à un entraîneur : réussir à faire de tes joueurs talentueux tes plus gros travailleurs ! »

À l'arrivée de Russell, Gretzky était le propriétaire de l'équipe… et pour plusieurs le facteur décisif dans la décision de rallier la LHJMQ. N'eût été de la Merveille, Russell, un petit gars des Maritimes, aurait jeté son dévolu sur l'une des deux autres ligues de niveau junior du Canada : celle de l'Ontario ou celle de l'Ouest.

« Wayne venait parfois s'entraîner avec nous sur la patinoire, et on parle de Wayne à son apogée. C'est toute une sensation d'entendre le plus grand joueur au monde t'appeler par ton nom, et tout autant de le voir patiner à tes côtés. »

Si Gretzky inspirait de l'admiration à ces jeunes hommes, Burns, lui, leur inspirait une terreur absolue.

« Oh, oui, c'était un être intimidant, et pas seulement pour les joueurs… pour les entraîneurs adverses, aussi ! se rappelle Russell. Ils ne savaient jamais si Burns n'allait pas sauter par-dessus la clôture pour leur sauter dessus ! Et ça nous fouettait. Nous avions l'impression d'avoir un homme en plus sur la glace parce que Pat était derrière nous. C'était notre grand frère. »

À l'occasion d'une partie particulièrement animée, Burns quitta effectivement le banc et en vint aux coups avec son vis-à-vis Ron Lapointe au centre de la patinoire, un combat dont, bien des années plus tard, l'un et l'autre clamaient être sortis victorieux. Cet incident mémorable aurait plus tard sa part d'amères résonances quand les deux entraîneurs croiseraient de nouveau le fer dans la LNH, Burns derrière le banc des Canadiens, et Lapointe derrière celui des Nordiques. Tous deux se détestaient *vraiment*, et d'une haine viscérale et consommée qui ne devait rien à aucune mise en scène.

« À mon premier camp d'entraînement à Hull, raconte Russell, je me trouvais un jour à l'extérieur de l'amphithéâtre quand un gars tout en cuir et barbu est arrivé sur une grosse moto. Un de mes coéquipiers l'a salué et je lui ai demandé : "C'est qui ?" et il m'a répondu : "C'est Pat." Ça s'est passé un mois après que j'ai commencé à m'entraîner avec l'équipe. Je ne l'avais même pas reconnu ! C'était un grand bonhomme, avec une forte carrure, un être imposant, intense, intimidant.

Mais c'était un gars brillant, un grand motivateur, et le genre d'entraîneur qui trouvait toujours le moyen de tirer le meilleur de vous. »

Le tout jeune Russell, peu expérimenté mais déjà étiqueté joueur de talent, avait été vivement impressionné à son arrivée à Hull :

« C'était la première fois que j'étais dirigé par un entraîneur professionnel. Je ne pouvais le comparer à aucun autre... Je ne me suis rendu compte que beaucoup plus tard, en jouant pour d'autres entraîneurs, à quel point il était bon. »

À leur première soirée au camp d'entraînement, bien des joueurs étaient inquiets et se languissaient de leur foyer. Burns vint trouver les jeunes, s'assit avec eux et se mit à raconter des blagues et des histoires pendant deux bonnes heures.

« Il nous a bien fait rigoler et ça a brisé la glace. Bien entendu, le lendemain matin, sur la patinoire, nous étions déjà passés en mode hockey et Pat avait sorti le fouet. Mais on respectait ça et on adhérait à sa manière de faire les choses parce qu'on savait que sa facette rude était compensée par une autre plus sympathique. Même s'il avait une attitude peu engageante et une allure de gros motard pas commode, Pat était ce genre de gars qui savait quand venir s'asseoir avec vous pour piquer une bonne jasette. À cette époque, Hull attirait sa part de gars des Maritimes et des États-Unis, des gars qui se sentaient bien loin de chez eux et que Pat savait réconforter avec une bonne conversation. Moi-même j'ai broyé du noir pendant mes deux premières années loin des miens, et il m'a vraiment aidé à passer au travers. »

Au fil de trois saisons d'allées et venues dans les mineures, et près d'une dizaine dans la LNH (presque toutes passées dans l'uniforme des Blackhawks), Russell a évolué pour quelques-uns des entraîneurs les plus coriaces du hockey, dont Mike Keenan et Darryl Sutter. Côtoyer Burns avait préparé Russell à composer avec ce genre d'individu. Mais cela lui prit encore bien des années – pas avant qu'il devienne à son tour entraîneur – pour se demander où diable Burns avait appris les stratégies et les notions de psychologie qu'il appliquait dans son métier. Contrairement à Russell, Burns n'avait pu compter sur un mentor pour apprendre, il n'avait pas été exposé à l'élite de ses confrères et avait appris la base de son métier à distance, en retrait de l'action. Il était déjà avide de tout apprendre sur le hockey et se tenait très au fait des changements qui intervenaient dans le style de jeu pratiqué au sein de la LNH. Par son accès privilégié à Gretzky, il intégra à ses séances d'entraînement des exercices qu'on ne voyait alors que pendant celles des Oilers d'Edmonton, incorporant à ses routines la longue passe avant, même s'il demeura toujours le partisan d'un hockey défensif.

En matière de hockey et de gestion des joueurs, Burns était en grande partie un autodidacte. Comme bien d'autres personnes qui gravitèrent dans l'orbite de Burns, Russell croit que l'homme devait son intuition des êtres à ses années passées dans la police.

« En ayant été un agent de police appelé à agir dans toutes sortes de situations tendues et problématiques, il avait développé une capacité de déchiffrer les gens et savait dire les bons mots au bon moment. Il a transposé cet acquis au hockey. Les joueurs de hockey ont un psychisme fragile. Pourtant, il semblait toujours trouver la bonne chose à dire. Je l'assimile à ces gens qui réussissent dans les affaires sans avoir une grosse instruction. Il apprenait rapidement. Il jetait un coup d'œil à Cam Russell et se demandait : "De quoi a-t-il besoin pour s'élever au niveau supérieur ?" *Il savait.* Voici l'aspect sur lequel il concentrait ses efforts : cibler les domaines où il pouvait vous rendre meilleur. Avant de le connaître, je gagnais des honneurs remis au joueur le plus gentilhomme. Pat m'a fait découvrir un autre niveau d'intensité. Il m'a appris à me présenter chaque soir, à chaque match, à faire preuve de constance. Ce sont les choses dont il me rebattait les oreilles. »

Burns pouvait intimider, mais aussi inspirer.

« Même s'il était jeune, il commandait le respect, rapporte Pat Brisson, qui joua deux saisons à Hull sous la férule de Burns et devint plus tard l'un des agents de joueur les plus puissants du hockey. Vous saviez qu'il n'était pas là que pour le plaisir. Il était là pour nous amener à un autre niveau, et il n'avait pas de temps à perdre. Vous pouviez le lire en toutes lettres sur son front. »

Brisson a renoncé à faire carrière dans le hockey au milieu des années 1980. À 20 ans, après avoir roulé sa bosse dans le junior, il s'inscrivit à l'Université d'Ottawa. Un soir, il croisa Burns. D'une manière désinvolte, il lui demanda s'il était intéressé par acquérir ses droits comme joueur, alors détenus par Drummondville. À la surprise de Brisson, Burns se montra ouvert à l'idée.

« Cela prit trois semaines, mais Pat se débrouilla pour que mes droits soient transférés à Hull. »

Brisson se souvient d'avoir fait irruption dans le bureau de son futur entraîneur pour lui demander, avec l'audace de sa jeunesse, plus d'argent avant même qu'il ait disputé un seul match dans l'uniforme des Olympiques.

« Je suis entré dans son bureau en lui demandant ceci et cela… Pat a dit : "Christ ! J'ai récupéré tes droits et tu veux me réclamer 100 $ de plus ?" J'ai cru que j'allais mourir ou qu'il allait me tuer, là, sur place, tout de suite. »

Au contraire, le culot de Brisson lui sourit :

« Il a fini par m'écouter quand je lui ai dit que j'avais quitté l'université pour revenir jouer au hockey. Pat était intimidant, mais si ce que vous aviez à dire était sensé, il vous écoutait. Ce fut ma première leçon dans l'art de la négociation. Pat a eu une énorme influence dans ma vie. Avec lui, les zones grises n'existaient pas. On marchait à sa façon ou on allait se faire voir ailleurs. Pas d'hypocrisie possible avec Pat. »

Burns était imperméable aux excuses, prétextes et inventions des joueurs coupables d'une piètre performance ou d'un manquement au couvre-feu.

« Du moment que tu as 20 $ dans vos poches, dit Brisson, que tu sois un joueur de la LNH ou du junior, c'est du pareil au même : tu veux sortir et t'amuser ! Mais Pat avait son réseau d'informateurs. On était à Hull, il avait des yeux et des oreilles partout, il savait tout. S'il te confrontait, c'est qu'il savait la vérité, c'est qu'il connaissait toute l'histoire. Si tu t'aventurais à lui mentir, tu étais dans le trouble. Il pouvait à la rigueur te pardonner si tu mentais pour couvrir un coéquipier, il était favorable à ce sentiment de fraternité qui soude une équipe. Mais si autrement tu lui mentais, il t'échangeait ou te faisait vivre l'enfer. Il ne supportait pas qu'on lui mente. Il ne s'en remettait pas. »

Afin d'éviter ce genre de situation, Burns chargeait ses « vétérans » de veiller à ce que leurs cadets marchent droit.

« Il s'assurait que les plus vieux guident les plus jeunes dans la bonne direction. Il aimait ses vétérans. Peut-être que les plus jeunes ne ressentaient pas l'affection que leur vouait Burns autant que les plus vieux. »

Il arrivait fréquemment que personne ne ressente la moindre affection, et pour cause. Burns était déjà renommé pour ses spectaculaires explosions de colère. L'une de ses sorties les plus marquantes est restée bien fraîche à la mémoire de Brisson :

« L'équipe avait connu une période horrible et Burns est entré dans le vestiaire de mauvais poil. Il y avait dans la pièce une poubelle où on accumulait les cannettes de boisson gazeuse. Il a commencé à donner des coups de pied dans la poubelle et son pied est resté coincé dedans. Il a essayé de se déprendre en bottant la poubelle à l'autre bout de la province, mais il a trébuché et s'est étalé. Inutile de vous dire comme il était embarrassé. C'était à mourir de rire, mais nul d'entre nous n'a sourcillé. On aurait pu entendre voler une mouche. »

Se payer la tête de Burns revenait à un prix exorbitant et n'était jamais une bonne idée.

« Un de nos coéquipiers avait fait un commentaire alors que Pat jouait avec nous, juste une plaisanterie. Pat ne prenait pas ce genre de blague. Quand vous le blessiez dans son orgueil, c'était à vos risques et périls. Pat n'a fait ni une ni deux et a couru après le gars jusque dans le vestiaire. Il ne l'a pas frappé, mais il lui a fait assez peur pour que le gars regrette d'être venu au monde.

« Une autre fois, nous perdions quelque chose comme 5-0 et il a planté un gars au milieu du vestiaire pour l'engueuler comme du poisson pourri. Avec Pat, il y avait un temps pour s'amuser, mais il y avait aussi un temps où il fallait payer le prix. »

Ce fut cette formation, où l'on comptait 18 joueurs de l'édition précédente, que Burns mènerait – ou qui le mènerait, lui – à la coupe Memorial en 1986. L'année suivante, Brisson eut un essai – infructueux – avec les Canadiens de Montréal. Il en conclut qu'il n'avait aucun avenir dans la LNH et s'employa immédiatement à donner une nouvelle impulsion à sa vie. Toutefois, en premier lieu, il devait expliquer sa décision à Burns.

« C'était le 10 octobre, je m'en souviens très bien. Je suis allé le trouver dans son bureau et je lui ai dit : "J'ai décidé d'abandonner. Je n'ai pas ce qu'il faut pour faire la LNH." »

Brisson s'ouvrit à Burns de son projet de déménager à Los Angeles, d'y vivre avec Luc Robitaille, de commencer à enseigner le hockey aux Californiens et d'étudier les possibilités qui s'offriraient à eux.

« Pat questionnait la pertinence de mon projet. "Si tu as besoin de plus de temps pour bien y penser, je peux être patient." Puis il m'a souhaité bonne chance. Mais je vous prie de croire que même ce jour-là, j'ai redouté la réaction de Pat. »

Le hockey junior, avec ses longs déplacements en autobus et ses rêves de LNH, tend à séparer le bon grain de l'ivraie. Tous n'entretiennent pas des ambitions réalistes quant à l'évolution de leur carrière ; d'autres savent qu'ils ne se rendront pas plus loin, et bien rares sont les exemples de joueurs repêchés tardivement qui ont tenu bon et fini par trouver leur niche dans la LNH.

Benoît Brunet n'avait pas été choisi au repêchage du midget AAA, mais il le fut par Hull à la 6e ronde de celui du midget AA et, à sa grande surprise, réussit à se tailler une place avec l'équipe. Il est de ceux qui disent devoir à Burns leur progression jusqu'à la LNH. Brunet a un autre point de vue sur les aptitudes techniques de Burns, ou plutôt sur ses prétendues carences en la matière.

« Il est la personne qui a fait la différence dans ma carrière. Beaucoup de gens pensent qu'il n'était qu'un motivateur, un entraîneur qui misait tout sur la crainte qu'il pouvait inspirer. Pour ma part, je crois qu'il avait un bon bagage technique, mais que celui-ci était relégué au second plan par sa forte personnalité, par son caractère. J'avais eu de bons entraîneurs dans les mineures, mais c'est lui qui m'a appris à jouer. Nous avions une excellente équipe [en 1985-1986], mais nous avions connu un départ difficile et il a pris le temps de cibler ce que nous faisions de mal au niveau technique. »

Brunet, qui disputerait presque toute sa carrière à Montréal en dépit de blessures à répétition, sépare ses coéquipiers de Hull en deux groupes : ceux qui ont compris Burns et ceux qui sont « passés à côté ».

« Pat poussait, poussait et poussait encore. Certains gars ne comprenaient pas qu'il essayait de nous aider à nous améliorer. Ceux-là ne se sont pas rendus dans la LNH. Si vous compreniez qu'il agissait ainsi pour de bonnes raisons, qu'il pouvait vous rendre meilleur à long terme, vous aviez compris Pat Burns. »

En matière de détection de talent, Burns ne donnait pas non plus sa place.

« Il a donné une chance à des gars que personne n'aurait jamais espéré voir atteindre la LNH. Chez certains joueurs, il voyait des choses que les autres ne voyaient pas. Il nous insufflait de la confiance, il pesait sur les bons boutons. C'était sa plus grande qualité. Sans lui, je ne serais pas devenu un professionnel, je suis pas mal sûr de ça. »

Vers la fin de la saison 1985-1986, alors que les Olympiques étaient déjà loin en tête de leur division, Burns procéda à des échanges afin d'ajouter de la robustesse à l'équipe en fonction des séries, cherchant à s'assurer qu'elle serait assez puissante et endurante pour affronter l'exténuante route jusqu'au championnat national. Ils remportèrent la coupe du Président, le trophée du championnat de la LHJMQ, pour la première fois de l'histoire de la concession, avec une séquence de 15 victoires d'affilée en séries, ce qui les mena au tournoi de la coupe Memorial, à Portland, en Oregon.

Leurs adversaires étaient les Platers de Guelph de la Ligue de hockey de l'Ontario, une équipe dirigée par Jacques Martin (à sa première saison dans la LHO) qui se distinguait par sa discipline sans faille, son courage et son échec-avant acharné. Les Platers avaient l'avantage devant le filet ainsi que sur le plan de la fraîcheur, ayant profité d'un repos de quatre jours.

Martin avait divisé la première période de la partie décisive en quatre segments de cinq minutes, et son objectif consistait à remporter chacun de ces segments. Les Olympiques, eux, étaient vidés. Leur demi-finale, qu'ils avaient remportée 9-3 la veille sur les Blazers de Kamloops, de la Ligue de hockey de l'Ouest, s'était terminée à 23 heures. Pour satisfaire le diffuseur télé, la finale commençait le lendemain matin à 11 heures. L'ailier droit des Platers Luciano Fagioli compta deux buts à 11 secondes d'intervalle en première période, et les Platers en comptèrent deux autres en 13 secondes en deuxième, en route vers un triomphe de 6-2. Brunet et Robitaille comptèrent les buts des Olympiques. Luc Robitaille et Guy Rouleau avaient accumulé 15 buts à eux deux dans le tournoi, mais un défenseur de Guelph, le regretté Steve Chiasson, fut nommé le joueur le plus utile à son équipe pour son jeu solide et son leadership. Robitaille, quant à lui, hérita du titre de joueur junior canadien de l'année.

Burns était catastrophé.

« Il n'y a aucune raison d'être fatigué quand on gagne, marmonna-t-il. Guelph a travaillé plus fort que nous. »

Aux yeux de Burns, cette défaite avait pris des allures de crime suprême.

————

La dernière saison de Burns à Hull en fut une de reconstruction, avec l'emphase mise sur la jeunesse. Beaucoup d'Américains furent intégrés à l'équipe. Les Olympiques finiraient quatrièmes dans leur division et s'inclineraient dès la première ronde des séries.

Combien plus mémorable – et controversée – fut sa présumée part de responsabilité dans le désastre de la finale du Championnat mondial de hockey junior disputée le 4 janvier 1987, quand l'amphithéâtre de Piestany, en Tchécoslovaquie, fut plongé dans le noir.

Choisi comme entraîneur-adjoint à Bert Templeton pour l'équipe envoyée outre-mer, Burns fut désigné par plusieurs médias comme étant l'agent provocateur qui fit se vider les bancs des deux équipes lors du match pour la médaille d'or contre l'URSS. La mêlée générale qui s'ensuivit conduisit à l'éviction du Canada du tournoi et à une interdiction de disputer des matchs internationaux pour trois ans appliquée à tous les membres de l'équipe – qui incluait, entre autres futures vedettes de la LNH, Brendan Shanahan, Theoren Fleury et Pierre Turgeon.

Ce ne fut pas Burns qui incita ses joueurs à déserter le banc ou qui distribua des coups de poing à la ronde sur la glace de Piestany. Le jeune Russe Evgeny Davydov fut d'ailleurs le premier à quitter le banc de son équipe et partir le bal. Ce ne fut pas davantage Burns qui prit la décision insensée d'éteindre les lumières de l'amphithéâtre, laissant les diffuseurs télé confrontés à une image noire et les commentateurs complètement désemparés. À ce moment-là, le Canada menait 4-2 et était à tout le moins assuré de gagner une médaille de bronze, et au mieux une médaille d'or s'il prenait la mesure des Soviétiques par cinq buts ou plus.

Cela dit, Burns n'en avait pas moins semé le germe de la discorde. Soupçonnant l'entraîneur adverse Vladimir Vasiliev de vouloir influencer l'arbitre, un Norvégien quelque peu inexpérimenté, Burns tira un coup de semonce en déclarant au journaliste Jim Cressman qu'il projetait de jeter de l'huile sur le feu :

« Je ne vais rien faire de stupide, je tenterai seulement de déconcentrer Vasiliev le plus possible. »

Ce que ces paroles impliquaient précisément, Burns ne l'expliqua pas mais dès le début de la rencontre, on put voir, à son air mauvais, et entendre, au ton de sa voix, qu'il ne contait pas fleurette à l'entraîneur soviétique. Vasiliev n'eut pas besoin de consulter un dictionnaire slang/russe pour comprendre les menaces de Burns, mais l'assaut se limita seulement à des paroles.

L'animosité atteignit son apogée en début de troisième période et la violente bagarre générale qui prit place aurait dû être inoubliable pour tout le monde, sauf qu'une partie seulement de ce déplorable spectacle put être vu avant l'extinction des feux. Quant à l'arbitre Hans Rønning et ses deux juges de ligne, ils préférèrent retraiter dans le vestiaire des officiels après avoir vainement tenté de séparer les joueurs et de ramener le calme sur la glace.

Dans le *Toronto Star* du lendemain, le chroniqueur John Robertson, à quelques milliers de kilomètres de là, brossa ce portrait de Burns : « Un imbécile braillard qui n'attend que d'entraîner l'équipe adverse dans une autre bataille. »

Un apparatchik de la Fédération internationale de hockey sur glace (FIHG), cédant à la panique, avait donné l'ordre de plonger l'édifice dans l'obscurité, croyant ainsi calmer les esprits. Soviétiques et Canadiens, répartis en paires et ayant laissé tomber les gants, semblaient vouloir se battre jusqu'à ce que mort – ou au moins épuisement – s'ensuive. Ce fut l'épisode le plus honteux de l'histoire du hockey international, un œil au beurre noir pour le Canada, l'entraîneur et l'entraîneur-adjoint de l'équipe. Un chœur de je-vous-l'avais-bien-dit se fit entendre, mené par les dirigeants du hockey canadien, condamnant vertement le choix des « deux têtes brûlées » – Templeton et Burns – à qui on avait confié la responsabilité de diriger de jeunes athlètes impétueux.

Le futur capitaine des Canadiens de Montréal, Mike Keane, engagé dans un combat épique avec Valeri Zelepukin, futur ailier vedette des Jeux olympiques et de la LNH, est catégorique : personne n'aurait pu changer le cours des événements, une fois les hostilités entamées.

« Pat et Bert étaient préoccupés par le sort des cinq joueurs sur la glace. Quelque chose devait être fait à ce moment-là. Moi qui étais alors sur la glace, je suis content qu'ils l'aient fait. L'instant d'avant, nous étions en train de disputer un match pour la médaille d'or. J'en déduis que nos deux entraîneurs avaient dû faire un bon boulot... »

La partie fut arrêtée avec 13 : 53 à faire à la période et ne fut jamais terminée. Les deux équipes furent suspendues du tournoi et les Canadiens, renvoyés du pays et escortés dès leur sortie du vestiaire par la police militaire pour être reconduits à la frontière, toujours sous escorte.

Quelques semaines plus tard, un rapport soumis au comité de discipline de la FIHG recommanda que tous les entraîneurs et joueurs des deux équipes (sauf deux gardiens qui n'avaient pas pris part au carnage) soient bannis de toute compétition internationale pour trois ans. (Ces suspensions seraient levées six mois plus tard pour les joueurs, tandis que celles des entraîneurs tiendraient jusqu'au 31 décembre 1989, tel que prévu initialement.) Enfin, les Canadiens durent oublier la médaille de bronze dont ils étaient assurés avant la tenue du match pour l'obtention de la médaille d'or.

Le scandale du match de Piestany est un sujet qu'aborda rarement Burns par la suite ; l'événement lui avait laissé un goût amer.

« Ce qui est arrivé en Tchécoslovaquie a été un phénomène spontané et on a lui donné des proportions nettement exagérées, dit-il là-dessus. C'était effarant de voir tous ces gens qui se permettaient d'en blâmer d'autres et qui savaient tout de cette partie sans en avoir rien vu. »

Quant aux joueurs, encore aujourd'hui, la majorité ne regrette rien des incidents survenus.

« Quand on y repense, ça fait mal, dit Keane. Mais ce n'est pas quelque chose d'important dans ma vie, que quelqu'un ait sacrifié une médaille d'or au lieu de ses joueurs. Si nous avions gagné la partie, est-ce que cela aurait suffi ? »

Templeton porterait l'odieux de cette fameuse partie jusqu'au jour de sa mort, mais la réputation et la carrière fleurissante de Burns n'auraient pas à en souffrir. Le 8 juin, on le présentait à la presse québécoise comme le nouvel entraîneur-chef des Canadiens de Sherbrooke de la LAH.

Burns n'était plus qu'à un échelon de la LNH.

CHAPITRE 4

Un an au club-école de Serge

« Pat apprenait aux joueurs comment jouer. Si vous n'appreniez pas, vous ne jouiez pas. »

Pat Burns pouvait compter sur les doigts d'une main les gens en qui il avait confiance. Sa mère représentait le pouce de cette main-là. À l'été 1987, quand il prit la route vers Montréal afin de passer une entrevue avec Serge Savard pour l'obtention du poste d'entraîneur des Canadiens de Sherbrooke, Louise occupait le siège du passager. Burns avait 35 ans, il était un père, un homme divorcé et un ancien policier d'expérience, mais il demeurait pourtant cramponné au jupon maternel en certaines situations importantes, trop conscient de sa gaucherie et de son embarras lorsqu'il s'aventurait hors de l'univers familier de Gatineau.

« Il avait besoin d'elle, du support moral qu'elle lui apportait », raconte sa sœur Diane.

Sherbrooke était juste une petite ville des Cantons-de-l'Est, peut-être un peu plus cultivée que Hull. Mais en tant que club-école de Montréal au sein de la LAH, ces Canadiens-là étaient intimement liés aux glorieux Canadiens de la métropole, bien qu'ils aient souvent déménagé, changeant de ville et de nom au fil des ans : Voyageurs de Montréal, Voyageurs de la Nouvelle-Écosse, plus tard Canadiens de Fredericton, Citadelles de Québec et aujourd'hui Bulldogs de Hamilton. En 1985, ils avaient gagné la coupe Calder, inspirés par le brio d'un jeune gardien de but du nom de Patrick Roy.

Le directeur général des Canadiens de Montréal, Serge Savard, familièrement appelé le Sénateur, avait été un défenseur étoile d'une glorieuse époque révolue de l'équipe, et la coupe Stanley elle-même pouvait en témoigner, son nom y étant gravé huit fois. Il était l'inaccessible général de la prestigieuse organisation. Burns voulait désespérément faire bonne impression, donner l'image d'un lieutenant prêt à en découdre pour ses éventuels supérieurs. C'était l'occasion qu'il avait tant désirée, la porte ouvrant sur la LNH – la porte dans laquelle il entendait donner un bon coup de pied, si bien sûr il gagnait d'abord ses galons dans la LAH. Pierre Creamer venait d'accepter le poste d'entraîneur-chef des Penguins de Pittsburgh la semaine précédente, laissant la place vacante à Sherbrooke.

Davantage concentré sur les activités du grand club et de la LNH, Savard disposait de peu d'informations sur le postulant.

« Je ne l'ai pas suivi et je n'en sais pas beaucoup sur son compte. Je crois que ses antécédents sont assez bons comme entraîneur dans le junior, où il a connu du succès. »

Lors des réunions annuelles avec son équipe de dépisteurs des rangs amateurs menée par André Boudrias, un redoutable détecteur de talents, Savard posait toujours la même question : qui était le meilleur entraîneur dans la LHJMQ ?

« Dans les dernières années, André me ressortait toujours le nom de Pat Burns, se souvient Savard. Alors, quand est venu le temps d'embaucher un gars à Sherbrooke, la décision a été facile pour moi. Il était jeune et quand nous engagions un gars pour le club-école, je pensais toujours au fait qu'il puisse constituer une relève possible pour le grand club. »

Directeur du dépistage des Canadiens, Boudrias avait observé avec attention l'évolution de Burns dans le hockey junior :

« Ne le connaissant pas personnellement, j'avais été intéressé par son travail derrière le banc, son attitude, celle d'un gars toujours en mouvement et impliqué, qui réagit devant ses joueurs. Si la partie ne se déroulait pas à son goût, il le montrait. »

Les Olympiques, avait noté Boudrias, était l'une des équipes les plus robustes au niveau junior, et il était convaincu que Burns en était en grande partie responsable.

« Il était clair qu'il possédait une habileté à développer des joueurs. Ses formations semblaient toujours avoir un excellent esprit d'équipe. Ses clubs pouvaient compter des buts, mais ils étaient aussi constitués à son image, très agressifs, très vivants. C'est d'abord cela qui m'avait attiré, chez lui. Burns était un homme que vous craigniez. Il ne perdait pas une seconde pour voler à l'aide de son équipe, peu importe ce dont elle avait besoin. S'il n'aimait pas une décision que rendait un arbitre, il montait aussitôt aux barricades. À cette époque, dans ces années-là, les équipes gagnantes étaient celles que des entraîneurs dirigeaient avec émotion. C'était encore le temps des mêlées générales, vous souvenez-vous ? Les équipes qui semblaient capables d'aller loin devaient avoir ce supplément d'énergie, de combativité. Pat me montrait qu'il était capable d'amener ses joueurs à élever leur jeu d'un cran. »

L'ouverture de poste était à Sherbrooke, mais Boudrias voyait déjà plus loin, calculait à long terme.

« Quand vous embauchez un gars comme entraîneur dans votre organisation, il n'y a pas de doute que vous voulez le voir grimper dans l'échelle… Et le milieu policier dont il provenait était une donnée de l'équation. Ça représentait sans conteste un plus. »

Boudrias parla d'abord à Burns, puis plaida sa cause auprès de Savard. On était à la fin mai, et Burns projetait de partir en vacances. Boudrias dit à Savard :

« Il s'apprête à partir, alors si tu veux lui parler, tu dois le faire tout de suite. »

Et Burns fut convoqué à son entrevue avec Savard.

« Serge m'a dit après : "Il a l'air correct. C'est ta décision, André. Tu le veux, tu le prends." Et nous sommes allés de l'avant. »

En fait, Burns venait juste de signer un nouveau contrat avec Charlie Henry à Hull. Mais quand Savard l'a appelé pour lui demander la permission de discuter avec son entraîneur, Henry a donné son aval.

« J'ai dit à Serge que Pat dirigerait un jour une équipe dans la LNH, que ce soit à Montréal ou ailleurs. »

Ce fut Henry qui apprit à Burns que Montréal s'intéressait à lui pour le poste des Canadiens de Sherbrooke et qui lui dit de se précipiter là-bas pour passer son entrevue.

« Pat m'appelle de Montréal en pleine nuit, vers deux heures du matin, et me dit : "Devine quoi ? Ils m'ont offert un contrat !" Je réponds : "C'est formidable !" Alors il se fâche tout net et dit : "C'est quoi le problème ? Vous ne voulez plus de moi comme entraîneur des Olympiques ?" Il a tout compris de travers… »

Burns ne plaisantait pas ; il voyait souvent les choses par le mauvais côté de la lorgnette, cherchant la charge négative, la critique sous-entendue.

« Il s'est exclamé : *"Jesus Christ*, je viens juste de signer un contrat avec votre équipe et vous voulez vous débarrasser de moi ?" Je lui ai dit : "Pat, on ne veut pas te perdre, mais il y a une chance à saisir pour toi." Il était nerveux, terriblement nerveux. Je suis sûr que si je lui avais dit de ne pas partir, de rester avec nous et Wayne et tout ça, il ne serait pas parti. Je l'ai donc plus ou moins mis à la porte en lui disant : "Tu ne peux pas dire non à Montréal." Et il m'a rappelé quelques heures plus tard, aux environs de six heures du matin, pour me dire : "OK, j'ai signé et je suis sur le chemin du retour. On déjeune ?" »

Burns avait consulté son ex-épouse Suzanne, avec qui il était resté en bons termes, à propos de l'offre des Canadiens. Elle pensait qu'il devait l'accepter. Le contrat prévoyait un salaire annuel de 35 000 $. Se métamorphosant soudain en dandy, il alla immédiatement s'acheter quelques nouveaux complets.

———

La Ligue américaine de hockey était, vis-à-vis de ses grands frères de la LNH, bien plus qu'une pourvoyeuse de joueurs. C'était un hockey de « ligue de brasserie » avec son identité bien distincte, dépourvu de tout confort pour ses joueurs – certains en ascension vers les sommets et d'autres sur le chemin du retour, des parcours qui parfois se croisaient et se percutaient. Les coudes étaient pointus, les nez, souvent réorientés dans de nouvelles directions, et les rancunes, tenaces. Les entraîneurs ne débarquaient pas avec des tableaux débordant de diagrammes et de stratégies, ils se taillaient des personnalités qui leur permettaient de se faire remarquer, car personne ne voulait passer le reste de sa vie dans les mineures. Dans cet univers sans demi-teinte, la modération était plutôt rare.

Mike Milbury se souvient bien de ces années de jeunesse et d'une rivalité entre deux entraîneurs qui prendrait plus tard des proportions épiques dans la LNH. Originaire de la Nouvelle-Angleterre, l'ancien défenseur des Bruins et futur patron de l'organisation avant sa nomination comme directeur général à Long Island, Milbury devint entraîneur dans la LAH la même année que Burns, y faisant ses débuts avec les Mariners du Maine, le club-école des Bruins, et remportant même le titre d'entraîneur de l'année dès cette année-là.

« Pat Burns ? Je n'avais aucune idée de qui il était. Tout ce que je savais, c'était qu'il était l'entraîneur d'une équipe que je haïssais depuis toujours. C'était la Ligue américaine de hockey, mais c'était quand même la rivalité Montréal-Boston à une moindre échelle. Pat était un ancien policier, et vous n'aviez pas besoin de le connaître personnellement pour savoir que ce n'était pas le genre de type à se démettre la mâchoire pour avoir trop ri. Il était un gars très sérieux et très passionné. À ma première année, je disposais d'une très bonne équipe. Lui aussi en avait une bonne, mais pas autant que la mienne. Nous avons eu de sérieux accrochages. Il était prêt pour ça et moi aussi. »

Si tous deux en étaient arrivés à exercer le même métier, ils y étaient venus par des chemins diamétralement opposés.

« J'avais joué 13 ans dans la LNH, dit Milbury, et là j'étais de retour dans la LAH, m'entassant dans un autobus pour aller à Sherbrooke. »

Milbury et Burns n'ont jamais beaucoup sympathisé hors de la patinoire, quoique le second suivît finalement les traces du premier, devenant entraîneur des Bruins pour Harry Sinden, chacun restant marqué par cette expérience.

« C'était une époque où les entraîneurs n'échangeaient pas beaucoup entre eux, précise Milbury. Il n'y avait pas beaucoup d'occasions où les entraîneurs se retrouvaient ensemble. On se demandait plutôt de quelle manière s'y prendre pour ridiculiser l'équipe de son vis-à-vis. Nous étions tous les deux des gars qui parlions fort, mais je crois que c'est souvent ce qui arrive, derrière un banc, au hockey… »

« L'arme fatale d'un entraîneur, c'est le temps de glace. Quand vous enlevez du temps de glace à un joueur, c'est toujours un affront pour lui. Ce qui importe, c'est la communication, et elle est appelée à prendre différentes formes, qu'il s'agisse de lancer un bâton à un joueur ou de lui expliquer une situation à tête reposée, au moment propice. Au fur et à mesure que les entraîneurs progressent dans leur carrière, ils développent de nouvelles manières de communiquer avec les joueurs, parce qu'il n'y a pas qu'une sorte de joueur dans le vestiaire et qu'il n'existe pas qu'une façon de le rejoindre. »

En matière de coaching, l'atteinte de la sagesse prend bien du temps. Mais Burns, qui ne revendiquait pas l'expérience d'un ancien joueur de la LNH, dut faire ses classes sur le tas, faisant de la LAH son propre laboratoire, façonnant sa conception d'une équipe à partir de zéro. La vie dans les mineures peut s'apparenter à une impasse pour certains joueurs – ceux qui ont été écartés par la LNH après le traditionnel gobelet de café avec l'entraîneur-chef et qui jouent maintenant sans espoir d'y retourner, nourrissant une sourde rancune contre leurs jeunes coéquipiers qui suivent la trajectoire inverse, à un coup de fil d'un rappel.

Par chance, Burns avait hérité d'une équipe forte d'une douzaine de jeunes joueurs qui feraient le saut dans la LNH, dont certains qu'il avait dirigés comme ex-Olympiques ou membres de l'équipe junior canadienne expulsée de Tchécoslovaquie. L'édition 1987-1988 comptait Mike Keane, Sylvain Lefebvre, Stéphane Richer, Stéphan Lebeau, Brent Gilchrist, Éric Desjardins et, au moment des séries, Mathieu Schneider. En peu de temps, ils deviendraient un prolongement de la personnalité de leur entraîneur, chacun en emportant une partie dans sa carrière au sein de la LNH.

« Je crois qu'on a compris ce sport ensemble, Pat et moi », dit Mike Keane, qui vint de la Ligue de hockey de l'Ouest afin de jouer sous les ordres de Burns à Sherbrooke, au moment même où celui-ci y faisait ses débuts.

L'un et l'autre s'étaient connus pendant le Championnat mondial junior de 1987. Burns voyait en Keane l'incarnation des qualités qu'il admirait le plus chez un joueur : le courage et le cœur, la hargne et le caractère, autant d'atouts qui en feraient plus tard un capitaine des Canadiens, même si son unilinguisme créa la controverse. Burns avait tout simplement un faible pour Keane, bien qu'il pût le blâmer sous le voile de la louange, comme il l'avait fait un jour :

« Si nous ne l'avions pas eu avec nous à bord des autobus, les choses auraient été un peu plus reposantes pour tout le monde. Ce gars est dingue. Il ne dort jamais et il parle tout le temps ! »

Kean poursuit :

« J'ai été béni de rencontrer Pat à un si jeune âge. Je crois que ce qui manque à certains jeunes joueurs d'aujourd'hui, c'est de se faire dire par un entraîneur : "Tu sais quoi ? Tu n'es pas le meilleur joueur de ton équipe, tu n'es pas le joueur le plus important." Parfois, une bonne réprimande est le meilleur des signaux d'alarme pour un joueur. Le hockey est un mode de vie, tu dois savoir comment te comporter sur la glace et en dehors de la glace, comment représenter ton équipe et tes coéquipiers, et respecter tout ce que cela implique. Pat Burns m'a appris tout ça. J'ai tellement appris de lui, à Sherbrooke, pendant ma première année chez les professionnels. »

L'équipe termina troisième de sa division et fut éliminée par Fredericton en première ronde des séries éliminatoires de la coupe Calder. Comme le fait justement remarquer Keane, le grand club venait « toujours prendre nos meilleurs joueurs », laissant Burns aux prises avec des trous béants à remplir, le forçant à jongler avec son alignement et à réclamer à ses joueurs une allégeance immédiate au système qu'il préconisait.

« Pat apprenait aux joueurs comment jouer, dit Keane. Et si tu ne voulais pas apprendre, tu ne jouais pas. Il était très clair et te demandait si tu avais compris ce qu'il venait de t'expliquer. Si tu répondais par l'affirmative et que tu n'agissais pas en conséquence, tu n'avais que toi à blâmer pour être si crétin. Il te disait : "Mais tu m'as dit que tu avais compris !" Il pouvait faire preuve d'un peu d'indulgence, mais si tu persistais à répéter les mêmes erreurs, à n'aider ni ta cause, ni celle de l'équipe, il se mettait en quête d'une autre façon de te faire passer son message. Il ne dirigeait pas de la même manière qu'on le fait de nos jours, alors qu'on te donne trois, quatre ou cinq chances. Tu te faisais ramasser. Que ce soit pour le meilleur ou pour le pire, je vois que le hockey a changé, que le hockey évolue d'année en année. Mais quand quelqu'un ne cesse de vous marteler la même chose, qu'il vous crie dessus, quand il s'agit d'un homme intimidant qui ne veut que votre bien et celui de l'équipe, vous allumez assez vite. »

Keane ne se souciait pas que Burns ait joué ou non dans la LNH.

« Que tu n'aies pas joué dans la ligue ne veut pas dire que tu ne connais pas le jeu. Il maîtrisait très bien ses systèmes. Scotty Bowman n'a pas joué dans la LNH, lui non plus, et il se débrouillait plutôt bien, non? Je trouve curieux que certaines personnes n'aimaient pas sa manière de diriger. Regardez sa carrière dans la LNH: son bilan est éloquent. Partout où Pat est allé, il a connu tout de suite du succès. »

Burns avait placé sa confiance en Keane, et leur loyauté était réciproque. Il avait inséré Keane sur son premier trio en compagnie du centre Brent Gilchrist, un autre athlète formé dans le «moule Burns», et tous deux montèrent en grade à Montréal avec lui.

«Nous étions deux gars de 20 ans à notre première année chez les professionnels et Pat a été fantastique pour nous, dit Gilchrist. Il attendait beaucoup de nous à Sherbrooke, mais il nous a aussi fait beaucoup confiance. Si nous faisions fausse route ou agissions de manière contraire à ses directives, il nous le laissait savoir. Mais il nous a incroyablement aidés en nous enseignant comment nous comporter en professionnels et comment nous présenter à chaque match, à chaque entraînement. »

Gilchrist, qui a disputé 15 saisons dans la LNH et qui dirige maintenant une équipe midget à Kelowna, a réfléchi à la manière dont Burns avait façonné sa vision du hockey et a échafaudé sa propre théorie:

«L'éthique de travail d'un joueur se rapproche beaucoup de celle de la vie courante. Pat était capable d'appliquer ce qu'il avait appris de la vie dans l'apprentissage d'un joueur de hockey et les enjeux auxquels il était confronté. Vous rencontrez rarement un gars qui n'a pas joué au hockey à un haut niveau être capable de surmonter ce handicap et diriger à un niveau aussi élevé. Burns était de ceux-là.

«Il m'a enseigné beaucoup sur la manière de jouer dans ma propre zone. Durant toute ma carrière amateur, comme joueur de centre, je ne pensais qu'à marquer, et c'est d'ailleurs tout ce que je savais faire, marquer. Quand je suis arrivé à Sherbrooke, j'ai dû, pour pouvoir passer à un échelon supérieur, apprendre à jouer dans mon propre territoire et à me préoccuper de l'aspect défensif du jeu. Pat savait ça. Une chose que Pat m'a enseignée à Sherbrooke, et qu'il a continué à m'enseigner pendant mes premières années à Montréal, concernait tous les atouts dont vous avez besoin dans la LNH. Montréal était bien pourvu sous le rapport des joueurs de centre – en ces temps-là, l'équipe l'était même trop –, alors Pat m'a muté à l'aile. À partir de là, j'ai appris à jouer aux trois positions d'avant, aussi bien dans des rôles offensifs que défensifs. Quand je considère ma longue carrière dans la LNH, je sais que je la dois à cette polyvalence que j'ai apprise de Pat. Tout ça a commencé à Sherbrooke. »

Durant cette unique saison dans un circuit mineur, Burns s'est rapidement forgé une réputation en rapport avec ses bouffonneries derrière le banc et ses envolées lyriques livrées avec la puissance d'un ténor du Metropolitan Opera.

« D'accord, il m'est arrivé d'être un entraîneur un peu *showman* dans le hockey junior, reconnaîtrait-il plus tard. Mais nous devions faire tout ce qui était en notre pouvoir pour avoir un peu d'attention, attirer les amateurs et payer les factures. »

Consciemment ou non, Burns ne cessait jamais un instant d'exprimer ses émotions ; il n'avait pas de commutateur, ni même un variateur d'ambiance pour atténuer ce flot de réactions extrêmes.

« Pat était incapable de cacher ce qu'il ressentait, se rappelle affectueusement Gilchrist. Ça lui sortait par les pores… »

Son instabilité se communiquait à ses joueurs, mais Burns présentait heureusement des traits de caractère qui rachetaient ses outrances.

« Je me souviens de matchs pendant lesquels il a crié de bout en bout, engueulant les joueurs l'un après l'autre, et on entendait parfois des choses très dures. Vous pouviez lui répliquer, il ne s'en formalisait pas. Quinze minutes plus tard, tout était oublié. C'étaient des choses qui se disaient dans le feu de l'action. Tout le monde avait vidé son sac et Pat n'en tenait rigueur à personne. C'est ainsi que vous gagnez la confiance de tout votre monde. Vous pouviez évacuer vos propres émotions au moment où vous les ressentiez sous leur forme la plus brute. Après, c'était fini et on passait à autre chose. »

Kevin Dixon, l'ami le plus proche de Burns – ils s'étaient connus à Sherbrooke, alors que Dixon travaillait dans l'immobilier et que Burns, nouvellement débarqué, cherchait une maison à louer –, affirme que Burns détestait les entretiens en tête-à-tête avec ses joueurs hors de la glace. Ce genre de situation, propice aux confidences, lui pesait.

« Pat n'aimait pas se retrouver dans son bureau, de l'autre côté de son pupitre, avec ses joueurs. »

Si cette aversion était fondée, alors Burns la dissimulait bien. Gilchrist peut en témoigner :

« Aucun doute là-dessus, sa porte était toujours ouverte. Mais avait-elle vraiment besoin de l'être ? Parce que derrière cette porte-là, il n'y avait rien à cacher, rien dont vous aviez besoin de discuter confidentiellement. Pat était un communicateur, alors vous saviez toujours où vous en étiez. Parfois, ce n'était pas l'endroit le plus agréable, mais au moins tout se passait toujours au grand jour, sans cachotteries. Il ne se livrait pas à des guerres de nerfs, il ne jouait pas avec vous. S'il était fâché, vous le saviez. Et si vous prétendiez ne pas savoir pourquoi il l'était, c'est que vous mentiez. »

Le défenseur Sylvain Lefebvre était aussi arrivé à Sherbrooke cette année-là, après avoir joué junior pour le Titan de Laval. Il convient que Burns pouvait représenter une menace pour l'équilibre de certains des plus jeunes joueurs qui n'avaient jamais été exposés à un tempérament aussi fougueux.

« Tout le monde sait à quel point Pat était passionné par le hockey et par le coaching. Je crois qu'il montrait encore plus de passion dans les mineures, quand les médias étaient moins présents qu'ils ne l'ont été plus tard, à Montréal et à Toronto. C'était un fort en gueule, autant dans les mineures que dans la LNH. Vous ne pouvez pas effacer les rayures d'un tigre… »

Lefebvre se rappelle en riant – et en précisant que nul ne riait à l'époque – des grandes confrontations de Burns avec ses vis-à-vis des mineures, tout particulièrement Milbury, dans le Maine, et Rick Bowness, à Moncton, avant la promotion qui vit celui-ci s'envoler pour Winnipeg.

« C'étaient de grosses rivalités, incroyablement intenses. »

Dans le monde de Pat Burns, tout était intense, même les entraînements.

« Nous avons su très rapidement ses attentes : il voulait que nous travaillions fort, que nous ayons de bonnes habitudes à l'entraînement», dit Lefebvre, maintenant entraîneur des Bulldogs de Hamilton, après avoir été entraîneur-adjoint de l'Avalanche du Colorado.

Vingt-cinq ans plus tard, Lefebvre continue à mettre en pratique ce que Burns lui a enseigné, dans ce même club-école des Canadiens.

«Sa phrase favorite était: "Tu joues comme tu t'entraînes." C'était sa marque de commerce et il l'a imprégnée en chacun de nous. Il était vraiment dur, pas seulement pour les jeunes joueurs, mais pour tout le monde, alors au moins là-dessus, il était juste. Et il était très direct, ce qui était parfois blessant. Certains de nos joueurs plus jeunes qui ne pouvaient s'ajuster ou qui étaient sensibles à la critique éprouvaient des problèmes avec ce genre de coaching extrême. Mais si tu te rendais compte qu'il était dur parce qu'il voulait nous voir nous améliorer et réussir, tout se passait bien.»

À cette époque, Lefebvre avait des idées très claires sur l'avenir de sa propre carrière et ne perdait pas de temps à se demander si Burns allait se hisser jusqu'à la LNH.

«Je n'aurais pu dire s'il allait être entraîneur dans la LNH. Lui-même venait juste de sortir du junior et faisait son chemin. Mais oui, vous saviez qu'il avait quelque chose de spécial.»

Ce quelque chose de spécial, les Canadiens de Montréal l'avaient également remarqué. Et à l'issue de la saison 1987-1988, cet alignement de joueurs à la réputation sulfureuse et fêtarde avait besoin de ce que Pat Burns pouvait lui apporter.

L'heure était venue d'entrer en scène pour le sergent-détective Burns.

CHAPITRE 5

Dans l'œil du cyclone
« La pression est irréelle, la presse, partout. »

En 1988, au tournoi de la coupe Memorial, disputé à Chicoutimi, Serge Savard était assiégé par un banc de journalistes attirés par l'odeur du sang, l'aileron frétillant, tous réclamant la confirmation des rumeurs à l'effet que Jean Perron avait remis sa démission à titre d'entraîneur des Canadiens.

Le directeur général avait un plan en trois étapes : démentir, démentir et démentir.

« Il est en vacances quelque part sur une plage », dit Savard pour expliquer la curieuse absence de Perron au championnat junior, où convergeait chaque année tout le monde du hockey afin de scruter la crème des nouveaux espoirs.

Personne n'ignorait combien le statut de Perron était devenu précaire. Montréal avait été éliminé en deuxième ronde et en cinq parties – une première série perdue aux mains des Bruins en 45 ans ! – et les partisans étaient furieux. La récolte de 103 points en saison régulière, leur meilleure en six ans, avait été vite oubliée. Être bouté hors des séries par les Bruins abhorrés représentait l'affront ultime et le traumatisme était sensible. Perron, un être froid et tyrannique, crevait l'écran dans le rôle du bouc émissaire. Facteur encore plus aggravant pour sa survie derrière le banc, des rumeurs persistantes en provenance du vestiaire faisaient état d'une fronde des joueurs. Durant toute la saison, Savard avait dû composer avec les plaintes de Larry Robinson, Chris Nilan, Chris Chelios, Claude Lemieux et d'autres encore. Certains s'étaient exprimés publiquement, d'autres sous le couvert de l'anonymat. Tous fustigeaient Perron, un brillant stratège mais un technocrate sans charisme venu du monde universitaire. Perron ne parlait pas aux joueurs, ne passait jamais un moment avec eux, ne les comprenait pas.

Entraîneur recrue trois ans plus tôt, Perron avait conduit l'équipe à sa 23e coupe Stanley. Au printemps 1988, les clameurs du défilé s'étaient tues depuis longtemps. Malgré un bilan éloquent sur papier – une coupe Stanley, un titre de division et un championnat de saison régulière –, Perron ne convainquait personne. Sa manière de diriger les joueurs semblait être à l'origine du problème : le talent de cette équipe n'était pas correctement employé sur la patinoire. Un parfum de rébellion ouverte planait dans l'air, que pouvait renifler Perron lui-même, un homme perçu comme trop distant, trop rigide et absolument incapable d'exercer la moindre discipline sur un noyau de joueurs bons vivants qui avaient mérité le surnom de « Wild Bunch » dans les bars de la rue Crescent.

Sur la glace, ils étaient irrités par les stratégies défensives de Perron, bien que cette approche leur eût permis d'afficher le plus petit total de buts accordés (238) de toute la ligue cette année-là. Les joueurs se sentaient opprimés par Perron, même s'ils sapaient continuellement son autorité, et les dissidents avaient l'oreille de la direction. Le président Ronald Corey n'avait guère apprécié, pendant la série contre Boston, la menace de Perron selon laquelle ses joueurs pourraient blesser le pilier des Bruins Raymond Bourque en représailles à un coup de bâton du défenseur Michael Thelven contre Stéphane Richer. La fracture du pouce du marqueur de 50 buts de l'équipe avait sonné le glas des espoirs des Canadiens. Peu importe, Corey avait jugé que l'image du club avait été entachée par ce discours qui convenait davantage à la World Wrestling Federation qu'à la LNH.

Quelques jours avant d'être nommé finaliste au titre d'entraîneur de l'année, Perron rejoignit Mike Keenan et Jacques Martin dans la confrérie des ex-entraîneurs, démissionnant le 16 mai pour cause de « divergences de philosophie » avec Savard. Ces « divergences » s'apparentaient surtout à une totale impasse concernant l'indiscipline de plusieurs joueurs-clés de l'organisation. Il s'agissait en fait d'un congédiement, qui mit en marche un processus d'embauche. Plusieurs rumeurs fusèrent dans les médias, les noms de Michel Bergeron,

Jacques Lemaire et même le nom du capitaine Bob Gainey étant tour à tour évoqués. Savard affirme encore aujourd'hui qu'aucun candidat n'a jamais été approché et que le poste n'a été offert qu'à une seule personne.

Le 8 juin 1988, Pat Burns fut présenté à la presse montréalais en tant que 18e entraîneur-chef de l'équipe, le dernier d'une longue lignée d'hommes de hockey éclairés, dont certains – Toe Blake, Claude Ruel, Al McNeil, Bernard Geoffrion, Jacques Lemaire – s'étaient un jour ou l'autre résignés à démissionner, incapable de composer davantage avec la pression de diriger une équipe de hockey dans une ville où chacune de leurs décisions était décortiquée par un escadron de journalistes de cinq quotidiens et d'une armée de stations de télé et de radio, sans compter les 16 084 entraîneurs assis dans les gradins chaque soir de match.

En dépit de la réserve affichée par Savard au tournoi de la coupe Memorial, le contrat avait été signé plusieurs semaines avant qu'il soit porté à la connaissance des médias, période durant laquelle Burns avait été tenu à la plus stricte discrétion. Cette omerta fut pour lui un véritable supplice de la goutte.

« C'était un peu irréel, se souvient son ami Kevin Dixon. Nous n'arrêtions pas de le taquiner : "Hé, as-tu vraiment signé ce contrat ? Quand vont-ils finir par l'annoncer ?" Pat se morfondait. Il disait : "Peut-être qu'ils ont trouvé quelqu'un d'autre ?" »

Quand l'entente fut enfin révélée, Savard déclara que Burns avait « carte blanche » pour faire ce qui lui paraissait nécessaire afin de ramener dans le droit chemin une équipe passablement indisciplinée.

« La première chose que nous recherchions, c'étaient des gens qui ont du succès. Dans le cas de Pat, ce succès s'explique parce qu'il sait commander le respect de ses joueurs. »

La toute première personne à faire parvenir à Burns un télégramme – le courriel de l'époque, en somme – de félicitations fut Wayne Gretzky. Il disait : « On se revoit en finale de la coupe Stanley. »

« Wayne a été le premier à me dire que je serais un jour entraîneur dans la LNH, raconta Burns. Je lui avais répliqué : "Arrête de me charrier." Et lui en avait même rajouté : "Je t'ai vu travailler depuis deux ans et je sais que tu iras dans la LNH." »

Burns fut tout de suite étiqueté comme un *player's coach* (littéralement, un «entraîneur pour joueurs»), aux antipodes de Perron, bien qu'il ne comptât pas un seul jour d'expérience dans la LNH. Ses exploits d'ex-policier furent mis de l'avant par la presse. En tant qu'ancien membre des forces de l'ordre, Burns était familier des délinquants, et la formation dont il héritait en comptait plus que sa part. Il était tentant pour les journalistes de sauter à certaines conclusions, mais quand Burns s'adressa à la horde des médias, il mit à mal le stéréotype de l'entraîneur-gendarme qu'on voulait lui prêter, répétant qu'il ne se pointerait pas dans le vestiaire avec une matraque.

«C'est pour moi un rêve devenu réalité que de pouvoir entrer au Forum et de savoir que je suis l'entraîneur des Canadiens de Montréal. Mais je viens ici bel et bien en entraîneur, pas en policier.»

À Gatineau, la famille de Burns était ahurie. Diane raconte:

«Nous étions complètement en état de choc. Je n'arrivais pas à croire que mon frère était devenu entraîneur dans la LNH, je n'arrivais pas à croire que mon frère allait diriger les Canadiens de Montréal. Il est immédiatement devenu une sensation.»

La Sainte-Flanelle a toujours préféré embaucher des gens qui appartiennent à son organisation, et Pat Burns était pour ainsi dire dans leur cour, à Sherbrooke.

«Je ne pouvais pas le nommer immédiatement à Montréal, se rappelle Savard. Mais quand nous avons décidé de faire un changement et que le poste est devenu disponible, nous n'avons jamais songé un seul instant à aller voir ailleurs. La décision a été pour nous très facile. Et puis il n'y avait pas beaucoup d'entraîneurs disponibles à ce moment-là.»

Néanmoins, il apparaît improbable que Burns eût été si rapidement promu si ses antécédents de policier et sa réputation de gendarme-entraîneur n'avaient prêché en faveur de sa candidature.

«Pour moi, précise Savard, Pat n'était pas un policier, c'était un entraîneur. Oui, il avait été policier dans son ancienne vie. "Pat le policier" était en quelque sorte son alter ego. Ça lui a été d'un certain secours parce qu'il avait cette réputation d'être très strict et écouté de ses joueurs. C'est une qualité indispensable à un entraîneur, d'être respecté et écouté de ses joueurs. Jean Perron était quelqu'un de formidable, mais il ne possédait pas les habiletés de Pat au niveau de la discipline. C'est le lot de bien des entraîneurs. Parfois, il leur arrive de perdre le contrôle de leurs joueurs et ceux-ci perdent leur respect pour lui. Et quand un entraîneur n'a plus le contrôle de son équipe, il lui devient très difficile de la diriger. »

Bob Gainey, qui servit de tampon entre Perron et les joueurs à l'époque, cerne bien les qualités maîtresses – et diamétralement opposées – des deux entraîneurs.

« Jean provenait d'un milieu académique universitaire et Pat, de celui du hockey mineur et junior traditionnel. Leurs personnalités étaient aussi différentes que leurs milieux respectifs. Jean était d'une nature analytique et Pat était du genre "retroussez-vos-manches", brut et tranchant, mais passionné, intuitif et instinctif. »

Après que des échauffourées dans des bars et certains écarts de conduite commis par des joueurs des Canadiens eurent fait les manchettes, il était clair que l'organisation avait besoin de redresser la barre. Un quart de siècle plus tard, de retour dans le giron des Canadiens en tant que consultant, Savard n'a pas la même perception des choses.

« Un instant, objecte-t-il. Nos problèmes n'étaient pas plus graves que ceux des autres équipes. Dans n'importe quel groupe de 25 joueurs, vous en avez toujours deux ou trois qui transgressent les règles à un certain moment, qui sortiront dans les bars, qui prendront un verre de trop. Nous avions gagné la coupe avec les mêmes gars ou presque en 1986, donc nous avions une bonne équipe. »

« Nous avions beaucoup de caractère, confirme Patrick Roy, trois fois récipiendaire du trophée Conn Smythe remis au joueur le plus utile à son équipe pendant les séries. C'est pour ça que nous avions gagné en 1986 et que nous avons perdu en 1989. Mais je peux comprendre les raisons qui ont poussé Serge à penser qu'il avait besoin d'un entraîneur avec davantage de poigne. Burns nous convenait parfaitement. Aux antipodes de Perron, il était plus strict, plus dur. Il en demandait énormément aux joueurs. Il avait ses opinions, mais je crois qu'il était juste. Si vous ne vouliez pas vous défoncer pour lui, vous n'aviez qu'à faire vos valises. »

Savard poursuit :

« L'arrivée de Pat a été comme une bouffée d'air frais pour beaucoup de joueurs. En tant que groupe, les joueurs aiment la discipline, même s'ils s'en plaignent. »

Peut-être bien… Mais ce groupe-là aimait aussi beaucoup fêter, principalement du côté de la rue Crescent, et parce qu'ils étaient aisément reconnaissables, ils se mettaient souvent dans le pétrin. Comme « des gars de la place », quelques-uns de ces célibataires étaient devenus réputés pour leurs frasques. Bien entendu, personne ne s'attendait à ce que de jeunes joueurs de hockey riches se couchent à 11 heures après avoir bu un verre de lait et mangé un biscuit. On était à Montréal la cosmopolite, tout en lumière et en mouvement. Certains de leurs prédécesseurs, de bons vivants comme Guy Lafleur, qui se décrivait comme un solitaire, n'avaient pas été reconnus pour être des moines, eux non plus. Mais quelques incidents s'étaient produits qui avaient fait sourciller la direction du club, qui les avait dissimulés de son mieux, parvenant à retarder leur diffusion par les médias.

« Oui, nous avons eu quelques gars qui ont commis des erreurs hors de la patinoire », admet Stéphane Richer, qui n'était pas de ceux-là.

Plus tôt cette année-là, durant la série contre Boston, trois joueurs – Chris Chelios, Shayne Corson et Petr Svoboda – étaient allés faire la tournée des grands ducs la veille de la deuxième partie. La fête avait atteint son paroxysme quand la voiture où ils prenaient place avait embouti un lampadaire avant de capoter. Des reportages firent état de blessures subies par les trois joueurs (Corson aux tendons, et Chelios et Svoboda aux chevilles). Corson démentit ces rumeurs, même s'il disputa la série avec des côtes fêlées. Aucun des trois larrons ne rapporta l'accident à quiconque. Savard lui-même l'apprit seulement alors que la cinquième partie allait débuter, quand deux officiers de la SQ vinrent le trouver.

Après avoir gagné la première partie de cette série, Montréal avait perdu les quatre suivantes. Une fois que l'équipe eut été évincée sans ménagement des séries sur sa propre patinoire – insulte suprême –, la porte du vestiaire se referma violemment derrière Savard et Corey. Le diable y fut aux vaches durant un sale quart d'heure, et les trois joueurs aux airs de chien battu furent blâmés pour l'élimination du club. Ils furent aussi prévenus qu'ils seraient en probation pour toute la durée de la saison suivante.

Voilà le climat d'insouciance et d'immaturité qui caractérisait une partie des effectifs de l'équipe quand Burns apparut dans le décor, avec la tâche de redresser la situation.

« Ce n'était un secret pour personne, dit Chelios, les gars aimaient sortir. Tout était amplifié par la trop grande attention que nous portaient les médias de Montréal. Quand certains joueurs se mettaient dans le trouble, les médias en faisaient une histoire personnelle plutôt qu'une simple nouvelle. Être un joueur de hockey à Montréal voulait dire que vous ne pouviez rien cacher à personne. Quand vous sortiez, vous ne pouviez vous fondre dans la masse, vous étiez toujours le point de mire. Nous étions aussi accusés à tort d'un tas de choses. Mais je dirais que ce qui se passait autour de cette équipe n'était pas différent de ce que j'ai pu observer à Chicago. La situation était radicalement différente à mon arrivée à Detroit parce que nous avions un club de vétérans qui imposaient leur loi aux plus jeunes. Les choses avaient déjà changé à ce moment-là, et les temps aussi. »

En effet, la LNH du tout début du millénaire n'avait rien à voir, de près ou de loin, avec le circuit Bettman de 2012.

« Tout cela remonte à 30 ans, dit Bob Gainey. La société entière était différente dans ce temps-là, et les joueurs de hockey en sont un reflet. Ils étaient jeunes et populaires, et les occasions de tentation étaient légion. Je ne crois pas que ce groupe de joueurs étaient plus ou moins dévergondés que ceux qui les ont précédés ou que certains qui les ont suivis. À un certain moment, dans les 30 dernières années, il s'est produit un changement, et plusieurs choses qui étaient acceptables dans les années 1980 et 1990 ont cessé de faire partie de la culture des joueurs de la LNH. »

Bien au fait des tentations auxquelles étaient soumis les joueurs, familier des jeunes délinquants, Burns n'avait rien d'un puritain de l'ère victorienne. Il n'allait toutefois supporter aucune débauche excessive. Il devint donc Big Brother au sens le plus orwellien du terme, ayant des yeux et des oreilles partout, tissant un réseau d'informateurs parmi les policiers, les *bouncers* et même les danseuses de la plus célèbre boîte d'effeuilleuses, Chez Parée.

Il deviendrait l'entraîneur infiltré... et parfois pas si infiltré que ça! Très tard un soir, par exemple, il reçut un coup de fil l'informant que quelques-uns de ses joueurs, plutôt éméchés, se trouvaient Chez Parée. Burns se rhabilla, alla droit audit lieu de perdition et prit place à une table sans même jeter un coup d'œil à ses protégés – qui, le repérant aussitôt, déguerpirent sans demander la monnaie de leur dernière danse.

Savard reconnaît que Burns mit sur pied sa propre «agence de surveillance», mais tient à préciser que l'organisation possédait déjà sa propre – et officieuse – escouade de la moralité, l'une et l'autre opérant chacune de leur côté.

«Nous avions notre part d'informations avant l'arrivée de Pat, venant soit d'amis, soit de policiers, sur ce qui se passait, des faits que nous n'avons jamais rendu publics.»

Mais la surveillance autour des joyeux drilles de la formation se fit plus accrue avec la venue de Burns.

«Dès que nous sortions, Pat et Serge se mettaient à recevoir des appels, s'esclaffe Chelios. Chaque matin, les journaux semblaient avoir une bonne histoire sur nos exploits dans les bars, vraie ou fausse. Pat tentait de composer avec cette réalité. Mû par ses vieux réflexes de policier, il se rendait carrément au domicile des joueurs, la nuit, et guettait leur retour. Nous avions des règles et des heures de couvre-feu, et Pat tenait à ce qu'elles soient respectées. Ce qu'il aimait par-dessus tout, c'était prendre des gars en flagrant délit de mensonge. Et il excellait là-dedans...»

Brent Gilchrist, débarqué à Montréal en même temps que Burns, se souvient de l'un de ces épisodes.

«Il y avait certains endroits en ville où nous nous pensions incognitos parce que personne ne nous demandait d'autographe ou ne s'intéressait à nous. Alors, un de ces soirs, quelques-uns des gars et moi nous rendons à l'un de ces endroits où nous nous croyions à l'abri des regards et des racontars. Le lendemain, j'arrive au Forum et Pat me demande: "T'es-tu bien amusé, hier soir?" Et il me dit le nom de la place où nous étions, en ajoutant: "Hé, je sais *tout*. Je n'ai même pas besoin d'appeler, c'est eux qui m'appellent."

«Pat savait que nous étions jeunes et avions envie de nous amuser. Il n'essayait pas de nous en empêcher, mais de temps à autre, il nous faisait une remarque quand il pensait que nous y allions un peu fort ou quand il n'aimait pas ce qu'il voyait à l'entraînement, signe que nous avions peut-être un peu trop de plaisir hors de la patinoire. Il s'arrangeait pour en faire juste assez pour nous garder dans le droit chemin.»

Mike Keane, recrue de 20 ans, comptait Corson comme cochambreur et fut plus d'une fois entraîné dans des virées dans les bars.

«Je ne vais pas vous mener en bateau : oui, nous avons eu du plaisir. Quelquefois le couvre-feu en a pris pour son rhume. Pat nous en parlait ouvertement. Il nous disait : "Qu'est-ce que vous faites ce soir ? Où est-ce que vous allez ?" Il me disait : "*Kid*, ne t'imagine pas que j'ignore ce qui se passe. Arrange-toi juste pour rentrer à une heure décente." Je ne crois pas que les entraîneurs d'aujourd'hui font ça avec leurs jeunes joueurs. Ils tiennent pour acquis que les agents prennent soin de leurs clients, que les joueurs ont plein de gens autour d'eux pour les encadrer, mais ce n'est pas toujours le cas. J'ai été plutôt chanceux que Pat veille sur moi.»

Le camp des recrues débuta le 2 septembre, les joueurs substituts se présentant une semaine plus tôt que le reste de l'équipe. La recrue la plus notable du camp était indéniablement Pat Burns. En fait, pendant cette première journée, Burns observa depuis les gradins l'exercice que tinrent ses assistants Jacques Laperrière et François Allaire. Pour les médias, il s'agissait d'une première occasion de voir le nouvel entraîneur de 35 ans en (quasi) action. Les journalistes fondirent sur Burns, qui eut dès lors un avant-goût du rituel quotidien auquel il ne pourrait se dérober : des questions – autant en français qu'en anglais – sur son alignement.

«Plusieurs des recrues présentes aujourd'hui ont joué pour moi à Sherbrooke l'an dernier, alors tout a bien été quand j'ai parlé aux joueurs dans le vestiaire.»

Après cette entrée en matière plutôt fade, Burns ne tarda pas à s'animer :

«Je sais que le poste d'entraîneur des Canadiens est l'un des jobs les plus stressants en Amérique du Nord. Je vais sans doute avoir à m'y faire. Mais quand tu acceptes un poste dans la LNH, tu dois t'y attendre. »

Il ne croyait pas si bien dire. Burns se rendit vite compte que donner de la copie aux médias faisait partie intégrante de son travail et il découvrit qu'il y excellait. Les points de presse, bien que Burns prétendît toute sa carrière les détester, donnaient habituellement lieu à des moments animés, tout dépendant de son humeur. Et Dieu sait si elle pouvait être changeante… Mais il avait un faible pour les déclarations percutantes, et les journalistes, reconnaissants, ne se faisaient pas prier pour en garnir leur calepin.

Ses formations avaient toujours été reconnues pour leur style de jeu robuste. Néanmoins, Burns révéla à son auditoire captif qu'une bonne défensive lui importait plus que la bagarre. Ses Canadiens ne seraient pas une réincarnation des Broad Street Bullies, ce qui fit soupirer de dépit en certaines chaumières. Burns était plus résolu à asseoir son autorité sans perdre un instant, autant sur les jeunots que les vétérans. Le capitaine Bob Gainey – qui avait flirté avec l'idée de la retraite pendant l'été, et rencontré les North Stars du Minnesota pour le poste vacant de directeur général avant de décider de poursuivre sa carrière pour une 16e saison – était plus jeune que Burns de seulement 20 mois ; le légendaire Larry Robinson avait un an de plus. À eux deux, ils cumulaient assez de bagues de la coupe Stanley pour décorer les doigts de deux mains. C'étaient aussi deux personnes pesantes, et qui le prouveraient bien assez vite. Mais pour la plupart des autres, c'était un groupe de joueurs curieux et avides de faire leurs preuves, et capables de se regrouper.

Burns ne perdit pas de temps à montrer son tempérament. Une semaine après le début du camp, il servit une engueulade en règle à Svoboda pour s'être présenté avec 15 minutes de retard à l'entraînement. Puis il brisa son bâton sur la barre transversale du filet, furieux de la nonchalance de son défenseur par rapport à ses habitudes de travail. Une autre fois, Burns fit irruption dans le vestiaire et manifesta aux joueurs son indignation devant le rendement des siens pendant la séance d'entraînement.

Pierre Gervais avait connu Burns à Sherbrooke et l'avait suivi à Montréal. Aujourd'hui directeur de l'équipement des Canadiens, il raconte :

« Il a donné un bon coup de pied dans le baril de Gatorade et quelques tables ont volé à gauche et à droite. Quand je suis allé le voir dans son bureau quelques instants plus tard, il était assis à son pupitre et il *riait*. Il voulait seulement leur montrer immédiatement qui il était. Pat pouvait parfois être dur, mais jamais méchant, juste de très, très mauvaise humeur. Il ne pointait jamais du doigt un joueur en particulier. Si tu pointes un joueur devant tous les autres, ils ne l'oublient pas. »

Durant cette première saison, Gervais et Burns devinrent de bons amis, « parce que Pat était nouveau à Montréal et n'y connaissait pas grand monde ». S'il n'était jamais la victime des colères de Burns, il fut témoin d'un grand nombre de celles-ci :

« Il devenait en furie, envoyait valser des poubelles aux quatre coins du vestiaire, puis je le voyais le sourire fendu jusqu'aux oreilles. Une fois, entre deux périodes, il s'est tellement démené à crier et à gesticuler qu'il a fendu son pantalon. Trois minutes avant le début de la deuxième période, je lui courais après pour essayer de recoudre le fond de son pantalon et il était mort de rire. »

La vision de Burns s'époumonant devant ses joueurs était hautement divertissante pour la faune des médias qui documentaient ce genre de scène. Ses sorties visaient à produire un effet dissuasif immédiat : c'en était fini des comportements irresponsables et des réponses molles aux ordres, c'en était fini de se pointer sur la patinoire en retard. Trépignant de rage, Burns hurlait.

Un jour, durant un entraînement, il eut de la difficulté à garder son air de taureau écumant quand, criant à son unité de supériorité numérique de sauter sur la glace, il eut la surprise de voir toute l'équipe sauter par-dessus la bande.

« J'ai demandé à cette bande de crétins où ils croyaient tous aller ! »

Ou bien ils n'écoutaient pas, ou bien ils croyaient tous être devenus des spécialistes de l'avantage numérique…

« Les gars sont habitués à n'en faire qu'à leur tête. Je tente seulement de réinjecter un peu de discipline dans le groupe. Ce n'est pas facile au début, mais ça rapportera à long terme. Je parle ici d'une discipline normale, du style : quand l'entraîneur parle, tais-toi et écoute. »

Que ce soit par calcul ou par intuition, l'entraîneur recrue était déjà en train de bâtir le mythe Burns. Il gueulait, il sacrait, il brassait la cage. Il était si différent de son prédécesseur, on n'avait pour s'en convaincre qu'à le voir traîner dans le vestiaire, blaguant avec les joueurs. Même parmi ceux qui étaient perçus comme des fauteurs de troubles, personne ne rouspétait.

« Il avait un don pour cerner les différences entre les individus et leurs caractères, et pour traiter avec chacun d'entre eux, dit Chelios. Peut-être manquait-il un peu de structure, mais c'était uniquement à cause de son inexpérience. »

Plusieurs joueurs, particulièrement les plus jeunes, réagissaient bien aux stratégies du sergent-détective. Burns avait plus de facilité à insuffler de la maturité aux éléments les plus jeunes, parce qu'ils étaient plus impressionnables. Il était aussi prêt à donner sa chance à la jeunesse dans un club où brusquer les vétérans n'était pas la coutume. Mike Keane, qui s'attendait à être retourné à Sherbrooke – ou pire ! – à la fin du camp, se vit plutôt percer l'alignement de l'équipe, une décision qui fit beaucoup jaser.

« J'ai défié tout le monde, j'ai frappé tout ce qui bougeait et j'ai accompli au camp tout ce que je pouvais pour faire bonne impression, se rappellerait Keane des années plus tard. À la fin du camp, il m'a convoqué à son bureau et j'ai pensé : "Et voilà, je retourne à Sherbrooke." Mais Pat m'a dévisagé et m'a demandé : "Peux-tu me faire pendant 80 parties ce que tu as fait au camp ?" J'ai répondu oui et il m'a dit de me trouver un logement à Montréal. »

Keane était arrivé au camp avec le statut de joueur non repêché, et voilà soudainement qu'il faisait partie du *Show*, comme on dit au baseball.

« Pat m'a donné ma chance. En plus, j'étais un joueur anglophone, et il n'y a pas tant d'ouvertures pour eux à Montréal. Il y avait d'autres joueurs plus talentueux que moi. Bien des choses ont été écrites – "Que fait ce gars ici ?" "Il est trop petit !" "Il n'a pas assez de talent !" –, mais Pat croyait en moi et je ne l'ai jamais oublié. Et chaque jour à l'entraînement, je savais que si je paraissais mal, les journalistes ne critiqueraient pas que moi, mais Pat aussi. »

Keane, un joueur de troisième trio, bénéficia de l'affection que Burns témoignait aux joueurs du type « petite peste ».

« Pat était un col bleu. Il appréciait l'effort, il appréciait la passion. Il avait une aversion absolue pour les gars talentueux qui ne se défonçaient pas. Pat appréciait les gars qui y mettaient le temps, ceux qui étaient prêts à faire le sale boulot dans l'intérêt de l'équipe. »

―――

Ce que Burns avait entrepris d'accomplir – rien de moins qu'une métamorphose du club et de sa culture – en irrita certains qui se croyaient immunisés contre tout changement. Mais Burns refusa de s'en laisser imposer. De son casier dans le vestiaire, Keane observait sans mot dire les ajustements faire leur chemin dans l'ensemble de l'équipe, non parfois sans rencontrer une certaine résistance.

« Ce vestiaire comptait son lot de joueurs établis. Pour leur faire face, il fallait quelqu'un qui possédait une foi inébranlable en ses convictions, quelqu'un qui disait : "Je viens ici avec un but et un discours, et ce sont les miens." Je ne crois pas que personne d'autre que lui aurait pu prendre les commandes de cette équipe. Pensez à Larry Robinson, Bob Gainey, Bobby Smith, Mats Naslund, Patrick Roy, Guy Carbonneau – tous de futurs membres du Temple de la renommée. Plusieurs jouaient beaucoup plus qu'ils n'auraient dû. Pat devait déterminer ce qui était dans le meilleur intérêt du club. Ne vous faites pas d'idée, ses décisions n'ont pas fait l'affaire de tout le monde. Derrière les portes closes, Pat a éteint quelques feux. Quelqu'un qui n'aurait pas eu la forte personnalité de Pat n'y serait pas arrivé. »

L'opposition fut réelle. De solides prises de bec survinrent, dont beaucoup échappèrent à Keane… pour des raisons purement linguistiques.

« Quand Pat et certains des joueurs en venaient à se crier dessus, croyez-le ou non, la "conversation" passait de l'anglais au français. Ils s'envoyaient d'abord promener en anglais avant de continuer en français. C'était drôle parce que même dans les mineures, quand Pat se mettait vraiment en colère, il se mettait à parler en français. Quand il frappait un os avec Stéphane Richer ou Pépé Lemieux, ils lavaient leur linge sale en français. »

En français ou en anglais, la 80e saison des Canadiens démarra sur une fausse note, une défaite de 3-2 contre les Sabres à Buffalo. Cette partie démontrait parfaitement les lacunes défensives du club, un aspect que Burns était résolu à corriger.

Ce club dont le sort reposait sur sa défense avait besoin de retrouver son instinct de marqueur. La conjoncture était teintée d'ironie, car l'aspect défensif était le point fort de Burns, et Montréal était la concession qui avait créé le hockey offensif à outrance, dans les années 1950 – au point que la LNH avait dû modifier les règlements touchant à l'avantage numérique. Cette facette du jeu était devenue chez les Canadiens anormalement inefficace, s'établissant à un faible pourcentage de 15,9 % de réussite la saison précédente, bonne pour une 20e position dans la ligue, tandis que le pourcentage de réussite en infériorité numérique culminait à 83,8 %, en troisième position. Une autre statistique reflétait la timide offensive de l'équipe : elle s'était classée neuvième au chapitre des buts comptés, en dépit d'une contribution de 50 filets de Richer, le premier à atteindre ce plateau depuis Guy Lafleur.

Burns expliqua qu'il tentait de donner au style d'attaque du club une allure plus spontanée, mais on n'en voyait bien peu de traces dans leur jeu. Quand les Maple Leafs liquidèrent les Canadiens 6-2 au Forum, portant la fiche de ceux-ci à 2-4, l'inquiétude s'installa pour de vrai. Comme l'équipe atteignait la cave du classement de sa division avec une fiche de 4-7, la pertinence du choix de Savard de cet entraîneur sans expérience dans la LNH fut remise en question. La tension dans le vestiaire devint assez épaisse pour être coupée au couteau tandis que le doute s'installait, tout spécialement parmi les vétérans. Robinson était si déçu par la direction qu'avait prise l'équipe qu'il menaça de partir. L'équipe en arrachait manifestement. Burns avait attenté à une formule gagnante éprouvée en altérant le système préconisé par Perron. Peut-être, après tout, n'était-il qu'un policier un peu demeuré…

« Je savais à quoi m'attendre », dit Burns, en faisant fi des critiques et des grincements de dents.

Au lendemain de la défaite à Toronto, un journal avait prédit le renvoi de Burns avant Noël et en avait même fait sa manchette.

Cependant, aucun des joueurs ne se permettait de pourfendre Burns devant les médias, car ils étaient peut-être conscients d'avoir été à l'origine du départ de Perron six mois plus tôt.

« Nous sommes toujours à la recherche du caractère de notre équipe cette saison, avança Bobby Smith. Ce que je veux dire, c'est que nous n'avons pas encore mis le doigt sur le genre d'équipe que nous serons. »

Gainey, lui, exprima sa frustration d'une manière qui ne semblait pas désigner Burns comme étant le principal responsable des problèmes rencontrés par l'équipe :

« Nous n'avons pas encore notre pleine coordination. Nos trios ne sont pas encore fixés. Peut-être qu'à force d'essais-erreurs nous trouverons la bonne chimie. »

De son côté, Burns persistait à professer que la discipline sur la patinoire se voulait la pierre angulaire du succès à venir.

« Les joueurs doivent s'ajuster davantage à moi. Je suis plus près d'eux que ne l'était Perron. Peut-être qu'il y a un peu plus de communication. Quand je siffle durant un entraînement pour réunir tout le monde au centre de la glace, je veux qu'ils viennent sur-le-champ. Je ne veux pas voir de joueurs se traîner les patins. Je ne veux pas voir un seul gars jeter son bâton. »

Il ne voulait pas voir de joueur jeter son bâton sur la glace, mais il lui arrivait d'en jeter lui-même quelques-uns...

Dans une entrevue donnée lors de cette séquence tourmentée, Burns dit : « Quand nous aurons à nous expliquer, nous nous expliquerons. » Soulignant le fait que le club avait terminé deuxième de la ligue avec une récolte de 103 points la saison précédente, il déclara :

« J'arrive dans une situation difficile. Je suis un nouvel entraîneur avec un nouveau système et des idées différentes. Une période d'ajustement est nécessaire. Bien des entraîneurs ont ce problème au début. »

L'ajustement allait dans les deux sens, et il n'allait pas de soi pour Burns :

« C'est comme si j'étais déjà cuit... Dehors, fini, adieu ! C'est comme ça que ça marche à Montréal : tu gagnes ou tu dégages. Je ne voulais pas marcher le soir dans les rues. Je m'imaginais que quelqu'un allait me tabasser. Il y a un spectateur qui venait aux parties déguisé en poulet avec mon nom sur son chandail. À Montréal, la pression est irréelle, et vous êtes toujours sous les feux de la rampe. Je n'aimais pas ça, et j'aurais aimé refiler le problème à quelqu'un d'autre, mais je ne pouvais pas. Alors, je devais faire ce que j'avais à faire. »

———

À la fin octobre, l'heure des explications sonna et Burns convoqua une réunion.

« L'équipe semblait divisée entre les jeunes joueurs et les vétérans. Je leur ai dit de laver leur linge sale ensemble. »

Ce simple commentaire mit en lumière le sévère désaccord qui régnait en fait entre les jeunes joueurs et les vétérans, et entre les vétérans et l'entraîneur. Publiquement, Burns prétendait toujours tenir en haute opinion les sages conseils que lui donnaient ses vétérans. Ceux-ci représentaient pour lui une source de recommandations bien avisées, en même temps que la colonne vertébrale de l'équipe. Mais ils lui tombaient aussi sur les nerfs. Il oscillait entre le respect qu'il leur vouait et ce que certains d'entre eux interprétaient comme du mépris, à cause du peu d'estime que Burns prêtait à leur contribution. Burns, lui, s'efforçait plutôt d'assurer sa suprématie sur le club. Au-delà de cela, il tentait d'instaurer au sein de l'équipe un second niveau de leadership, insufflé celui-là par des éléments plus jeunes, conscient que Gainey et Robinson n'étaient pas éternels et qu'il fallait déjà songer à une transition.

Échangé de Toronto à Montréal le 7 novembre, Russ Courtnall sentit immédiatement la tension qui régnait dans l'équipe en mettant le pied dans le vestiaire.

« Il y avait assurément des problèmes entre certains des vétérans de l'équipe et Pat. Et l'un d'eux était sans conteste Larry [Robinson]. Quand j'ai débarqué là-bas, Larry était si malheureux qu'il menaçait de quitter l'équipe. Plus tard, ils finiraient par s'entendre. Je ne sais trop comment ils s'y sont pris, mais au bout d'une semaine peut-être, les choses allaient mieux et bientôt tout allait comme sur des roulettes. Pat a arrêté de défier ses vétérans ou il s'est rendu compte que ces gars-là étaient des atouts qui l'aideraient à faire de lui un meilleur entraîneur. »

Dans le vestiaire, le casier de Courtnall était voisin de celui de Gainey.

« Avant chaque partie, Pat allait le voir avec une feuille et ils parlaient en français, se rappelle Courtnall. Je ne pouvais comprendre ce qu'ils disaient, mais ils passaient un par un tous les noms qui figuraient sur la feuille, une discussion d'à peu près deux minutes. Puis Pat repartait. Je sais que Pat respectait Bob et Larry, mais je pense qu'il s'est rendu compte qu'il devait le montrer devant tous les autres joueurs. Une fois qu'il a compris ça, tout s'est bien déroulé. »

Si les Canadiens avaient connu un meilleur départ, sans doute n'y aurait-il pas eu de conflit dans le vestiaire, quoiqu'il soit parfois difficile de déterminer quel problème en provoque un autre.

« Nous avons eu les uns et les autres à faire des ajustements assez tôt dans la saison, et comme je ne suis pas du genre à m'arrêter et analyser les choses, je n'ai pas perçu qu'il y avait un problème spécifique aux vétérans, dit Gainey. Toute l'équipe était déréglée. Mais plus la saison a progressé, plus l'harmonie s'est installée. Nous avons trouvé un rythme qui convenait à la fois aux vétérans et aux bons jeunes joueurs, et nous avons finalement connu une saison agréable et sans heurts. »

Gainey attribue à une combinaison de facteurs la résolution graduelle des problèmes de ce début de saison.

« Les joueurs ont trouvé leurs places et leurs responsabilités spécifiques dans l'équipe, soit qu'on les leur ait expliquées, soit qu'ils les aient mieux comprises. Nous avions les bons joueurs pour combler tous les rôles-clés – un excellent centre offensif, un superbe gardien, un défenseur de talent en avantage numérique. Bien des choses découlent d'un élan initial. Quand elles se mettent à bien rouler, elles se nourrissent de leur propre vitesse. Quand on parle du hockey de la fin des années 1980, notre équipe fait souvent figure de parent pauvre, car on prétend qu'elle manquait de bons joueurs. Mais si vous étudiez de près son alignement, vous constatez qu'un grand nombre de ces joueurs ont été élus au Temple de la renommée ou ont joué pour leur équipe nationale, aux États-Unis, en Europe et au Canada. Elle comptait sur des joueurs d'une autre génération, qui avaient connu beaucoup de succès, et sur des joueurs de la génération suivante qui en ont, eux aussi, connu beaucoup. C'était une formidable combinaison. »

Burns devait réussir à les faire travailler ensemble ou l'impasse aurait perduré. Le nouvel entraîneur dut montrer qu'il tenait compte de la clairvoyance de ses vétérans. Dans l'équipe, les joueurs vouaient une profonde admiration à Gainey et Robinson, les derniers joueurs à avoir fait partie des formations qui avaient remporté quatre coupes Stanley consécutives de 1976 à 1979.

« La majeure partie du groupe écoutait Gainey et Robinson, dit Patrick Roy. Ils avaient beaucoup d'influence. Je crois que Pat et Bob ne partageaient pas le même point de vue, et que Pat voulait mettre Bob de côté. Et j'estime que c'était une erreur. »

Gainey pèse ses mots avec soin :

« Je crois que Pat avait dans l'idée qu'il devait établir son rôle de mâle dominant dans le vestiaire. Si c'était le cas, s'il désirait vraiment pousser les vétérans vers la porte de sortie, cela a fait en sorte qu'il les a fouettés et les a forcés à hausser leur jeu d'un cran. Avec le temps, un équilibre s'est établi, il a compris ce que ces joueurs apportaient et qu'il n'avait pas à être… aussi exigeant ou contrôlant, mais tout simplement et manifestement aux commandes. Qu'il pouvait laisser aller un peu plus les choses. »

La situation obligea Burns à faire preuve de subtilité, et d'une humilité qui n'allait pas de soi chez lui. Le litige était résolu, les rancunes apaisées, et les joueurs s'engagèrent à se rallier derrière Burns plutôt que d'engendrer davantage de perturbations au niveau de la direction du club. En retour, Burns fut assez perspicace pour s'adoucir, laissant de côté ce qui n'avait pas fonctionné depuis le début de la saison, cessant de sévir dès le premier manquement d'un joueur, une attitude qui n'était de toute façon pas dans sa nature et qui n'avait pas profité à l'équipe. Les Canadiens revinrent à un style de jeu plus abrasif, soutenu par la meilleure tenue de Patrick Roy devant le filet depuis son arrivée, à la fin de la saison 1985-1986.

Sous d'autres aspects plus aisément visibles, Burns se montrait rigide et intraitable, ne dérogeant pas d'un iota de ses principes. Il interdit la bière durant les voyages en autobus et démontra à ses joueurs, alcootest à l'appui, combien une petite quantité d'alcool pouvait provoquer un affaiblissement des facultés. Fort de son expérience, Burns leur dit :

« La police ne veut pas entendre vos histoires. Tout ce qu'ils savent, c'est que vous avez trop bu et que vous avez tué quelqu'un en conduisant. »

Il réussit à restaurer un respect du couvre-feu. Même les vols étaient plus paisibles que par les années passées. La tradition veut que l'entraîneur s'assoie à l'avant de l'avion ; Burns la changea du tout au tout en se réfugiant à l'arrière, les bras croisés sur la poitrine, le regard vissé devant lui. Les joueurs pouvaient sentir ses yeux posés sur eux. Burns conserverait ce poste d'observation tout au long de sa carrière dans la LNH.

« Il y avait deux ou trois choses qui m'agaçaient au début de la saison : par exemple, les parties de cartes avec de gros enjeux en argent ou encore des gars qui descendaient une ou deux bières avant de commencer un match, des choses que vous ne voulez pas voir. »

La mise en vigueur de ces nouvelles règles ne provoqua pas de rébellion. Mis à part ce nouveau « code d'éthique », les joueurs jugeaient Burns moins strict que Perron. Sous le règne de l'entraîneur précédent, les athlètes se sentaient traités comme des adolescents et réagissaient souvent comme des jeunes délinquants. À ce sujet, Robinson dit :

« Pat donne aux joueurs un peu plus de liberté et il ne nous traite pas comme une bande d'enfants d'école. Il a apporté beaucoup de discipline à l'équipe, quelque chose qui nous faisait défaut dans les dernières années. Si tu gardes un chien attaché trop longtemps, il peut devenir très méchant… Mais si tu le laisses s'ébrouer un peu tout en gardant la laisse tendue, il devient une autre bête. Pat donne plein de corde aux gars, beaucoup de liberté, mais s'ils ne l'utilisent pas de la bonne manière, alors il tire sur la laisse. Il a établi qu'il était le patron, mais il n'en fait pas toute une histoire. »

Savard sembla apprécier la tournure que prenaient les relations joueurs-entraîneur :

« Pat règle les problèmes quand ils se présentent puis les oublie. Cela signifie que l'air vicié se purifie toujours très vite autour de l'équipe, ce qui contribue à créer une bonne atmosphère. »

Dès le début, Burns avait livré la manière forte qu'on avait attendue de lui. Personne ne sourcilla quand il laissa de côté Claude Lemieux après que celui-ci eut livré une piètre performance. À la partie suivante, une fois de retour dans l'alignement, Lemieux répondit en enfilant trois buts. Peu après, Lemieux retourna de nouveau contempler le jeu depuis les gradins pour avoir pris une mauvaise pénalité – en fait, une double mineure et une inconduite de match – et être resté étendu sur la patinoire en feignant une blessure. Ce qui laissa savoir à tout le monde, si quelqu'un l'ignorait encore, que Burns était le grand meneur de jeu, ainsi que l'avait promis Savard. Et personne ne se précipita à la défense de Svoboda quand le jeune défenseur s'objecta devant la suspension que lui avait valu un coup de bâton porté très haut, que Burns avait qualifié de «très, très stupide».

À la fin octobre, Montréal arracha un match nul de 1-1 à Boston et, même si le spectacle n'avait pas été joli, Burns vit là les premiers signes que son équipe émergeait enfin de sa torpeur du début de la saison.

«Nous allons de mieux en mieux, dit-il au point de presse d'après-match. Nous avons mangé notre pain noir, et maintenant c'est le temps d'un peu de dinde et de poulet.»

Deux semaines plus tard, ce fut au tour de Carbonneau d'être relégué sur la passerelle de presse quand Montréal l'emporta 3-1 sur les Canucks à Vancouver. De l'avis de plusieurs commentateurs, cela constitua le point tournant de la saison. Retirer Carbonneau de l'alignement demandait un culot certain. Carbonneau, sacré l'année précédente récipiendaire du trophée Frank Selke, remis au meilleur avant défensif, avait raté seulement sept matchs au fil des six dernières saisons.

À l'embauche de Burns, Carbonneau avait applaudi la décision de la direction.

«De nos jours, vous avez besoin d'un préfet de discipline pour contrôler les jeunes joueurs. Certains sortent du junior avec de mauvaises habitudes et ils ont besoin d'être repris en main.»

Mais Carbonneau n'était plus un jeunot et ne s'était certainement pas attendu à devenir la cible des foudres de son entraîneur. Burns, lui, désirait que Carbonneau aspire à être davantage qu'un excellent couvreur et reprochait à son pilier défensif de jouer *trop* défensivement. D'une manière radicale, il mettait au défi Carbonneau d'apporter une plus grande contribution offensive, situation sans précédent.

«Je lui ai dit: "Fonce plus sur la rondelle et tu vas compter", expliqua Burns. Il a dit: "Je ne peux pas faire ça, je suis un joueur défensif." Et j'ai dit: "Parfait, alors réchauffe le banc."»

Défier Carbonneau tenait du pari pour Burns, lui qui avait déjà été critiqué pour avoir favorisé des anglophones au détriment des francophones concernant le temps de glace. Mais son retrait de l'alignement pour un match et cet entretien rendirent Carbonneau tout feu tout flamme, amorçant chez lui une transformation spectaculaire. Carbo partit sur une lancée, comptant 26 buts – ce qui constituerait son plus haut total en carrière –, dont 10 gagnants, et se façonnant un différentiel de + 37.

« À partir de ce moment-là, dit Burns, toutes les pièces du casse-tête sont tombées en place. »

Le changement suivant consista en une addition par soustraction quand Burns se débarrassa de l'encombrant et agressif John Kordic dans ce qui s'avérerait, dans l'histoire du hockey, l'un des plus désastreux échanges impliquant Toronto. Le fier-à-bras de 23 ans et Burns étaient, étonnamment, comme l'eau et le feu – ou, plus précisément, comme l'huile sur le feu. Kordic, qui prétendait être bien plus qu'une paire de poings montée sur patins, s'était attendu à une charge de travail accrue quand Burns était arrivé en ville, mais le contraire s'était produit, le matamore ne participant qu'à 6 des 15 premiers matchs de la saison. Kordic ne chercha pas à cacher son dépit :

« Burns ne fait pas de mystère qu'il a "ses gars" et que c'est eux qu'il va faire jouer. J'ai cru que j'étais l'un de ceux-là au début, mais non. Je leur ai dit que s'ils ne me faisaient pas jouer, ils n'avaient qu'à m'échanger. Je leur ai dit de m'envoyer ailleurs. »

Plus tôt dans la saison, un pénible incident s'était produit qui avait pourri la relation entre Burns et Kordic – incident qu'aucun média n'avait rapporté, et au cours duquel les deux hommes en étaient presque venus aux coups. Burns avait raconté la scène à son vieux mentor Charles Henry.

« Kordic était dans le vestiaire en train de déblatérer sur son temps de glace. Puis il a débarqué dans mon bureau et s'est mis à me crier dessus. Il y avait un gros cendrier en verre sur mon pupitre, je l'ai pris et je le lui ai lancé. J'ai eu de la chance de le rater. Le cendrier a éclaté en mille morceaux contre le mur. Kordic a levé les bras en l'air en me traitant de crisse de fou. »

Alors, Burns lui avait rétorqué de son ton le plus menaçant :

— Je suis *fou*. Et si tu n'es content, on va descendre tout de suite dans la ruelle et il n'y aura aucun de tes coéquipiers pour m'arrêter !

Kordic s'était mis à courir dans le vestiaire en hurlant :

— Ce crisse de coach est fou !

Kordic était parti en furie. Burns avait laissé passer quelques minutes, puis piqué une tête dans le vestiaire en demandant :

— Où est-il ?

— Il est parti, coach !

« Ce dingue aurait pu sauter par-dessus mon bureau et me tuer ! », raconta Burns à Henry.

Beaucoup plus tard, en évoquant la scène, Burns dit aux journalistes :

« Je lui ai dit de revenir me voir quand il serait plus poli. »

Burns n'avait pas aidé à faciliter les relations entre Kordic et lui quand, le trouvant dans le bain tourbillon de l'équipe, il l'avait ridiculisé en lui recommandant de bien le vider afin de ne pas refiler de MTS à ses coéquipiers.

L'un des deux devait faire de l'air. Kordic était déjà si mécontent de son sort qu'il passait le moins de temps possible au Forum, mettant même de côté sa passion pour l'entraînement dans la salle de musculation. Son angoisse atteignit un tel point qu'il fut hospitalisé quelques jours pour des douleurs à la poitrine. Apparemment, nul n'était au courant à ce moment-là que Kordic était abonné aux drogues dures. L'homme fort des Canadiens mélangeait allègrement cocaïne et alcool, un cocktail ravageur qui finirait par l'emporter prématurément à l'âge de 27 ans, à la suite d'un arrêt cardiaque dans une chambre de motel, à Québec.

Burns rapporta l'épisode du cendrier à Savard, mais le directeur général avait déjà entendu plus que sa part d'histoires sur l'imprévisible Kordic. En la personne de son jeune homologue Gord Stellick, Savard trouva un partenaire d'affaires idéal – c'est-à-dire un pigeon – pour se débarrasser de Kordic, à la grande joie de l'entraîneur des Leafs, John Brophy. En retour, les Canadiens obtinrent Russ Courtnall, un rapide attaquant qui se languissait sous la férule de Brophy. Dans l'uniforme bleu-blanc-rouge, Courtnall connaîtrait un regain de vie en voyant son nouvel entraîneur exploiter sa créativité offensive au sein d'une équipe désespérément en quête de marqueurs.

« J'étais stupéfait par son jeune âge, dit Courtnall en se rappelant sa première rencontre avec Burns. La saison n'était vieille que de 12 parties, si bien que peu de gens en savaient déjà beaucoup sur Pat. C'était un homme dur, un entraîneur coriace. Parfois, nous ne comprenions pas ce qu'il attendait vraiment de nous. Mais c'était plaisant de jouer sous ses ordres parce qu'il nous demandait le meilleur de nous-mêmes. »

Brophy, qui serait renvoyé fin décembre et remplacé par George Armstrong, était lui aussi un homme doté de solides cordes vocales.

« Pat parlait fort, poursuit Courtnall, mais avec une différence. Il avait comme assistant Jacques Laperrière, et tous deux dirigeaient de bons entraînements. Pat parlait peu, à moins que nous ne dérogions de ses directives. »

Laperrière, un membre du Temple de la renommée, faisait figure de yin bienveillant au côté du yang tourmenté qu'était Burns.

« Ils formaient un excellent tandem. Jacques était calme, mais il avait joué dans la LNH. Et Pat, quand les choses devaient être mises au point, nous ramenait à l'ordre avec fermeté. »

Courtnall fut impressionné par l'usage que les Canadiens faisaient de la vidéo, bien que Burns ne fût pas un disciple de Roger Nielson et laissât souvent « Lappy » superviser les sessions de visionnement.

« Nous regardions des vidéos avant chaque partie. Nous étudiions le jeu des autres formations, analysant leurs forces et leurs faiblesses. L'équipe de Pat savait toujours, avant d'en affronter une autre, ce qu'elle faisait très bien… et moins bien. »

Bien inspiré, Burns muta Courtnall du centre à l'aile droite afin d'exploiter sa grande vitesse et son habileté de tireur.

« Le centre a un tas de responsabilités, précise Courtnall. Quand je me suis retrouvé à l'aile droite, je devais me préoccuper de moins de choses et mon jeu en a été grandement facilité. »

Ce changement s'avéra profitable. Courtnall finirait la saison avec 22 buts en 64 matchs dans l'uniforme des Canadiens.

Pendant ce temps, à Toronto, Kordic répétait à qui voulait l'entendre la prétendue division qui régnait dans le vestiaire des Canadiens, avec ses vétérans et ses joueurs francophones mécontents dont le temps de glace était diminué au profit des anglophones et des recrues, des «chouchous de Sherbrooke» de Burns, Keane et Gilchrist en tête.

« Certains des vétérans, certains des meilleurs attaquants de l'équipe ne sont pas très heureux, déblatérait Kordic. Durant la dernière minute de jeu, ce n'est pas Bobby Smith ou Mats Naslund que vous voyez sur la glace, mais Keane et Gilchrist. »

Il y avait pourtant du vrai dans ce que rabâchait Kordic. L'affection que portait Burns à ces deux jeunots avait été remarquée – et décriée – par les médias francophones, toujours prompts à réagir quand leurs «locaux» semblaient faire l'objet d'une quelconque forme d'exclusion.

« Mike et moi ne lisions pas les journaux francophones et n'écoutions ni la télé ni la radio québécoises, ce qui représentait probablement un avantage pour nous, dit Gilchrist. Mais Pat, lui, parlait français. Quand ils l'ont accusé de ne pas aimer les francophones, Pat a d'abord trouvé ça amusant. Il disait : "Mais je *suis* francophone." Il faisait jouer les gars qu'il voulait voir à l'œuvre, ceux qui y croyaient. Mike et moi étions parfois critiqués, mais je pense que dans l'ensemble, nous avons fait nos preuves et que nous avons fini par faire taire nos détracteurs. Pendant ces deux ou trois premiers mois, il y avait quelques très bons jeunes joueurs francophones qui jouaient dans la Ligue américaine et qui sont finalement devenus membres des Canadiens, mais nous étions arrivés les premiers. Et Pat s'en est tenu à ses idées. Il subissait une sacrée pression. Je pense que Pat savait qu'il allait réussir, qu'il ne pouvait s'en remettre aux médias pour lui dire qui envoyer dans la mêlée. Il disait : "Je vais faire jouer les gars que je crois capables de nous aider à gagner." Et c'est ce que nous avons fait. »

Burns était simplement heureux de s'être débarrassé du fauteur de troubles qu'était Kordic, tandis que Courtnall s'épanouissait sous les ordres de son nouvel entraîneur, soulevant les spectateurs de leurs sièges avec ses montées fulgurantes vers le filet adverse. Il n'y avait toutefois pas d'atomes crochus entre Courtnall et Burns. Si Courtnall donne à Burns tout le mérite pour en avoir fait un joueur professionnel de premier ordre, il admet que cet homme bourru est toujours demeuré une énigme pour lui.

« Il ne voulait pas que les joueurs deviennent trop proches de lui. Chaque matin pendant quatre saisons, je passais ma tête par la porte de son bureau pour lui dire bonjour. Jamais ne m'a-t-il répondu une traître fois – jamais. Un jour, près du Forum, par accident, je me suis trouvé à déjeuner avec lui, et cela avait été si inconfortable... C'était un entraîneur grincheux. Non, il ne voulait pas que les joueurs deviennent trop proches de lui.

« Une fois que vous quittiez son équipe pour aller jouer ailleurs, il était un autre homme, gentil et affable. Au Forum, à l'entraînement, il sautait par-dessus la bande pour aller parler à des gars d'autres équipes, détendu, souriant. Il retrouvait des gars qu'il avait dirigés au niveau junior, et il était très amical avec eux. On se disait toujours : "J'aimerais qu'il soit comme ça avec nous." Nous n'avions pas la meilleure relation, Pat et moi. Je pense que j'étais ce genre de joueur qui le frustrait de temps en temps. Mais j'ai vraiment tout donné pour Pat. Tout le monde désire être reconnu pour ce qu'il fait de bien ou s'il travaille fort. Pat n'était pas le gars qui vous faisait ressortir du lot en vous disant : "Hé, bravo, bonne partie !" »

Brusquement, ces soirées de « bonne partie » ont commencé à se suivre et se ressembler quand l'équipe s'est mise à additionner les séquences gagnantes. Le 25 novembre, les Canadiens n'avaient perdu qu'un seul de leurs 12 derniers matchs, en partie à cause de la superbe tenue de leur gardien de but Patrick Roy, qui se révélait imbattable au Forum. Soudainement, voilà que Burns dirigeait l'une des meilleures équipes de la ligue. Après une autre victoire, le 12 décembre, celle-là contre les Bruins, les Canadiens avaient perdu seulement 2 de leurs 22 dernières parties et menaient la division Adams par 12 points, creusant entre eux et les Bruins un fossé que ceux-ci ne pourraient jamais combler. À Noël, les blagues fusaient pour expliquer l'exceptionnel rendement de l'équipe. En début de saison, avec une fiche de 4-7-1, Burns n'était qu'un policier imbécile. Depuis, il avait gagné 100 points de QI et il était devenu le Einstein du hockey.

Bientôt les Glorieux – qui méritaient de nouveau leur surnom – battirent à tour de rôle quatre équipes de la division Smythe et allongèrent leur séquence victorieuse à huit matchs à l'étranger, et cela sans même se ressentir de la fracture au pied droit de Gainey qui le tint à l'écart du jeu six semaines.

Auréolé d'une étiquette de génial «nouveau penseur du hockey», Burns prenait toujours soin de louanger ses joueurs.

«Le secret de nos succès réside dans l'union des forces de 25 bonnes personnes qui placent le hockey au centre de leurs priorités et qui lui donnent le meilleur d'eux-mêmes. C'est drôle, mais il suffit de trois ou quatre indésirables dans une équipe pour tout foutre en l'air. Eh bien, nous n'avons pas ce genre de problème.»

Sauf que Burns avait bel et bien un problème, et qui se présentait à lui sous la forme de l'exaspérante énigme que constituait pour lui Stéphane Richer, l'idole déchue. Après une saison de 50 buts, ce fier descendant des Flying Frenchmen était revenu sur terre avec fracas, et nul n'arrivait à comprendre la cause de sa léthargie – lui encore moins que quiconque. Les questions taraudaient la jeune vedette comme s'il avait été Hamlet fait hockeyeur, tentant de retrouver sa touche de Midas autour des filets adverses. Hypersensible, doté d'un psychisme fragile, Richer était devenu un homme tourmenté, soumis aux perpétuelles réprimandes de son entraîneur qui croyait erronément que la répétition du même message finirait par porter fruit.

Burns connaissait Richer depuis déjà presque une dizaine d'années et aurait pourtant dû comprendre qu'un coup de pied dans ce derrière-là ne rapporterait aucun dividende. Il punit Richer en réduisant son temps de glace, ce qui amplifia encore plus sa léthargie. Une suspension de 10 matchs en début de saison pour avoir cinglé Jeff Norton, des Islanders, avait mis la table pour une saison de misère. Quand Richer lui-même s'était dit indisponible pour un match en raison de la grippe, Burns l'avait tenu à l'écart du jeu pour un match supplémentaire. Quand l'histoire de Richer fit la une d'un quotidien montréalais deux fois dans la même semaine, le ton de Burns se durcit :

«J'en ai jusque-là de Richer!», tonna-t-il.

Au Forum, les encouragements virèrent aux huées et Richer en fut catastrophé.

« Quand je plaque un adversaire, ils rient. C'est comme s'ils disaient : "Regardez, Richer a enfin mis quelqu'un en échec !" »

Les journalistes brodèrent sur le prétendu conflit qui opposait le joueur et l'entraîneur. Et plus Richer exposait ses doléances à la presse, plus Burns bouillonnait de rage.

« J'ai l'impression d'être en guerre », déclara aux journalistes Richer, dépassé par la controverse qui faisait rage dans les journaux et par sa médiocre saison.

Son cochambreur, Guy Carbonneau, lui servait de thérapeute bénévole, lui procurant un support psychologique qu'il ne pouvait trouver auprès de son entraîneur peu compatissant. Burns, qui n'était pas un homme patient, se montrait exaspéré par tout ce mélodrame :

« On dirait que tout ce que nous accomplissons comme équipe n'a tout à coup plus d'importance, s'emporta Burns. Tout le monde ne parle que de Stéphane Richer. Je dirige les Canadiens, et c'est l'équipe qui m'importe. Je ne peux m'arrêter au cas d'un seul joueur. Je l'ai fait jouer régulièrement à forces égales et sur l'avantage numérique. Je ne peux pas en faire plus. Je ne peux pas sauter par-dessus la bande et aller jouer à sa place, pas plus que je ne peux empêcher les fans de le huer. »

En fait, Burns clamerait plus tard, et pendant des années – et même sur son lit de mort –, qu'il aimait Richer comme un fils. Là était peut-être justement le problème. Burns n'était pas un père aimant. Il n'affichait pas son amour. Et Richer, qui passait pour un être tourmenté, qu'on assimilait souvent à un extraterrestre dans le monde du hockey, le rendait fou.

« Hum, il m'aimait tellement qu'il m'a échangé, dit aujourd'hui Richer, non sans affection dans la voix. Ça n'a pas l'air très sensé, mais ça l'est pour moi. »

Mais cet échange était encore loin dans l'avenir, en cette saison 1988-1989 si éprouvante pour Richer. Quand il repense à cette période de sa vie, Richer ne blâme ni Burns ni la horde des médias. Il était enclin à la dépression, à des désordres de l'humeur qui ne seraient pas diagnostiqués avant l'âge mûr.

« Je me débattais intérieurement, dit-il, et je ne savais même pas pourquoi. Si j'avais su à ce moment-là, ça aurait été plus facile pour moi d'en parler. J'étais tellement jeune… Tu ne sais pas ce qui t'arrive, tu te poses des questions et tu cherches des réponses sans en trouver aucune. Je me demandais : "Mais pourquoi je m'en fais comme ça ?" Je n'avais aucun plaisir à jouer. Avec Pat, c'était noir ou blanc, il n'y avait pas de milieu. J'ai tenté de lui parler, je lui ai dit : "Pat, j'ai des problèmes personnels." Pat ne voulait pas en entendre parler. Il avait déjà à composer avec mon rendement sur la glace, c'était trop pour lui. »

Pendant qu'il se débattait avec ses propres démons et que son jeu s'enlisait, Richer était aussi rongé par la culpabilité, voyant trop bien à quel point il décevait l'homme qui l'avait déniché dans son petit village pour lui ouvrir les portes du hockey.

« C'est lui qui m'a donné ma chance. Tous mes amis étaient drogués. Comment aurais-je survécu s'il ne m'avait pas pris en main ? Qu'est-ce que je serais devenu ? Je lui ai dit : "Pat, tu sais d'où je viens, tu me connais depuis mes 14 ans, tu devrais comprendre ce que je traverse." Mais une seule chose le préoccupait : gagner. Quand je le voyais se démener avec tous les problèmes qui se déroulaient hors de la patinoire, ça ne servait à rien de s'asseoir à ses côtés et de lui parler, il ne m'écoutait pas. Je lui ai dit une fois : "Pat, tu ne me vois jamais dans un bar à quatre heures du matin, tu ne me retrouves pas saoul." Mais c'était comme s'il était sourd.

« On dirait que je ne pouvais pas connaître une bonne partie, il était toujours sur mon dos. Si j'avais compté deux buts, j'aurais pu en compter trois. Il avait toujours la même attitude envers moi. Dès le moment où j'ai enfilé le chandail de son équipe, à Hull, il a été si dur avec moi, les gens n'ont pas idée. »

Le cas Richer mis à part, les Canadiens faisaient flèche de tout bois, bataillant avec Calgary pour la première place du classement général – les deux équipes seraient au coude à coude jusqu'à la fin de l'année – et tout allait pour le mieux dans le meilleur des mondes de Burns. Sauf qu'il était absolument incapable de ne pas songer qu'une catastrophe lui pendait au nez en permanence. Courtnall se plaît à le décrire comme « un genre de prophète de malheur ». Alors Burns continuait à pousser ses hommes sans le moindre répit.

« Il redoutait de nous accorder un seul jour de relâche, raconte Roy. Si nous avions un jour de congé et que nous échappions le match suivant, le lendemain, il venait nous dire : "C'est la dernière fois que vous avez un congé. Maintenant, c'est le temps de payer." »

Au Forum, le mot congé n'existait pas pour Patrick Roy, et plus la charge de travail semblait lourde, plus il semblait s'épanouir. À la fin mars, il égala la marque de Bill Durnan pour la plus longue séquence de parties à domicile sans défaite – 25, en 1943-1944 – après une courte nuit de sommeil, sa femme ayant donné naissance cette nuit-là à leur premier enfant, Jonathan. Puis au match suivant, il battit le record, demeurant invaincu au Forum depuis le début de la saison, avec une fiche de 25-0-4 – 29 parties consécutives sans défaite. Pour la saison entière (à la maison et à l'étranger), sa fiche s'établirait à 33-5-6.

Dans les dernières semaines de la saison, Burns épargna ses vétérans, envoyant même Robinson se reposer cinq jours en Floride. Des jeunots de Sherbrooke furent appelés en renfort pour combler les trous dans l'alignement et goûter un peu à la LNH. Montréal remporta 10 de ses 15 dernières parties, en léger recul sur son rythme frénétique des derniers mois, ce qui lui coûta le trophée du Président, décerné à l'équipe championne du circuit en saison régulière. Les Canadiens bouclèrent finalement celle-ci avec 115 points, leur plus haut total depuis 1981-1982, 2 points derrière Calgary et 27 devant Boston, un écart ahurissant.

Il a souvent été dit que la coupe Stanley était la propriété des Canadiens et qu'il leur arrivait parfois de la louer à une autre équipe. Burns et cie entreprirent les séries éliminatoires avec la ferme intention de récupérer leur précieuse possession.

CHAPITRE 6

Si près, si loin

« Ils ont soulevé la coupe dans notre cour, et ça a tué Pat. »

Claude Lemieux se tortille sur la glace, apparemment à l'agonie. Au banc des Canadiens, le soigneur Gaetan Lefebvre commence à enjamber la bande afin de se porter à son secours. Pat Burns empoigne son blouson et le ramène derrière le banc :

— Laisse cet enfant de chienne là où il est.

C'est la première partie de la finale de la coupe Stanley, à Calgary, et Lemieux est seul sur la patinoire, sous la lueur blafarde des projecteurs de la télévision. Aucun coéquipier ne se précipite à son secours. Aucune pénalité n'a été décernée à Jamie Macoun qui, pour provoquer cette tragique pantomime, n'a rien fait de plus que de donner une légère tape avec son bâton sur la jambe de Lemieux. Comme il comprend que personne ne viendra l'aider, Lemieux arrête son numéro, oscille un moment sur ses genoux et finit par se relever laborieusement avant de patiner jusqu'au banc. Pas un seul mot n'est prononcé.

« Je me souviens seulement que j'étais étendu sur la glace et que je me demandais : "Où est le soigneur ?" Il y a 20 000 spectateurs dans l'édifice, nous sommes en finale et personne ne vient. Je me demandais : "Est-ce que c'est une mauvaise plaisanterie ?" Et puis j'ai dû retraiter vers le banc. Ce fut un moment très embarrassant. »

Lemieux, l'une des pestes les plus notoires de son sport doublée d'un comédien de talent dans l'art de feindre des blessures, est las de revisiter cet épisode humiliant de sa carrière. Sa version des faits est en constante évolution. Vingt-trois ans plus tard, dans son bureau du centre-ville de Toronto, Lemieux dit qu'il ne feignait pas.

Pas entièrement. Pas beaucoup, en tout cas. Mais il demeure vague sur la douleur préexistante que Macoun a brusquement ranimée... Il avait une cheville foulée, semble-t-il se rappeler. Et il avait assurément un problème à l'abdomen, qui prit plus d'un an à être diagnostiqué.

« J'étais blessé, je ne jouais pas la comédie. Je suis resté étendu sur la glace et j'avais très mal. »

Ce qui affligeait et exaspérait Burns, c'était cette fichue manie de jouer la comédie pour provoquer des pénalités, numéro dans lequel Lemieux avait un moment excellé, mais qui commençait à faire long feu en ce printemps 1989. À l'époque, Lemieux n'avait pas hésité à reconnaître qu'il avait cherché à leurrer les arbitres quand les journalistes l'interrogeaient à ce sujet :

« J'avais l'habitude de le faire en 1986, quand nous avons gagné la coupe, mais ça ne marche pas cette année. Si l'arbitre Andy Van Hellemond avait appelé une infraction et si les Flames avaient eu une majeure de cinq minutes, j'aurais été un héros. »

Mais ce n'était pas l'idée que son entraîneur se faisait d'un héros. Burns haïssait à s'en confesser ces pathétiques mises en scène et considérait ces manœuvres déloyales indignes d'un joueur portant l'uniforme des Canadiens. Si Lemieux avait été vraiment blessé, il aurait incarné ce mauvais garnement qui avait crié au loup une fois de trop, quoique Burns eût choisi un drôle de moment pour donner une leçon à son candidat à l'École nationale de théâtre alors qu'il restait sept minutes à écouler dans un match de finale que les Flames gagneraient finalement 3-2.

« Je lui ai dit que ça ne marchait plus, grogna Burns. Les arbitres ne sont pas stupides. »

Avant même que cet incident survienne, dans les jours précédant la série, les talents de plongeur de Lemieux avaient été tournés en dérision dans une caricature d'un journal de Calgary. Le dessin le montrait en convulsions sur la glace et la légende disait :

« Bilan des blessures. Gary Suter est absent pour une période indéterminée ; le cas de Mark Hunter est réévalué au jour le jour, et celui de Claude Lemieux, de minute en minute. »

Ce qui blessa le plus Lemieux fut qu'aucun de ses coéquipiers n'eût esquissé le moindre geste pour lui venir en aide.

« Je peux le comprendre, dit aujourd'hui Lemieux. Si l'entraîneur retient le soigneur, je pense que toute l'équipe est du coup menottée, que pas un seul coéquipier ne peut bouger. »

Sur le banc, le silence était assourdissant.

« Je me souviens d'avoir demandé au soigneur qu'est-ce qui se passait et puis j'ai compris. Je n'aurais pas pu être plus embarrassé et j'étais sincèrement blessé. Après ça, je me suis dit qu'il était hors de question que je continue à jouer ici pour ce gars-là. Je savais que j'allais demander à être échangé. »

Burns et Lemieux avaient connu tout au long de l'année une relation aigre-douce, et l'origine de leur désaccord remontait au match d'ouverture local, quand Lemieux avait écopé d'une inconduite de match pour avoir discuté avec l'arbitre. De nombreuses disputes avaient émaillé la saison. Burns croyait que Lemieux simulait quand il se plaignait d'une aine douloureuse qui ne guérissait pas.

« J'avais cette mystérieuse blessure sur laquelle personne ne parvenait à mettre le doigt. Il s'agissait d'une déchirure à l'estomac, mais les médecins ne voyaient rien. Pat croyait que je feignais d'être blessé, qu'en fait je ne voulais pas jouer pour lui et que c'était ma façon de le lui signifier. C'était un peu stupide, parce que si tu t'apprêtes à être échangé, tu te dois d'être en bonne santé. Par conséquent, ce n'était pas un bon calcul. »

Lemieux dit que Burns le ridiculisait sans cesse parce qu'il portait la visière.

« Il pensait que les gars qui portaient la visière étaient des frous-sards. Derrière le banc, il adressait toujours des commentaires aux joueurs qui portaient des visières. Si j'en portais une, c'était pour protéger mes yeux de tous les bâtons élevés qui vous sifflent près des oreilles à chaque match. Ça ne veut absolument pas dire que vous n'êtes pas un dur ou que vous ne voulez pas vous battre. De toute façon, je m'étais battu des masses dans le junior, alors que je portais une visière. Bref, Pat et moi ne nous entendions pas. »

Lemieux suggère que la tension qui a miné leurs rapports s'est installée et a grandi tout bonnement parce qu'ils se ressemblaient beaucoup, étant tous les deux entêtés. Quand il avait été retourné au club-école de Sherbrooke quatre ans plus tôt, Lemieux était si bouleversé qu'il avait fait voler en éclats toutes les vitres de son auto. Burns pouvait se reconnaître dans ce genre d'emportement. Mais entre l'entraîneur et ce jeune joueur tourmenté, aucune chimie n'était possible.

« Il y avait beaucoup trop de tension entre nous deux dans un environnement comme celui de Montréal, où tout était examiné au microscope. »

Une fois loin de la patinoire, Lemieux relate que Burns et lui s'entendaient étonnamment bien. Pendant les séries éliminatoires de 1989, Lemieux avait décidé de descendre dans un hôtel de Montréal parce qu'il avait de jeunes enfants et qu'il avait besoin de tranquillité. Par hasard, Burns séjournait au même endroit.

« Un soir, il m'a dit : "Viens, on va prendre une bière." Et on a passé un très bon moment. Mais dès que nous arrivions sur la glace, le blocage refaisait surface. »

Un aspect revenait sans cesse dans la couverture de l'équipe par les médias, celui du temps de glace dévolu à Lemieux. La préférence de Burns allait clairement à des gars dans le genre de Keane et Corson, qui aimaient le jeu rude.

« C'étaient ses hommes et il les aimait. Moi aussi je les aimais, en tant que coéquipier. Et je savais qu'ils représentaient des joueurs très importants pour l'équipe. Mais je ne voulais pas qu'ils le soient à mes dépens. J'avais une carrière, je devais gagner ma vie. Je n'appréciais pas que Pat ne croie pas en moi autant qu'il aurait dû, selon moi. Je pensais que j'étais un bien meilleur joueur que l'idée qu'il s'en faisait. Et si on considère la carrière que j'ai connue, j'avais raison et il avait tort. »

De l'avis de Lemieux, tout le remue-ménage survenu après la première partie de la finale à Calgary aurait pu être évité si Burns l'avait mieux conseillé et lui avait expliqué, avant que le problème dégénère, que jouer la comédie aux arbitres était une erreur dont il devait se guérir.

« Ce genre de tactique, la plupart des entraîneurs ne vous disent pas de l'exploiter, mais ça faisait partie de mon jeu depuis longtemps. Dans mon esprit, je tentais de créer une occasion d'avantage numérique pour mon équipe, et cela fonctionnait la plupart du temps.

J'aurais aimé que Pat vienne me voir et me dise : "Je ne veux plus que tu fasses ça." Mais nous n'avions pas cette facilité à communiquer, alors je continuais à simuler, et si ça marchait, ça nous rapportait, et si ça ne marchait pas, eh bien, il n'aimait pas ça. Il m'a certainement donné une bonne leçon, mais il aurait mieux valu que nous nous expliquions seul à seul.»

Lemieux était une recrue au sein de l'édition des Canadiens qui avait battu Calgary en finale, trois ans plus tôt, et il avait énormément contribué à ce triomphe en enfilant 10 buts en 20 matchs. Il avait aussi mordu le doigt de Jim Peplinski dans une mêlée, durant une partie des séries. Lorsque l'incident était survenu, Lemieux n'avait encore que deux buts et deux passes à sa fiche. Quand, à l'entraînement du lendemain, Burns l'avait muté sur le trio des « deux de pique », Lemieux avait compris qu'il ne serait pas de l'alignement pour le deuxième match de la série – que les Canadiens, se ralliant, avaient remporté 4-2. Cette décision déclencha une nouvelle charge contre un prétendu parti pris antifrancophone, cette fois de la part du chroniqueur Réjean Tremblay, alors de *La Presse*. Tremblay accusait Burns de faire des joueurs francophones des boucs émissaires. Réplique cinglante de l'accusé : «Je ne suis pas antifrancophone ; je suis anti-trou-du-cul.» Ce papier intitulé «L'affaire Lemieux» valut à Tremblay d'être éconduit du charter des Canadiens lors de l'envolée de retour dans la métropole.

«Je pensais que Pat avait fait quelque chose qu'un entraîneur ne devrait pas faire, raconte Tremblay. Tu ne laisses pas un de tes joueurs étendu sur la glace, même s'il joue la comédie. J'ai écrit qu'il semblait favoriser les joueurs qui préconisaient un jeu rude, comme Chelios et Corson. Quand il parlait d'eux, il utilisait leur surnom... Un joueur comme Stéphane Richer, par exemple, était trop sensible pour faire partie de la bande à Pat. Peut-être est-ce un reflet de la différence de sensibilité entre francophones et anglophones.»

Avec le recul, Tremblay est plus serein aujourd'hui à propos de cet épisode, soulignant que Burns et lui réglèrent ce différend ; en fait, Tremblay deviendrait plus tard une sorte de porte-voix pour Burns, le chroniqueur et l'entraîneur se servant l'un de l'autre pour échanger en douce informations et primeurs.

« Je ne crois pas qu'il était antifrancophone ; il était plutôt anti-joueur-pacifique. Quant à Claude... Eh bien, Claude a toujours eu des problèmes avec ses entraîneurs partout après Pat. »

———

Pressons sur la touche « retour ».

Les Canadiens s'étaient frayé un chemin en finale de la coupe Stanley contre les Flames, une reprise de la finale de 1986, en livrant bataille avec intensité et classe tout au long des trois premières rondes des séries. Avant la finale, Burns alla magasiner et s'acheta un nouvel ensemble de complets, instaurant une tradition qu'il honorerait pendant toute sa carrière. Quand arrivait le temps des séries, il rafraîchissait sa garde-robe. Il aimait courir les boutiques de vêtements – tout particulièrement Aquascutum, à Montréal, déboursant de 900 à 1 200 $ par complet, préférant les couturiers canadiens aux européens. Il avait pour règle de ne jamais porter deux fois le même veston au cours d'un voyage. Pour agrémenter sa collection de quelque 35 complets, il avait des centaines de cravates qui pouvaient convenir à toutes ses humeurs. Et à l'aube de cette série finale, il était d'une merveilleuse humeur.

Les Canadiens avaient balayé les Whalers de Hartford en demi-finale de la division Adams, déployant un jeu de transition impeccable et profitant sans arrêt de toutes les erreurs commises par l'adversaire. Le résultat n'était guère surprenant en soi ; les Canadiens s'étaient façonné une fiche de 7-1 en saison régulière contre les Whalers, les avaient devancés par 36 points au classement et les avaient sortis des séries lors des deux années précédentes.

« Tout le monde nous avait donné perdants, sauf un voyant d'Edmonton », se souvient Ron Francis, alors capitaine des Whalers.

Et incidemment ils perdirent, quoique trois des parties fussent décidées par la marge d'un but, dont deux en prolongation. Ce balayage procura à Montréal un repos de huit jours pour soigner quelques blessures tenaces avant une nouvelle guerre de tranchées contre les Bruins. Ceux-ci faisaient figure de négligés, avec une fiche de 0-7-1 en saison régulière contre leurs ennemis jurés et salement amochés. Burns fit tout son possible pour faire croire que les siens étaient désavantagés et devaient s'attendre à une rude concurrence – des appâts auxquels personne ne mordit. La supériorité des Canadiens ne fut pas démentie lors du premier match, un spectacle soporifique qu'ils gagnèrent 3-2, confirmant leur domination défensive, et ne fut pas davantage remise en question à l'issue du deuxième, remporté par le même pointage, cette fois en prolongation. Cependant, des voix se firent entendre, qui estimaient que les Canadiens jouaient juste assez bien pour gagner, tandis qu'ils prenaient maintenant la direction du lieu qui leur était le plus hostile sur terre, le Boston Garden.

Durant le troisième match, des Bruins courageux comblèrent un déficit de 3-0 et nivelèrent le compte à 4-4 pour finalement succomber en prolongation, victimes d'une échappée de Russ Courtnall. Les Canadiens tenaient une fois encore leurs vieux rivaux à la gorge. Mais les Bruins n'avaient pas dit leur dernier mot et puisèrent dans leurs ressources ultimes pour le quatrième match. Ils frappèrent les premiers, mais leur avance s'envola en fumée quand Michael Thelven fit un mauvais jeu qui procura une échappée à Courtnall. La foule dégoûtée témoigna son appréciation en déchaînant sur Thelven une averse de souliers, de claques et d'espadrilles. Le même Thelven se racheta en deuxième période en logeant derrière Brian Hayward un solide boulet, donnant les devants à son équipe 3-2. Avec seulement cinq minutes à faire au match et une avance de 3-2, Boston écopa d'une pénalité crève-cœur pour avoir eu trop d'hommes sur la patinoire, évoquant chez ses partisans le cauchemar survenu 10 ans plus tôt en demi-finale contre les Canadiens, un mauvais souvenir qui suivra Don Cherry probablement jusque dans sa tombe. Dans leur loge, le directeur général Harry Sinden et le propriétaire Jeremy Jacobs se dévisagèrent en disant exactement la même chose : « 1979... » Cette fois les Bruins s'en sortirent indemnes par le compte de 3-2, contenant les Canadiens à seulement 16 tirs et forçant la tenue d'un cinquième match à Montréal.

« Croyez-moi, dit Burns aux journalistes, nous voulions en finir en quatre. Mais ils avaient retrouvé le feu sacré ce soir. »

Burns blâma Corson et toute la brigade défensive pour avoir laissé le feu se répandre.

« Nos défenseurs ont passé presque toute la soirée sur leur derrière. Nous devons commencer à gagner les batailles dans les coins de patinoire et le long des bandes. »

Il enjoignit tout son monde de montrer plus de hargne, plus de rudesse.

Au match numéro cinq, Corson répondit à l'appel en marquant son premier but des séries pour briser l'égalité de 1-1 dans un duel excitant d'un bout à l'autre qui vit, par un autre pointage de 3-2, les Canadiens emporter la série. Stéphane Richer, qui n'avait trouvé le fond du filet qu'une fois lors de la série précédente et qui avait été pointé du doigt pour tarder à se mettre en marche, enfila le but victorieux.

Rencontrant les journalistes en point de presse, Burns y alla d'une première déclaration aux allures de dernier mot :

« Avant que vous ne disiez que nous n'avons pas bien joué, donnez aux Bruins le mérite qui leur revient. Terry O'Reilly a accompli un boulot extraordinaire avec le talent qu'il avait à sa disposition. C'était un festival de bagarres. »

Pour la cinquième fois en six saisons, Montréal avait vaincu les Bruins. Mais cela n'était pas suffisant pour certains. Quelque part sur la passerelle de presse, un chroniqueur poussa le bouchon un peu loin en suggérant que Burns avait délibérément voulu la défaite des siens lors du quatrième match – soutenant sa thèse avec le remplacement de Roy par Hayward devant le filet – pour les voir mieux triompher au Forum. Ce n'était qu'à Montréal qu'on pouvait lire et entendre ce genre de choses…

L'aura d'invincibilité qui entourait Roy prit abruptement fin quelques soirs plus tard, le 1er mai, lors du premier match de la finale de conférence, contre Philadelphie, alors que sa séquence de matchs sans défaite à domicile s'établissait désormais à 34 matchs. Deux lancers tirés de l'enclave et pfuit ! la séquence record était de l'histoire ancienne et le charme était rompu. Les Flyers l'emportèrent finalement 3-1.

« Toute bonne chose a une fin », dit Roy en haussant les épaules.

La presse avait fait grand état, ce jour-là, du fait que Roy n'avait jamais battu les Flyers dans sa carrière. Burns se servit de cet argument comme amorce de point de presse :

« Comment apprécieriez-vous qu'un journal mette à la une que vous n'avez jamais réussi à écrire un bon article ? »

Après la séance d'entraînement du lendemain matin, Burns était dans un état d'esprit résolument aigre :

« Nous sommes les favoris depuis le premier jour des séries. Je suis content que nous ne le soyons pas pour la prochaine partie, sous prétexte qu'ils ont gagné le premier match. Nous sommes ailleurs, maintenant, et si chacun n'est pas prêt à donner tout ce qu'il a, nous perdrons encore ce soir. Nous devons avoir peur de retourner à Philadelphie en tirant 2-0 dans la série. Maintenant c'est à nous de leur faire goûter à notre médecine. »

Les Canadiens n'avaient qu'un seul tout petit match de retard dans la série, et tout le monde était déjà dans tous ses états. Dans la partie numéro 2, Roy rebondit et les Flyers furent blanchis 3-0. Burns débita des clichés en continuant à broder sur l'air de le-monde-entier-est-contre-nous :

« Nous avons joué comme nous le faisons toujours quand nous avons le dos au mur. »

Le match fut rehaussé – ou assombri, selon qu'on goûte ou pas à ce genre de spectacle – par une mêlée qui éclata durant la séance d'entraînement, avant même que l'arbitre laisse tomber la rondelle. Les Flyers n'avaient surtout pas oublié le coup de coude que Chris Chelios avait servi à Brian Propp à la partie précédente, ce qui avait envoyé leur coéquipier à l'hôpital. Le geste disgracieux raviva des souvenirs de la finale de conférence disputée deux ans plus tôt au cours de laquelle une bousculade avait éclaté avant l'interprétation des hymnes nationaux, les joueurs revenant en catastrophe du vestiaire pour se bagarrer.

Montréal, qui ne pouvait être mieux rodé, davantage préparé et plus confiant, rossa Philadelphie 5-1 lors du match numéro 3 au Spectrum. Burns avait accordé à ses joueurs une journée de congé dans la Ville de l'Amour fraternel, et une petite bande était allée à Atlantic City brûler un peu d'argent sur les tapis verts. Roy passa de nouveau un coup de pinceau sur les Flyers, 3-0, lors de la quatrième partie et l'entraîneur-adjoint Mike Eaves s'émerveilla :

« Ils sont tous sur la même longueur d'onde, physiquement et mentalement. Ils sont tellement soudés, c'en est presque de l'utopie. Ils sont comme une chaîne sans maillon faible. »

Les habitués du Spectrum, tout aussi expansifs mais moins gracieux dans leurs réactions, jetèrent des cannettes de bière aux joueurs des Canadiens quand ils quittèrent la patinoire, visant dans le mille sur au moins deux cibles, Burns et son adjoint Lappy.

De retour à Montréal, les Flyers évitèrent l'élimination, Dave Poulin réglant le litige à 2-1 en prolongation.

«Nous n'avons pas joué à notre manière, fulmina Burns. Nous avons lu combien nous étions bons lors des trois derniers matchs, et toutes ces fleurs que les Flyers nous ont lancées, et nous avons tout gobé. Nous croyions que ça serait facile.»

En fait, ce ne fut pas si ardu, car les Canadiens, optant pour un jeu méthodique et conservateur, liquidèrent les Flyers 4-2 dans le sixième match. Ceux-ci ne perdirent d'ailleurs pas que la partie, mais aussi la tête, leur gardien Ron Hextall, en quête de vengeance, quittant son filet dans l'idée bien arrêtée de flanquer une râclée à Chelios, puis lui lançant son bloqueur et son masque pour faire bonne mesure. Il s'en tira avec une pénalité de match de cinq minutes pour avoir eu l'intention de blesser. Seul Roy resta à l'écart de la foire d'empoigne qui s'ensuivit, bien que Burns gardât tous ses joueurs au banc hors de la patinoire. Chelios tourna l'incident en plaisanterie. Ses coéquipiers et lui en avaient fini des Flyers, et c'était tout ce qui leur importait.

De son côté Calgary avait attendu le gagnant de cette série, leur route vers la finale de la coupe s'étant révélée moins éprouvante. Si les Flames avaient étiré le plaisir avec les Canucks de Vancouver jusqu'à sept matchs en ronde initiale, ils avaient ensuite sèchement disposé des Kings en quatre matchs et des Blackhawks en cinq. Revenus à la maison depuis quelques jours déjà, ils avaient tranquillement récupéré. Au contraire de Montréal, ils avaient des vedettes établies, dont un certain gars du nom de Doug Gilmour et un autre dont le nom avait été fraîchement gravé sur la coupe Calder, Joe Nieuwendyk. Les Canadiens n'avaient pas de compteur à avoir atteint le seuil des 35 buts en saison régulière, et seulement huit à avoir atteint le seuil des 19 buts ou plus. Mais ils avaient développé un solide esprit d'équipe sous l'égide de Burns, qui s'était avéré un excellent motivateur et un stratège plus qu'adéquat. Cela dit, Burns refusait de reconnaître qu'il était le principal facteur de la réussite du club.

Les Canadiens arrivèrent dans la ville du Stampede en trimbalant des bonbonnes d'oxygène – une idée de Burns.

« Cette première partie va être pénible à cause de l'altitude. Quand j'ai amené mon équipe junior à la coupe Memorial à Portland en 1986, nous avons apporté de l'oxygène et ça nous a aidés. »

Pour Montréal, une équipe dont l'existence remontait à 1909, avant la création de la LNH, il s'agissait d'une 31e présence en série finale ; Calgary, une équipe de l'expansion de 1972 originellement implantée à Atlanta, n'y avait accédé qu'une seule fois, trois ans plus tôt contre le Canadien.

« J'ai l'impression que Calgary a vraiment le vent en poupe », estimait Burns sur un ton de respect.

La partie numéro 1 fut remportée 3-2 par les Flames, et à leur manière, le but de Theoren Fleury en deuxième période s'avérant le gagnant. Lors de la partie suivante, toujours au Saddledome, les Canadiens sortirent fort et se forgèrent une avance de 2-0, puis virent les Flames les remonter et faire l'impasse. Dans le vestiaire, entre la deuxième et la troisième période, Chelios prit la parole et harangua ses coéquipiers :

« Il s'est levé dans le vestiaire et a dit qu'il n'était pas question que nous perdions ce match », dit Burns.

À 8 :01, mettant en pratique ses propres paroles, Chelios imposa le silence à la foule avec un foudroyant lancer frappé de 45 pieds qui menotta Mike Vernon. Russ Courtnall ajouta le but d'assurance et, avec un pointage de 4-2, les Canadiens ramenaient tout le monde à la case départ, enlevant aux Flames l'avantage de la glace.

« Pat était furieux contre nous après la deuxième période, dit Chelios, une fois le match terminé. Nous n'avions pas de rythme et nous ne jouions pas avec discipline. Nous méritions un bon coup de pied au derrière. »

Le Canadien remballa ses bonbonnes d'oxygène et reprit le chemin de Montréal, direction le Forum. La troisième partie fut un véritable marathon. Après que Mats Naslund eut égalé la marque 3-3 avec 41 secondes à faire en troisième période – Roy ayant été retiré à la faveur d'un sixième attaquant –, les deux équipes bataillèrent pendant presque deux autres périodes avant que Ryan Walter déclenche la liesse des partisans aux petites heures du matin. Il logea une passe de Richer derrière Mike Vernon, alors largement perçu comme le talon d'Achille des Flames. À une armée de journalistes, Walter se débattit vaillamment pour exprimer sa joie dans les deux langues officielles :

« J'étais *numb* ! »

Au sujet de Larry Robinson, qui l'avait littéralement étouffé en lui servant une accolade digne d'un ours après le but, Walter ajouta :

« Larry *squeezed* moi ! »

Burns, lui, évaluait que sa troupe devait la victoire « à tous ces entraînements éreintants dont ils ne cessent de se plaindre ». Nul cette nuit-là n'aurait pu croire que les Canadiens savouraient leurs derniers moments de réjouissance...

Ce fut au tour de Calgary de niveler les chances dans la série lors du match suivant. Gilmour et Joe Mullen propulsèrent les Flames en avant 2-0, et cette fois, les Canadiens ne purent revenir de l'arrière, encaissant une défaite de 4-2. De retour au Saddledome pour le match numéro 5, le mercure atteignait 30° C au niveau de la patinoire, et les Canadiens, défaits 3-2, repartirent de Calgary avec des sueurs froides dans le dos.

« C'est une partie que nous devions gagner », concéda un Burns exténué.

L'équipe n'avait pas perdu deux parties de suite depuis le mois de janvier. Elle aurait la chance de disputer le prochain match de la série au Forum, un lieu inspirant où elle n'avait jamais vu l'adversaire soulever la coupe.

Des deux équipes en lice, Montréal était toutefois la plus hypothéquée.

« Nous étions une équipe vraiment très fatiguée durant ces séries-là, raconte Roy. Nous avions été sur la patinoire pratiquement tous les jours. »

Et en finale, Burns commit peut-être une erreur tactique qui fut fatale à l'équipe.

« Nous étions aussi bons que les Flames, sinon plus, dit Russ Courtnall, mais nous étions fatigués. Et si nous étions fatigués, c'est parce que nous étions revenus de Calgary après les deux premiers matchs sans avoir pu fermer l'œil. Après la partie numéro 4, nous nous étions immédiatement envolés pour Calgary. Pendant ce temps, nos adversaires dormaient à Montréal pour ne rentrer chez eux que le lendemain. Nous étions épuisés. Imaginez-vous, ces vols aller-retour, trois nuits blanches, tout en tentant d'offrir le meilleur de vous-même à chaque match. Pat a dit plus tard à Larry qu'il aurait dû mieux gérer cet aspect des choses, mais qu'il ne savait pas mieux faire à ce moment-là. Il était un jeune entraîneur et c'était une erreur de débutant, mais il ne la répéterait jamais.»

Bob Gainey, pour sa part, n'est pas convaincu que la fatigue ait été un élément déterminant dans l'équation.

«Nous tirions de l'arrière dans la série, nous avions concédé une partie à domicile et nous jouions du hockey de rattrapage. Nous pourrions demander leur opinion aux panels de spécialistes qui sévissent le matin à la radio et à la télé, et ils trouveraient des choses que nous aurions dû faire différemment. Mais bien honnêtement, je ne crois pas que nous puissions blâmer personne pour quelque erreur tactique que ce soit.»

Claude Lemieux a une vision intéressante de ces événements. Il suggère que les Canadiens avaient perdu un peu de leur esprit d'équipe au moment où il n'avait jamais été aussi capital. Plusieurs vétérans savaient qu'ils ne seraient probablement pas de retour la saison suivante, et peut-être des désaccords que tous croyaient réglés et enterrés avaient commencé à refaire surface.

«Il y avait beaucoup de friction qui se développait. Je pouvais sentir monter la tension entre les jeunes et les vieux joueurs. Je pense qu'en 1986 les gars sentaient que les vétérans menaient le jeu en coulisses, dans une certaine mesure. Puis, en 1989, Pat s'est assuré d'être le meneur de jeu. Il en faisait quelque chose d'essentiel, et pour cause. En tant qu'entraîneur, c'est ce que vous désirez. En ce qui me concerne, je savais que je ne serais pas de retour l'année suivante. D'autres gars, comme par exemple Larry [Robinson], partageaient le même état d'esprit.»

La division qui régnait dans l'équipe au tout début de la saison n'avait pas été complètement résolue.

«Elle avait été mise de côté, peut-être. Mais Pat persistait à émettre des commentaires comme: "Nous avons des vétérans qui pensent que ce sont eux qui mènent, mais c'est moi le patron, c'est moi l'entraîneur, bla bla bla." C'était un jeune entraîneur lancé dans l'un des plus grands spectacles sportifs au monde, cerné par toute une bande de futurs membres du Temple de la renommée. Ouf, quel travail pénible... »

Et encore plus pénible, voire insoutenable, serait la vision du capitaine par intérim Lanny McDonald faisant le tour de la patinoire du Forum en brandissant la coupe Stanley. Le vétéran à la moustache de phoque avait été retranché de l'alignement lors du cinquième match, mais l'entraîneur recrue Terry Crisp eut la bonne idée de faire appel à lui pour le sixième match, conscient de l'onde de choc stimulante qu'il pourrait communiquer à toute l'équipe. Le but de McDonald, qui donna l'avance 2-1 aux Flames en deuxième période, paverait la voie à une victoire de 4-2, Gilmour y allant d'un doublé, dont un dans un filet désert. Les partisans montréalais se montrèrent beaux joueurs et applaudirent l'adversaire pendant que les dernières secondes des séries 1989 s'égrenaient au cadran.

Certains Canadiens versèrent des larmes à la vue de ce spectacle, défaits mais tout de même fiers de ce qu'ils avaient accompli.

« Nous n'avons pas à nous excuser auprès des frères Richard ou de Jean Béliveau, dit Bobby Smith. Nous avons donné tout ce que nous avions. »

« Ils ont soulevé la coupe sur notre patinoire et ça a tué Pat, dit Shayne Corson. Je sais qu'en tant que joueurs, ça nous a tués. »

Burns fut aussi beau joueur que la foule du Forum :

« Ils méritent la victoire. Ce dénouement est pas mal à l'image de la saison régulière, où il nous a manqué juste un petit quelque chose. »

« Nous étions si près, dit Lemieux, qui compta le seul but des Canadiens ce soir-là. Quand j'y repense, peut-être que Calgary aurait dû nous battre en 1986 et que nous aurions dû les battre en 1989. Je pense que nous étions meilleurs qu'eux en 1989, et vice versa en 1986. Je regardais Lanny McDonald avec la coupe et je me disais : "Peut-être que les choses n'arrivent pas sans raison." »

Pour le capitaine Bob Gainey, sa collection de bagues de la coupe Stanley s'arrêterait à cinq en tant que joueur ; il prendrait sa retraite cet été-là.

« C'était ma dernière saison, et celle-là me laissa un souvenir satisfaisant et durable. »

La saison de 1988-1989 n'était vieille que de six semaines quand Burns, assailli de toutes parts et déjà virtuellement congédié avant décembre par la presse et l'opinion, avait déclaré :

« Je ne veux pas être l'entraîneur de l'année, je veux juste être entraîneur pour toute l'année. »

Le 8 juin, un an jour pour jour après son embauche par les Canadiens, Burns se voyait remettre le trophée Jack Adams de l'entraîneur de l'année.

CHAPITRE 7

Entre deux feux

« Si je dis le mot "reconstruction", ils vont me pendre. »

Le hockey a l'habitude des deuxièmes années de carrière désastreuses. Cela est particulièrement vrai pour ceux qui se sont avérés des étoiles filantes à leur année recrue. De ces hautes sphères, plusieurs sont attirés vers le bas par la gravité qui régit la LNH. Les rondelles ne rentrent pas, les statistiques font un piqué en vrille et la réalité frappe de plein fouet. L'équation « année recrue + 1 = chute vertigineuse » est presque une loi mathématique, et personne ne s'étonne quand elle se vérifie, à l'exception peut-être du joueur concerné. Mais Pat Burns n'était pas un joueur. Bien peu de partisans osaient croire que les Canadiens pourraient égaler le bilan de leur saison de rêve 1988-1989, alors que presque tout s'était extraordinairement bien passé, et l'entraîneur pourrait jouir d'une petite marge de manœuvre en cette deuxième année.

Les Canadiens seraient de toute façon une équipe profondément transformée. Bob Gainey avait pris sa retraite, choisissant de diriger un club inconnu en banlieue de Paris, et Larry Robinson avait décidé de se joindre aux Kings de Los Angeles comme agent libre, incapable de s'entendre avec le directeur général Serge Savard au terme d'une dispute contractuelle tourmentée. Quant au défenseur Rick Green, il était lui aussi parti poursuivre sa carrière sous d'autres cieux.

Le 1er septembre, Burns se vit offrir la sécurité d'emploi en signant une entente de quatre ans, le plus long contrat garanti jamais accordé à un entraîneur dans la métropole. Le leadership dans le vestiaire, laissé vacant par le départ de Gainey, fut repris conjointement par

Guy Carbonneau et Chris Chelios, élus tous deux cocapitaines à la suite d'un vote nul (9-9), sans doute divisé entre les factions anglophone et francophone.

« *Now you C it, now you don't* », fut la blague qui se répandit à l'ouest de la ville, quand Carbonneau et Chelios envisagèrent de porter le C à tour de rôle, d'un match à l'autre. Chelios avait mis la main sur le trophée Norris en juin, et Carbonneau, sur son deuxième Selke de suite.

« Je suis sûr que quelques gars se doutent qu'ils auront à parler un peu plus fort dans le vestiaire, observa Burns quand les joueurs se mirent à converger au camp d'entraînement. Je n'ai pas à les pointer. Je ne crois pas que ce club ait besoin d'être beaucoup reconstruit. Il a de bonnes assises. Nous avons perdu des vétérans, alors d'autres gars auront à se lever et à prendre leurs places. Mais j'aimais l'image de notre équipe de l'an dernier. Nous devons faire en sorte qu'elle garde les mêmes standards. »

Dire que l'alignement présent au camp ressemblait davantage à celui des Canadiens de Sherbrooke qu'à celui du grand club aurait été tiré par les cheveux. Mais plusieurs nouveaux venus, un apport de sang neuf et de jeunes joueurs déjà initiés au circuit Ziegler, allaient avoir leur comptant de temps de glace.

« Je vais devoir passer plus de temps avec eux, dit Burns. Tu ne peux pas prendre un jeune et juste lui dire : "Tu vas remplacer Larry Robinson ou Bob Gainey ou Rick Green." Tu dois faire preuve de patience. »

Prétendument assagi par l'humiliation vécue lors de son agonie sur glace des séries du printemps, Claude Lemieux était mûr pour un nouveau départ après une année à couteaux tirés avec Burns, ayant renoncé à son désir d'être échangé même si leur entente n'était pas optimale.

« Je suis sûr que Claude y pensera à deux fois avant de rejouer la comédie, dit Brian Skrudland. Il est désolé de ses pitreries. »

Pourtant, Lemieux se présenta au camp d'entraînement avec un excédent de poids, disputa une partie et aggrava de nouveau une blessure à l'aine dont l'existence avait été mise en doute par de nombreux observateurs. Mais la blessure était bel et bien réelle, et le 1er novembre, Lemieux dut subir une chirurgie pour faire réparer un muscle déchiré à la paroi abdominale, une opération qui le tint deux mois à l'écart du jeu. Pour sa part, Stéphane Richer n'avait qu'un seul objectif : faire oublier sa saison précédente à tous. Il se présenta en pleine forme, piaffant d'impatience de se racheter :

« La forme physique n'est pas un problème. Avec moi, le problème est toujours dans la tête. »

Quand se mit à courir une rumeur sans fondement suggérant qu'il était gay, cet épisode le plongea dans un nouveau marasme et eut presque raison de son équilibre mental. Richer partageait depuis plus d'un an une maison avec un ami. La chose en soi n'était pas inhabituelle, mais la vie quotidienne de la maisonnée, malicieusement déformée par la presse, donna matière à un scandale. Richer fit part de sa frustration à Burns, qui décida qu'il valait mieux faire éclater les insinuations au grand jour afin de confronter la source de ces commérages. Richer appela donc *Le Journal de Montréal* et demanda une entrevue qui démentirait la rumeur. En fait, le numéro 44 était davantage un homme à femmes qu'autre chose, comme pouvaient l'attester ses coéquipiers.

« J'étais fatigué et malade d'entendre toutes ces stupidités, déclara Richer aux journalistes. Ce n'était pas juste, ni pour moi ni pour ma famille. Je voulais que ça cesse. Oui, je sors avec plusieurs filles, mais qui a dit que je devais me marier ? »

Peu après cette histoire, Burns émit l'opinion qu'un joueur gay qui sortirait du placard était impensable dans la LNH.

« Un joueur qui avouerait son homosexualité ne serait jamais accepté dans le hockey. Jamais ! »

Tout le monde opina. C'était il y a déjà un quart de siècle, et personne n'aurait pu alors prévoir que le mariage entre conjoints de même sexe serait un jour légalisé au Canada. Mais cette mentalité progressiste ne s'est toujours pas communiquée aux athlètes professionnels de sports dits « machistes ».

C'était pourtant typique de l'univers du hockey montréalais, ces rumeurs qui se propageaient jusqu'à faire la une. Dans la métropole, ce sport se vit avec une intensité rarement vue ailleurs, dans un environnement surchauffé où la rumeur le dispute au mélodrame, et où la foi profonde dans le CH peut se transformer soudainement en une haine viscérale. Aussitôt que le camp se mit en branle, Burns s'employa à refroidir les espoirs de ceux qui voyaient les Canadiens lorgner une autre finale de la coupe Stanley dès cette année. Il était conscient que cette nouvelle mouture des Canadiens était loin d'être aussi performante que la croyance populaire le suggérait.

Néanmoins, le camp permettait à certains prospects sérieux de faire étalage de leur talent. L'un d'eux était Stéphan Lebeau, sacré joueur le plus utile de la LAH la saison précédente à Sherbrooke. Lebeau avait été rappelé pour une seule partie au printemps et avait assisté aux séries éliminatoires depuis les gradins en tant que substitut, ne revêtant l'uniforme que lors des entraînements. Il était de petite taille, un gabarit que Burns n'aimait pas. Le guide de presse lui donnait cinq pieds dix pouces, mais cela tenait du fantasme plus que de la vérité. Questionné à ce sujet, Lebeau s'esclaffe :

« Quand ils ont mesuré ma taille, j'ai mis deux bâtons de hockey sous mes pieds. Je fais plutôt cinq pieds huit pouces et demi, et encore, c'est quand je m'étire le matin. »

Mais ses talents offensifs, eux, ne faisaient aucun doute, comme en attestaient ses 281 buts en 270 matchs dans la LHJMQ.

« J'étais une machine à compter des buts. »

Le jeune homme de 21 ans parvint à faire l'équipe à la fin du camp, quoique Burns demeurât sceptique et limitât le temps de glace de son petit joueur de centre, lui préférant les qualités défensives d'un Brent Gilchrist.

« Je n'étais pas un joueur physique, reconnaît Lebeau. Je jouais souvent sur la première unité de l'avantage numérique de Pat, mais à cinq contre cinq, j'avais des limites. J'étais perçu comme un petit joueur qui n'aimait pas aller jouer dans le trafic, ce qui n'était pas le cas, je pense. J'ai amassé de bonnes statistiques pour le temps de glace qu'on m'allouait. Mais quand on vous colle cette étiquette, c'est dur d'arriver à l'enlever. Je faisais seulement les choses différemment, et je me servais davantage de ma tête que de mon corps, ce qui n'était pas le type de joueur de hockey que préférait Pat Burns. »

Les journalistes – francophones, surtout – passeraient toute la saison à reprocher à Burns de sous-utiliser Lebeau, l'accusant une fois encore d'être mitigé à l'égard des joueurs francophones. Inutile pour

Burns de rappeler qu'il était né à Montréal d'une mère canadienne-française et qu'il était bilingue. Les médias en avaient fait un anglo aux origines irlandaises, pas un Québécois.

« Les médias francophones militaient en ma faveur, prétendant que je n'étais pas traité comme je le méritais, se souvient Lebeau, un natif de Saint-Jérôme. Pat devint un peu susceptible à ce sujet parce que les journalistes revenaient sans cesse à la charge là-dessus. Il disait : "C'est moi qui sais, c'est moi le patron." »

Plutôt adroit, Lebeau jouait sur les deux côtés, insistant sur son identité francophone quand les journalistes montréalais l'interrogeaient, mais en se gardant bien de critiquer ouvertement son entraîneur. Il avait aussi compris qu'à Montréal, les jeunes avaient à attendre leur tour, peu importe qui ils étaient.

« Nous avions une drôle de relation, Pat et moi, raconte Lebeau. Il avait été un policier dans son ancienne vie, et je crois qu'il avait conservé ce côté policier comme entraîneur. Il se comportait vraiment comme un homme en situation d'autorité, jusqu'au point d'intimider. C'était ainsi que je le percevais en tant que recrue. Mais même les vétérans avaient peur de lui, de ses réactions. En même temps, ils le respectaient, parce qu'en dépit de cette attitude, il était aussi *respectueux*, et je crois que c'était ainsi qu'il gardait ses joueurs regroupés autour de lui. »

À un certain moment, Burns emmena Lebeau manger en face du Forum.

« Il m'a dit qu'il n'avait rien contre moi, qu'il devait diriger une équipe. Il m'a dit qu'il croyait en moi et m'a demandé de continuer à travailler fort. Mais Pat n'était pas un être avec qui il était facile de faire affaire. Dans le vestiaire, il pouvait passer devant vous cinq jours en file sans même vous regarder. Et puis, un beau jour, il pouvait se comporter comme s'il était votre meilleur ami : "Comment va la famille ?" Alors, tu te disais : "OK, maintenant il m'adresse la parole." Et le jour suivant, il repassait de nouveau devant vous sans vous voir. Il n'était pas facile à suivre. »

Souvent renfrogné et intimidant pour ses joueurs, Burns était également un farceur invétéré, inventant sans arrêt des tours à jouer à son monde et s'amusant de ceux qu'on lui faisait. C'était un partisan de l'humour, du style tarte à la crème.

« Une fois, il a joué un vrai bon tour à Patrick Roy, se rappelle Sylvain Lefebvre, qui était alors dans sa saison recrue, fraîchement débarqué de Sherbrooke. Il avait une poudre dont les policiers se servent pour prendre des empreintes digitales. Quand elle devient mouillée, elle vire au bleu. Il en a mis un peu dans le masque de Patrick avant l'entraînement. Patrick a commencé à transpirer et son visage est devenu bleu sans qu'il s'en rende compte. Quand il a enlevé son masque, tous les gars riaient aux larmes et se roulaient pratiquement sur la glace. »

Lefebvre était le fils d'un agent de police de Québec et il savait un peu à quoi s'attendre d'un policier entraîneur en arrivant au camp.

« Pat était dur mais juste. Sans doute y avait-il des accrochages, mais Pat voulait montrer très tôt qui était le patron et s'assurer que tout le monde était intégré. Peut-être laissait-il un peu plus de marge de manœuvre aux vétérans, mais pas tant que ça, et ça contribuait au respect qu'on lui vouait. »

Burns pouvait se chamailler un soir avec Mats Naslund, le lende-main avec Stéphane Richer. Personne n'était à l'abri, personne n'était son chouchou. L'importance accordée dans la presse à ces prises de bec et à ces sempiternels litiges autour du temps de glace reflétait bien l'identité des favoris dans le cœur des médias :

« Si Burns ne me faisait pas jouer un soir, illustre Lefebvre, vous n'en entendiez pas parler... »

Une vedette à laquelle Burns n'a jamais cherché noise était bien Roy, en grande partie parce que le besoin ne s'en faisait tout bonnement pas sentir. Dans cette équipe qui serait tout l'année décimée par les blessures (283 matchs ratés en saison régulière, 126 de plus que l'année précé-dente), Roy s'avérerait pour Burns une réelle bénédiction.

« Pat était très chic pour moi, dit Roy. Il me parlait beaucoup. Je sentais qu'il avait confiance en moi, et ça m'a vraiment beaucoup aidé. Ce que j'appréciais par-dessus tout, c'était qu'il m'expliquait toujours tout, et en particulier les raisons pour lesquelles je ne jouais pas quand je sautais un match. »

Durant la première saison de Burns à la barre des Canadiens, le filet était généralement partagé entre Roy et Brian Hayward, celui-ci jouant plus souvent à l'étranger.

«Le grand changement est venu l'année suivante, raconte Roy. Je me souviens d'être allé dans son bureau et il m'a dit : "Tu sais, tu viens de gagner le Vézina et nous avons perdu en finale." Je lui ai dit que j'étais prêt à jouer plus de matchs ; je voulais savoir s'il pensait comme moi. J'étais nerveux parce que j'ignorais comment il allait réagir, et je ne voulais surtout pas que quelque chose change dans notre relation. Eh bien, il n'a pas dit grand-chose. Mais à partir de ce moment-là, il a commencé à me donner plus de parties, de plus en plus de parties, et encore plus de parties… Il a été le premier à m'en donner près de 60 par année. Pat m'a véritablement confié le filet… »

Et il n'a jamais songé à le lui reprendre, même quand Roy concéda trois buts en 57 secondes contre les Bruins dans une défaite de 3-2, en novembre, se montrant peu inquiet à l'idée que son as gardien puisse sembler surmené. Burns était bien plus préoccupé par l'avalanche de blessures qui ne cessait de débouler, alors que les attentes demeuraient invariablement les mêmes.

« Parce que nous portions le chandail bleu-blanc-rouge, tout le monde s'attendait à ce que nous gagnions », disait Burns en visant autant le public que les médias couvrant l'équipe.

Néanmoins, ils défirent les Flames de Calgary 3-2 dans une « reprise » de la finale de la coupe Stanley, puis, en janvier, réaffirmèrent la main-mise du Canada sur le hockey en remportant 2-1 un match hors-concours contre les Ailes du Soviet. À la pause du Match des étoiles, leur fiche était de 23-19-6, et Burns se tenait fièrement derrière le banc de la conférence Prince de Galles. Personne ne fut le moins du monde surpris quand il choisit, en marge des joueurs choisis par le public, trois membres de son alignement : Richer, Chelios et Corson. Pour l'occasion, sa présence en tant qu'entraîneur était presque superflue, car elle se résumait en fait à ouvrir la porte à la superstar Mario Lemieux – par un heureux hasard, la partie se déroulait justement à Pittsburgh – qui compta trois buts dans la seule première période, alors que la conférence Prince de Galles culbutait la conférence Campbell 12-7.

Une partie régulière de la fin janvier qui opposait les Canadiens aux meneurs de leur division, les Bruins, se révéla un peu plus stimulante, offrant entre autres le spectacle d'une belle joute oratoire entre Burns, juché sur le banc de ses joueurs, gesticulant et hurlant, et

Milbury, son vieil ennemi de la Ligue américaine qui avait désormais les rênes des Bruins, non moins remuant et vociférant. Les mots crus échangés de part et d'autre firent converger les deux entraîneurs l'un vers l'autre, mais l'équipe d'officiels et quelques agents de police les empêchèrent d'en venir aux coups. L'ordre fut par la suite rétabli, on laissa les joueurs assurer le spectacle et les Bruins se sauvèrent avec la victoire, 2-1.

Burns rappelait à tout le monde qui lui posait la question – et tout le monde la lui posait – que Montréal était en reconstruction, un mot qui le rendait nerveux.

« Nous devrions plutôt appeler ça une transition. Si j'utilise le mot reconstruction, ils vont me pendre. »

Quand un colis lui était livré au Forum, il le secouait avec méfiance, en faisant semblant qu'il pourrait s'agir d'une bombe.

« C'est le plus beau job de tout le hockey, mais il vient avec une malédiction : l'obligation de gagner. Je tente de faire comprendre à tout le monde que nous n'amasserons pas 115 points cette saison et que nous pourrions ne pas nous rendre en finale de la coupe Stanley. »

Il n'y eut pas d'aimables badineries, un mois plus tard, quand le cocapitaine Guy Carbonneau et le défenseur Craig Ludwig furent rayés de l'alignement – suspendus – après avoir désobéi à un ordre de Burns de ne pas quitter l'hôtel après une défaite de 5-3 à Boston et s'être rendus en douce à un bar. Carbonneau considéra la sentence juste :

« Même si vous êtes le capitaine, les règles sont les mêmes pour tout le monde. »

Les blessés revenaient peu à peu au jeu, mais Burns devait continuer à s'en remettre largement sur ses « jeunots », particulièrement à la ligne bleue, Lefebvre et Schneider prenant du galon quand Chelios tomba à son tour au combat, victime d'un ligament étiré au genou gauche qu'il dut finalement soumettre au bistouri à la fin mars. Sans Chelios, la tâche de reprendre la deuxième place de la division Adams aux Sabres s'avérait désormais presque impossible – ils n'y parviendraient d'ailleurs pas – , et encore plus de retourner en finale pour une autre année. Une saison proprement cauchemardesque sous le rapport des blessures avait éloigné du jeu Carbonneau, Lemieux, Smith et Skrudland plus d'un mois chacun.

Les Canadiens conclurent la saison sur deux matchs nuls, arrêtant le compteur à 93 points, bons pour une troisième place dans leur division et un billet pour les séries à destination de Buffalo. Les Sabres avaient battu les Canadiens deux fois depuis février, quand leur deuxième place était menacée, et leur fiche était de 3-1 dans le douillet confort du Memorial Auditorium où débuterait la série.

———

Un blizzard typique sévissait au dehors de l'amphithéâtre le 5 avril quand les deux équipes croisèrent le fer lors du match numéro 1. À l'intérieur, les Sabres y allèrent de leur propre tempête et refroidirent les visiteurs 4-1. Avec un jeu rapide, rythmé et robuste, les Sabres rossèrent les Canadiens fourbus, leur cerbère Daren Puppa prolongeant sa domination sur Montréal. Dans la chambre du soigneur, Chelios poursuivait sa réhabilitation à une cadence effrénée.

Étourdiment, les Sabres se crurent autorisés à pavoiser, certains se mettant même à parler prématurément d'une finale de la coupe Stanley pour la concession. Les joueurs des Canadiens furent outrés d'apprendre que leurs vis-à-vis avaient dans leur vestiaire une silhouette en carton de la coupe. Pour le match numéro 2, l'auditorium avait été décoré de bannières sur lesquelles on pouvait lire : *Pump it up for the Stanley Cup* (Tous ensemble vers la coupe Stanley). Carbonneau commenta sèchement l'atmosphère ambiante à Buffalo :

« Vous pouviez voir toutes ces bannières. Ils ont commis l'erreur d'être trop confiants. Vous devez apprendre à rester humbles. »

Les Canadiens humilièrent les Sabres, survivant tôt dans le match à un désavantage numérique de deux hommes, et leur confiance ne cessa de croître à partir de ce moment-là et les mena à une victoire de 3-0.

« Les séries éliminatoires ont beaucoup à voir avec la chance, et avec ceux qui saisissent les opportunités, dit Burns après coup, et ce soir c'était notre tour. »

Leur triomphe était plus que de la simple chance. Alors que Burns avait parfois été blâmé pour être un génie de la motivation mais un piètre technicien, c'était cette fois la fine stratégie qu'il avait adoptée pour tuer les pénalités qui avait tenu les Sabres à l'écart de la feuille de pointage. Établissant une boîte peu mobile qui avait empêché Buffalo d'exploiter son goût pour les belles passes transversales, Burns avait enjoint ses joueurs de ne pas se précipiter sur le porteur de la rondelle ou de ne pas défier impunément les joueurs à la pointe. Les Sabres furent totalement déboussolés par cette technique passive/agressive.

Au matin de la troisième partie de la série, à Montréal, Burns se réveilla en sentant une odeur de prolongation dans l'air.

« Nous sommes mûrs pour une partie en prolongation, prédit-il, correctement d'ailleurs. Je peux la sentir d'ici. »

Les Canadiens s'imposèrent dans un match au jeu ultra-conservateur qui ne fit pas de maître en temps règlementaire, et Skrudland enfila le but gagnant entre Puppa et le poteau gauche à 12:35 de la première prolongation. Deux jours plus tard, Buffalo égala la série sur la patinoire du Forum, Pierre Turgeon y allant d'un doublé dans une victoire de 4-2. Mais ce serait leurs derniers moments de réjouissance. La troupe de Burns prit la mesure des Sabres 3-2 à Buffalo – Richer, utilisé sur deux trios, comptant ses 5e et 6e buts de la série. Impatient de clore la série en six matchs dès son retour à Montréal, Burns insista pour dire qu'il ne voulait pas remettre les pieds à Buffalo. En fait, aucun scénario – match à domicile ou sur la patinoire adverse – ne semblait trouver grâce aux yeux de Burns, qui parvenait à se faire du mauvais sang même en jouant devant une foule montréalaise excitée.

« Quand on joue à la maison, les gars sont plus tendus. Les fans sont impatients, les gars veulent compter plus vite. En cherchant le but rapide, les joueurs ont tendance à perdre de vue notre plan de match et commencent à jouer de manière plus individuelle, à faire des choses qui ne leur ressemblent pas. Alors surviennent les erreurs et les adversaires comptent. »

Burns faisait de son mieux pour étouffer un enthousiasme qu'il jugeait préjudiciable pour les siens.

« On ne peut pas gagner une partie dans les cinq premières minutes d'un match ou seulement pendant la première période. »

Même si les Canadiens entamèrent le match à un régime réduit, il n'y eut jamais de doute sur le dénouement de la rencontre : une victoire de 5-2, et des Sabres tournés à la broche en six matchs. Montréal avait fait preuve de trop d'opportunisme, d'expérience et de vitesse pour Buffalo. Le duel de gardiens Roy-Puppa n'avait pas offert un hockey hautement divertissant, mais Burns ne jugea pas nécessaire de s'en excuser; Claude Lemieux, lui, si:

« Je sais que nous ne sommes pas toujours une équipe belle à voir jouer. Je sais que les gens payent le gros montant pour venir nous voir donner un spectacle, mais nous ne sommes pas ici pour ça. Nous sommes ici pour gagner. »

Dans leur vestiaire, les Canadiens célébraient sobrement. Parce que les Sabres avaient connu une meilleure saison, dans cette série les Canadiens avaient hérité du rôle de négligés – celui que préférait indéniablement Burns. Mais peu d'observateurs s'étaient attendus à ce que Buffalo, une fois jeté dans l'arène des séries, sortît vainqueur contre une équipe dotée d'une telle feuille de route en fin de saison. Pour une septième année consécutive, les Sabres venaient de perdre au premier tour.

En Nouvelle-Angleterre, Boston avait surmonté le péril d'un septième match contre Hartford, et les partisans, tant ceux des Bruins que ceux des Canadiens, s'attendaient à un autre choc de titans entre les deux ennemis jurés en finale de la division Adams. Le temps manqua aux Bruins pour souligner dignement leur triomphe, comme le dit Mike Milbury après le match décisif:

« Une série remportée contre Hartford mérite mieux qu'une Budweiser, un sandwich au baloney et cinq heures de sommeil. »

Burns avouait avoir souhaité une série contre Boston plutôt que Hartford:

« Montréal-Boston, c'est la série qu'a envie de voir tout le Canada. J'aurais été un peu déçu d'affronter Hartford. Je sais que les gars n'auront aucune difficulté à se préparer et se motiver contre Boston. L'ambiance est complètement différente dans le vestiaire quand nous jouons contre les Bruins. »

L'historique des séries entre les deux clubs mettait Harry Sinden dans tous ses états:

« Je suis fatigué de perdre contre eux tous les printemps. »

Les Bruins avaient en effet été éliminés par leurs vieux ennemis cinq fois lors des six dernières saisons; à vie, ils n'avaient gagné que trois des 24 séries disputées entre les deux clubs! Malgré leur léger avantage en saison, les Bruins entrevoyaient une série ardue, et une vague bleu-blanc-rouge déferler sur eux.

Montréal reçut tout un encouragement, tant au niveau du moral que de leur alignement, quand Chris Chelios, qui avait manqué les 21 derniers matchs réguliers et la série contre Buffalo, fut déclaré apte à revenir au jeu. Mais le retour de «Cheli» ne fit pas un pli sur la différence alors que la défensive des Bruins surclassait celle des Canadiens de manière nette et immaculée, 1-0, appuyée par la tenue remarquable d'Andy Moog. Lors du match numéro 2, ce fut au tour de Richer (cheville foulée) de revenir au jeu, faisant sentir sa présence avec deux buts. Mais dans la chaleur suffocante du Garden de Boston, les Bruins comblèrent à quatre reprises des écarts d'un but. Le deuxième but de la soirée de Cam Neely, marqué avec 1:49 à faire au troisième vingt, envoya tout le monde en prolongation, qui fut tranchée par Garry Galley. Et soudainement, les Bruins détenaient une avance de 2-0 dans la série. Quand les Canadiens, de retour au Forum, furent culbutés 6-3 par les Bruins, Patrick Roy étant chassé du match, ils se retrouvèrent dans la triste position de devenir la première édition du CH à s'incliner 4-0 en séries en 38 ans. Avec sept minutes à écouler, les partisans désertèrent les gradins du Forum, désabusés.

«Ça a été dur, très dur, mais il a compris, dit Burns en commentant le retrait de son gardien. Je peux vous le dire dès maintenant, Patrick va revenir.»

La belle mécanique montréalaise était en train de se dérégler, et les esprits s'échauffaient dans le vestiaire. Burns tenta d'abord de conserver un ton posé, soulignant que les Bruins les avaient devancés par huit points au classement en saison régulière et que son équipe avait dû livrer une rude bataille aux Sabres pour accéder à cette finale de division.

«Personne ne nous accordait la moindre chance de battre Buffalo. Quand nous l'avons fait, tout le monde nous a concédé la coupe. Mais nous savons que ça ne tient pas debout.»

A posteriori, les journalistes, scrutant les éphémérides de la saison régulière, y cherchèrent des signes avant-coureurs de cette débandade. Le talon d'Achille des Canadiens tenait dans leur pitoyable avantage numérique, mais l'explication demeurait insuffisante pour certains.

Une rumeur courait à l'effet que la dissension régnait dans l'équipe, que des cliques s'opposaient les unes aux autres, au mépris du «un-pour-tous-et-tous-pour-un» cher au cœur de Burns. D'aucuns n'hésitaient pas à rechercher les origines de ces frictions en remontant aussi loin qu'à l'élection des cocapitaines et au vote divisé.

À une défaite de l'élimination, Burns était manifestement en état de choc, offrant le spectacle d'un homme portant tout le poids du monde sur ses épaules et se comportant comme tel, la voix éteinte à cause d'amygdales enflammées. Dans la crise ambiante, il devenait une fois encore le centre de l'attention, l'homme à qui l'on posait les questions.

À l'entraînement, Burns et Lemieux se livrèrent à une escalade verbale à portée d'oreille des journalistes, et les caméras captèrent le visage rubicond de l'entraîneur qui brandissait son bâton directement sous le menton de son joueur insolent en grognant:

«Je sais ce qui ne marche pas avec notre avantage numérique et je ne suis pas un génie.»

«BOSTON BROOMS!» clamaient triomphalement les manchettes des quotidiens de Beantown en anticipant le balayage, ce qu'aucune édition des Bruins n'avait accompli dans une série 4 de 7 disputée contre Montréal. En désespoir de cause, et non sans un petit sourire en coin à ses critiques francophones dans les médias, Burns tira Lebeau des boules à mites pour la quatrième partie. La recrue préférée des partisans, forte de ses 15 buts en saison, n'avait pas joué depuis trois semaines, et Burns avait dû essuyer les réprimandes de circonstances. Cela dit, l'insertion de Lebeau dans la formation avait davantage à voir avec la blessure à la cheville qui embêtait Richer.

Les débuts de Lebeau en séries éliminatoires furent mémorables. Comme dans un conte de fées, il brisa une égalité de 1-1 en troisième période avec son premier but en séries, mettant la dernière touche à un jeu qu'il avait lui-même amorcé, puis déjouant Moog pour son deuxième but de la soirée, procurant à Montréal sa seule avance par deux buts depuis le début des éliminatoires. Le doublé de Lebeau, couplé à celui de Carbonneau, évita aux Canadiens une élimination par la marque de 4-1. Ce soir-là, Montréal joua avec une intensité qui frisait la rage.

« Lebeau a fait une grosse différence, dit Burns. Avec toutes ces blessures qui ont été notre lot cette année, nous devons nous tourner vers d'autres joueurs pour nous aider à trouver une manière de gagner. Et ce soir, Stéphan est venu à notre rescousse juste au bon moment. »

Le jeune homme était aux anges.

« J'ai essayé de garder une attitude positive. Je n'ai pas joué beaucoup à la fin de la saison régulière, mais je me suis tenu prêt à l'entraînement au cas où quelqu'un se blesserait et qu'on aurait besoin de moi. Et ce soir était l'occasion rêvée. J'étais constamment sur la rondelle et elle ne cessait de me revenir. Je me sentais bien durant l'échauffement et confiant que je pourrais aider les miens. Nous sommes toujours dans la série et tout peut encore arriver. »

Dans le vestiaire de l'équipe perdante, un journaliste s'approcha de Mike Milbury et lui demanda sans gants blancs pourquoi Boston perdait toujours aux mains de Montréal quand l'enjeu était crucial. Milbury sourit avec chaleur au journaliste et lui répondit posément :

« F... you. »

Avant la partie, Lebeau avait prévenu les scribes qu'il n'était pas le messie. Mais le lendemain, un quotidien francophone clama exactement le contraire dans sa manchette : « LEBEAU : LE SAUVEUR ! » À ce moment-là, l'équipe avait déjà rallié Boston, où Burns tentait vainement de justifier son utilisation limitée de Lebeau en affirmant qu'il désirait simplement le développer lentement.

« Je suis sûr que ce matin, à Montréal, je passe pour un imbécile ! »

Lebeau avait presque à lui seul évité l'affront du balayage. « *How sweep it wasn't* », ruminait un chroniqueur bostonnais, jouant sur la consonance entre *sweep* (balayage) et *sweet* (doux). Et au match numéro 5, Lebeau semblait disposé à poursuivre dans la même voie, son but égalisant le pointage à 1-1 avec 33 secondes à écouler en deuxième période, Mais le miracle n'aurait pas lieu. Boston répliqua et un but dans un filet désert de Cam Neely scella, 3-1, l'issue de la série et la perte des Canadiens, époussettés en cinq matchs.

––––––

Si l'usage de la guillotine avait été répandu au Québec à cette époque, le peuple du Forum serait sans doute descendu dans les rues en réclamant que des têtes roulent. En fait, les Canadiens avaient tout bonnement joué au-dessus de leur talent et rencontré sur leur route un adversaire beaucoup trop fort pour eux, une équipe dont la supériorité était évidente. Montréal avait terminé la série contre Boston avec 1 but en 22 avantages numériques, et 2 en 51 durant toutes les séries ; voilà où le bât blessait. Des chats sortirent du sac. On porta à la connaissance des médias que Carbonneau avait joué avec un os fêlé au poignet, et que Chelios devrait de nouveau passer sous le bistouri pour une hernie. En tant qu'entraîneur, Burns avait fait la preuve qu'il était un simple mortel, mais les fissures observées dans la cuirasse des Canadiens ne lui étaient pas toutes attribuées – pas encore, du moins.

Bien entendu, comme on était à Montréal et qu'on ne connaissait pas l'expression « morte saison » dans le petit monde du Forum, le directeur général Serge Savard, qui avait été généreusement blâmé pour n'avoir procédé à aucun échange afin d'améliorer son équipe en prévision des séries, déclara que l'organisation « procéderait à un long et sérieux examen de son club de hockey », suggérant ainsi que des changements seraient apportés.

Chelios était de ceux qui espéraient le statu quo. Mais il devint bientôt, de manière dramatique, le premier gros nom à changer d'adresse. Il apprit la transaction qui l'envoyait à Chicago lors d'un très bref appel de Savard, qui assistait à une réunion de la LNH aux Bermudes. L'échange qui amenait dans la métropole Denis Savard – un natif de Montréal qui revenait jouer chez lui, et Chelios, un natif de Chicago, qui en faisait autant dans sa ville – se tramait paraît-il depuis une semaine quand il fut annoncé au début juillet. Mais il sembla curieux que Savard bâcle la transaction moins de 24 heures après avoir découvert que Chelios et son bon ami Gary Suter avaient été arrêtés à la suite d'une bagarre survenue à la sortie d'un bar de Madison, au Wisconsin.

Selon le rapport de police, les deux joueurs s'étaient battus avec deux agents de police, Chelios résistant à son arrestation pour avoir uriné en public. Il fut accusé d'entrave au travail des policiers et de désordre sur la voie publique. Ce n'étaient pas ses premiers démêlés avec les forces de l'ordre dans l'État où il vivait durant la saison morte. En 1984, Chelios avait été accusé d'avoir semé les policiers qui l'escortaient vers l'hôpital de Madison pour qu'il y subisse un test d'alcoolémie après son arrestation pour conduite avec facultés affaiblies. Il plaida coupable à l'accusation de fuite et paya une amende, mais ne fut jamais accusé de conduite avec facultés affaiblies. Les policiers impliqués dans ce nouvel incident poursuivirent les deux joueurs, se plaignant d'avoir été « assaillis, battus, abusés et ridiculisés ». À sa comparution, Chelios enregistra un plaidoyer de non-culpabilité.

Peu importe, Savard avait épuisé tous ses trésors de patience avec Chelios, lequel se déclarait ravi de l'échange :

« Je suis vraiment heureux de revenir à la maison. C'est si inattendu ! »

Malgré l'eau coulée sous les ponts, Chelios admet que cette brutale sortie de Montréal l'a profondément secoué.

« Pour être honnête, la nouvelle de mon échange m'a pris par surprise, je ne l'avais pas vu venir. »

Cependant, de tout son séjour montréalais, son plus grand regret est de n'avoir pas été un meilleur capitaine pour Burns.

« Vous êtes censé être le gars qui agit comme intermédiaire entre l'entraîneur et les joueurs. J'ai vécu un sale moment et je me suis débattu avec ça. Je persiste à penser encore aujourd'hui que j'ai failli comme capitaine à Montréal. Je n'étais pas prêt à assumer ce rôle. Et je pense que Pat, qui était à ce moment-là un jeune entraîneur dans la LNH, ne savait pas trop lui non plus comment composer avec cet aspect des choses – quel était mon rôle, quel était le type de relation que nous aurions dû avoir… Je suis le premier à reconnaître que je ne comprenais pas. J'avais eu sous les yeux des gars comme Bob Gainey qui m'ont montré et qui m'ont enseigné ce que ça prenait pour faire partie d'une équipe. Vous aviez besoin d'un gars comme Gainey, un homme posé, qui ne s'excitait pas trop, et qui ne déprimait pas non plus. Et je ne pouvais être au même niveau que lui à ce stade de ma carrière et à l'âge que j'avais. Je n'ai pas facilité la situation à qui que ce soit quand j'étais à Montréal. Quand j'ai été échangé, je pense que je commençais seulement à comprendre et à être prêt à prendre des responsabilités. Mais à ce moment-là, nous venions d'être éliminés, quelqu'un devait payer les pots cassés et j'ai été ce gars-là. »

Après l'échange, Burns a invité Chelios à venir le visiter à son chalet des Cantons-de-l'Est.

« Nous avons passé deux jours ensemble là-bas et avons parlé de toutes sortes de choses, ce que j'aurais pu faire autrement. Mais c'était trop tard... »

Le mois suivant, c'était au tour de Claude Lemieux, l'éternel caillou dans le soulier de Burns, de lever les feutres, échangé aux Devils du New Jersey en retour de Sylvain Turgeon après qu'il eut omis de se joindre à l'équipe quand elle s'était envolée pour un camp d'entraînement à Moscou – une expérience pavée de bonnes intentions mais mal avisée. Serge Savard avait réuni Lemieux et Burns dans une ultime tentative de les voir solutionner leur conflit, mais sans succès. Lemieux se souvient de leur conversation ;

— Je t'apprécie, Pat.

— Moi aussi, Claude.

— Mais tu ne me fais pas jouer...

— Je te fais jouer autant que je crois que tu le mérites.

— Alors, tu vas devoir m'échanger.

« Je sais qu'il ne le voulait pas, mais Serge m'a promis après cette rencontre qu'il m'échangerait au camp d'entraînement. Serge était un homme de parole. Il essayait de faire ce qui était le mieux pour l'équipe. »

Burns maintint que leurs disputes avaient été exagérées par les médias et qu'il n'était pas à l'origine de l'échange.

« Claude ne voulait pas partir à cause de moi. Je lui ai parlé et je lui ai souhaité bonne chance. »

De l'avis de Savard, ces paroles de Burns ne reflétaient pas la réalité.

« Pat a vraiment eu beaucoup de difficulté avec Claude Lemieux. J'ai dû me départir de Claude parce qu'il était impossible de réconcilier ces deux-là. Pat aurait dû être capable de s'entendre avec Claude. Mais il était très têtu. Il ne voulait pas changer d'idée. C'est comme s'il ne pouvait pas passer par-dessus. Comme directeur général, vous avez le choix entre vous débarrasser d'un joueur ou d'un entraîneur. Dans ce cas-ci, c'est clairement le joueur qui devait partir. Ça s'est avéré une terrible erreur de notre part, un très mauvais échange pour nous. On s'est rendu compte que Turgeon n'était pas le joueur que nous pensions.

« Claude n'était pas de tout repos pour Pat non plus. C'en était venu à un point où il n'y avait plus de courant entre les deux, où personne n'écoutait l'autre. Pat ne pouvait plus le sentir. C'était une facette de son caractère qu'il aurait pu améliorer, et qu'il a améliorée plus tard. Mais Pat était un gars qui avait toujours raison et qui ne pouvait pas changer d'idée. »

CHAPITRE 8

Des Russes déchaînés
et la guerre des nerfs de Milbury
« Si on se fait battre à Boston en avril,
je ne vais pas blâmer la Russie. »

La sonnerie du téléphone réveilla Pat Burns dans sa chambre d'hôtel en pleine nuit. Trois de ses joueurs avaient été arrêtés et jetés dans une cellule. Désirait-il venir les libérer ?

Les Canadiens étaient arrivés dans la froide Winnipeg deux jours avant la partie qu'ils devaient y disputer, en décembre 1990. Après les entraînements, les joueurs disposaient de pas mal de temps libre. Le premier soir, la plupart des joueurs sortirent dans un bar appelé le Marble Club. À l'heure de la fermeture, il n'en restait plus que trois : Shayne Corson, Mike Keane et Brian Skrudland. Ils étaient en train de quitter l'endroit, ils avaient presque passé la porte, quand Corson remarqua qu'une jeune femme était rouée de coups par un homme. Corson, qui avait deux sœurs, ne pouvait voir cette scène sans réagir et intima à l'homme l'ordre de se calmer. Des mots crus furent échangés. Soudain, Corson reçut sur la tête un coup de canne venu de nulle part. Keane tenta de maîtriser ce deuxième homme et goûta à son tour à la médecine de la canne : un bon coup en plein front. Skrudland, déjà rendu dehors, revint sur ses pas et, avisant ses deux coéquipiers couverts de sang, crut pendant un instant qu'on avait ouvert le feu sur eux. Se portant à leur défense, il se mêla à l'altercation, qui était maintenant devenue une foire d'empoigne. On appela la police à la rescousse et tous ces pugilistes amateurs furent menottés et jetés dans une cellule.

« Nous avons passé la nuit tous ensemble, dans la même cellule, dans des uniformes de prisonnier qu'on nous avait donnés, se souvient Corson. Keane et moi étions pas mal jeunes à l'époque, nous étions terrorisés. Il y avait d'autres gars dans la cellule, et ce n'était pas des tendres. Nous étions tous les trois assis sur le même banc, l'un à côté de l'autre, sans rien dire – sauf Skrudland, justement pour nous rappeler de rester assis et de fermer nos gueules. Nous voulions rester incognitos, mais on a fini par être reconnus et alors, les autres détenus ont commencé à nous parler, nous demandant même des autographes. Ça nous a un peu détendus, mais nous restions pas mal impressionnés. »

L'un des trois – Corson croit que c'est Skrudland – choisit d'appeler Burns quand la police leur permit de donner le coup de fil règlementaire.

« Mais il n'est pas venu tout de suite. Il nous a laissé mariner là jusqu'au matin. »

La nouvelle de leur arrestation avait déjà transpiré et Burns essaya d'évacuer son trio de délinquants en douce, par la porte arrière du poste de police.

« Il n'était pas content du tout, se rappelle Corson. Il nous a fait passer un sale quart d'heure. Il nous a dit qu'on parlerait de tout ça plus tard. »

Cet après-midi-là, après l'exercice, Burns fit asseoir devant lui ses trois prévenus pour un interrogatoire en règle.

« Pat voulait savoir ce qui était arrivé. Nous avons compris que le mieux à faire était d'être honnêtes et de lui dire la vérité. Je lui ai raconté qu'une fille était en train de se faire battre et que nous n'avions pas parti le bal. Pat nous a dit : "OK. Avez-vous appris quelque chose de tout ça ?" Nous avons tous dit oui, absolument. Et puis, ç'a été tout. »

Pour Corson, ce n'était pas la première fois (et ce ne serait pas la dernière) qu'il avait maille à partir avec la loi. Plus souvent qu'autrement, ses incartades étaient sans conséquence – durant le même voyage, Keane et lui prirent un sapin de Noël dans le lobby de l'hôtel et le relocalisèrent dans la chambre de Chelios. Mais en certaines occasions, arrosées d'alcool, les événements prirent une tournure disgracieuse. Plus tard, quand Burns ne fut plus là pour veiller sur lui, les exploits de Corson dans les bars finirent par lui valoir son éjection hors de Montréal.

La vie d'un entraîneur dans une ville comme Montréal est mouvementée et difficilement prévisible, quand bien même le calendrier de l'équipe est défini avec précision et transmis par la ligue plusieurs mois avant le début de la saison. Tard dans l'été 1990, ce calendrier envoyait les Glorieux, pour la première fois de leur longue histoire, de l'autre côté de l'Atlantique. La Tournée de l'Amitié (*The Friendship Tour*), un « éclair de génie » promotionnel de la LNH, envoyait les Canadiens, leurs femmes et leurs enfants pour une quinzaine de jours ponctués de matchs hors-concours, de la Suède à la Russie en passant par la Lettonie. Burns avait en sainte horreur toute l'entreprise.

« Je ne pense pas que ce soit le genre de camp d'entraînement qu'un entraîneur aimerait diriger », grommela-t-il de manière prophétique quand le cirque ambulant des Canadiens atterrit à Stockholm.

Peut-être la LNH, en regard des tristes événements survenus en Tchécoslovaquie quelques années plus tôt au Championnat mondial junior, aurait-elle dû y penser à deux fois. Après tout, à ce moment précis, le circuit tentait de calmer le jeu après que Sergei Fedorov eut quitté le Soviet pour signer avec les Red Wings de Detroit. Mais Burns n'était pas du genre à calmer qui que ce soit…

L'aventure avait commencé plutôt agréablement. Elle se conclurait par une affreuse mêlée et sous une pluie de bouteilles de vodka vides lancées aux « sales » Canadiens. Après un match peu mémorable à Leningrad, l'équipe s'était transportée à Moscou, crevée, en manque de sommeil et de mauvaise humeur. Le choc des cultures les avait déjà frappés depuis un moment et tous n'aspiraient qu'à rentrer au pays au plus vite. Dans la capitale, Stéphan Lebeau se fit voler ses vêtements et les joueurs se plaignirent de la nourriture – jusqu'à ce que Patrick Roy découvre un Pizza Hut et place une énorme commande à emporter. Tout le monde était en général confiné à l'hôtel, d'une part à cause de la langue et d'autre part parce que nul ne savait où aller, peu de joueurs étant intéressés par l'idée d'être immortalisés en photo devant les dômes en forme d'oignon de la cathédrale Saint-Basile ou la tombe de Lénine. Burns affirma que plusieurs femmes de joueur avaient été abordées par des Russes qui les avaient prises pour des prostituées, et peu d'entre elles étaient enclines à s'aventurer hors de l'hôtel.

L'évidence s'était rapidement imposée que les Soviets prenaient cette série énormément au sérieux.

« Pour nous, ces parties présaison n'ont pas d'importance, avait dit Burns, mais les Soviets ont mis beaucoup d'emphase sur ces matchs, et même beaucoup trop à certains moments. »

Pourtant, ce fut Montréal qui fut critiqué pour son jeu trop agressif lors de la première rencontre présentée à Moscou, perdue 4-1 aux mains du Dynamo. Mais cela ne constituait qu'un apéritif... Le lendemain soir, les Canadiens se frottaient à la brillante équipe de l'Armée rouge, du déjà-vu pour Burns, pointé du doigt comme agent provocateur dans un précédent fiasco diplomatique. Des combats avaient déjà interrompu deux fois la partie. En troisième période, deux bouteilles volèrent en éclats sur la patinoire après avoir été lancées en direction du banc des Canadiens, et la glace dut être nettoyée avant la reprise du jeu. Plusieurs Glorieux furent atteints par des pièces de monnaie. Un certain nombre de bagarres éclatèrent simultanément, Corson et Richer sautant par-dessus la bande pour se joindre à la foire, donnant aux Canadiens un avantage de deux hommes au gala de boxe qui s'ensuivit. Petr Svoboda fut expulsé pour tentative de blessure. Le calme venait à peine d'être ramené que les spectateurs se mirent à lancer des projectiles sur les visiteurs, de telle sorte que Burns fit retraiter son équipe au vestiaire.

« Quand une bouteille de vodka a éclaté juste devant notre banc, Burns a dit : "Allons-nous-en d'ici !" », raconte le défenseur Mathieu Schneider.

Burns insista pour que le président de la Fédération de hockey russe, Leonid Kravchenko, prenne la parole pour intimer à la foule indisciplinée de se calmer. Lorsqu'il se fut exécuté, Kravchenko supplia les Canadiens de finir le match, en ajoutant, dans un accès d'humour involontaire, qu'il espérait voir ses hôtes quitter le pays avec un bon souvenir.

« Tout ça n'a pas été très plaisant », ragea plus tard Burns après que l'Armée rouge eut pris la mesure des Canadiens 3-2 en prolongation.

Soucieux de préserver la sécurité de ses joueurs, il justifia son arrêt de jeu de 10 minutes comme une précaution nécessaire.

« Quand le président de la fédération vient me voir et me dit à quel point il est désolé, que les spectateurs sont des hooligans pour lancer des bouteilles, et ceci et cela, et puis qu'il revient et dit souhaiter que nos femmes repartent de Russie avec de bons souvenirs, tu le regardes et tu fais : "Quoi ?" On nous a fait poireauter et on nous a menti et on s'en est pris à nous presque partout où on a été. »

L'entraîneur de l'Armée rouge, Viktor Tikhonov, fit porter l'odieux de la mêlée aux Canadiens :

« Ils ont commencé le combat et ils n'avaient aucun droit de quitter la glace. »

Alors que les joueurs faisaient leurs adieux à la Mère Russie, le légendaire ex-gardien Vladislav Tretiak et d'autres personnalités envoyèrent des flèches empoisonnées à leurs invités de marque, les pourfendant pour le gâchis survenu en troisième période.

« Pouvez-vous croire qu'ils se sentent insultés ? dit-il à l'agence de presse Tass. Ils ont provoqué cette confrontation et ont été forcés de quitter la patinoire. Les joueurs canadiens ont toujours été des gentilhommes sans reproches. Mais au cours de ce match, ils ont posé les pires gestes, frappant des joueurs qui étaient déjà étendus sur la glace et quittant le banc pour aider des coéquipiers engagés dans des combats. »

Les agents des douanes russes eurent le dernier mot, confisquant des douzaines de bocaux de caviar à l'aéroport, le vol des Canadiens étant retardé de trois heures afin qu'une fouille méthodique et complète de leurs bagages soit faite dans les règles de l'art.

L'équipe était arrivée avec une valeur de 3 000 $ en produits médicaux et en équipement, des dons destinés au hockey russe ; elle repartit avec une facture de 14 roubles, accusée d'avoir dérobé deux minuscules serviettes de bain à la texture rêche dans une chambre d'hôtel moscovite.

Quand le camp d'entraînement reprit normalement à Montréal, Burns s'employa à balayer cette regrettable histoire sous le tapis.

« Si on se fait battre à Boston en avril, je ne blâmerai pas la Russie pour ça. Si j'ai une crise cardiaque l'an prochain, je ne blâmerai pas la Russie. Mais c'est certain que ce détour là-bas va nous affecter en début de saison. Nous devons maintenant recommencer notre camp d'entraînement à zéro. »

Il s'avéra plus tard que Burns avait vu clair dans sa boule de cristal...

———

La saison régulière se mit en branle, apportant à Burns sa 100e victoire à la barre du CH et à Richer de mesquines huées lors de la Journée des Fans au Forum.

« Ici, tu peux passer très vite de héros à zéro », observa son entraîneur.

Mais la frustration issue des passages à vide de la saison précédente avait fleuri, trouvant un terreau fertile dans l'esprit du fragile attaquant, le public montréalais poursuivant sa relation amour-haine avec sa vedette. Richer n'avait certainement pas aidé sa cause en révélant qu'il avait consulté une astrologue au sujet de ses difficultés à marquer.

« Comme Gémeaux, c'est tout ou rien avec moi, avait déclaré Richer à des journalistes flairant le bon papier. On m'aime ou on me déteste. »

Envers Burns aussi, l'amour du public n'était plus aussi inconditionnel, mais il demeurait une incontournable célébrité montréalaise, et pour les médias une source de bonne copie sans équivalent avec la galerie de personnalités un peu fades qu'on retrouvait dans l'équipe, dont Denis Savard qui, malgré tout le tapage engendré par sa venue, n'avait pas été le sauveur espéré. La diète à laquelle se soumit Burns en prévision des séries éliminatoires fut abondamment commentée : vingt livres perdues, plus une seule cigarette.

Les Canadiens terminèrent deuxièmes dans la division Adams, 11 points derrière les Bruins, et se trouvèrent confrontés encore une fois aux Sabres en série d'ouverture. On s'attendait à des pointages anémiques entre ces deux équipes à la défensive étanche : on en fut quitte pour un tsunami de 40 buts comptés durant les quatre premières parties complètement folles de la série, la rondelle déviant là sur un patin, là sur une épaule, là sur un menton pour trouver le fond du filet. Chaque équipe remporta deux matchs sur sa patinoire. Patrick Roy fut retiré de son but lors du quatrième match puis le réintégra en début de troisième période. Montréal arracha un gain de 4-3 en prolongation avant d'éliminer sèchement les Sabres 5-1 au Memorial Auditorium pour boucler la série en six matchs.

Tout cela mit la table pour un nouveau combat singulier avec Boston, un vieux rival à la mémoire longue. Francis Rosa écrivit dans le *Boston Globe*:

« Voilà, avril est officiellement arrivé. L'heure a été avancée, comme chaque année. Les Red Sox ont lancé leur saison, comme ils le font chaque année. Le marathon approche, comme toujours à ce moment de l'année. Et les Bruins et les Canadiens vont s'affronter une fois de plus en séries. Tout va donc pour le mieux dans notre merveilleux monde du sport. Les Bruins et les Canadiens, pour une 10e fois en 15 ans… Voilà, c'est officiel: c'est avril. »

Boston avait cultivé un net avantage sur Montréal en saison régulière, avec une fiche de 5-2-1. Mais l'anxiété était palpable parmi les partisans des Bruins à cause du *Montreal Jinx* (la « Malédiction des Canadiens »), cela même si les leurs avaient remporté deux des trois dernières séries disputées entre les deux équipes, et même si les Bruins se sauvèrent avec le premier match, laborieusement gagné 2-1. Burns avait prévenu tout son monde que les fans auraient droit à un jeu intense et serré, digne des séries.

« La malédiction a couru pendant des années et des années à l'effet que les Bruins ne pouvaient battre les Canadiens. Eh bien, c'en est fini. Ils ne croient plus aux fantômes. Quiconque n'est pas motivé par l'idée de jouer contre les Bruins ne devrait même pas chausser ses patins. Vous le constatez quand vous pénétrez dans le vieux Boston Garden et que vous voyez les bannières de leur cinq coupes Stanley, et c'est exactement la même chose pour eux quand ils mettent les pieds au Forum et qu'ils voient nos 24 bannières. Cette rivalité est bonne pour tout le monde. »

Mike Milbury se moquait bien de la malédiction:

« Si vous regardez les éditions des Canadiens qui nous ont battus, elles représentaient la plupart du temps de meilleures équipes. Je dirais que le talent est maintenant mieux partagé entre les deux clubs. Nous n'avons plus une épée de Damoclès au-dessus de nos têtes. Ça nous met un peu plus sur le même pied, psychologiquement parlant. »

La partie numéro 1 se disputa d'une manière anormalement courtoise, sans la moindre bagarre, ce qui fit se demander aux fans ce qu'il était advenu des Flying Frenchmen et des Big Bad Bruins. Un petit plaisantin suggéra que, pour la deuxième partie, les équipes jouent en tuxedos. Quand on lui demanda pourquoi le jeu manquait d'émotion, Burns fut contrarié :

« Je ne comprends pas cette question. Pourquoi me demandez-vous ça ? Parce que nous ne jetons pas les gants et que nous ne nous battons pas ? Tout le monde s'attend à une foire parce qu'il s'agit de Boston et de Montréal. Eh bien, ça n'arrivera pas. Nous voulons consacrer nos énergies à autre chose, et les Bruins aussi. Ça ne paraît peut-être pas depuis les gradins, mais c'est du hockey assez rude, merci, qui se joue ici, sur la glace. C'est du jeu brutal, mais propre. »

L'intensité sur la patinoire fut même haussée d'un cran lors du match numéro 2, quand Montréal revint dramatiquement de l'arrière, Richer égalant le compte à 3-3 avec 8 :30 à faire en troisième période.

« J'étais vraiment surpris de me retrouver seul devant le filet. La patinoire du Garden est si petite que chaque fois que tu as l'occasion de tirer au but, tu es tout de suite repoussé. »

Burns fit se reposer Richer et ses compagnons de trio pour le reste du troisième vingt. Il avait un pressentiment. Quand la sirène retentit et que les équipes retraitèrent vers le vestiaire, Burns prit son meilleur compteur à part.

« Je lui ai dit : "Tu vas gagner cette partie pour nous en prolongation." »

Vingt-sept secondes suffirent à Richer pour marquer son second but de la soirée.

« Est-ce que je suis un entraîneur ou un prophète ? », s'exclama Burns.

Au troisième match, Moog rata le départ de l'autobus de l'équipe à destination du Forum, trop absorbé par la retransmission d'une ronde de golf dans sa chambre d'hôtel. Il prit un taxi en compagnie d'un journaliste de Boston et se glissa dans le vestiaire des Bruins sans que Milbury remarquât son arrivée tardive. Le gardien fit la différence dans le match et devant le filet avec 40 arrêts, contenant les Canadiens après que Ken Hodge eut porté le compte à 3-2 avec 1:30 à faire au match.

« Nous méritions de gagner, mais Andy a fait des arrêts comme je n'en ai jamais vus, dit Burns en lui levant son chapeau. Je ne crois pas qu'il pourra aligner deux matchs comme celui-ci. »

Ce en quoi Burns n'avait pas tort, Montréal écrasant les Bruins 6-2 au match suivant, Corson menant le jeu avec deux buts et deux passes. Burns avait ses tactiques bien à lui en matière de motivation ; il avait critiqué le jeu de son robuste attaquant et ses propos avaient fait la une des sections sportives du jour. Et la stratégie avait porté fruit.

« C'était une chose dans laquelle Pat excellait, dit Corson. Il savait sur quels joueurs il pouvait mettre de la pression pour leur en demander plus, et sur quels autres il devait faire preuve d'un peu plus de délicatesse. Il savait qu'il pouvait me donner un bon coup de pied dans le derrière et que je lui donnerais le meilleur de moi-même. »

Ce soir-là, Corson sortait du banc des joueurs comme s'il était en feu. Il compléta sa soirée de travail en faisant goûter un peu de son bâton à Dave Christian, écopant d'une pénalité majeure de cinq minutes et d'une inconduite de match.

« C'est sans doute l'une des meilleures parties que je l'ai vu jouer depuis qu'il porte l'uniforme des Canadiens de Montréal », dit Burns.

Seulement deux mois plus tôt, l'organisation était venue à un doigt d'échanger Corson à Toronto pour Wendel Clark, mais avait finalement fait marche arrière, effrayée par les 159 matchs que le rude ailier des Maple Leafs avait dû manquer au cours des trois dernières campagnes.

Milbury était complètement catastrophé par la performance de son équipe et sentit qu'une intervention draconienne s'imposait.

« J'ai senti que Montréal avait complètement repris le *momentum* de la série », se rappelle-t-il.

Sa solution consista à tirer ses joueurs du douillet lit de leur foyer et à les entasser dans un motel une étoile d'un centre commercial, au beau milieu de nulle part, en les séquestrant dans cet environnement de choix la veille du match numéro 5.

«Il s'agissait vraiment d'un motel miteux. Je ne peux mieux le décrire. Il est encore là. Nous sommes allés sur une petite patinoire des environs où nous avons eu un entraînement intense, durant la majeure partie duquel j'étais hors de moi. Si quelqu'un du monde extérieur m'avait vu, il m'aurait mis sans attendre dans une cellule capitonnée. J'ai crié après les gars pendant au moins une heure. Je savais que je ne pouvais pas m'en prendre à eux physiquement, mais j'avais besoin de leur passer un message. L'équipe de Pat avait rebondi et s'apprêtait à prendre le contrôle de la série. Alors, je les ai gardés dans ce trou à rats. On s'est entraînés, on a mangé et puis je les ai envoyé jouer au bowling. Mais c'est le genre de mesure que vous deviez prendre afin de tenir tête à Pat, parce que sa forte personnalité et sa présence en imposaient. Il avait pour lui cette attitude hargneuse, et son équipe jouait avec la même attitude hargneuse que lui, et vous deviez être prêt à tout pour rivaliser avec lui… ou vous alliez perdre.»

La stratégie rapporta. Piqués au vif, les Bruins se rachetèrent et jouèrent leur meilleur hockey de l'année dans le cinquième match, giflant l'opposition 4-1.

«Nous avions des gars qui pensaient que c'était gagné, fulmina Burns, dont on aurait cru voir fumer oreilles et narines. Nous avons des gars qui n'ont pas 10 matchs d'expérience dans la LNH qui se sont permis de grandes déclarations dans les journaux. Nous n'avons pas respecté l'ennemi: voilà où nous avons péché. Nous les avons sous-estimés et ils nous ont surpris, surclassés, surpassés.»

Avec son équipe acculée à l'élimination, Burns se devait de contrer les «tactiques motivatrices» de Milbury. Alors, il détourna tout bonnement l'autobus de l'équipe. Pendant que les journalistes les attendaient en banlieue, à leur lieu habituel d'entraînement, se demandant ce que l'équipe était devenue, Burns s'était éclipsé avec sa troupe en uniforme, ordonnant au chauffeur de l'autobus de rouler dans les quartiers les plus misérables de Montréal.

«Regardez autour de vous», dit-il aux joueurs, en voulant leur montrer une facette différente de la ville et des visages qui leur étaient moins familiers.

Burns voulait leur donner à voir les gens qui vivaient et qui mouraient pour les Canadiens. Les joueurs *leur* devaient le meilleur qu'ils pouvaient offrir dans ce sixième match. La morale que leur servait Burns avait des relents à l'eau de rose. Il ne leur faisait pas une scène; il était d'un calme déconcertant.

« Il nous a raconté des choses, se souvient Corson. Il voulait que nous nous rappelions à quel point nous étions chanceux, combien nous étions privilégiés de pouvoir pratiquer un sport que nous aimions et qui nous payait bien. C'est ce qu'il a essayé de nous expliquer ce jour-là. »

Burns rappela à ses protégés qu'ils n'avaient encore rien perdu et que la finale de la division Adams était encore à leur portée. Puis l'autobus reprit la route du Forum, où les joueurs réintégrèrent leur tenue de ville pour aller partager un repas d'équipe.

Requinqués, les Canadiens déployèrent en ce sixième match la même intensité que les Bruins lors du cinquième, et Corson joua encore les héros.

« C'était la guerre, raconte-t-il. Au point où nous en étions, j'aurais passé à travers un mur pour Pat. »

Les Bruins détenaient une avance de 2-1 avec à peine quatre minutes à faire en troisième période quand Corson logea un retour derrière Moog, qui venait de réussir un arrêt miraculeux aux dépens de Richer. En prolongation, Roy n'eut guère le choix d'être étincelant, car les Bruins avaient l'avantage du jeu et provoquèrent de nombreuses chances de marquer. À un certain moment, il bloqua carrément un tir avec son masque. Puis, en portant pratiquement Craig Janney sur son dos, Corson cueillit une passe de Skrudland et, en tombant, expédia la rondelle qui frappa le poteau droit et pénétra dans le filet de Moog à 17:47 de la période de prolongation, procurant à son équipe la victoire qui lui permettrait de retourner à Boston pour disputer l'ultime match de la série.

Burns n'avait pas une grande expérience des septièmes matchs au hockey, mais il prétendait avoir été au Forum (« Mon beau-frère m'avait donné un billet… »), ce fameux soir de mai 1979 quand les Bruins avaient écopé d'une pénalité pour avoir eu trop d'hommes sur la glace, ouvrant la porte au but historique d'Yvon Lambert.

« J'ai bondi de joie comme tout le monde dans le Forum. »

Qui sait si l'histoire était vraie ? Burns ne disait jamais non à une petite anecdote aimablement scénarisée par le gars des vues.

À l'hôtel de Cambridge, Burns annula la séance d'entraînement qui devait avoir lieu pendant le jour de relâche, estimant que ses joueurs avaient davantage besoin de se reposer en vue du match final que de patiner. Il pensa à quelque autre moyen de motiver ses troupes qu'il eût pu sortir de son sac, mais celui-ci était vide, et Burns à court d'inspiration.

« J'ai tenté d'imaginer quelque chose dans l'avion, mais je n'ai pas réussi. Alors je les ai laissé aller. Je leur ai demandé de ne pas traîner autour du lobby, mais peut-être d'aller faire un tour tous ensemble. »

C'est ce qu'ils faisaient toujours, un jour de match.

« Nous avions un repas d'équipe et ensuite une réunion, et puis c'était tout. Je leur ai demandé de se détendre. Je ne veux voir personne se promener dans le lobby en sous-vêtement de hockey, mais je veux qu'ils soient aussi décontractés que possible. On veut que personne ne soit trop tendu. On veut qu'ils pensent à la partie de demain, mais on veut que personne ne passe une nuit blanche. »

Historiquement, les Canadiens s'étaient généralement bien comportés en situation de septième match, mais Burns mit en garde ses joueurs contre la tentation de croire que cet aspect devait les mettre en confiance.

« Je ne crois pas du tout en l'histoire. Je crois que ce qui s'est passé avant appartient au passé et ne peut en aucune manière influer sur ce qui va se passer maintenant. Le hockey d'aujourd'hui n'est pas celui d'hier. Les équipes en présence sont différentes. »

Dans le vestiaire de Boston, Milbury avait affiché un papier écrit par un chroniqueur de Montréal en disant qu'il s'agissait d'une « lecture obligatoire » pour ses troupes. L'article ridiculisait les Bruins, estimant qu'ils avaient été créés dans le simple but de perdre des matchs cruciaux aux mains des Canadiens.

« L'auteur disait que nous étions laids et stupides, raconte Milbury. Laids, je pouvais le prendre, mais pas stupides. Cela donna matière à réflexion à mes joueurs. Ils étaient concentrés. Ce journaliste s'était cru très brillant, je crois, mais en fait, il nous a donné un sacré coup de main. »

Puis Milbury laissa Harry Sinden – l'entraîneur qui avait conduit à la victoire le Canada contre l'URSS en 1972, lors de la série du siècle, le classique par excellence de l'histoire du hockey – prêcher aux joueurs le credo des Bruins.

La partie numéro 7 serait une guerre à finir jusqu'à la toute dernière seconde, Moog étant magnifique du début à la fin. Muselé en première période, Boston s'inscrivit au pointage en deuxième et doubla son avance en début de troisième quand Cam Neely profita d'un avantage numérique. Le zéro de Moog fut gâché par un tir du revers de Stéphan Lebeau avec une minute à faire au match, un but controversé parce que Moog avait sorti son filet de ses amarres lors d'une mêlée dans son rectangle. Les officiels du match déterminèrent qu'il s'agissait d'un geste délibéré et le but fut concédé.

Burns retira Roy de son filet avec 2:49 au match à la faveur d'un sixième attaquant. La dernière minute fut disputée avec une férocité inouïe, alors que les Canadiens cherchaient désespérément à niveler le compte. À l'autre bout de la patinoire, quatre tirs des Bruins dirigés vers la cage béante des Canadiens furent bloqués par des joueurs inspirés, et plusieurs autres tirs projetés vers le fond de leur territoire. Milbury ne pouvait en croire ses yeux :

« Je ne comprends toujours pas comment aucun de ces tirs n'a abouti dans leur filet… »

En fait, la menace changeant constamment de côté, Milbury crut bien, à un certain moment, que les Canadiens avaient réussi à compter au terme de l'une de leurs montées au but.

« Il y a eu une mêlée terrible à l'embouchure du filet pendant laquelle Skrudland et Corson se sont servi de leur bâton comme d'une machette à l'endroit de Raymond Bourque. Leur comportement était incroyablement vicieux. »

« Ils étaient déchaînés, soupira un Andy Moog exténué après coup, savourant la double victoire chèrement acquise, celles du match, 2-1, et de la série, 4-3. Ils se ruaient vers le filet et nous prenaient d'assaut. Je ne faisais que chercher à frapper la rondelle avec mon corps. »

C'était la première fois que Boston battait Montréal à l'occasion d'un septième match. Cette déconvenue «historique» resta de travers dans la gorge des vaincus. Mais ils n'avaient rien à se reprocher, et leur entraîneur non plus. Burns était légitimement fier de son équipe, les plaies, bosses et ecchymoses parlaient d'elles-mêmes sur le visage de ses guerriers à l'heure de l'envolée du retour. Dans cette défaite douloureuse et poignante, Burns démontra sa classe :

« Tout ce que je peux faire, c'est souhaiter la meilleure des chances à Mike et aux Bruins. J'espère qu'ils iront jusqu'au bout, et ainsi nous pourrons dire que nous avons poussé les meilleurs jusqu'au bout de leur ressources. »

CHAPITRE 9

Guitares, bottes de cow-boy et Harley
« Je me suis dit qu'il avait deux personnalités complètement différentes. »

L'endroit s'appelait le Stogie Shack et c'était là que Pat Burns jouait – littéralement.

Huit superbes guitares, électriques et acoustiques, reposaient sur leurs supports, aussi amoureusement entretenues que ses Harley-Davidson, grattées ou pincées selon l'humeur de l'artiste. Entraîneur dans la LNH était un rêve devenu réalité, mais Burns cultivait d'autres fantasmes – guitariste, cow-boy, Hells Angels – et n'hésitait pas à endosser les tenues qui convenaient à ses fantaisies.

En mode western, Burns portait des bottes faites à la main, une cravate « bolo », une veste en peau d'agneau souple et un chapeau de gardien de troupeau en suède qu'il enfonçait profondément sur sa tête, jusqu'aux sourcils. En mode motard, il portait des gants sans doigt et des bottes, et en mode crooner de Nashville, de flamboyantes chemises brodées qu'il ajustait sous des ceintures aux boucles ornées. À la radio de son pick-up (son véhicule de prédilection) jouait en permanence de la musique country – un style qu'il parvenait rarement à faire partager dans le vestiaire, aux joueurs !

« Avec Pat, ce devait être du country ou rien », raconte Pat Brisson.

C'était l'une des nombreuses et notoires passions de ce col bleu aux multiples talents. Dans une autre vie, si le destin de hors-la-loi en Harley ne l'avait pas emporté, Burns aurait peut-être pris d'assaut les scènes des bars country. Il possédait une voix de velours et se retrouvait tout à fait dans son élément devant une foule, se produisant sans se faire prier. L'adolescent dont le « *band* de garage » avait diverti les invités au mariage de sa sœur était devenu un adulte qui pouvait s'offrir des jouets très chers : motos, bateaux et Fenders. Frugal dans les autres facettes de sa vie, il pouvait dépenser une petite fortune pour une guitare faite sur mesure, caressant des doigts ses contours comme les courbes d'une femme. Bien qu'il ne sût pas lire la musique, Burns avait appris seul les accords et les paroles d'un tas de chansons, dont les œuvres complètes de Cat Stevens et de Bob Dylan, le ton nasillard en moins.

Qui donc était Pat Burns quand il n'était pas celui qui dirigeait les Canadiens de Montréal ? Même les joueurs qui se croyaient près de lui n'en avaient pas la moindre idée, et pourquoi auraient-ils voulu en savoir davantage sur la vie personnelle de leur patron ? Les relations qui unissaient Burns et ses joueurs se tissaient sur la glace et se forti-fiaient sous les feux de la rampe de la LNH, dans les vestiaires humides, à bord des avions, dans les lobbys des hôtels. Une équipe de hockey est un groupe d'individus disparates dont le jeu est l'unique dénominateur commun. Ensemble, ils vont passer jusqu'à 10 mois, du camp d'entraînement jusqu'aux séries éliminatoires, puis s'épar-piller au petit bonheur une fois venue la saison morte, parfois pour ne jamais se croiser de nouveau, sauf comme adversaires. Une saison de hockey est une fournaise qui brûle d'un feu intense et furieux, et qui s'éteint ensuite de manière abrupte. C'est une vie tout à la fois en déséquilibres et en incessantes poussées vers l'avant, sans jamais de calme durable. La vie de Pat Burns était une chandelle dont une extré-mité se consumait à haute intensité comme entraîneur, et dont l'autre brûlait à feu doux, plus sereine.

Il trouvait son point d'ancrage et son équilibre dans les Cantons-de-l'Est, au milieu de gens qui n'avaient aucun lien avec le hockey, une contrée bucolique où il pouvait se relaxer, oublier « Coach Burns », même si ses pensées ne dérivaient jamais très loin du hockey. En plein cœur de l'été, il persistait à griffonner des combinaisons de trios pos-sibles sur des serviettes de papier ou pensait aux joueurs qu'il rêvait d'intégrer à son alignement, assis devant le gouvernail de son bateau de pêche. La pêche était pour lui une activité contemplative qui lui permettait de passer des journées entières sur l'eau miroitante. Il connut à un certain moment de sa vie une phase très intense de pêche à la ligne, s'équipant des cannes et des moulinets les plus sophistiqués. Mais la plupart du temps, il préférait des embarcations rapides, tirant des skieurs nautiques ou se contentant de percuter les vagues du lac.

Le Stogie Shack n'était rien de plus qu'une remise à l'arrière de sa propriété de Magog, la coquette petite ville élevée sur les rives du lac Memphrémagog. Burns y avait logé un piano et une batterie, avec un poêle au propane qui servait lui aussi parfois d'instrument de percussion. Plusieurs amis venaient participer à des jam sessions, tard le soir, et la joyeuse bande avait souvent le coude aussi agile que la descente facile. Si l'un d'eux s'aventurait à toucher à l'une de ses guitares, Burns grognait :

« Ne touche pas à ça. Ça vaut très cher. »

Il avait trouvé son petit coin de paradis – Donald Sutherland était l'un de ses voisins – quand il était venu diriger les Canadiens de Sherbrooke et l'avait par la suite gardé – et le garderait aussi plus tard, quand il travaillerait à Boston et au New Jersey – en tant que résidence secondaire, à une distance raisonnable de Montréal. Il s'y réfugiait pour de courtes escapades aussi bien que pendant des étés entiers, ses enfants Jason et Maureen l'y rejoignant alors pour quelques semaines. Burns était désireux de se racheter pour toutes les années pendant lesquelles il avait été un père peu engagé et rarement présent, surtout auprès de sa fille. Il se réjouissait de pouvoir leur offrir ce petit coin de paradis.

Ses amis, exubérants et drôles, la plupart assez aisés pour s'offrir des sabbatiques désœuvrées quand Burns séjournait à son chalet, constituaient une sorte de cour de bouffons rassemblée pour le bon plaisir de l'entraîneur en vacances. L'un d'eux était le fils d'un sénateur, un autre l'héritier de la fortune Daoust, la compagnie de patins. On pouvait voir cette joyeuse escorte, la « cour de Pat », autour du Forum pendant la saison.

« Des têtes folles et des bouffons », soupirait Ronald Corey, le président des Canadiens, peu édifié par les fréquentations de son entraîneur.

La bande de Magog, qui s'était baptisée les « Reds Dogs », du nom de la mascotte d'une brasserie, étaient des fervents de moto qui se lançaient chaque été dans une longue expédition sur leurs montures. Burns et ses compagnons de route rataient rarement le grand rendez-vous de Laconia, au New Hampshire, une convention de motards. La bande s'était développée autour de l'amitié nouée entre Burns et son voisin du lac, surnommé « Pecker », lors de son premier été à Magog. Une étroite allée séparait les deux résidences et c'était là que de longues soirées bien arrosées se mettaient en branle.

« Nous étions toujours là, à boire et à faire les fous, et puis Pat s'est joint à nous, raconte Kevin Dixon, un ami de Pecker, qui devint le plus proche ami de Burns. Pat n'avait pas d'amis. Peut-être en avait-il quelques-uns à Gatineau, parmi ses anciens collègues policiers, mais il avait laissé ce monde derrière lui. »

Dixon, un touche-à-tout, devint l'homme à tout faire de Burns, l'ami multi-tâches à la fois pseudo-agent, comptable, secrétaire, agent immobilier et compagnon de virée.

« Pat se consacrait tellement au hockey qu'il trouvait difficilement le temps de payer ses comptes. À un certain moment, il a eu besoin d'un notaire pour voir à ses pensions alimentaires. Il s'était lui-même placé dans une situation où il avait besoin d'une personne à qui il pouvait se fier. Je crois qu'il me faisait confiance. Il savait que je n'étais pas un escroc. »

Pendant la saison morte, Burns et Dixon étaient inséparables, au point où certains les taquinaient en les prétendant amoureux. Burns disait que Dixon n'était pas son genre. L'entraîneur plaisancier s'était entouré d'une bande de noceurs impénitents, compagnons de virée motorisée qui aimaient se retrouver uniquement entre hommes, pouvant lâcher leur fou et leur testostérone.

Pendant longtemps, l'argent s'est fait rare dans la vie de Burns, qui touchait son salaire de manière différée. À Toronto, plus tard, il continuait à toucher des chèques de paye des Canadiens, et il se montrait soucieux d'accumuler le plus possible pour l'avenir, conscient qu'un entraîneur étant sacré une année le meilleur de sa corporation pouvait très bien se retrouver au chômage la suivante.

« Le gros salaire que tous s'imaginaient qu'il faisait, en fait, il n'y touchait pas, révèle Dixon. Il essayait d'assurer son avenir, ignorant ce qui pourrait lui arriver plus tard. »

À l'exception de ses coûteux jouets, dont un bateau baptisé le *Rum'n Dick*, Burns avait un train de vie on ne peut plus frugal. Pour un homme sans prétention comme il l'était, pareil régime s'imposait à lui naturellement. Ce ne fut pas avant sa troisième saison à Montréal qu'il finit par enfin acheter la maison de Magog – toute simple, sans tape-à-l'œil – qu'il avait louée jusque-là. Au premier abord affable, toujours accessible pour les partisans qui le croisaient dans la rue, Burns était en réalité un homme très réservé, presque timide, assez méfiant, qui admettait très peu de proches dans son intimité. Rien ne l'épuisait davantage que ces parasites qui voulaient gagner son amitié à cause de son statut de vedette ou pour avoir leurs entrées dans les hautes sphères du hockey. Ses rares et vrais amis devaient se montrer loyaux et discrets, et plus ils étaient éloignés du hockey, mieux cela valait.

Ceux qui partageaient sa compagnie sur une base quotidienne, « au travail », étaient abasourdis par les histoires qui venaient à leurs oreilles à propos d'un Burns décontracté qui ne criait ni ne grondait jamais personne. Stéphan Lebeau avait une résidence d'été au bord du même lac et n'arrivait pas à fondre dans son esprit ces deux images si différentes d'un même homme.

« Nous habitions vraiment près l'un de l'autre, nous étions presque voisins. On me disait à quel point c'était un homme drôle, un gars super. Je crois qu'il avait deux personnalités complètement différentes. »

Pour son petit monde de Magog, les explosions nucléaires et les comédies outrancières auxquelles se livrait Burns derrière le banc étaient autant de sources de rigolades sans fin. Dixon en témoigne :

« Nous le voyions à la télé piquer une crise et on se tordait. À l'extérieur de la patinoire, ça ne lui arrivait jamais de se mettre dans de telles colères. Parfois, nous le taquinions là-dessus, quand par exemple un pilote passait à toute vitesse avec son bateau à côté du sien et le faisait tanguer pendant qu'il pêchait, sans crier, sans dire un seul mot. Au contraire, Pat riait. Il n'était pas du genre à chercher la confrontation. Je sais qu'il lui arrivait parfois de bouillir en dedans, mais il n'en disait rien. »

Serge Savard, de qui Burns est resté proche après la fin de leur association chez les Canadiens, avait toutefois l'impression de faire intrusion quand leurs relations débordaient du cadre du hockey.

« Je dois dire qu'il était un peu d'un tempérament solitaire. Quand nous étions à l'étranger, je n'osais pas aller m'asseoir à ses côtés après une partie et lui proposer de discuter en prenant une bière. Il préférait être seul. »

Cela dit, il n'était pas non plus un moine reclus dans sa cellule. Il y avait toujours d'autres personnes dans le décor, des femmes qui le couvaient le mieux qu'elles pouvaient et restaient jusqu'à ce qu'elles décident de partir. Burns détestait rompre ; son langage gestuel et son isolement émotif parlaient pour lui. Avec les femmes, Burns évitait les relations compliquées et avait un seuil de tolérance très bas pour les discussions à cœur ouvert et les mises au point. Burns amoureux, selon Dixon, était comme « un bébé chien », affectueux et câlin, plus démonstratif que bien d'autres hommes, du genre à tenir la main des dames. Il aimait manger dans les grands restaurants en galante compagnie, mais s'esquivait quand les jérémiades commençaient.

« Il avait toujours besoin que quelqu'un soit là, pas nécessairement pour l'épouser ou avoir des enfants, mais pour compter sur une présence, en convient sa sœur Diane. Certaines de ses compagnes n'avaient pas le profil d'une épouse mère de famille, mais elles correspondaient tout à fait à ce dont il avait besoin. Le fait est qu'il avait eu sa part de problèmes avec son mariage précoce et les enfants, et cela a eu des effets sur toutes ses relations amoureuses futures. Comme il a grandi avec des sœurs et qu'il a été si proche de moi et de sa mère, on aurait pu croire qu'il serait plus confiant vis-à-vis des femmes. Mais il semblait ne pas être capable d'avoir une relation durable. »

À la fin de sa vingtaine, Burns avait connu une brève union et une relation à long terme, et de chacune était né un enfant. Une femme qu'il avait connue à Gatineau, Lynn Soucy, l'accompagna ensuite à Sherbrooke et à Montréal. Mais la LNH lui a apparemment monté à la tête, selon ceux qui furent près de Burns à cette époque.

« Elle avait changé du tout au tout sa façon de vivre, elle en faisait trop, dit quelqu'un qui passait alors beaucoup de temps avec le couple. Chaque fois qu'elle allait voir un match, elle devait porter un nouvel ensemble et passer chez le coiffeur. Elle n'avait pas de travail et elle dépensait tout l'argent que faisait Pat. Oh, ce qu'elle aimait dépenser – autant qu'il en rapportait! Elle allait dans une direction que Pat n'appréciait pas.»

Assez vite, Lynn avait noué une solide amitié avec la femme de Luc Robitaille, Stacia, qui avait été auparavant mariée au fils de l'acteur Steve McQueen. (Le beau-fils de Robitaille, Steve McQueen Jr, est un comédien connu pour sa participation à la série télé *The Vampire Diaries*.) Lynn était fascinée par la vie de «gens riches et célèbres» qu'ils menaient à Los Angeles, et elle avait l'habitude de se rendre là-bas dès que l'envie lui prenait.

«Elle sautait dans un vol à destination de L.A. pour une simple coupe de cheveux, à 400 $ l'envolée, raconte un ami, encore sidéré par tant de prodigalité. Elle se tenait avec cette actrice de *Dynasty*, Linda Evans. Pat ne voulait rien savoir de tout ça.»

Diane aussi désapprouvait le mode de vie de Lynn.

«Lynn était une femme superbe, toujours impeccablement habillée, mais hautaine. Quand nous allions les voir, elle n'était pas très amicale. Elle chuchotait à l'oreille de Patrick, ce que j'avais en horreur. Elle adorait être l'épouse d'une célébrité, c'était évident. Non, on ne peut pas dire que Lynn était notre favorite.»

Lentement mais sûrement, les chemins du couple bifurquèrent. À sa troisième saison à Montréal, Lynn demeura la plupart du temps dans la maison que Burns avait achetée à Magog, ne se déplaçant dans la métropole que pour assister aux parties. L'année suivante, Burns avait emménagé à Montréal, dans une maison de l'Île-des-Sœurs qu'il partageait avec Buck Rodgers, le gérant des Expos, chacun habitant la résidence pendant les activités de son équipe, leurs calendriers se chevauchant sur une très courte période.

Quand la relation avec Lynn vint à son terme, son dénouement fut orageux. Désireux de récupérer sa liberté, Burns céda à son ex la maison de Magog et ce qu'elle contenait en lui disant de tout garder. Dans le sous-sol de la maison, toutefois, Burns avait entreposé tous ses souvenirs de hockey patiemment accumulés au fil des ans. Il n'était attaché à ces articles de collection que dans la mesure où il les destinait à son fils Jason.

« Il avait bâti cette salle de jeux, ce petit sanctuaire, et il en était très fier, raconte Dixon. Elle était bourrée de souvenirs : un chandail de Gretzky, des bâtons dédicacés à Jason, ce genre de choses. Et qu'est-ce que Lynn a fait ? Elle a tout donné, juste pour le faire enrager. »

« C'était un geste de vengeance », opine Diane.

Burns ne parla pas en mal de son ancienne compagne. Il ne mentionnerait presque jamais son nom par la suite, comme si elle avait appartenu à une autre existence que la sienne. Mais il y avait déjà une autre flamme qui brûlait à l'horizon – et qui, en fait, dans le plus grand secret, réchauffait déjà son lit. Il s'agissait d'une femme mariée, une autre beauté fatale, qui mériterait finalement le titre de « fiancée », bien que Burns ne lui fît jamais de demande et qu'il ne fût jamais question de mariage.

« Pat était un homme simple, soupire Dixon. Mais il avait une vie compliquée… »

CHAPITRE 10

Dernier tango à Montréal

« Le message ne passait plus. »

À l'été de 1991, Burns fut nommé adjoint de Mike Keenan pour la série Coupe Canada. Équipe Canada passerait ensemble huit semaines, du camp d'entraînement tenu en août jusqu'à la série finale – un balayage de deux parties à zéro contre les États-Unis – en septembre. Brian Sutter était l'autre entraîneur adjoint de Keenan. Les deux compères devinrent pour l'occasion Laurel et Hardy, faisant office de duo comique qui vint insuffler un peu de légèreté à l'aventure avec leurs facéties juvéniles – Sutter ayant souvent le meilleur sur Burns. Il fit entre autres livrer une pile de pizzas à la chambre de Burns et logea pour lui des appels de réveil à trois heures du matin. Il se glissa dans la chambre de Burns et remplit sa valise de serviettes de bain et de cendriers, se délectant d'imaginer la tête de son ami advenant la réussite de sa farce.

Après que les Canadiens eurent remporté la coupe, couronnant un parcours immaculé de six victoires et deux matchs nuls, Burns et Sutter s'esquivèrent avec le trophée et paradèrent – en voiturette de golf – à travers le lobby de l'hôtel, en compagnie du gardien Ed Belfour. Aux petites heures du matin, les joyeux drilles déposèrent subrepticement la coupe dans le lit de Keenan pendant qu'il dormait, dans le plus pur style du *Parrain*. Pour se venger de ses seconds, Keenan appela le service de sécurité de l'hôtel et demanda à ce que la coupe soit enlevée de son lit et entreposée en lieu sûr, puis il annonça le lendemain aux reporters qu'elle avait été volée.

Une fois ces gamineries terminées, ce fut le temps de revenir aux choses sérieuses et d'entamer la saison régulière. La LNH célébrait ses

75 ans d'activités, et pour marquer le coup, Canadiens et Maple Leafs s'affrontèrent en uniforme d'époque – les entraîneurs, eux, portant cardigan et chapeau – en match d'ouverture, remporté 4-3 par les Canadiens. Parmi les absents notables, Stéphane Richer, qui avait vidé son casier le 20 septembre précédent, échangé aux Devils du New Jersey en retour du futur capitaine de l'équipe, Kirk Muller.

« Je crois que Stéphane sera un meilleur joueur au New Jersey parce que les médias lui porteront moins d'attention là-bas, estima Burns, en faisant allusion au point de mire permanent qu'avait été son joueur à Montréal et à la manière dont il réagissait sous cette pression. Un joueur doit avoir des nerfs d'acier pour composer avec tout ça. »

Burns chercha à minimiser de son mieux le fait que Montréal perdait une star qui avait offert à ses partisans deux saisons de 50 buts.

« On a tendance à surestimer l'importance des marqueurs de 50 buts dans cette ligue », souligna Burns sans que ses propos, illogiques, convainquent personne.

Plus tard, il revint sur toute l'histoire qui avait entouré les problèmes de Richer.

« Quand je sortais Richer du jeu, même pour une seule présence sur la glace, il allait s'asseoir au bout du banc, là où était la caméra de la télé québécoise, avec son air de chien battu, sachant bien que toute la province verrait cette image et qu'on plaindrait le pauvre Richer encore une fois relégué sur le banc par le méchant Burns. Une fois, Richer avait avec lui deux recrues francophones assises à ses côtés avec le même air triste. J'ai eu envie de leur demander s'ils avaient attrapé un virus. »

Ce n'était un secret pour personne : Burns était un homme terre à terre qui aimait par-dessus tout les robustes joueurs de troisième trio et faisait peu de cas des ego des supervedettes consacrées. Durant la première semaine de 1991, à Detroit, il fit réchauffer le banc à Denis Savard dans un match que les Canadiens remportèrent 4-1. Savard fut piqué au vif et les médias québécois prirent immédiatement son parti. Burns, lui, attendait déjà le retour du balancier.

« Quand vous faites réchauffer le banc à un francophone d'un club francophone, il y a toujours une levée de boucliers des partisans. Demain je vais me faire pendre en effigie. À l'heure où on se parle, ma maison est probablement en train de brûler. J'aime Denis Savard, mais il va falloir qu'il apprenne à m'écouter. Il faut qu'il comprenne mon message. »

Est-ce à ce moment précis que commença à se creuser le fossé fatal entre Burns et son équipe, entre Burns et les médias, dans ce qui s'avérerait son chant du cygne à Montréal ? À la fin de la saison, Sylvain Turgeon eut cette remarque amère :

« Le plus gros ego de l'équipe, c'est lui qui l'a, et s'il n'est pas le centre de l'attention, il n'est pas heureux. »

Personne ne vit venir sa mise à l'écart imminente, surtout pas avec l'irrésistible début de saison de l'équipe (14-4-1) et encore moins au milieu de la saison, alors que les Canadiens dominaient la LNH au 1er janvier 1992 avec la meilleure fiche défensive et sans un seul nom parmi les 25 meilleurs marqueurs du circuit. L'équipe n'était pas spectaculaire, mais elle demeurait efficace et résistante tout au long d'une transition ininterrompue qui voyait son alignement affecté par de nombreux changements.

« Nous n'avons pas besoin d'un héros, dit Burns. C'est une chose que j'essaie d'imposer. Je sais que les partisans aimeraient qu'on ait un Lafleur, un Béliveau, un Geoffrion. La presse aussi aimerait ça. Je suis désolé de vous dire que nous n'en avons pas. Ils ont essayé de mettre de la pression sur Stéphane Richer et il ne pouvait l'endurer. Nous préférons avoir un héros différent chaque soir. »

Mais la controverse vint de l'extérieur de la patinoire quand un médecin montréalais annonça lors d'une conférence de presse que l'une de ses patientes, décédée deux ans plutôt du sida, affirmait avoir eu des relations sexuelles avec une cinquantaine de joueurs de la LNH. Cette révélation stupéfiante survenait à peine quelques jours après que l'étoile de la NBA Magic Johnson eut révélé qu'il était porteur du VIH. Et soudainement, les habitudes sexuelles des athlètes professionnels devinrent le sujet brûlant du jour. Faisant preuve d'une grande lucidité pour son époque, Burns ordonna qu'une distributrice de condoms soit installée dans la salle du soigneur.

« Je ne les distribuerai pas moi-même. Je ne serai pas à côté de la machine à les distribuer comme des bonbons. Mais ici, à Montréal, les joueurs sont bien connus et aisément reconnaissables. Peut-être leur fierté de macho les empêche-t-elle d'aller dans une pharmacie, parce qu'ils ne veulent pas être vus en train d'acheter des condoms. Alors, je leur ai dit : "Messieurs, ils sont à votre disposition. Et ne vous en servez pas pour faire des ballons d'eau !" »

Il n'hésitait pas à défendre les athlètes contre la mauvaise réputation qu'on leur prêtait concernant leurs mœurs sexuelles.

« Ayant été sur le terrain en tant que policier, j'ai vu des politiciens être impliqués avec des prostituées et ce genre de personnes. Ne nous acharnons pas sur le cas des athlètes. Parce qu'ils sont des personnages publics, ils sont très exposés, mais vous trouverez dans n'importe quel bar de n'importe quelle ville des politiciens et des représentants de commerce en quête de compagnie féminine. »

Burns révéla que 90 % des joueurs avaient déjà subi des tests pour déterminer s'ils étaient séropositifs, soit de leur propre chef, soit dans le but de signer une assurance-vie.

« Mais avoir une prise de sang est un geste personnel. Je ne peux prendre personne par la main et l'emmener à l'Hôpital général de Montréal. »

Du côté de la patinoire, la situation de Burns, elle, était assurée. Sa sécurité financière ne s'était jamais mieux portée depuis qu'il avait renégocié, en décembre, un contrat qui faisait de lui l'entraîneur le mieux payé de la LNH – parmi ceux qui n'étaient pas aussi directeur général. Selon certaines sources, l'entente de trois ans lui rapporterait 350 000 $ par saison.

« Il y a probablement 21 entraîneurs qui sont en train de m'offrir une ovation debout dans leur bureau en ce moment. Tous les entraîneurs attendaient que l'un d'entre nous signe un contrat pareil. »

Le chroniqueur Réjean Tremblay raconte comment il a aidé Burns à décrocher ce mirobolant contrat.

« Un jour, il était en train de se raser dans le vestiaire alors que je passais par là. Il me demanda : "Penses-tu qu'un entraîneur comme moi joue un rôle important dans cette équipe ?" Je lui ai répondu : "Pat, tu es le cœur de cette équipe." »

À cette époque, Montréal avait dans son alignement un dur à cuire du nom de Mario Roberge, un ailier avec une fiche anémique et un rôle limité. Burns demanda à Tremblay :

— Crois-tu que je sois plus important qu'un gars comme Mario ?

— Il n'y a pas de comparaison possible.

— Donc, je devrais au moins gagner l'équivalent du salaire moyen des joueurs ?

Dans ces années-là, cela signifiait 400 000 $.

« J'ai compris le message, raconte Tremblay. Le lendemain, j'ai consacré ma chronique au fait qu'un entraîneur comme Pat Burns devait avoir un nouveau contrat. Dans ce temps-là, les relations entre les journalistes et la direction du club étaient autrement plus étroites qu'aujourd'hui. Alors Serge Savard m'a téléphoné... pour me demander si j'étais le nouvel agent de Pat ! »

Et Burns vit son salaire être augmenté sans avoir à s'en excuser auprès de qui que ce soit.

« Être président des États-Unis n'a rien à voir avec être celui du Zimbabwe, tout comme être entraîneur à Montréal n'a rien à voir avec le même poste dans d'autres villes. Maintenant, attendez-vous à ce que je reçoive plein de lettres de gens furieux du Zimbabwe. »

Burns était heureux ce jour-là, une attitude qui tranchait avec la mine soucieuse qu'on lui voyait trop souvent, et son équipe semblait sereine.

« J'ai dit auparavant que je souhaitais rester à Montréal toute ma vie, et c'est un pas dans la bonne direction. »

Le directeur général Savard était tout aussi enchanté de s'être adjoint les services de Burns pour une longue période.

« Je souhaite de n'avoir jamais à embaucher un nouvel entraîneur. »

C'était tout à fait le genre de phrase propre à défier le destin...

À compter de janvier, l'équipe se mit à péricliter, amorçant sa chute au classement. La panique ne fut pas immédiate. Quand il ne les utilisait pas pour arriver à ses propres fins, Burns continuait à se tirailler avec les médias. Entre les deux, le torchon brûlait et la situation devenait de plus en plus corsée, à un doigt de la confrontation ouverte. Burns ne se cachait pas pour afficher le mépris qu'il vouait aux journalistes, et le sentiment était réciproque.

« Je ne crois pas qu'il nous détestait personnellement, précise Tremblay, mais il détestait certainement la manière dont nous faisions notre travail. N'oubliez pas que, avant Pat Burns, nous avions eu Jean

Perron, un gars qui avait un diplôme universitaire, un nouveau genre d'entraîneur pour nous. Burns était à la fois un ancien policier et un gars dur. Personne ne pouvait intimider Pat Burns. Personnellement, je croyais qu'il était un dur de dur. Mais il pouvait en prendre davantage que la plupart des autres gars. Peut-être que nous allions plus fort avec lui qu'avec d'autres. Personne ne veut détruire un individu, mais quand vous avez l'impression qu'il est capable d'en prendre, peut-être que vos critiques vont encore plus loin. »

Du point de vue du principal intéressé, les journalistes étaient allés beaucoup trop loin. Alors que l'équipe éprouvait des difficultés, les relations avec les médias qui couvraient les Canadiens tournèrent au vinaigre. Non seulement les Glorieux étaient-ils en chute libre, mais ils disputaient du hockey ennuyant. Et le hockey ennuyant, à Montréal, est toléré à une seule condition : l'équipe doit gagner. Les Flying Frenchmen ne volaient apparemment qu'en avion, entre deux villes, mais plus sur la glace. Voir les leurs faire trembler les bandes et pourchasser les joueurs adverses ne suffisaient pas à satisfaire les partisans.

« Moi, en tout cas, je ne me suis pas ennuyé ! se rappelle Sylvain Lefebvre. En même temps, Pat ne disait pas à nos joueurs offensifs de ne pas se porter à l'attaque. Mais il voulait que nous jouions d'une certaine façon en zone neutre, entre les deux lignes bleues. Il était très strict à ce niveau-là. Il ne voulait pas que l'équipe crée des revirements. Il désirait que nous gagnions d'une certaine manière… et que nous ne perdions pas d'une certaine autre manière. »

Burns se rebiffait quand son système défensif était dénigré.

« Tout le monde parle de notre système défensif. Ça me fait rire, ça me fait même beaucoup rire. Il n'y a pas de système défensif. Ce grand système, savez-vous ce que c'est ? Si vous perdez la rondelle, vous devez la récupérer. Voilà notre système. Il est fantastique, non ? »

Ses prétendues allégeances antifrancophones furent ravivées par les médias. Mais dorénavant, les journalistes allaient jusqu'à se moquer ouvertement de la qualité de son français.

« Son français était très coloré, dit Tremblay. Il avait un bon accent. Il parlait le genre de français qui a été appris à la maison et dans les rues. »

D'autres journalistes étaient moins charitables. Burns recula devant la fronde, l'assimilant à du snobisme. Au Québec, le respect de la langue française est un fondement social, politique et journalistique. Mike Keane, un gars de l'Ouest du pays, se souvient bien de l'épisode.

« J'ai été nommé capitaine un mardi et je prenais mon premier cours de français le vendredi, conscient que cela faisait partie de la *game* et que c'est ce que vous avez à faire quand vous êtes capitaine à Montréal. Un des journalistes m'a demandé : "Quelle langue parlez-vous dans le vestiaire ?" Je lui ai dit que la plupart des gars parlaient anglais. Le jour suivant, dans les journaux, on pouvait lire : "Keane refuse de parler notre langue." Le règne de Keane comme capitaine dura quatre mois. Il passa au Colorado avec Patrick Roy dans le méga-échange qui suivit le fameux match Canadiens-Red Wings, le 5 décembre 1995, alors que le gardien avait manifesté sa colère à l'endroit de l'entraîneur recrue Mario Tremblay.

Keane fait de nouveau l'effort de donner l'heure juste au sujet de la langue :

« Je ne savais pas si Burns massacrait ou non le français. Mais oui, nous parlions surtout anglais dans le vestiaire. Les francophones parlaient français entre eux. Si quelqu'un ne se sentait pas à l'aise de parler en anglais, il ne le faisait pas. J'ai trouvé cette controverse vraiment étrange. La question de la langue n'a jamais suscité de problème dans le vestiaire – seulement à l'extérieur de celui-ci. »

Burns sympathisait certainement avec Keane. Quand les Canadiens gagnaient, c'était grâce à Pat Burns, le Canadien français. Quand ils perdaient, c'était à cause de ce « maudit Irlandais ».

Ce fut durant cet hiver 1992 que prit place une autre controverse, cette fois aussi à l'extérieur du vestiaire, plus précisément dans un bar du boulevard Saint-Laurent, à trois heures du matin. L'intervention des policiers fut demandée au Zoo Bar pour stopper une bagarre dont Corson était l'acteur principal. Le gérant du bar rapporta que Corson, qui buvait des *shooters* à la file et jetait les verres vides par terre autour de lui, était devenu furieux quand un homme s'était approché de sa compagne.

Corson fut arrêté, brièvement suspendu par le club et, après coup, se livra à un acte de contrition en règle. Cette fois-là, aucun appel au secours ne fut lancé à l'entraîneur.

« De toute façon, je n'y serais pas allé cette fois-là », déclara le saint-bernard de service.

Burns était hors de lui, surnommant Corson le « Charles Barkley du hockey », ce qui ne correspondait pas à un compliment. Lors d'une entrevue avec une station de télé francophone, il y alla de l'injure suprême :

« Qu'y mange d'la marde* ! »

Lors d'une autre occasion, ce fut plutôt Burns qui parut aller trop loin. Tremblay reçut une étrange lettre légale d'un avocat l'enjoignant de ne rien écrire au sujet d'un alcootest raté par Burns alors qu'il avait été intercepté par des policiers après un match disputé à Montréal. Aux yeux de Tremblay, cette lettre était d'autant plus étrange qu'il n'avait rien entendu à propos de cette histoire et qu'il doute d'ailleurs, encore aujourd'hui, que cet événement ait jamais eu lieu.

« Il n'y a pas un seul policier dans tout Montréal qui aurait rédigé un rapport sur Burns. Je n'ai rien réussi à trouver là-dessus. Alors j'ai écrit un article sur la lettre... Ce fut l'unique fois de toute ma carrière qu'on m'a mis en garde d'écrire sur quelque chose dont je ne savais rien. Quand l'histoire est parue, Burns a marmonné : "Tu n'es qu'un faiseur de marde." »

———

Les Canadiens ne connaissaient pas une descente aux enfers comparable à celle des Maple Leafs en 2012, mais il était évident que les choses n'allaient pas bien. Comme c'était habituellement le cas en pareille situation, un Burns contrarié était un Burns grincheux. Il tolérait mal les performances en dents de scie de son équipe, et il ne faisait qu'empirer l'ambiance tendue qui régnait dans le club. Ses sorties incessantes et ses hurlements suscitaient de moins en moins de réactions. Bien que l'équipe bataillât pour la première place au classement durant tout février et mars, ils s'écroulèrent lors des deux

---

* Dans la version originale anglaise, l'auteure demande à Réjean Tremblay d'expliquer la gravité de cette phrase, ce dont il s'acquitte ainsi : « C'est probablement la chose la plus vulgaire que vous pouvez dire. C'est vraiment dégoûtant. Et il [Burns] l'a dite à propos de l'un de ses joueurs anglophones préférés. » NdT

dernières semaines de la saison avec une fiche de 0-5-3 et ne purent gagner un seul match après la grève de 10 jours des joueurs qui interrompit la fin de la saison.

«Nous avons été affreux en deuxième moitié de saison, constata Burns. Je n'y comprends rien.»

Malgré tout, Montréal termina premier de la division Adams et au cinquième rang de toute la ligue, avec une récolte de 93 points. Une fois encore, ils affronteraient en levée de rideau les Whalers de Hartford.

La série fut longue et ardue, et Montréal la gagna par la peau des dents en sept matchs. Lors de la cinquième partie, disputée à Hartford, Burns fut même accusé d'avoir utilisé un bâton pour frapper un partisan qui cherchait noise aux joueurs quittant la patinoire par la sortie de l'équipe visiteuse, qui ne comportait pas d'abri protecteur. En réalité, Burns avait asséné un coup de bâton contre un mur. La police enquêta sur la plainte du partisan et classa le dossier.

«Un gars a seulement craché sur moi, c'est tout», se borna à dire Burns.

Mais les Canadiens étaient épuisés. Les Bruins les balayèrent à la ronde suivante, les hommes de Burns ne pouvant secouer leur torpeur à l'attaque, incapables de compter plus de huit buts contre la troupe de Milbury. Il fallait remonter à 1952 pour retrouver une édition des Canadiens qui avait été balayée en quatre matchs. Et à Boston, pardessus le marché! L'horreur était consommée. Les Canadiens venaient d'être éliminés par les Bruins pour une troisième année consécutive. La situation était insoutenable.

Les grognements fusaient de partout dans le vestiaire.

«Pendant les séries, le climat était loin d'être sain, se rappelle Denis Savard. Je n'ai pas assisté à des disputes entre les gars, mais certains d'entre eux étaient visiblement mécontents.»

Si les joueurs ne se disputaient pas entre eux, qui donc le faisait? Manifestement, Burns!

Le malaise était écrit en toutes lettres sur le mur, noir sur blanc. Mais qui donc les avait tracées? La source du malaise venait-elle de joueurs rebelles ou de beaucoup plus haut? Réjean Tremblay se souvient d'avoir rencontré un groupe de joueurs dans une aire de restauration, près de l'hôtel de l'équipe, avant la dernière partie à Boston.

« J'ai passé tout l'après-midi là, à boire des cafés avec peut-être huit, dix joueurs. Il n'était pas clair du tout qu'ils en avaient assez de Burns. La conversation roulait plutôt sur le fait que la direction ne supportait plus ses sacres et ses incessants hauts cris derrière le banc. À cette époque, M. Corey avait des invités à tous les matchs et ils prenaient place dans la rangée de sièges située immédiatement derrière le banc des joueurs, à portée de voix de Burns. Plusieurs joueurs m'ont dit: "Pat va se mettre dans le trouble, Pat va se mettre dans le trouble." Je ne sais pas, peut-être ne s'agissait-il que d'un prétexte. Mais au moins la moitié des joueurs, ce jour-là, m'ont dit à quel point la direction en avait assez des manières de Burns, de ses coups de gueule et de ses réactions derrière le banc. À l'époque, moi-même je m'attendais à ce qu'il reste encore au moins un an derrière le banc. Il semblait avoir le contrôle de son équipe. »

Burns était conscient du désenchantement de Ronald Corey à son égard. Il avait dit à son ami Kevin Dixon que le président des Canadiens ne lui adressait plus la parole, pas même pour lui dire bonjour. Quand on faisait allusion à son langage peu châtié derrière le banc, Burns ne tenait pas compte des doléances.

« Burns était un gars qui faisait toujours les choses comme il l'entendait, il ne se souciait pas de la direction, dit le responsable de l'équipement Pierre Gervais. Mais je n'ai jamais vu un meilleur entraîneur derrière le banc. Il savait comment tenir son monde toujours sur le pied de guerre. »

« C'est difficile d'être aussi strict qu'il pouvait l'être et de maintenir ce succès pendant aussi longtemps, observe Patrick Roy. Tu peux y arriver pendant un, deux ans, et puis tu dois trouver une manière de t'ajuster, de t'adapter au groupe. Burnsie ne connaissait qu'une manière et c'était la sienne. Et il n'était pas question qu'il y change quoi que ce soit. »

« De la manière dont Burns concevait la *game*, ajoute Keane, ce genre d'entraîneur a une durée de vie de trois ou quatre ans. Avec ses exigences très élevées, soit les joueurs se conforment, soit la machine se détraque. Ils commencent à dire : "OK, assez, c'est assez. On ne peut pas disputer des parties parfaites soir après soir." Se faire continuellement pousser dans le dos dure un temps ; au-delà d'une certaine limite, les joueurs font la sourde oreille. »

Stéphan Lebeau, qui a eu plus que sa part de difficultés avec Burns et qui n'a pourtant jamais perdu son respect pour l'homme, se rappelle la morosité qui régnait dans le vestiaire pendant la série contre Boston.

«Plusieurs joueurs n'étaient pas heureux, c'était évident. Quand vous perdez et que vous vous présentez à la patinoire, l'ambiance est toujours lourde. Pat savait ce qu'il voulait, mais peut-être, quand les choses sont toujours faites à votre manière, avez-vous tendance à croire que toutes vos décisions sont les bonnes. En réalité, ce n'est pas le cas. Le hockey est un sport, et vous devez avoir du plaisir à jouer. Quand aller patiner commence à devenir moins plaisant, c'est alors, peut-être, que certains joueurs lancent la serviette… et ils la lancent sur l'entraîneur. Et cela est arrivé, en effet.»

Shayne Corson est en total désaccord avec ce point de vue:

«Pat n'a jamais perdu son vestiaire, jamais au grand jamais. En tout cas, moi, il ne m'a certainement pas perdu. Je n'ai jamais senti ça, je n'ai jamais assisté à ça.»

Quelques mois après la bagarre au Zoo Bar, une autre altercation dans un autre bar montréalais – Corson commençait à souffrir d'attaques de panique qui lui gâcheraient la vie des années durant –, Serge Savard échangea son enfant terrible à Edmonton en retour de Vincent Damphousse.

«J'aurais aimé que Pat reste. Je pense que c'est l'une des raisons qui ont contribué à mon départ. Il est parti et j'ai été échangé pendant l'été. Je ne blâme pas Serge, parce qu'il a eu son gros mot à dire dans ma carrière et dans ma vie. Mais il a haussé les épaules et s'est dit: "Qu'est-ce que je peux bien faire?"»

Russ Courtnall est réticent à affirmer que les joueurs ne respectaient plus Burns.

«Peut-être qu'il n'avait plus sur les joueurs la même influence qu'il avait eue autrefois. Habiter à Montréal était également dur pour Pat, plus difficile à vivre pour les francophones que les anglophones. Il nous répétait souvent: "Vous, vous repartez tous à la maison après la fin de la saison. Nous, nous devons rester ici tout l'été et entendre ce que nous n'avons pas bien fait et pourquoi nous avons perdu."»

Sylvain Lefebvre n'y va pas par quatre chemins:

«Nous avions perdu contre Boston trois années de suite en deuxième ronde. Tu ne peux pas te permettre de continuer à perdre contre
Boston... »

Savard prit le pouls de son club pendant les séries, et ce qu'il vit lui
déplut au plus haut point :

« À la fin des séries éliminatoires, quand nous avons été balayés par
Boston, j'ai pu voir que Pat avait perdu sa mainmise sur l'équipe. Ça
ne veut pas dire qu'il n'était pas un bon entraîneur. Ça arrive à un tas
de bons entraîneurs. Quand les choses commencent à moins bien aller,
que l'entraîneur n'arrive plus à être lui-même et que les joueurs le
sentent... Le message ne passait plus. »

Burns a toujours insisté sur le fait qu'il n'avait pas été congédié de
Montréal. Techniquement, c'est vrai.

« Je n'ai pas congédié Pat », confirme Savard.

Mais Burns n'a pas non plus démissionné. Le départ de Burns
résulta plutôt d'un consentement mutuel, même si l'entraîneur
n'avait guère le choix. Savard invita Burns, au retour d'une semaine
de vacances en Jamaïque, à venir discuter de la situation à son
bureau.

« Nous avons commencé à discuter là, puis nous sommes allés dans
un bar et ensuite au restaurant, et nous avons parlé, parlé, parlé. Après
quelques verres, nous avons pu parler en toute franchise. Je savais
qu'il avait un poids de cinq cents livres sur les épaules. Je savais
aussi que je n'entamerais pas la nouvelle saison avec Pat derrière
le banc. Lui, de son côté, savait qu'il ne pourrait plus diriger à
Montréal, il en était conscient. Il savait et je savais qu'il ne pourrait
pas continuer. »

Savard savait également autre chose : Rogatien Vachon, le directeur
général des Kings de Los Angeles, désirait intensément embaucher
Burns. À Toronto, Cliff Fletcher n'était pas en reste.

« C'étaient les deux options qui se présentaient à Pat. Et c'était pour
moi clair comme de l'eau de roche qu'il irait à Toronto. »

Avant cette rencontre avaient eu lieu de subtiles approches, pour
la plupart orchestrées par l'influent agent de joueurs Don Meehan.
Burns et Meehan avaient échangé de manière informelle plus tôt dans
l'année.

« Il m'avait raconté que ça n'allait pas bien, se rappelle Meehan. Je lui avais dit : "Si tu as des problèmes, appelle-moi et je ferai ce que je peux faire pour t'aider." »

Jusque-là, Burns n'avait jamais eu d'agent ; il avait négocié lui-même ses contrats avec Montréal. Maintenant, il avait besoin d'être représenté, et au plus haut niveau. Quand il sentit le couperet sur le point de tomber, il contacta Meehan. L'agent avait appris de Savard que les Canadiens s'apprêtaient à faire un virage. Il en informa Burns, qui lui dit : « Je pense que ça s'en vient », un pressentiment confirmé par Meehan.

Burns lui avoua qu'il ne savait pas comment gérer cette situation. Il lui restait trois ans à écouler dans son contrat et Meehan insista sur un point capital :

« Tu dois faire très attention à la manière dont tu vas réagir. »

L'agent prit officiellement Burns comme client et s'employa à le calmer.

« C'est là que je vais t'être utile, car je vais te négocier un arrangement. Je sais qu'il y a une certaine hâte à te sortir de Montréal. Laisse-moi me servir de cette conjoncture comme levier avec Savard, je crois que je peux bien m'y prendre, sachant quelle est la position des propriétaires. »

Puis Meehan révéla à Burns qu'il avait aussi « quelque chose d'autre en tête ». Burns lui demanda de quoi il s'agissait. Ce que Meehan avait en tête était le poste d'entraîneur-chef des Maple Leafs. Il savait, par ses discussions récentes avec Fletcher, que les Leafs voulaient remplacer Tom Watt dont le rendement les décevait.

« J'ai dit à Pat : "Toronto va être disponible." Il a répondu : "Veux-tu rire de moi ?" »

Alors, Meehan se tourna vers Fletcher. Quand il donna un premier coup de téléphone au directeur général des Maple Leafs, Fletcher était occupé sur une autre ligne et demanda à Meehan s'il pouvait le rappeler plus tard.

« Je lui ai dit : "Non, tu devrais me parler tout de suite. Je pense que j'ai quelque chose à te proposer qui n'est pas officiel, mais qui pourrait être dans les meilleurs intérêts de l'équipe. Montréal va libérer Pat Burns et je crois qu'il serait formidable à Toronto. Il vous conviendrait à merveille. Vous feriez un geste déterminant en embauchant l'un des meilleurs entraîneurs de la ligue. C'est tout à fait ce dont votre équipe a besoin." »

Fletcher était partant, mais il devait discuter de l'idée avec son conseil d'administration. Meehan le pressa d'agir au plus vite, parce qu'une conférence de presse annonçant le départ de Burns était prévue à Montréal le lendemain. Par le plus grand des hasards, Meehan venait juste d'être contacté par Jacques Demers, qui voulait redevenir entraîneur, bien qu'il fît un malheur comme analyste à la télévision. Ainsi, Meehan se retrouvait avec deux nouveaux clients entraîneurs, et il était engagé dans un véritable numéro de jonglerie de haut niveau.

Meehan parla de nouveau à Savard, qui voyait Burns le soir même. Puis il revint à Fletcher et lui demanda s'il allait de l'avant. Fletcher dit oui et ils se mirent immédiatement à parler gros sous. L'entente fut rapidement conclue, n'y manquaient que des signatures. Burns était ravi, pour ne pas dire émerveillé. Au téléphone avec Meehan, il ne cessait de répéter : « Es-tu sérieux ? » Meehan fut on ne peut plus clair : s'il désirait qu'il en fût ainsi, il en serait ainsi.

« Diriger les Maple Leafs de Toronto ? *Oh yeah !* »

À Montréal, le lendemain, l'annonce du départ de Burns fut faite devant une horde de journalistes pour la plupart stupéfaits. Ému, Burns fit part de ses réticences à partir, insistant sur le fait qu'il ne fuyait pas le navire – qui, dans la chambre, l'aurait contredit ? – mais admit qu'une pression accablante le poussait à démissionner.

« Quand vous êtes ouvertement critiqué, et de la manière dont je l'ai été, peu importe d'où vient l'attaque, c'est très dur à encaisser. »

La fine fleur des médias montréalais, surpris en pleine sieste, fut abasourdie. Et ils n'avaient pas encore idée de ce qui allait se produire 500 kilomètres plus à l'ouest, au bout de l'autoroute 401. Meehan avait réservé des billets d'avion pour Burns et lui. Ils quittèrent la conférence de presse pour se diriger immédiatement vers l'aéroport. Pendant le vol, Burns était incrédule :

« Je n'arrive pas à croire à tout ce qui arrive. »

Meehan décrit sobrement la scène :

« Il était au septième ciel… »

Après avoir atterri à Toronto, Meehan et Burns se rendirent illico au Maple Leaf Gardens pour une première rencontre avec Cliff Fletcher et la seconde conférence de presse de la journée. Bienvenue au nouvel entraîneur des Maple Leafs: Pat Burns!

C'était un dénouement gagnant pour tout le monde, Burns et les Leafs. Et même triplement gagnant pour Meehan, qui voyait les Canadiens dérouler le tapis rouge pour son autre client, Jacques Demers. L'agent était satisfait de lui-même et de sa journée de travail:

«Montréal était content de voir Burns partir, les deux parties étaient heureuses de l'arrangement, Pat pouvait dire qu'il n'avait pas été renvoyé, et les Canadiens mettaient la main sur un entraîneur qui les mènerait à la coupe Stanley. Il n'y avait aucune amertume nulle part. Tout le monde était content.»

CHAPITRE 11

Le retour de la passion
« On t'aime, Pat Burns ! »

Règle numéro un : la vénérable feuille d'érable du chandail des Maple Leafs ne doit jamais toucher le sol.

Les symboles signifiaient beaucoup pour Pat Burns. Sa première tâche dans cette ville où cette malheureuse équipe de hockey avait été rebaptisée les Maple *Laughs* était de restaurer le respect – pour la concession elle-même, parmi les joueurs et pour leur nouvel entraîneur. Pour commencer, plus question de jeter comme un vieux kleenex un chandail de l'équipe sur le plancher crasseux du vestiaire. La vénération des logos des clubs est devenue depuis une pratique répandue dans toute la LNH, et les journalistes peuvent être mis à l'amende s'ils mettent le pied sur l'emblème de l'équipe cousu dans un tapis. Mais en cet automne 1992, dans le vestiaire défraîchi des Maple Leafs où il n'y avait même pas de tapis, Burns fut le premier à instaurer une règle visant à interdire toute atteinte à l'intégrité des emblèmes de l'équipe.

Mike Foligno était l'un des membres de l'édition des Leafs qui avait raté les séries éliminatoires le printemps précédent. Il raconte :

« Après les parties, nous avions l'habitude de jeter nos chandails dans un chariot de buanderie – en fait, il s'agissait d'un caddy d'épicerie – au milieu du vestiaire. Pat voulait s'assurer que nous restions toujours conscients du fait que nous jouions dans une ville maniaque de hockey comme Toronto. Je me souviens de l'avoir entendu dire à quel point il était fier d'avoir le privilège de diriger l'une des six équipes originales et il voulait nous faire bien comprendre tout ce que cela signifiait. Chaque casier avait un cintre. Quand on enlevait notre chandail, on devait le mettre sur le cintre et le soigneur le prenait plus tard pour l'emporter à la buanderie. On n'est pas porté à penser que ce genre de petit détail peut faire une différence, mais justement si, ce sont ces petits choses qui font la différence entre une organisation et une autre. Quelque chose d'aussi anodin que cela – ne jamais jeter son chandail au sol, ne jamais laisser l'emblème du club toucher le sol – visait à ramener la fierté dans l'équipe. »

Le président et directeur général Cliff Fletcher avait commencé ce processus de réhabilitation des Leafs quand il avait conclu un méga-échange à la fin de la saison 1991-1992, ayant le meilleur sur son homologue de Calgary et ancien protégé Doug Risebrough. Cet échange impliquant pas moins de 10 joueurs demeure à ce jour le plus gros jamais intervenu dans l'histoire de la LNH. Toronto avait laissé partir un marqueur de 50 buts, Gary Leeman, et l'homme fort Craig Berube ainsi que trois autres joueurs. En retour, les Leafs obtenaient Doug Gilmour, le pilier de l'équipe pour plusieurs années à venir, en compagnie de Jamie Macoun, Rick Nattress, Kent Manderville et le gardien substitut Rick Wamsley. Puis, pour la première – et la seule – fois de sa longue carrière, Fletcher avait engagé un nouvel entraîneur… en un coup de téléphone !

Toronto était sans entraîneur depuis le 4 mai, quand Tom Watt avait été promu directeur au développement des joueurs. Fletcher était à la recherche d'un entraîneur qui inspirerait aux joueurs un respect immédiat et qui ferait évoluer le club avec lui.

« Je ne voulais pas rester à la maison à me tourner les pouces », dit Burns lors de la conférence de presse du 29 mai, expliquant pourquoi si peu de temps s'était écoulé entre son départ de Montréal et son arrivée dans la Ville Reine.

Peut-être n'était-il pas non plus resté indifférent à l'offre irrésistible que lui avait faite Fletcher : deux ans qui lui rapporteraient 750 000 $, l'équivalent de la somme qu'il lui restait à percevoir des Canadiens, plus deux autres années avec un salaire majoré, pour un grand total de 1,7 million de dollars. Cette entente faisait de Burns, le 22e entraîneur de l'histoire des Maple Leafs, l'un des membres les mieux payés de sa corporation. Il devenait aussi le deuxième homme seulement à diriger Montréal et Toronto après Dick Irvin. Mais Burns passait d'un club gagnant, fort d'un pourcentage de victoires de ,609 au cours des quatre dernières années – le meilleur enregistré dans la LNH durant cette période –, à une concession dont la fiche ne s'était pas élevée au-delà de barre de ,500 depuis la saison 1978-1979. Il avait une bonne grosse fournée de pain sur la planche...

Quand on lui demanda ce qu'il faudrait faire pour transformer cette équipe qui avait raté les séries trois fois lors des quatre dernières campagnes, Burns répondit :

« Les joueurs vont devoir apprendre ce qu'il leur manque pour gagner, et je serai là chaque soir pour le leur rappeler. »

Finalement, après une torpeur d'une quinzaine d'années et avec le décès de l'extravagant propriétaire Harold Ballard, on sentait dans l'air comme un vent de changement et une bonne dose d'optimisme. Quand un journaliste francophone, dans la salle de presse bondée, demanda à Burns : « Quelques mots en français ? », il rétorqua, feignant d'être exaspéré : « Je pensais que c'était fini ! » L'entraîneur âgé de 40 ans enfila un blouson des Leafs pour prendre la pose devant les photographes.

« C'est une drôle de sensation, mais j'aime cette sensation. »

La foule des médias locaux était excitée, et Burns ne l'était pas moins qu'elle.

« Venir dans une autre Mecque du hockey comme Toronto ne peut que faire de vous un meilleur entraîneur. Je veux avoir de nouveau du plaisir. Je veux que ça soit plaisant pour tout le monde, et rien n'est plus plaisant que de gagner. »

Il déclara qu'il avait cessé d'éprouver du plaisir à Montréal.

« Quand on gagnait, ils n'aimaient pas le style que nous jouions. Quand on gagnait, c'était parce que l'autre équipe n'était pas bonne. Si on perdait, c'était parce que nous n'avions pas de système. Si un compteur ne marquait pas un certain soir, c'était parce que je l'en empêchais. S'il marquait, je ne le faisais pas assez jouer. Il n'y avait pas moyen de trouver grâce aux yeux de qui que ce soit. »

Si on les comparait à celles des Montréalais, les attentes des amateurs torontois étaient modestes. Simplement retrouver le chemin des séries équivaudrait pour eux à toucher le gros lot. Burns admit tacitement que d'autres organisations lui avaient témoigné de l'intérêt, bien qu'il ne mentionnât pas l'ouverture manifestée par les Kings, se bornant à dire :

« Je n'étais pas intéressé par me rendre aux entraînements en sandales. Je veux aller travailler en ayant de bonnes vieilles bottes aux pieds. J'aimerais que nous puissions nous mettre au boulot dès demain. »

Il commit aussi un impair quand il avoua n'être pas familier de l'alignement des Maple Leafs :

« Je ne connais pas très bien les joueurs de l'équipe. Il y a Darryl Gilmour et j'ai toujours été un fan de Wendel Clark. »

Darryl Gilmour était un obscur gardien des ligues mineures, et bien malin qui saurait dire comment ce nom avait pu sortir de la bouche de Burns. L'autre Gilmour, le *bon*, se trouvait dans un fast-food avec sa fille Madison quand il apprit l'embauche de Burns et il en était resté bouche bée.

« Ma première réaction a été : "Ah ouais, d'accord, bon coup !" La surprise était de taille, car personne ne l'avait vu venir. »

Il taquina son nouvel entraîneur à propos de l'erreur par rapport à son prénom :

« Dites à George que ce n'est pas grave. »

Ils se rencontrèrent une première fois peu de temps après.

« Il m'a amené chez Filmores, un des plus vieux bars de danseuses de la ville, raconte Gilmour. Nous étions là depuis une demi-heure quand soudain tout le monde s'est mis à le féliciter et à lui demander des autographes. Alors, nous avons préféré aller dans un petit pub. Il m'a dit tout de suite : "Voici ce à quoi je m'attends : tu es un de nos meilleurs joueurs, et chaque jour à l'entraînement, tu dois travailler fort. Je vais te donner du temps de glace, mais assure-toi d'être toujours le meilleur joueur, à l'entraînement ou pendant les parties, et tout le monde va te suivre. Je viens de débarquer ici et toi aussi. Soutenons-nous et faisons ça ensemble." »

Burns eut aussi un entretien sérieux avec Wendel Clark, suggérant avec délicatesse au capitaine que d'améliorer sa condition physique pourrait lui permettre d'éviter l'infirmerie. Clark était indiscutablement le joueur le plus populaire en ville – Todd Gill et lui étaient ceux qui comptaient le plus d'années de service avec les Leafs, et les deux derniers survivants de la pire ère de l'histoire de l'équipe. Avec les 187 matchs que Clark avait passés à l'écart du jeu lors des cinq dernières saisons, sa position dans les plans de Burns n'était pas claire. Mais le nouvel entraîneur régla rapidement la question.

« Je crois en Wendel Clark. Je veux que Wendel soit un joueur de premier plan. »

L'arrivée de Burns, qui choisit de garder les adjoints Mike Murphy et Mike Kitchen en place, conféra instantanément aux Leafs un nouveau cachet. Burns était l'incarnation du tempérament irlandais et de la fierté gaélique, il était coloré et savoureux après des années de misère sous la férule d'entraîneurs insipides, il avait prouvé qu'il était un gagnant, même sans bague de la coupe Stanley au doigt. Depuis le premier passage de Punch Imlach à la barre des Leafs, dans les années 1960, la ville ne s'était pas enorgueilli d'un entraîneur avec autant de charisme.

« Je n'ai jamais au grand jamais raté les séries, dit-il. Et je n'ai pas l'intention de commencer maintenant. »

Le secteur des ventes ne dormit pas au gaz et s'empressa de hausser le prix des billets afin de concrétiser la belle promesse personnifiée par Burns. Quand la direction de l'équipe organisa une fête pour dévoiler le nouveau chandail du club pour l'année à venir – le logo original des Maple Leafs sur le bon vieux chandail rayé –, plus de 7 500 partisans se présentèrent et offrirent au nouveau venu un débordement d'affection : « On t'aime, Pat Burns ! » Emporté dans la vague d'optimiste ambiante, Burns tenta tout de même de tempérer les attentes :

« Ils ne forment pas une bonne équipe, c'est inutile de le cacher, et je ne suis pas le sauveur. Je viens ici pour travailler au côté de gens comme Cliff. Si nous accédons aux séries, c'est parce que nous aurons été assez bons pour les faire. Les gens me parlent de coupe Stanley et moi je leur dis : "Relaxez-vous un peu." Ils ne l'ont pas vue depuis un bout de temps. Je pense qu'ils veulent voir à l'œuvre un club de hockey qui travaille d'arrache-pied et je peux leur offrir ça à chaque partie. »

Fletcher y alla de l'observation suivante :

« Les équipes de Pat Burns sont connues pour leur effort constant à chaque changement de joueurs de chaque partie. Il n'acceptera rien de moins que le meilleur. »

Fletcher prédit avec assurance que les Leafs seraient des séries de fin de saison.

« Les équipes de Pat, à mon avis, ont toujours excellé. »

Quand Glenn Anderson, un électron libre reconnu, proclama que les Leafs feraient sans aucun doute les séries et qu'ils seraient même « assurément en lice cette année en tant qu'aspirants à la coupe Stanley », Burns demanda ce qu'on pourrait appeler un temps d'arrêt :

« Inutile de bloquer tout de suite la rue Yonge pour le défilé de la coupe... »

***

Le camp d'entraînement se mit en branle en septembre avec les espoirs flambant neufs que laisse toujours présager une nouvelle saison. Burns mit en garde ses joueurs : les entraînements seraient rigoureux et aucun laisser-aller ne serait toléré.

« J'ai été longtemps dans le monde du travail, avec ma petite boîte à lunch, et je ne vois rien d'anormal à vous demander un effort acharné. On va essayer toutes sortes de choses pour rendre les entraî-nements les plus intéressants possible, mais cela dit, oui, ils seront vraiment durs. »

Il choisit délibérément de ne pas visionner des vidéos montrant les Leafs en action lors de la campagne précédente, sous prétexte qu'il préférait ne pas voir des choses qu'il risquait de ne pas aimer du tout, cela avant même de commencer la saison.

Le vétéran le plus âgé de l'équipe était Mike Foligno, à 32 ans. Il était aussi le blagueur en chef de la bande, le guide spirituel de service et le GO de la formation. Autrefois, bien des années plus tôt, lors d'une partie présaison disputée à Kitchener, le jeu avait dû être interrompu en raison d'un problème d'éclairage. Afin de calmer les partisans impatients, Foligno se transforma en crooner et interpréta des chan-sons d'amour italiennes par le biais du système d'amplification de la salle. Mais il se présenta au camp le 13 octobre, au terme de mois et de mois d'une réhabilitation consciencieuse après que sa jambe eut été brisée en deux sous le genou juste avant le Noël précédent, et cela sans savoir si le membre serait en mesure de supporter les rigueurs d'une 14e saison dans la LNH.

« Pat m'a pris à part et m'a dit : "Mike, je veux que tu fasses partie de l'équipe. Tu as fait un travail colossal pour revenir parmi nous.

Prends le temps dont tu as besoin pour te remettre dans le coup et sache que je te veux dans mon équipe." Les paroles de Pat m'ont donné une énorme dose de confiance en moi. »

Plus de 70 joueurs étaient présents au camp, lors du Jour 1, pour une poignée de postes garantis.

« Je me souviens de la première réunion que nous avons eue, raconte Foligno. Parfois, cette première réunion est celle qui donne le ton de la relation à venir entre l'entraîneur et ses joueurs. Nous nous posions tous des questions sur ce que Pat pensait, sur ses attentes à notre sujet. Alors la réunion a eu lieu, les présentations ont été faites et à la fin il a mis tout le monde dehors sauf ceux qui avaient fait partie de l'équipe la saison précédente. Il nous a dit que nous aurions un poste si nous le voulions – que c'était libre à nous de le gagner, ou de le perdre. Il a dit qu'il y avait un tas de jeunes joueurs au camp, mais qu'il n'allait pas donner un poste à un jeunot juste pour le simple plaisir d'apporter un changement. Si nous nous présentions avec la bonne attitude, une bonne éthique de travail et un complet dévouement, si nous démontrions les qualités de meneur qu'il désirait voir, ainsi que les qualités de gentilhomme qu'il recherchait, il nous donnerait notre chance. Après la réunion, nous nous sommes tous dit que ce gars-là était authentique. Il voulait aller de l'avant avec une équipe de vétérans s'il le pouvait, parce que pour n'importe quel entraîneur, cela assure une transition plus douce. »

Dès le deuxième jour du camp, Burns péta un plomb. À un certain moment pendant la séance d'entraînement de la matinée, l'entraîneur décida qu'il en avait vu assez et, descendant en furie de son perchoir, haut dans les gradins, il ordonna une pause pour venir donner aux 22 joueurs sur la patinoire une de ses tonitruantes sorties dont il avait le secret, avant de regagner son siège. Burns n'avait pas apprécié le lent tempo qu'il venait d'observer.

« L'attitude semblait être "Finissons ça et allons pointer !" Je ne pouvais pas laisser passer ça. Je ne veux pas fouetter les joueurs, mais je le ferai si j'ai à le faire. »

Sylvain Lefebvre, qui avait signé avec les Leafs pendant l'été en qualité d'agent libre, riait dans sa barbe. C'était le Burns tout craché qu'il avait bien connu à Montréal et qu'il avait plutôt aimé.

« Si vous ne travaillez pas, ça le met hors de lui. Il aime que les entraînements se déroulent à un tempo rapide. Tu n'arrêtes jamais de patiner. Il ne va pas te tenir là deux heures de temps chaque jour, mais tu apprends à te présenter aux entraînements et à tout donner, et pas juste à faire acte de présence. »

Les vétérans des Leafs, ceux qui avaient subi les foudres bruyantes de John Brophy, un autre entraîneur avec la tête près du bonnet, n'étaient pas habitués à une telle cadence.

« Ils doivent s'enfoncer dans la tête que nous voulons nous améliorer chaque jour, expliqua Burns. Nous voulons être meilleurs aujourd'hui, meilleurs demain et meilleurs après-demain. »

« Et à part ça, aurait-il pu continuer sur le même ton résolu, comment est-ce que vous m'aimez jusqu'ici ? »

Comme toujours, les journalistes buvaient les paroles de Burns.

Quand Burns laça ses patins et rejoignit ses joueurs sur la patinoire, il les soumit à un barrage constant de cris tonitruants durant les exercices.

« Si vous ratez le filet, je vais vous (censuré) ! Il n'y aucune (censuré) excuse pour rater le (censuré) but ! »

Avant qu'ils ne soient la cible d'un barrage de tirs en rafales, il harangua les gardiens :

« Si vous (censuré), ça va vraiment aller mal ! »

Avis public à toute l'équipe :

« Si vous ratez une passe durant un entraînement cette saison, vous allez me faire cinq ou dix *push-ups* ! Si vous (censuré) cette saison, vos bras vont pendre jusqu'à terre ! »

« Plus fort ! », criait-il sans cesse. Comme à Montréal, Burns voyait rouge quand les joueurs ne venaient pas rapidement l'encercler au moment où il sifflait pour donner des directives. Le dernier homme à rejoindre les autres, s'il ne se précipitait pas, devait faire deux tours de patinoire à plein régime. Le pauvre Martin Prochazka, un ailier tchèque, ne comprenait pas l'anglais. Dernier arrivé dans le cercle, il dut se farcir deux tours de glace. Quand Burns récidiva – deux autres tours, et que ça saute ! –, Prochazka resta scotché sur place, regardant son entraîneur d'un air ahuri, ne comprenant pas pourquoi il s'acharnait ainsi sur lui. Finalement, un autre joueur osa prendre la parole pour signaler à Burns que le Tchèque ne parlait pas anglais.

« Oh », fit sobrement Burns.

Toronto présenta une fiche décente de 3-2-2 en matchs présaison – ce qui, évidemment, ne signifiait rien de particulier. Quand l'équipe se rendit à Collingwood, en Ontario, lieu de villégiature tout désigné pour resserrer les liens entre coéquipiers, Burns disserta autant sur la culture de la défaite qui s'était incrustée dans le club que sur son aversion pour la paresse.

« Les gars ont cru qu'ils pouvaient prendre des libertés avec l'éthique de travail, et même en prendre congé. Je leur ai dit que prendre ce genre de raccourci leur ferait peut-être sauver de l'énergie sur le coup, mais qu'ils finiraient par le payer au prix fort pendant les parties. Je parle de choses telles que : ne pas se replier rapidement dans sa zone et tricher durant les exercices en ne les faisant pas jusqu'à la fin. Si vous trichez à l'entraînement, vous tricherez aussi en situation de match et tout le monde en pâtira. »

À Toronto, à cette époque, les Leafs avaient perdu leur titre de favoris dans le cœur des amateurs de sports, les Blue Jays leur ayant succédé. Forts de leur quatre millions de spectateurs aux guichets, les Jays s'apprêtaient à remporter leur première Série mondiale. Dans la Ville Reine, on ne parlait que de baseball. Les Leafs changèrent judicieusement la date de leur match d'ouverture pour ne pas chevaucher un match de série des Jays.

Pour les Maple Leafs, la reconquête de la respectabilité commença le 6 octobre 1992.

« Je crois que ce sera excitant, prédit Burns. Notre principale préoccupation sera notre contribution offensive. Je pense que nous en saurons plus à ce sujet après une dizaine de parties. »

L'œil braqué sur la ligne d'horizon, il philosophait :

« Il y a des creux et des crêtes au fil de n'importe quelle saison. Mais si nous pouvons sortir forts en début de saison et engranger quelques victoires, nous survolerons les creux et nous n'aurons pas à nous ronger les ongles pour une place en séries à la toute fin de la saison. »

À l'occasion du match d'ouverture, une foule de petites choses avaient redonné au Gardens son air pimpant d'autrefois : une nouvelle couche de peinture, des bannières avec des slogans d'encouragements étaient partout tendues, de nouveaux uniformes pour les membres de la concession. Un spectacle au laser – aux accents des années 1980, mais très évolué par rapport aux standards torontois – proclama la mise en branle de la saison. Deux vedettes des Jays, Joe Carter et Roberto Alomar, assis dans la quatrième rangée des billets or, furent accueillis avec des cris encore plus enthousiastes que les hockeyeurs quand on présenta l'alignement partant aux spectateurs.

La préférence bien connue de Burns pour un hockey défensif à outrance et abrutissant avait provoqué quelques commentaires aigres à Toronto, et certains médias avaient prévenu les amateurs que les Leafs offriraient un piètre quotient de divertissement. Pour sa part, l'entraîneur disait espérer que les partisans préféreraient un hockey plus ou moins excitant à la défaite, parce que gagner n'est jamais ennuyant. Les Leafs n'étaient de toute façon pas équipés pour disputer du hockey offensif à l'emporte-pièce.

Pendant ce temps, à Montréal, Jacques Demers, le successeur de Burns, avait promis du « hockey créatif », une flèche vraisemblablement lancée à son confrère torontois. Ce reproche fit se hérisser la moustache de Burns, et l'amertume qu'il nourrit à l'égard de Demers ne s'estomperait jamais tout à fait – même quand, des années et des années plus tard, le sénateur Demers se battit sans relâche pour que Burns fût admis au Temple de la renommée du hockey de son vivant.

Cette première partie de la saison 1992-1993 ne constitua toutefois pas un bijou défensif et ne fut assurément pas ennuyeuse. Face aux Capitals de Washington, une équipe qui les avait devancés par 31 points la saison précédente, les Leafs montrèrent du cran, nivelant le pointage par deux fois avant de finalement s'incliner 6-5. Déjà, ils faisaient la preuve de leur détermination et de leur vivacité et pouvaient, par-dessus le marché, offrir du hockey excitant. Les partisans étaient ravis, mais l'entraîneur ne partageait pas leur engouement :

« Nous ne sommes pas le genre de club qui peut se permettre une épreuve de force avec une équipe qui nous est supérieure. Nous ne disposons pas de la force de frappe nécessaire. Si nous obtenons cinq buts, nous devrions gagner. »

En guise de mesure de redressement, un Burns irrité soumit l'équipe à l'impitoyable routine dite du « hamburger » dans les jours qui suivirent pour préparer un séjour dans l'Ouest canadien. Le 10 octobre, au Saddledome, il envoya devant le filet un gardien recrue de 21 ans, Félix Potvin, au lieu de son as vétéran Grant Fuhr. Potvin, nerveux, concéda d'entrée de jeu trois buts. Après la première période, dans le vestiaire, Burns offrit à ses hommes un sermon en règle, furieux de les avoir vus se laisser ridiculiser par les Flames.

« Nos gars jouaient avec la tête tellement haute qu'ils ne voyaient pas les Flames surgir de partout à la fois. Je ne peux pas rester assis et regarder ça. Ça me met l'estomac sens dessus dessous. J'ai un peu donné de la voix. Disons que tout le monde écoutait. »

À partir de là, les Leafs vendirent chèrement leur peau, et leur farouche résistance leur permit de perdre honorablement 3-2.

« Il va y avoir des sanctions et elles vont être appliquées, tonna Burns devant les journalistes. Je ne veux plus être humilié comme ça en première période. Certains des gars ne se défoncent pas et je commence à mettre des noms sur leurs visages. Je vous garantis que nous aurons un alignement qui sera compétitif chaque soir. »

Burns tint parole et au match suivant, à Edmonton, il avait remanié son alignement, y insérant cinq nouveaux visages. De nouveau, Toronto se mit dans le pétrin, en arrière 3-0, mais cette fois, ils se retroussèrent les manches et arrachèrent une nulle de 3-3.

Les remontrances entre deux périodes devinrent vite un rituel. Burns éclata une fois de plus quand les Leafs se traînèrent les pieds face à Tampa Bay, et sa sortie provoqua un ralliement en troisième période, ses hommes y allant de trois buts pour décrocher leur première victoire de la saison, 5-3. Burns demeurait néanmoins perplexe quand ses directives n'étaient toujours pas saisies.

« Je ne comprends juste pas… Ça n'a rien à voir avec des systèmes de jeu. Tout doit venir du cœur et de la tête. »

Il offrit à un journaliste sa vision du coaching terre à terre tel qu'il l'entendait :

« Ce n'est pas aussi glamour que les gens le pensent. Quand l'équipe gagne, les joueurs ont tout le crédit. Mais quand l'équipe perd, c'est l'entraîneur qui trinque. Combien de fois avez-vous vu quelqu'un portant un chandail de hockey avec le nom d'un entraîneur cousu dans le dos ? »

Toronto battit ses rivaux de la division Norris, les Blackhawks, et cela améliora un peu son humeur. Mais un dérapage de 5-1 contre Minnesota lui fit frôler la crise d'apoplexie. L'avantage numérique des Leafs était si pitoyable que Burns, pris au dépourvu, fit même jouer Gilmour à la pointe.

« J'étais prêt à sauter sur la patinoire pour leur faire goûter à mon fameux lancer frappé », grinça-t-il, sarcastique.

Le lendemain matin, il essaya d'évacuer un peu de pression en joggant jusqu'au Gardens. Il vivait près de Harbourfront dans un spacieux condo avec son amie de cœur Tina Sheldon. Ils s'étaient rencontrés à Montréal quand Burns avait été recruté comme porte-parole pour une ligne de repas-minceur préemballés. Il avait détesté les petits plats en question – ils l'avaient rendu atrocement malade –, mais il avait beaucoup apprécié la dame qui l'avait recruté pour l'occasion. Tina était une très belle femme aux yeux bleus et à la chevelure noire ; elle était aussi mariée. Elle laissa son mari et son emploi pour suivre Burns à Toronto, où le couple avait joyeusement emménagé ensemble.

« Elle était prête à tout pour lui », dit l'homme qui les avait présentés l'une à l'autre.

Et Burns était on ne peut plus ouvert à l'idée.

————

Le 26 octobre, de manière assez étonnante, Toronto avait gagné cinq de ses six derniers matchs, mais la plupart des amateurs de sports n'en avaient que pour le baseball. La conjoncture ne déplaisait pas à Burns, même si parfois la foule du Gardens réservait des ovations impromptues aux Jays quand on mettait à jour le pointage de leur match au tableau d'affichage.

Personne n'attendait plus la venue de Patrick John Joseph Burns, né sept ans après sa sœur Diane, qui était jusque-là la cadette de la famille. De gauche à droite : debout, Lilian, Sonny (Alfred Jr) et Violet ; assis, Alfred Sr et Louise, avec le petit Pat sur ses genoux ; au premier plan, Phyllis et Diane.

Photo : archives personnelles de Diane Burns

Le 8 juin 1988, Pat Burns réalise son plus grand rêve en devenant le 18ᵉ entraîneur-chef des Canadiens. À la horde de journalistes présents, il affirme qu'il vient à Montréal « en entraîneur, pas en policier ».

Photo : © Club de hockey Canadien

Cette simple photo d'une portion du banc des Canadiens de l'époque nous permet de comprendre dans quel contexte bien particulier débarque à Montréal l'entraîneur recrue. De gauche à droite, on reconnaît Mats Naslund, Bobby Smith, Guy Carbonneau, Bob Gainey, Ryan Walter, Brian Skrudland, Claude Lemieux et, derrière le banc, un entraîneur tendu... On note aussi que le président des Canadiens alors en fonction, Ronald Corey (au-dessus de Bobby Smith), était aux premières loges pour entendre les commentaires émis par Burns dans le feu de l'action.

Photo : © Club de hockey Canadien

Derrière le banc, Burns impose rapidement un style qu'il a amplement eu l'occasion d'étoffer dans la LHJMQ et dans la LAH. Tantôt narquois et frondeur, tantôt colérique et revendicateur, il ne cesse jamais un seul instant de se démener pour la cause de son équipe.

Photo: © Club de hockey Canadien

C'est entre autres à l'occasion des entraînements que Burns témoigne de son intensité et de son dévouement pour l'équipe qu'il dirige. Il n'admet ni la paresse ni l'inconstance; il n'accepte des joueurs que le meilleur d'eux-mêmes, jour après jour, qu'il s'agisse d'un match ou d'un simple exercice. Cette attitude, qui le sert bien à court terme, finira par lui coûter ses trois premiers postes dans la LNH.

Photo: © Club de hockey Canadien

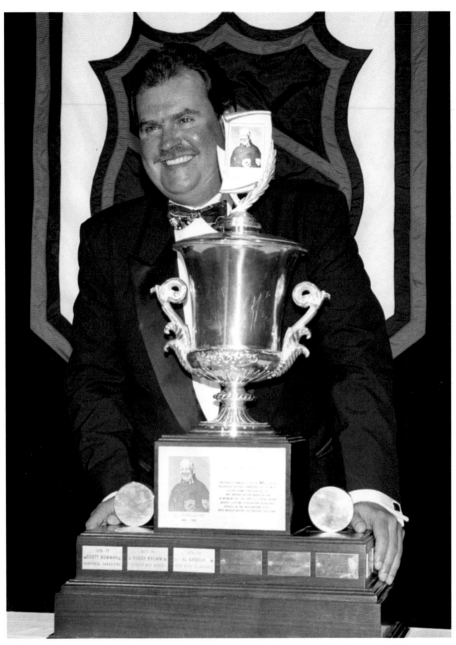

Le 17 juin 1993, Burns reçoit son deuxième trophée Jack Adams remis au meilleur entraîneur de la LNH, un honneur qu'il dédie à ses joueurs des Maple Leafs de Toronto, sans doute la formation qu'il a aimé diriger plus qu'aucune autre.

Photo : Frank Gunn, La Presse Canadienne

Un moment unique, saisi le 15 janvier 2007 à Québec, lors d'une conférence de presse pour le match des jeunes espoirs canadiens qui sera disputé le surlendemain. Les entraîneurs honorifiques de la partie sont quatre des plus grands entraîneurs québécois à avoir œuvré dans la LNH : Pat Burns, Michel Bergeron, Jacques Demers et Scotty Bowman.

Photo : Jacques Boissinot, La Presse Canadienne

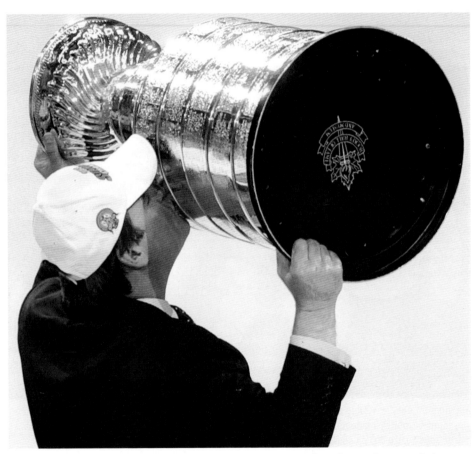

Le 9 juin 2003, sur la patinoire des Devils du New Jersey, Pat Burns brandit et embrasse enfin le trophée qu'il convoite depuis tant d'années : la coupe Stanley. S'il avait remporté des succès immédiats derrière le banc de chacune des équipes qu'il a prises sous son aile, aucune ne l'avait encore mené à ce jour aux plus grands honneurs.

Photo : Bill Kostroun, La Presse Canadienne

« C'est dur pour les joueurs de rester concentrés avec tous ces cris dédiés aux Blue Jays. Nous sommes à égalité pour le premier rang de notre division et sans doute personne n'est au courant. Eh, j'aimerais bien amener mes joueurs dans le vestiaire des Blue Jays pour que ces gars-là leur portent bonheur ! »

Bientôt, arriva le premier test sérieux de cette jeune saison pour les Leafs : deux matchs aller-retour contre les Red Wings. Comme équipe visiteuse, ils furent d'abord massacrés 7-1.

« Je me demande vraiment si nous avons ce qu'il faut pour rivaliser avec les meilleures équipes de cette ligue, philosopha Burns à voix haute. Si ça se reproduit à la maison, nous saurons que nous devons oublier l'idée de gagner contre les gros clubs. Ce match a vraiment été horrible. »

Il invoqua le bon vieux principe du *KISS: Keep it simple, stupid*. Ses hommes l'écoutèrent religieusement et rebondirent avec un gain de 3-1, puis envoyèrent un autre message en culbutant les puissants Penguins 4-1 au Gardens.

« Cette partie a probablement ouvert les yeux de beaucoup de gens sur le fait que le Gardens est notre territoire et que nous y imposons notre loi. »

L'entraîneur distillait la matière de son célèbre cours « Introduction à la philosophie de Burns 101 » : pas de trop longues présences sur la patinoire ; si vous perdez la rondelle, mettez-vous en position pour la récupérer ; passes courtes et précises ; en cas de surnombre, dégagez la rondelle dans la zone médiane ou en zone adverse ; ne perdez jamais la rondelle en zone neutre. Il avait gardé la malheureuse habitude de choisir dans son équipe quelques têtes de Turc, les *whipping boys* (littéralement, « garçons bons à fouetter ») comme Gilmour appelait ceux qui étaient les cibles les plus fréquentes de l'entraîneur, le jeune Rob Pearson en tête. Mais Burns n'avait aucune gêne à visser Gilmour lui-même au banc pour une période entière si l'effort ne lui semblait pas être au rendez-vous.

On en était encore au début de la saison, mais aussi improbable que ça pût l'être, Toronto partageait la première place de sa division avec les North Stars et occupait la quatrième place du classement général. Potvin se voulait une composante cruciale de ce retour en force, le gardien numéro un d'un nouveau règne – non pas futur, mais présent.

Louise Burns était dans les gradins quand Toronto vainquit les Sénateurs 3-1, mais son fils n'était toujours pas dans de meilleures dispositions, car elle put l'entendre passer un savon à ses joueurs sur le banc.

« J'étais furieux parce que Félix faisait des miracles pour nous en première période et nous, nous restions là à le regarder faire. »

À la mi-novembre, les Leafs n'étaient pas seulement au sommet de leur division, ils possédaient aussi la plus belle fiche défensive de la ligue. Mais dès qu'un journaliste voulait étiqueter son équipe de « défensive », Burns prenait la mouche.

« Ne venez pas me parler de hockey défensif, ne venez pas me dire que je suis un entraîneur défensif. J'appelle plutôt ça du travail acharné. Le message commence à passer. Nous essayons de faire les séries et il n'y aura pas de touristes dans cette équipe. Il n'y a pas de système, pas d'ABC. Il y a seulement des joueurs qui comprennent le rôle qu'ils ont à jouer. »

Il reconnaissait être lui-même surpris par l'excellent départ des Leafs, mais s'en trouvait fort heureux parce qu'il prévoyait que la lutte serait âpre jusqu'à la toute fin de la saison.

Sans le moindre répit, il s'employait à insuffler aux joueurs de sa formation la fierté de leur uniforme et ne levait jamais le pied. Mike Foligno peut en témoigner :

« Passion est un mot que Pat utilisait d'un bout à l'autre de la saison. Notre équipe comportait son lot de joueurs passionnés, nous avions un tas de leaders qui avaient été capitaines dans d'autres équipes. Et nous suivions tous notre plus grand leader, Pat lui-même. Nous croyions en ce qu'il disait : nous voulions jouer selon sa manière. Quand il nous voyait nous engager dans le jeu avec autant d'émotion, il devenait lui aussi très émotif. »

Burns n'était jamais à court de superlatifs pour décrire le jeu de Gilmour. Il était le fan numéro un de « Killer » et le prouvait dès qu'il en avait l'occasion. Après une partie contre les Kings de Los Angeles au cours de laquelle Gilmour avait brisé l'avant-bras de Tomas Sandstrom en le cinglant à deux mains avec son bâton, le président de la LNH, Gil Stein, lui décerna une étrange suspension : huit jours sans salaire (28 984 $), plus une amende (500 $), sans avoir le droit de voyager ni de s'entraîner avec l'équipe. Burns était furieux et se porta vite à la défense de Gilmour :

« Les Kings sont toujours en train de pleurnicher pour tout et pour rien. Ils ont bousculé notre gardien deux fois. Mais si quelqu'un est blessé, il doit y avoir suspension. Vous ne pouvez pas toucher à un joueur de Los Angeles ou de Pittsburgh sans être suspendu. Les gens ont condamné Gilmour trop vite. Qui sait si le bras de Sandstrom a été fracturé sur ce jeu-là ? J'ai regardé la vidéo et je n'ai rien vu. Pourquoi tout le monde veut-il pendre Doug Gilmour jusqu'à ce que mort s'ensuive ? On joue au hockey. Les gars se font tout le temps frapper. »

Un chroniqueur du *San Diego Union – Tribune* couronna Burns « Bozo de l'année en Amérique du Nord » pour sa tirade aux accents mélodramatiques.

Pour Gilmour, ce fut l'un des épisodes les plus bizarres de sa carrière. Il n'était pas autorisé à s'entraîner avec l'équipe, mais il pouvait participer aux matchs de son équipe disputés à domicile.

« Après deux jours, Burns m'a demandé : "Qu'est-ce que tu fais pour garder la forme ?" Je lui ai répondu la vérité : rien. »

Alors, Burns s'est arrangé pour que Gilmour puisse s'entraîner avec la meilleure équipe de l'Université de Toronto.

« Les gars étaient au milieu de leur période d'examens, se rappelle Gilmour. Leur saison était presque terminée mais ils continuaient à s'entraîner. Alors, j'ai débarqué là-bas et les gars m'ont regardé avec l'air de se dire : "Tu veux rire ? Est-ce que ça veut dire qu'on doit patiner plus vite ?" Après cette première journée ensemble, je les ai emmenés au Loose Moose pour manger quelques ailes de poulet et descendre quelques bières. Le lendemain, nous étions censés avoir un exercice à deux heures de l'après-midi et j'avais encore la gueule de bois. Je me suis rendu là-bas, j'ai remballé mon équipement et je suis parti. J'ai dit à Burnsie : "Pas question que je repatine avec ces gars-là." »

Le 1er décembre, Toronto encaissa une râclée de 8-5 aux mains des Devils. Burns ne mâcha pas ses mots et ne recula pas devant les images les plus évocatrices :

«C'est la pire partie que j'aie jamais vue de toute ma vie derrière un banc. Nous ne pouvons gagner que d'une seule manière et c'est en jouant un hockey de base, avec une discipline de tous les instants. Mais nos gars veulent absolument faire dans la dentelle. Manifestement, ils suivent les directives d'une autre personne que leur entraîneur.»

En guise de punition, il convia son équipe dans la salle de conférence de l'hôtel Drake, à Chicago, la halte suivante sur leur route, et les força à contempler une longue vidéo de leurs plus récents exploits.

«Au lieu de magasiner et de manger, nous allons regarder le film de notre match. Hé, je suis resté debout jusqu'à une heure et demie du matin pour voir cette (censuré) vidéo. C'est comme un chien qui chie sur ton tapis. Si tu veux qu'il arrête, tu dois lui mettre le nez dedans. Oui, tu dois leur mettre le nez dedans, parfois.»

Soudainement, l'équipe s'était mise à éprouver des difficultés, traversant une séquence de 2-7-2, la plus longue disette que Burns eût jamais traversée dans la LNH. Fletcher se mit à chercher, et finit par réclamer aux Islanders l'ailier Bill Berg, dont le nom avait été soumis au ballotage. Ce fut à cette occasion que Burns y alla d'un savoureux et délicat mot d'esprit:

«Ne me demandez pas qui est ce gars. Je ne le reconnaîtrais pas si je passais dessus avec mon camion.»

Une grosse victoire sur Detroit – avec une contribution de cinq buts d'une unité spéciale que Burns avait malicieusement rebaptisée la *Powder Play* – redonna vie à l'équipe et sembla stopper la glissade et renverser la vapeur. Hélas, ce n'était qu'une illusion. Quand les Leafs perdirent trois avances et finalement la partie, 5-4, contre Buffalo, le 20 décembre, pour une 9e défaite en 13 matchs, Burns sortit la matraque. Empruntant une page au manuel de bord de Mike Keenan, il choisit de donner sa conférence de presse au beau milieu du vestiaire de l'équipe visiteuse:

«Je donne ce point de presse dans le vestiaire de manière à ce que tous mes joueurs puissent m'entendre. Depuis trop longtemps, c'est la queue qui secoue le chien dans les environs et il faut que ça change.»

La stratégie avait le parfum des mises en scène longuement mûries et minutieusement orchestrées, arrêtées pour mettre un maximum de pression sur des joueurs qui ne livraient pas la marchandise. Il y avait déjà un mois entier que les Leafs n'avaient pas gagné un match à l'étranger. Burns pesta, il sacra, il rua, proférant que la seule chose qui le retenait d'échanger quelques-uns d'entre eux était une règle de la LNH qui suspendait toute transaction durant la période des Fêtes. Les joueurs allaient et venaient honteusement dans le vestiaire.

«Je m'en souviens, raconte Todd Gill. Ce que disait Pat était la vérité… et personne ne veut entendre la vérité quand les choses vont mal. Mais tu te lèves et tu écoutes. Vous pouvez aller aussi loin que vous le voulez, et c'est en vous épaulant les uns les autres ; je pense que Pat l'a appris aux 23 joueurs de cette équipe. Et nous avons commencé à nous épauler.

«Une chose que j'aimais bien de Pat Burns, c'était qu'il vous donnait toujours deux ou trois présences et si vous ne lui donniez pas un effort qui lui semblait acceptable, il vous gardait au banc pour la période. Et à la période suivante, vous aviez une autre chance. Il vous donnait toujours une deuxième chance. Il n'y avait pas de troisième chance, mais vous en aviez toujours une seconde. »

Burns fit aussi cadeau à Gill d'un petit conseil qui lui fut très utile.

«Quand un soir, je ne l'avais pas et que Pat se mettait sur mon cas, j'allais dans le vestiaire entre la première et la deuxième période, j'enlevais tout mon équipement et je sautais dans la douche. Après, je me rhabillais et je me disais OK, je repars à zéro. Il m'a dit d'essayer ça. Je l'ai fait et j'ai eu l'impression que les choses allaient mieux quand j'arrivais à me convaincre que je repartais à zéro. »

Gilmour ne perçut pas le coup de gueule de Burns à Buffalo comme une stratégie visant à effrayer les joueurs. Wendel Clark, le sujet de tout un tas de rumeurs, haussa les épaules et déclara qu'il n'avait pas entendu un traître mot de ce qu'avait dit Burns. Fidèle à son attitude impassible qu'il affichait toujours hors glace, Clark resta sur son quant-à-soi :

«Aucun joueur n'a jamais abandonné depuis que je joue ici. Et aucun joueur n'abandonnera. »

Burns fut convié le lendemain à une rencontre avec Fletcher. Quand il réapparut devant les médias, il fut plus réservé dans ses propos, et même un peu repentant pour son éruption de la veille, l'estimant d'une force de 8,5 à l'échelle Burns-Richter.

« Les joueurs de hockey sont parfois comme vos enfants. Vous n'aimez pas que quiconque les critique à part vous-même. Je ne veux pas que les gens pensent que je crie toujours contre mes joueurs parce que ce n'est pas le cas. Je complimente mes joueurs quand ils le méritent, et je les réprimande quand je dois les réprimander. Je n'aime pas perdre et je veux que mes joueurs cultivent la haine de perdre, et non qu'ils soient satisfaits de ce qui est arrivé à Buffalo. Tout ce que je veux, c'est faire des Leafs une équipe respectable. »

Sur un ton plus badin, Burns se permit une métaphore chevaline, en référence à l'écurie de joueurs qui appartenait au nouveau propriétaire de l'équipe, Steve Stavro, aussi possesseur de la fructueuse écurie Knob Hill.

« Je partage la vision de M. Stavro, qui dirige les Leafs comme s'il s'agissait d'une écurie, et il a raison. Ces gars-là sont des pur-sang. Vous devez les fouetter. »

Puis, en s'esclaffant, il ajouta :

« Mais si quelqu'un se casse une jambe, nous promettons de ne pas l'abattre. »

Une fois que la trêve relative aux échanges fut finie, les Leafs tentèrent de refiler Wendel Clark à Edmonton, mais les Oilers reculèrent à la dernière minute. Quand les journalistes furent mis au parfum de la transaction avortée, le capitaine – cinq buts comptés depuis le début de la saison – se retrouva dans une position intenable. Et Burns, avec ses commentaires, parut ajouter de l'huile sur le feu :

« J'adore Wendel Clark, mais en attendons-nous trop de lui ? C'est un grand joueur d'équipe et un bon joueur de position. Son rôle est de s'impliquer dans le jeu et de nous donner un bon coup de main de temps à autre. Peut-être misons-nous sur le mauvais gars autour de qui nous rallier ? »

Burns tentait-il d'ébranler son capitaine ? Clark a sa façon bien à lui d'interpréter les propos de son entraîneur :

« Pat ne faisait que chercher à piquer ma fierté, il était très bon là-dedans. Je pense parfois que Pat se servait de moi pour passer des messages à tous les autres joueurs. Je ronchonnais, mais il savait que je pouvais encaisser tout ce qu'il disait. J'avais le C sur mon chandail et il attendait davantage de moi. »

Après la partie suivante, une nulle de 4-4 contre Detroit où les siens avaient gaspillé une autre avance, les hauts cris de Burns firent place à des commentaires conciliants :

« Je ne crois pas que nous ayons joué si mal que ça, tout compte fait. Nous sommes à Detroit, vous savez… »

Peut-être que le départ canon du club n'était pas un reflet réel du rendement de son équipe ? Le plongeon des Leafs, retombés au septième rang de la ligue, renvoya Burns au tableau noir. Il rappela aux joueurs ce qui avait fonctionné lors des six premières semaines. Ils couraient constamment après des buts plutôt que d'être vigilants défensivement et de les prévenir. Ils ne disposaient pas de marqueurs assez talentueux pour jouer comme une puissance offensive et cela se retournait contre eux.

« Je prends une partie du blâme », reconnut-il.

L'équipe devait revenir à son jeu défensif de base, suivre chaque adversaire comme son ombre et ne pas se soucier du spectacle qui en résulterait pour les amateurs.

———

Au tournant de 1993, un soir où les fumeurs devaient pour la première fois en griller une hors du Maple Leaf Gardens, Toronto disputa contre Saint Louis un match nul (4-4) qui ne passerait pas à l'histoire pour son intensité. Mais tout le monde n'en avait que pour une seule chose : le retour imminent de Burns au Forum. Ses vieilles connaissances des médias montréalais s'étaient déplacées jusqu'à Toronto pour préparer en vitesse des papiers sur ces retrouvailles attendues. Toute cette agitation rendait Burns perplexe.

« Vous, les journalistes de Montréal, vous faisiez la roue quand j'ai été congédié. »

Le retour de l'enfant prodigue éclipsa même la nomination de Céline Dion pour un prix Grammy en première page du *Journal de Montréal*. Les journaliste firent de leur mieux pour mettre en scène une querelle entre Burns et Jacques Demers, en faisant ressortir les similitudes et les différences entre leurs styles. Demers avait fait jaser – et même rire – dans certaines chaumières pour sa routine d'après-match qui consistait à accueillir chacun de ses joueurs en lui serrant la main quand il revenait au banc. Burns, lui, toujours en train de broyer du noir derrière le banc, s'empressait de tourner les talons et de disparaître aussitôt la partie terminée, gagnée ou perdue.

Avant la partie, Burns, très digne, traversa lentement la patinoire jusqu'au banc des visiteurs. Le match promettait d'être émotif, entouré d'une extrême tension, un match que Burns désirait désespérément gagner. Dès le moment où il était monté à bord de l'avion, ses joueurs avaient pris conscience de l'enjeu en voyant leur entraîneur faire les cent pas dans l'allée de l'appareil. Quand Burns avait débarqué du taxi qui l'avait mené au Forum, il avait aussitôt été assailli par un bataillon de caméras de télé. Aux médias, il avait essayé de faire croire qu'il s'agissait seulement d'un match de milieu de saison, ni plus ni moins important qu'un autre, mais il mentait comme un arracheur de dents et personne ne crut un mot de son boniment.

Son équipe entreprit le match de manière déterminée, se façonnant une avance de 4-0, Gilmour enfilant une paire de buts. Puis ils vinrent bien près de s'effondrer, mais réussirent à se sauver avec un gain de 5-4, Mark Osborne marquant tard en troisième. Au son de la sirène, Burns leva les bras en signe de triomphe et, allant à l'encontre de son habitude, accueillit au banc chacun de ses joueurs avec une claque dans le dos alors qu'ils prenaient le chemin du vestiaire.

« C'était le genre de partie avant laquelle Pat ne nous disait rien, dit Gilmour. Mais vous pouviez voir à quel point il était anxieux. Je ne pense pas l'avoir jamais revu aussi ému. C'était très important pour nous de gagner pour Pat et nous l'avons fait. Ce fut comme s'il avait un piano à queue en moins sur le dos. Ce match signifiait tellement pour lui et quand il a brandi le poing à la fin... wow! Certains gars qui n'avaient jamais été échangés ne pouvaient comprendre toute la signification qu'avait ce match pour lui, mais c'était comme si Pat était revenu après avoir été échangé. Ce fut toute une expérience, pour lui comme pour nous. »

Après coup, Burns reconnut qu'il avait encerclé la date de ce match sur son calendrier.

« J'y ai beaucoup pensé pendant tout l'été... »

L'équipe jouait pour ,500 pour la première fois depuis le 1ᵉʳ décembre. Plus tard en janvier, quand ce fut au tour des Canadiens de rendre visite aux Leafs, Potvin les blanchit 4-0 pour son premier coup de pinceau en carrière. Il avait résolument supplanté Fuhr, au rancart avec une blessure, et il était désormais l'homme de la situation entre les deux poteaux, cela en grande partie à cause de la foi que Burns avait placée en lui.

« Il va garder le filet aussi longtemps qu'il va persister à jouer ainsi. Il doit comprendre qu'il devra continuer à faire aussi bien, même quand Grant sera de retour. »

Quelque chose de spécial était en train de se produire avec ce club, alors qu'il commençait à aligner de petites séquences victorieuses, reprenant sa route vers les hauteurs du classement. Burns n'avait qu'une seule plainte à formuler, et c'était contre la foule du Gardens, beaucoup trop tranquille à son goût. Quand la bière pu être vendue pour la toute première fois dans les concessions alimentaires du Gardens, le 30 janvier 1993, Burns se fit narquois :

« Peut-être que quelques spectateurs vont se dégêner et se mettre dorénavant à applaudir… »

En voyage, l'équipe des entraîneurs remarqua que les joueurs se tenaient davantage ensemble plutôt que de se morceler en plusieurs cliques. On ne voyait plus de joueur manger seul. Ils devenaient un véritable groupe. Alors qu'ils s'employaient surtout à consolider leur place en séries, les Leafs se rendirent bientôt compte qu'ils n'étaient plus qu'à cinq points derrière Detroit, en deuxième position de la division Norris.

« Tout le monde acceptait son rôle, raconte Gilmour. Pat continuait à nous enguirlander après une mauvaise partie, mais quelquefois, nous comprenions que c'était pour la forme. Il devait maintenir ce genre d'attitude. Nous, nous jouions le jeu, nous restions assis, tête basse. Il ne criait jamais après moi, il se contentait de me jeter son fameux regard – plissant ses yeux comme doivent le faire les policiers – et je comprenais. Le lendemain, je me pointais dans le vestiaire en tremblant. C'était un mastodonte, n'est-ce pas, et il pouvait se faire très intimidant dans le vestiaire. En fait, il nous terrorisait littéralement.

« C'était étrange… Si nous étions sur une lancée victorieuse, il nous faisait nous entraîner plus dur. Si nous en perdions une ou deux, il nous donnait plus de temps libre. Je ne sais pas vraiment où il a appris à gérer les gens, sans doute dans son ancienne vie de policier.

« Le sentiment qui se développait dans l'équipe était quelque chose d'unique, que je n'avais jamais expérimenté ailleurs auparavant. Nous ne possédions pas les meilleurs joueurs de ligue, mais nous comptions de bons joueurs. Il voulait que nous sortions ensemble, en équipe, pour aller prendre une bière, pour faire des activités de groupe. Sa famille, c'étaient les joueurs dans le vestiaire et leur famille. Quand je repense à toutes les équipes dont j'ai fait partie, je vois plein de gars qui avaient leur propre agenda, qui faisaient leur petite affaire de leur côté. Cette équipe-là était différente. »

Un jour, les gars tinrent leur réunion d'équipe au P.M. Toronto, un bar situé de l'autre côté du Gardens. Tout le monde est resté après pour descendre d'autres bières, les entraîneurs et les soigneurs inclus.

« Croyez-moi, vous ne voyez jamais ça dans la LNH, dit Gilmour. Jamais ! »

Les crises occasionnelles de Burns – rarement nécessaires, désormais – n'avaient plus le même impact effrayant.

« Nous savions qu'il nous aimait… Et nous l'adorions. »

L'humeur était à la fête, avec tous les épisodes désopilants qu'entraîne une saine pratique des farces et attrapes classiques. Gilmour ne comptait plus les fois où il découvrit dans son casier ses chaussettes aux talons découpés par le machiavélique Burns. Presque chaque jour, il s'ingéniait à percer de minuscules trous dans les verres en carton du vestiaire. Lors d'une occasion mémorable, alors que l'équipe jouait au Minnesota, des joueurs firent tenir en équilibre des verres d'eau sur le rebord de la porte et attendirent impatiemment de connaître l'identité de leur victime. Au lieu d'un coéquipier, ce fut Burns qui poussa la porte.

« Il portait son veston, sa permanente était parfaite, et splash, quatre verres d'eau lui sont tombés sur la tête, raconte Gilmour. Todd Gill est tombé en bas de son banc tellement il riait. Et Burnsie a seulement dit : "Je vous revaudrai ça, les gars." »

Une autre fois, quand Burns se présenta à une séance d'entraînement avec une heure de retard, les joueurs le firent comparaître devant un tribunal improvisé et lui imposèrent une amende. Pendant un autre voyage, Burns glissa des petites culottes féminines dans une valise appartenant à l'assistant du directeur général Bill Watters. Et ainsi que le diabolique Burns l'avait escompté, l'épouse de Watters les découvrit...

À la 50ᵉ partie de la saison, Burns rencontra individuellement tous ses joueurs. L'exercice n'était même pas nécessaire : tous étaient motivés au plus haut point. Burns lui-même dut admettre qu'il n'avait pas grand-chose à redire. Fletcher se départit de sa plus grosse police d'assurance et envoya Fuhr à Buffalo en retour de Dave Andreychuk et du gardien substitut Daren Puppa. Andreychuk représentait ce que Burns avait tant désiré et demandé : un compteur naturel.

« Je ne cessais de répéter à Cliff : "J'ai besoin de quelqu'un qui puisse jouer avec Gilmour." Il ne cessait de me répéter : "Sois patient." Eh bien, maintenant, je l'avais, le gars qu'il nous fallait. »

Le seul caillou dans le soulier de Burns demeurait le statut de Wendel Clark. Le capitaine avait soulevé l'ire de Burns en prenant des vacances aux îles Turks-et-Caïcos pendant le congé du Match des étoiles alors qu'il soignait un muscle étiré aux côtes. Burns s'était demandé à voix haute pourquoi Clark était trop blessé pour jouer, mais pas assez pour folâtrer sur une plage. L'entraîneur était irrité à l'idée d'être confronté à une autre absence prolongée de Clark, insinuant que celui-ci n'était pas très pressé de revenir au jeu.

« Je ne simule pas, insista Clark. Vous pouvez dire sur moi tout ce que vous voulez, mais ne dites jamais que je suis un simulateur. Vous pouvez dire que je suis un joueur salaud et que je ne compte plus de buts. Mais ne me dites pas que ça vient d'un manque d'efforts. »

Certaines rumeurs allaient jusqu'à rapporter que Clark pourrait perdre son C. Mais Burns revint sur ses propos et affirma que son capitaine n'était pas tombé en disgrâce.

« Wendel était le capitaine avant mon arrivée et il va le rester. »

À son retour au jeu après 13 parties à l'écart, Clark joua comme si sa vie en dépendait et compta un but typique, bien à sa manière, contre Boston.

« Je ne jouais pas pour me justifier. J'ai été assez souvent blessé pour savoir quand revenir au jeu ou pas. »

Burns ne trouvait pas assez de mots pour louanger les exploits de son capitaine.

«Il a déboulé sur la patinoire en chargeant comme un taureau et il s'est démené pendant tout le match. C'était merveilleux de le revoir en uniforme.»

Bientôt, dans une victoire de 8-1 contre les Canucks, Gilmour établit un record d'équipe pour le plus grand nombre de passes en saison régulière, surpassant la marque enregistrée par Darryl Sittler 16 ans auparavant.

«J'étais si fier de cette équipe à Vancouver, j'aurais pu en pleurer, dit Burns. J'aurais eu envie de leur donner l'accolade un par un.»

Les Leafs, inçandescents, visaient une huitième partie sans défaite à San Jose. Malgré tout, Burns continuait à trouver matière à récriminations.

«Il y a bien assez de temps, avant la fin de la saison, pour que nous connaissions une autre disette. Dougie Gilmour, le ciel nous en préserve, pourrait être blessé. Quelque chose pourrait arriver à Félix. Je peux sans peine penser à toutes sortes de choses qui pourraient nous (censuré).»

Ils jouaient maintenant pour 10 matchs au-delà de ,500 et ils laminèrent les Sharks 5-0.

«Et je suis censé être un entraîneur défensif?», ironisait Burns.

Todd Gill, à qui Burns avait apporté une attention toute spéciale afin qu'il retrouve son plein rendement, déclara:

«Cet homme inspire le respect. Il déteste perdre et il a insufflé à ses joueurs cette même haine de la défaite.»

Glenn Anderson amassa le 1 000ᵉ point de sa carrière dans la partie disputée à Vancouver et Burns le fit jouer sur deux trios durant les deux dernières périodes du match, une attention appréciée par la quarantaine d'amis et de parents du joueur présents dans les gradins. C'était comme si chaque match, alors que la saison tirait à sa fin, apportait avec lui de nouveaux jalons statistiques dans la carrière de l'un ou l'autre joueur de l'équipe.

«Comme nous approchions des séries éliminatoires, se souvient Foligno, nous sentions à quel point ce club était spécial. Nous multipliions les marques personnelles ou les records d'équipe, de petits accomplissements. Pat se faisait un devoir de les souligner, c'est la énième partie disputé par Untel ou la énième partie consécutive gagnée, ou encore un record sur la route. Autant d'éléments qui nous aidaient à rester concentrés sur notre jeu, de telle sorte que nous ne perdions pas de temps à trop anticiper ce qui nous attendait. »

———

Il n'y avait pas de secret dans l'irrésistible élan des Leafs : les meilleurs joueurs sonnaient la charge et les joueurs de soutien donnaient soir après soir le meilleur d'eux-mêmes. Et ils étaient extrêmement bien dirigés, ainsi que le prouvait la fiche défensive du club. Ils n'étaient plus qu'à deux petits points de Detroit, en deuxième position au classement de la division, et ils s'attaquaient à un record vieux de 42 ans : une 11e partie de suite sans défaite. En un peu plus de deux mois, les Leafs, l'une des plus mauvaises équipes du circuit, étaient tout bonnement devenus l'une des meilleures. Burns fit de son mieux pour essayer de tempérer le vertige qui s'était emparé de la Ville Reine, mais tout le monde savait que les succès de cette équipe ne reposaient pas sur le hasard, mais sur un travail acharné. Et il rouspétait sur le fait de devoir jouer à la maison, sous prétexte que les partisans croyaient que la victoire des leurs était une chose qui allait de soi au Gardens.

Bob McGill, qui avait été un membre de l'édition 1985-1986 des Leafs ayant établi un record de médiocrité avec 17 victoires dans une saison de 82 matchs, avait peine à croire aux succès du club et en donnait tout le crédit à Burns.

« Dans le passé, nous avons eu différents entraîneurs et une nouvelle philosophie chaque année. C'était toujours le chaos. Les gars n'étaient pas heureux et nous ne formions pas une équipe. »

Mais les Maple Leafs de Burns étaient bel et bien une équipe, une équipe où régnait la cohésion. La séquence de parties sans défaite prit abruptement fin le 5 mars, quand Detroit les fit mal paraître en les battant par le compte de 5-1. Cette déconvenue était préoccupante à plus d'un titre, car il apparaissait hautement probable que les Leafs affronteraient les Red Wings en première ronde des séries. Mais ils ne perdirent pas de temps à retrouver le chemin de la victoire, ridiculisant dès le match suivant le Lightning de Tampa Bay 8-2.

« Je crois que nous avons surpris beaucoup de gens, estima Burns. En leur for intérieur, certains devaient se dire : "Ils ne sont qu'une bande de lunatiques qui sont sur une lancée." Mais je pense que d'autres équipes ont commencé à prendre des notes. Si nous voulons maintenir cette impression, nous devons continuer à travailler d'arrache-pied. Vous ne pouvez pas vous rendre jusqu'à un certain point et puis vous permettre de vous relâcher. »

Lors d'un entraînement avant le match contre le Lightning, Burns piqua une crise et pulvérisa son bâton contre une baie vitrée.

« Je ne fais que mon travail. Il faut qu'ils se rendent compte qu'au stade de la saison où nous en sommes, ils ne peuvent pas faire les choses machinalement. Si tu ne veux pas que le feu sacré s'éteigne, tu dois aller plus vite que le vent. »

C'était le genre de déclaration qu'il avait longuement mûrie avant de la servir aux journalistes qu'il tenait, selon son habitude, à régaler de ses trouvailles.

Avec 11 parties à écouler en saison régulière, Toronto flirtait avec la première place de sa division – la position que tous convoitaient secrètement, même si nul n'était autorisé à en parler, même (et surtout) dans le vestiaire. Les Leafs assurèrent leur place en séries le 28 mars en blanchissant une équipe aussi performante qu'eux, les Flames de Calgary, 4-0. Comme il fallait s'y attendre, Burns ne voyait que le verre à moitié vide :

« Nous n'avons encore rien accompli. Nous n'avons encore rien gagné. Nous n'avons pas gagné le titre de notre division. Nous n'avons pas encore gagné une seule ronde des séries. Il n'y a aucune raison d'être excités. Nous ne pouvons pas bomber le torse en disant : "Voilà, nous l'avons fait, nous avons réussi." »

Les joueurs de Burns eux-mêmes partageaient dorénavant son approche sans compromis du succès. Depuis le 6 janvier, ils avaient conservé une fiche de 25-8-3 – meilleure que celle d'aucune autre équipe – et venaient d'accumuler 7 points sur une possibilité de 8 lors de leur dernier voyage. À Toronto, après des années et des années de vaches maigres, bien des partisans de l'équipe devaient se pincer et se demander s'ils ne rêvaient pas tout cela. Le 4 avril, les Leafs remportaient leur 42ᵉ victoire, rééditant le record de la concession établi en 1950-1951 et égalé en 1977-1978.

Mais quelques ennuis vinrent mettre la première place de leur division hors de portée des Leafs. La saison de McGill se termina sur une mâchoire fracturée; Andreychuk connut une disette de cinq matchs. Une dégelée de 4-0 aux mains des Flyers de Philadelphie mit fin à la série des Leafs de 12 matchs sans défaite à domicile et vint ternir l'issue de la saison. Cette défaite confirma la troisième place des Leafs dans la division Norris, derrière Chicago et Detroit, alors que la possibilité d'une première position était encore réelle une semaine plus tôt. Burns accueillit favorablement l'avis de ceux qui croyaient que les Leafs avaient déjà connu leurs meilleurs moments de la saison.

« Tout le monde semble nous regarder en pensant que nous allons nous écraser et nous déclarer vaincus. Parfait ! Laissons-les penser ça. »

Les trois dernières parties de la saison étaient dépourvues de signification, mais deux buts de Foligno dans une victoire de 4-2 sur les Whalers permirent aux Leafs d'établir un nouveau record pour le nombre de points en saison régulière. Un autre gain, cette fois de 2-1 en prolongation sur les Blues, leur conféra un 25ᵉ triomphe à domicile en saison régulière, bon pour un autre record. Leur saison se termina par une défaite de 3-2 aux mains des Blackhawks avec 99 points au compteur, 32 de mieux que la saison précédente. Les joueurs ne tenaient pas en place, trop désireux d'entamer au plus vite les séries éliminatoires.

« Ça va être plaisant, prédit Gilmour. Nous devons être contents de la saison que nous avons connue, mais nous ne pouvons pas être satisfaits. Il y a encore un peu de travail qui nous attend. »

Dans une entrevue accordée à Damien Cox du *Toronto Star*, Burns reconnut qu'il rêvait de la coupe Stanley.

« Il n'y a pas de meilleure sensation que de regarder le tableau d'affichage des autres parties disputées dans la ligue et de vous rendre compte que vous êtes l'une des deux seules équipes qui jouent encore au hockey. J'y pense chaque jour. Nous pourrions peut-être nous rendre jusque-là cette année. »

Alors que Fletcher était plutôt tiède à l'idée, Burns le convainquit que l'équipe avait besoin d'un séjour à Collingwood pour se reposer, s'entraîner et s'isoler avant le coup d'envoi des séries. Quand le grand-père de Gilmour mourut, le protégé de Burns lui demanda de pouvoir retourner à la maison pour les funérailles.

« J'ai demandé à Pat : "Est-ce que je peux y aller ?" Pat a dit non. Il a ajouté : "Ton grand-père voudrait que tu restes ici." »

La veille de leur envolée à destination de Detroit pour entamer la première ronde, Gilmour marchait avec Wendel Clark vers la patinoire de Collingwood.

« Il y a un homme qui roulait dans une vieille Camaro. Il nous klaxonne et nous envoie la main. »

Gilmour fait claquer ses mains en un coup sonore.

« Bang ! Il a embouti directement un poteau. Le gars avait un jeune passager à son bord, et Wendel et moi avons couru jusqu'à eux pour être sûrs qu'ils n'étaient pas blessés. Et le gars nous répétait : "Ça va, ça va, ne vous en faites pas." C'était une scène inouïe. Nous n'en croyions pas nos yeux. »

Et ce n'était que le début de la fièvre des séries. Au fil des 42 prochains jours, au cours desquels les Leafs disputeraient 21 parties, tout allait devenir possible.

CHAPITRE 12

21 parties en 42 soirs
« La pression ? Quelle pression ? »

Les Maple Leafs utilisaient un vieux coucou d'Air Ontario qui donnait l'impression de tenir en un seul morceau avec du fil et de la broche.

« Quand vous étiez assis au moment du décollage, vous enfonciez vos ongles dans les bras de votre fauteuil en vous demandant si ce tas de ferraille allait prendre assez de vitesse pour quitter le sol », raconte Gilmour en frissonnant quand il y repense.

Plus tard, pendant les séries de ce printemps-là, au début de la finale de conférence contre les Kings de Los Angeles, le propriétaire Steve Stavro améliora du tout au tout les conditions de transport de son équipe en louant à leur intention un 727 moderne et spacieux avec un personnel de bord stylé et des repas dignes de gourmets. Un journaliste de chaque média majeur était autorisé à voyager avec le club.

Les séries éliminatoires de ce printemps 1993 constituèrent une véritable épopée déconseillée aux malades du cœur : 21 parties en 42 jours pour les Leafs, soit trois séries consécutives de sept matchs. Aucune autre équipe de la LNH n'avait jamais accompli cet exploit, qui donna l'occasion à Burns de polir sa réputation d'entraîneur prodige. Finalement, ce serait par un crash – au sens métaphorique du terme, évidemment – que se conclurait cette épique envolée, autant pour les Leafs que pour leurs partisans, tous engagés dans la même fièvre haletante des séries. Mais tous ceux qui les suivirent de près n'oublieront jamais cette extraordinaire expérience, la plus exaltante que peut offrir l'aventure du hockey.

« Si je vous le disais, il faudrait que je vous tue après », répondit joyeusement Gilmour à un journaliste qui lui demandait la stratégie préconisée par les Leafs contre les Red Wings, leurs adversaires en première ronde.

Pat Burns n'avait pas été moins évasif sur ses plans alors que la série se mettait en branle dans la ville de l'automobile.

L'équipe avait alloué seulement 241 buts en 84 matchs, pour une moyenne de 2,87, la meilleure du club depuis 1971-1972. Cliff Fletcher avait reconstruit, sur les ruines de l'équipe des années 1980, une formation hautement compétitive. Mais il s'agissait aussi du groupe d'athlètes le plus âgé de la LNH, avec une moyenne de 28 ans. Et maintenant, les Leafs allaient se frotter à la formidable machine offensive des Red Wings et à leur avantage numérique dévastateur. L'énergie et la volonté de vaincre étaient contagieuses chez les Leafs, mais seraient-elles suffisantes pour surpasser le talent et les prouesses des Steve Yzerman, Chris Chelios et compagnie ?

« La porte est entrebâillée pour toutes les équipes en lice pour les séries, rappela Burns en notant que les Red Wings et les Leafs avaient divisé les honneurs de leurs matchs disputés en saison régulière. Moi j'y crois, mais j'ignore si tous les joueurs y croient. »

Puis, reprenant la formule consacrée des Jeux olympiques, il lança : « Que les Jeux commencent ! »

Stavro avait chargé Terry Kelly, le directeur du Maple Leaf Gardens, de livrer en main propre à Burns une cravate chanceuse la veille du début des séries. Burns choisit de ne pas la porter lors de la première partie au Joe Louis Arena. Au vu du résultat, peut-être la cravate aurait-elle pu aider la cause des Leafs. Si Burns avait un plan arrêté en tête, apparemment personne ne le suivit. Les Leafs perdaient la rondelle dans leur propre zone, écopaient de mauvaises pénalités, échouaient à contenir la vitesse des Red Wings, rataient des passes et couvraient mal certains joueurs. Ils éprouvaient même des difficultés à projeter la rondelle en territoire ennemi pour l'y récupérer, étant impitoyablement sortis du jeu par leurs adversaires. À un certain moment, Dino Ciccarelli, peste notoire et grande gueule devant l'Éternel, avait même élu domicile devant le but de Félix Potvin. Il semblait y avoir planté un drapeau et n'être inquiété par personne, ce qui lui avait permis d'adresser de solides chapelets d'injures au jeune gardien sans les moindres représailles.

« Si un gars va mettre son derrière dans la face de notre gardien, se plaignit Burns, c'est à nous de réagir. »

Avant la partie, en sous-vêtements, Todd Gill avait arpenté le couloir attenant au vestiaire de son équipe. Selon la bonne vieille expression, on pouvait y couper la tension au couteau. Les Leafs avaient d'abord fait taire la bruyante foule du Joe Louis en enfilant le premier but du match après être sortis indemnes d'un désavantage numérique de deux hommes, mais ils avaient par la suite été fébriles, indisciplinés puis abattus, emportés dans une débâcle de 6-3. Les pieuvres s'étaient ensuite mises à pleuvoir sur la patinoire, ainsi que le veut l'étonnante coutume de l'endroit. Burns avait dû faire appel à ses talents oratoires pour mettre un baume sur le découragement de ses joueurs :

« Il y a des soirs comme ça… Ça ne sert à rien de se cacher la tête dans le sable… Vous devez vous redresser et vous préparer à riposter. »

Une « invitation à la danse » fut la formule qu'employa Burns pour décrire cette première participation des Leafs à un match des séries après trois ans d'exclusion. Mais les Leafs avaient été laminés par l'opposition, parfaitement incapables de réagir. Burns lui-même était de ceux qui s'émerveillaient de la performance des Red Wings.

« Vous auriez dû voir le spectacle du niveau de la glace… Ils patinaient à la vitesse de météores. Dix minutes leur suffisent pour détruire vos rêves. »

Dix minutes, cinq tirs, quatre buts : adieu beaux rêves de coupe Stanley.

Le matamore Bob Probert, champion poids lourd de la LNH, avait ridiculisé Wendel Clark, jetant pratiquement un gant à la figure du capitaine.

« Il est presque impossible à trouver sur la patinoire », se moqua-t-il.

Probert avait presque arraché le bras de Potvin en rentrant en collision avec lui dans son demi-cercle avant de s'en prendre au placide défenseur Dmitri Mironov, qui ne fit même pas mine de répliquer.

« Probert a pu faire tout ce qu'il voulait, se lamenta Burns. Mais je n'ai pas de fourche pour l'enlever de là… »

Les mauvaises nouvelles ne s'arrêtaient pas là : en percutant Vladimir Konstantinov en troisième période, l'ailier droit Nikolai Borschevsky s'était frappé la tête contre le rebord de la bande. L'os de la joue sous l'œil droit était fracturé. Quand Borschevsky essaya de se moucher, son œil sortit grotesquement hors de son orbite sous la pression de l'air s'engouffrant dans la fêlure de l'os. On s'attendait à ce que la blessure garde le paisible Russe au moins une semaine à l'écart de l'alignement, les médecins affirmant qu'il ne pourrait jouer avec une visière complète une fois l'enflure diminuée, car de l'air pourrait s'insinuer dans son œil et faire exploser son orbite. Todd Gill, quant à lui, souffrait de spasmes au dos après avoir bataillé pour récupérer une rondelle.

Son alignement décimé faisait s'arracher les cheveux à Burns en vue de la partie suivante :

« Parfois, quand vous perdez des joueurs, vous sentez l'odeur du sang. Et alors, l'autre équipe rapplique comme une meute de loups. »

Laissé de côté lors du premier match, Mike Foligno fut inséré dans l'alignement avec la bénédiction de son entraîneur :

« Peut-être que Foligno a encore un peu d'essence dans le réservoir ? »

Le lendemain matin, appuyé contre un tabouret et se balançant sur la pointe de ses patins, Burns avait en réserve quelques bribes de sa philosophie à dispenser aux journalistes.

« Quand je me suis levé ce matin, le soleil brillait encore », dit-il en citant Pierre Elliott Trudeau après la nuit des Longs Couteaux.

Ce soir-là, quelques-uns des Leafs se rendirent au Tiger Stadium pour assister à une partie contre les Mariners de Seattle. Le directeur des relations publiques, Gord Stellick, avait pris soin de préciser aux intéressés qu'ils avaient droit à « un coupon pour un hot dog gratuit et une boisson gazeuse ».

Toronto y alla d'un meilleur effort lors du match numéro deux, démontrant plus de tonus, mais le résultat fut à peu de chose près le même : 6-2. Au fur et à mesure que l'écart se creusait entre les équipes, le spectacle se dégrada sur la patinoire, la vitesse et la finesse cédant la place au cinglage et au dardage. Potvin devint si exaspéré par le manège de Ciccarelli qu'il appliqua un bon coup de son bâton aux mollets de son adversaire. Pendant ce temps, la foule du Joe Louis Arena raillait un Clark étrangement docile en scandant : « Wendy ! Wendy ! » En saison régulière, Clark avait surclassé Probert à l'occasion d'un mémorable combat, mais il préférait maintenant tendre l'autre joue que de jeter les gants. Probert s'avérait menaçant à chacune de ses présences sur la glace tandis que les Leafs, dont le cran avait été célébré sur tous les tons dans les derniers mois, avaient l'air de brebis fuyant le loup. Chaque fois qu'une mêlée survenait, Clark, lui, préférait ne pas engager le combat et prendre le large, brillant par son absence d'agressivité. Les journalistes condamnèrent en chœur sa lâcheté.

« Pat m'avait dit de ne pas me battre avec Probert, plaida Clark. Mais je n'avais pas le droit de dire qu'on m'a donné cette directive. »

Un certain problème de communication sembla alors apparaître entre le capitaine et son entraîneur.

« J'ai dit à Wendel et aux autres qu'ils doivent créer du grabuge pour que le vent tourne de bord, dit Burns. Personne ne lui demande de se battre avec Probert, ça n'a rien à voir. Probert n'est pas le problème. Nous devons frapper leurs bons éléments et ne pas perdre notre temps et notre énergie avec des gars qui ne peuvent pas nous faire de mal. »

Burns devenait furieux quand Probert remettait en question la virilité de Clark ou quand il lisait des papiers critiquant son capitaine.

« Vous pouvez mettre en doute son habileté à lancer et à compter, mais pas sa robustesse ou son cœur. C'est de la *bullshit*, si vous me pardonnez le mot. Wendel Clark n'est pas homme à fuir devant personne. Personne ne va jamais remettre en question le courage de Wendel Clark. »

Et bouillant de rage, Burns avait quitté le point de presse. Plus tard, pourtant, en conversant seul à seul avec un chroniqueur qui s'était montré sans pitié envers Clark, le surnommant même « Pretty Boy » dans son article, Burns lui avait confié qu'il n'avait « pas entièrement tort »…

L'entraîneur des Red Wings, Bryan Murray, se dit horrifié par la violence observée lors des deux matchs :

« Il s'agit certainement de l'un des matchs les plus vicieux dans lesquels j'ai été impliqué. Il y a beaucoup d'amateurs qui ne veulent pas de bagarres au hockey, mais si c'est ça le hockey sans bagarre… *Boy !* »

Pour Burns, la seule bonne nouvelle, c'était qu'il quittait Motown pour au moins deux matchs en compagnie de ses hommes et du groupe de journalistes qui dissertaient sur les malheurs des Leafs, surclassés 12-5 au nombre des buts lors de leur séjour à Detroit.

« Nous sommes un bon club, affirma Burns avec un air de défi. Au moins, nous retournons à la maison. Attendez de voir avant de nous croire finis. J'espère que nos partisans seront aussi bruyants que les leurs. »

Il répéta ce qui avait tenu lieu de credo toute l'année aux Leafs :

« Tout ce que cette équipe a accompli jusqu'ici, elle le doit à un travail acharné et au second effort. Nous, les entraîneurs, montrons aux joueurs des vidéos et des diagrammes, et nous leur expliquons des plans de match en long et en large, et j'ai l'impression qu'ils se disent parfois : "Hé, ça va être facile si nous suivons les plans établis." Eh bien, non… Ce n'est jamais facile. Ça ne l'a jamais été. Ça ne le sera jamais. »

Une fois à Toronto, Burns organisa une réunion d'équipe où fut abordée la question du leadership, écartant l'idée que Clark fût responsable d'un manque sous ce rapport. Il préférait plutôt pointer du doigt les vétérans qui avaient déjà remporté la coupe sous d'autres couleurs.

« Les gars avec une ou des bagues de la coupe Stanley n'ont pas fait grand-chose jusqu'ici. Mais je leur ai parlé de ça et je les ai fait un peu jaser… Si nous croyons que nous sommes battus, alors oui, nous le sommes. »

On demanda au psychologue de l'équipe, Max Offenberger, de venir rendre visite aux joueurs dans le vestiaire. Une mesure plus concrète fut la décision de Burns de neutraliser Ciccarelli, véritable distraction lors des deux premiers affrontements. La stratégie était enfantinement simple : il fallait l'ignorer. Le laisser s'agiter et harceler Potvin, lequel donna son aval à la suggestion et surenchérit :

« Je ne le toucherai pas. Je ne le laisserai pas m'atteindre. Je vais essayer de voir au travers de lui. »

Potvin dit que Burns se fit un devoir de lui remonter le moral :

« Il est venu me voir dans le vestiaire et m'a dit : "Je ne veux pas te voir à l'entraînement. Assure-toi d'être frais et dispos pour la partie numéro trois." Et c'est venu immédiatement balayer les doutes qui auraient pu me passer par l'esprit. »

Après un court exercice, l'entraîneur adjoint Mike Kitchen piqua une colère et botta une poubelle quand il avisa la nuée des journalistes massés autour du casier de Wendel Clark. Questionné à savoir s'il avait toujours dans l'équipe un rôle de meneur qui s'étendait au-delà de la patinoire, le capitaine fut fidèle à lui-même, stoïque et direct dans sa réponse :

« Je n'en sais rien, je ne me pose pas ce genre de question. Je suis un fermier, bonté divine. Je me présente sur la glace et je joue, c'est la seule chose sur laquelle j'ai un contrôle. »

Le moral de l'équipe était en porcelaine, et ses gros canons, bien silencieux. Gilmour avait enfilé deux buts en autant de matchs, dont un en avantage numérique. Dave Andreychuck, marqué par sa réputation de « joueur invisible en séries » acquise au fil des années à Buffalo (on l'y avait affectueusement surnommé « Andy-choke »), n'avait pas encore secoué les cordages. Gilmour émit l'hypothèse que l'équipe avait joué de manière trop tendue à Detroit :

« Nous étions nerveux. Nous avions peur de perdre. »

Il était primordial, ainsi que Burns l'expliqua, que les joueurs jouent de manière plus disciplinée, en évitant d'écoper de pénalités qui creusaient leur tombe.

« Nous devons être plus intelligents et garder nos énergies pour les phases de jeu, et non pour les mêlées et les bagarres. Nous ne devons pas chercher à être plus robustes qu'eux. »

Dès le début du troisième match, les Leafs étaient partout sur la glace et frappaient tout ce qui bougeait en rouge et en blanc. Avec un peu plus d'espace pour manœuvrer et l'avantage du dernier changement de joueurs, Gilmour et Andreychuk haussèrent leur jeu d'un cran. Malgré trois avantages numériques gaspillés en première période, les Leafs profitèrent de ces surnombres pour imposer leur rythme et prendre une avance de 2-0. Mais ce fut Clark qui, de tous, fit le mieux taire le chœur des critiques en offrant une performance aussi musclée qu'inspirante. Plusieurs Red Wings eurent l'impression de s'être égarés dans un manège d'autos-tamponneuses sous l'effet de ses mises en échec percutantes et répétées. Clark compta aussi un but, celui qui donnait l'avance 3-1 aux Leafs, quand, stationné dans un cercle de mise en jeu, il accepta une passe de Gilmour niché derrière le filet de Tim Cheveldae, qu'il déjoua d'un tir du revers entre ses jambières. Sa contribution ramena les Leafs dans les séries avec ce gain convaincant de 4-2.

Dans le vestiaire, après la partie, le héros sans prétention fit patienter le troupeau des médias pendant une bonne vingtaine de minutes, préférant s'entretenir longuement avec un jeune partisan en fauteuil roulant. Puis, une fois cerné par les journalistes, ses anneaux orthopédiques encore attachés autour de ses genoux blessés, il ne s'offrit qu'une inoffensive riposte :

« Tu sais que les médias t'attendent dans le détour, prêts à te tomber dessus… J'ai seulement enfilé mes patins et j'ai joué au hockey. »

Burns ne tarissait pas d'éloges pour ses protégés.

« Les partisans ont été incroyables. Les gars ne tenaient pas en place sur le banc. C'était la première fois que je voyais les gars aussi excités sur le banc. »

À l'origine de ce retour en force, il fallait reconnaître l'application d'une série d'ajustements tactiques tout droit sortis du sac de l'entraîneur. Utilisant à son profit les derniers changements de joueurs, Burns avait déployé 10 combinaisons de trio différentes dans la seule première période.

« Et assurez-vous de laisser Dino Ciccarelli seul devant le filet, recommanda-t-il à ses joueurs. Pourquoi nous engager dans un match de lutte avec lui ? »

Aux yeux de Burns, ce fauteur de troubles ne valait pas la peine qu'on se préoccupe de lui ; il ne constituait qu'une distraction.

« Cela nous a pris deux matchs pour nous ajuster au style des séries éliminatoires, mais nous avons maintenant la maîtrise de nos émotions et nous n'avons pas l'impression d'avoir encore joué notre meilleur hockey. »

Le niveau de décibels atteint par les deux entraîneurs, chacun désireux de s'assurer sur l'autre un avantage psychologique, frisait la démence. Murray alla jusqu'à se plaindre que son opposant avait sur lui un avantage à cause du praticable haut de huit pouces disposé derrière le banc des joueurs des Leafs. Burns ne perdit pas un instant pour riposter, notant qu'à Detroit le bureau de l'entraîneur de l'équipe visiteuse était situé dans les toilettes.

« Ce n'est pas la fin du monde, sauf quand un gardien de sécurité vient l'utiliser. Après, la pièce empeste pendant une demi-heure. »

Au début de la quatrième partie, Murray avait désormais son propre praticable et les deux hommes pouvaient s'égosiller à la même hauteur.

Cet affrontement vira de nouveau au combat de titans. Tandis que Gilmour et Andreychuk disputaient un autre match superbe, ce fut au tour des joueurs de soutien de briller, et Burns ne fut pas avare de compliments pour le trio de Peter Zezel, Mark Osborne et Bill Berg, dont la couverture féroce réussit à contenir le meilleur trio adverse. Avec un compte de 3-2 pour les Leafs, une minute à faire dans le match et le gardien des Red Wings retiré, Zezel remporta coup sur coup trois mises au jeu dans sa zone. Élevé dans la région de Toronto, Zezel parlait avec vénération du bleu et blanc de son uniforme :

« Chaque fois que vous enfilez ce chandail, il y a un prix à payer. Quand vous portez ce chandail, vous devez être prêt à tout donner pour gagner. »

Avec la série dorénavant égale, Burns jubilait.

« Je ne les ai sans doute jamais vus travailler aussi fort. Il y a beaucoup de fierté dans cette équipe. »

Andreychuk avait enfilé le but vainqueur et on lui demanda s'il avait finalement enterré « Andy-choke ».

« En aucune manière, répondit-il. Nous avons encore une longue route à faire. »

Il ne croyait pas si bien dire...

Tout le monde était meurtri et avait la peau bleuie des coups portés par les Red Wings. Sous son œil droit, Gilmour avait dû subir plusieurs points de suture pour refermer une coupure d'un pouce de long ; au-dessus du sourcil de son autre œil s'étalait une coupure en forme de croissant. Ces traces étaient une gracieuseté de Steve Chiasson, qui avait projeté Gilmour tête première sur la bande pendant la première période. Plus tard dans la partie, Mark Howe l'avait cinglé à la main gauche, à la base du pouce, expédiant Gilmour directement à la clinique du Gardens, le Dr Leith Douglas à ses trousses. Il était revenu au jeu une minute plus tard, la main dûment bandée.

« Ton cœur arrête de battre quand tu vois ça, raconta Burns. Mais il est fait fort. Il est revenu. »

« Fausse alerte, dit de son côté Gilmour, le poignet n'était pas cassé. J'ai une vue aux rayons X, alors je savais qu'il ne s'agissait que d'une ecchymose. »

« C'est une nouvelle série, annonça Burns. C'est le genre de choses qui arrive en fin de saison. Les choses passent du chaud au froid puis du froid au chaud. Ça fait partie du plaisir des éliminatoires, c'est ce qui les rend excitantes. Les séries pourraient être très longues. Nous sommes une équipe terrible à affronter en séries… »

Des sourires ravis apparurent à la ronde quand, contre toute attente, Borschevsky revint soudainement à l'entraînement. Gilmour assura aux journalistes en blaguant que son poignet allait si bien qu'il pouvait faire des pompes et des poids. À la sortie de la patinoire, après une séance d'entraînement, il feignit un boitillement exagéré.

Il y avait tout de même de sérieuses interrogations sur l'état de santé de Gilmour, sur qui les séries laissaient match après match des séquelles sans cesse plus évidentes. Burns faisait jouer deux fois plus souvent qu'à leur tour ses meilleurs éléments et le poids de Gilmour chutait dramatiquement malgré toutes les pâtes dont on le gavait.

« Après les matchs, ils me faisaient coucher sur une table et me nourrissaient par intraveineuse, se rappelle Gilmour. Avec tous ces électrolytes, je sortais du Gardens frais comme une rose, comme si je n'avais même pas joué une partie. Puis je marchais jusqu'à la maison. À l'époque, j'habitais rue Wood, à deux pas de là, c'était une courte marche. »

De retour dans la fosse aux lions, au Joe Louis Arena, les Leafs se sauvèrent avec un match qu'ils ne méritaient probablement pas, comblant un écart de 4-1. L'une des rares failles des Red Wings se trouvait devant leur filet, en la personne de Cheveldae, et les Leafs l'exploitèrent à fond, Dave Ellett le battant par deux fois sur de longs tirs. Un but chanceux de Clark en milieu de troisième période envoya tout le monde en prolongation. Le héros du match fut Mike Foligno, qui avait naguère commencé sa carrière dans l'uniforme de Detroit. Clark récupéra la rondelle à l'issue d'une mêlée le long de la bande, à la gauche de Cheveldae, et la passa à Foligno, qui dégaina à travers un fatras de joueurs massés entre les deux cercles de mise au jeu : but et victoire par la marque de 5-4. Foligno exécuta un formidable saut de joie, un saut si fort et si vigoureux qu'il faillit se frapper au menton avec ses propres genoux.

« Je jubilais pour des tas de bonnes raisons, se rappelle Foligno. Premièrement, je ne savais même pas si, au début de la saison, j'allais être capable de revenir et de pouvoir jouer de nouveau dans la LNH. Deuxièmement, j'avais déjà joué pour les Red Wings et j'avais l'impression d'avoir laissé là-bas quelque chose d'inachevé… Et enfin, compter ce but en prolongation, *oh man !* Je me souviens du travail de Wendel le long de la bande et de Mike Krushelnyski qui faisait écran devant le filet. Quand je me suis rendu compte que j'avais compté, j'ai projeté mes gants dans les airs. C'est drôle, je ne sais même pas pourquoi j'ai fait ça. Puis plein de gars m'ont imité et ont jeté leurs gants dans les airs, dont Todd Gill et Peter Zezel. Mon Dieu, c'était comme si nous avions gagné la coupe Stanley ! Il y avait un tel déferlement d'émotion… Tout le monde était fou de joie d'avoir gagné, mais je pense que les gars étaient aussi contents pour moi. J'étais passé par de si mauvais moments. Cette victoire en prolongation nous apportait tant de plaisir. Et savez-vous quoi ? La sensation que nous avions vécue ce soir-là, nous voulions l'expérimenter de nouveau. C'est là que nous avons pris goût à la victoire, à ce sentiment exaltant de victoire, et nous voulions le savourer encore. »

Burns était aux anges pour Foligno :

« Le vieux en a compté un pour nous ! »

En prolongation – et il y en aurait encore plusieurs à venir, ce printemps-là –, Burns avait une confiance inébranlable en ses joueurs, évoquant les exercices pénibles auxquels il les avait soumis pendant les séances d'entraînement tout au long de l'année.

Après l'une de ces exténuantes séances, il avait aboyé :

« Il y aura un soir, au mois d'avril, en prolongation, où le travail que nous faisons maintenant nous rapportera. »

Les Red Wings étaient catastrophés. Toronto s'était mis dans une situation qui lui permettait de remporter la série en six matchs, à la maison. Les partisans, ayant succombé à la fièvre du hockey, accueillirent les leurs avec des clameurs retentissantes qui tranchaient avec le calme habituel du Gardens, plus proche du mausolée que d'un amphithéâtre. Mais ils en furent quittes pour repartir le cœur brisé.

«Ils nous ont botté le derrière», commenta succinctement Gilmour.

Accordant cinq buts sans riposte en deuxième période (dont deux sur des tirs à bout portant), Toronto avait été proprement déculotté, 7-3. Au début du troisième vingt, Burns remplaça Potvin par Puppa. Potvin se souvient de la scène:

«Il m'a dit sur le banc: "Prends une pause, parce que tu vas garder le but au septième match." Et cela m'a rassuré de constater qu'il avait encore confiance en moi.»

Dans la débâcle, Burns peinait à dégager des aspects positifs:

«Nous ne pourrons pas être plus mauvais que nous l'avons été ce soir. C'est la seule bonne chose que je peux trouver.»

Un Zezel amoché quitta le Gardens en s'appuyant sur son père Ivan, qu'on avait chargé de réveiller son fils toutes les deux heures. Les journalistes retournèrent à leur ordinateur et commencèrent sans perdre de temps à graver la pierre tombale des Leafs.

Burns harangua ses troupes:

«Un tas d'experts autour de nous avaient prédit que nous serions sortis en six matchs et nous sommes encore là.»

Il mit en valeur le statut de négligés qui était le leur (et qui demeurait sa situation favorite) et rappela à ses joueurs:

«Personne ne croit en nos chances. C'est nous contre le reste du monde. Et vous pouvez leur montrer à quel point ils se trompent. Montrez-leur votre détermination et votre désir de vaincre.»

Qui aurait parié sur les Leafs au point où ils en étaient? Ils en avaient volé une à Detroit, mais pourraient-ils refaire ce tour de passe-passe à l'occasion du septième match? Peu de doux rêveurs osaient le prédire...

«Nous apprenions encore à gagner en séries comme équipe, se rappelle Foligno. Les Red Wings étaient revenus chez nous gonflés à bloc. Je me souviens que nous avions un peu la chienne, mais qu'on ne s'en disait pas moins: "Nous avons encore une chance de gagner." Pat nous a prévenus qu'il était possible que les Red Wings prennent l'avance en début de match, mais en ajoutant que nous devions apprendre de la partie précédente, que nous ne devions pas démissionner, peu importe le pointage. Et nous avons appris. Nous les avons laissé prendre l'avance [en deuxième période] et nous avons bataillé et nous avons réussi à porter le match en prolongation une fois encore… et la suite appartient à l'histoire. »

Burns avait sorti toute sa panoplie de clichés les plus éculés : nous avons le dos au mur, c'est une question de vie ou de mort, il n'y a pas de lendemain, c'est maintenant ou jamais, etc. Pourtant, des deux équipes en présence, les Wings semblaient être la plus vulnérable, protégeant sa maigre avance d'un but jusqu'au milieu de la partie. Avant le dernier vingt, Burns s'adressa à ses hommes, les encourageant avec peu de mots, mais des mots précis et bien sentis : « Elle est à vous, les gars… »

En troisième période, Detroit était en avant 3-2 après un échange de buts. Avec 2:43 à faire en troisième période, Clark bondit sur une rondelle libre dans le coin et la passa à Gilmour posté dans l'enclave, qui battit Cheveldae pour niveler le pointage et forcer la prolongation.

« Tout d'un coup, boum boum boum, nous étions de retour, se rappelle Gilmour. Quand j'ai égalisé, j'ai immédiatement senti que la pression était maintenant sur Detroit. »

Durant la pause précédant la première période de prolongation, dans le corridor menant au vestiaire, Burns claqua des mains en s'exclamant :

« J'aime ça ! C'est le genre de hockey qui me plaît. C'est formidable ! »

À ses joueurs, il n'émit qu'une seule directive :

« Tirez tant que vous pouvez vers le filet. »

En fait, Toronto dirigea seulement deux tirs vers le filet de Cheveldae en prolongation, mais un seul suffit – celui de Borschevsky, dit « Nik the Stick ». Gilmour, qui pilotait son trio avec Andreychuk et Anderson, venait à peine de revenir au banc quand Burns le renvoya tout de suite dans la mêlée, cette fois entre Clark et Borschevsky. À 2:35, le petit Russe à l'os de l'orbite brisé, qui ne croyait pas rejouer en séries, redirigea une passe de Bob Rouse à l'embouchure du filet et marqua le but gagnant.

Alors que les Leafs se ruaient sur Borschevsky (au visage heureusement protégé par sa visière complète de plastique !), sautant et dansant, fous de joie, Burns et son adjoint Mike Murphy s'étreignaient jusqu'à l'étouffement. Sur la passerelle, Cliff Fletcher enfouit son visage dans ses mains. Puis Burns se tourna et tendit le bras en pointant vers son directeur général.

« À l'exception de son premier match à Montréal comme entraîneur des Leafs, je n'ai jamais vu Burnsie si ému », rapporte Gilmour.

Dans le vestiaire, après coup, Borschevsky fut assiégé par les journalistes.

« Les médecins m'avaient prescrit 10 jours de repos. Mais j'ai dit que je jouerais aujourd'hui. »

Puis il leva les bras en signe d'impuissance :

« Je suis désolé, je ne parle pas bien anglais. Peut-être que demain je le parlerai mieux. »

Non loin de là, Todd Gill versait des larmes de joie. Burns, s'étant frayé un chemin jusqu'à la tribune de presse, se fit plaisir en livrant une percutante mise en échec aux sceptiques :

« *So much for the experts !* »

Puis il déclara que cette victoire se voulait une forme d'excuse aux partisans des Leafs pour leur piètre tenue du match numéro six, avant de confirmer qu'il était la réincarnation vivante du prophète Nostradamus (ou presque) :

« Pendant les derniers jours, j'ai répété à qui voulait l'entendre que cette série irait à la limite et que nous gagnerions en prolongation. Bien entendu, j'avais aussi prédit que Glenn Anderson compterait le but décisif. »

Réintégrant leurs habits civils, les Leafs montèrent à bord de l'autobus qui les mènerait à Windsor, de l'autre côté de la rivière Detroit, pour le vol du retour. Wendel Clark portait une caisse de bière sous chaque bras.

Les Blues de Saint Louis n'avaient qu'à bien se tenir...

Maintenant que les Red Wings n'étaient plus qu'un souvenir sur le tableau des séries de 1993, la finale de la division Norris pouvait se mettre en branle. Les médias anglophones la présentaient comme la « Fable du Chat et du Chien », Félix « the Cat » Potvin campant le rôle du félin et Cujo – Curtis Joseph –, celui du chien. Burns, lui, était bien ennuyé de voir les siens être dépouillés du titre de négligés, même s'il insistait sur la présence des gros canons dans l'attaque adverse, à savoir Brett Hull et Brendan Shanahan. Il n'en restait pas moins que les Leafs avaient tenu la dragée haute aux Blues toute la saison, conservant contre eux une fiche de 4-0-3… Cependant, la tenue sensationnelle de Curtis Joseph contre les Blackhawks équilibrait les choses. Résoudre l'énigme que représentait Cujo se voulait le prochain défi des Leafs. Burns convia ses hommes à un entraînement optionnel avant que la série ne débute au Maple Leaf Gardens, et ne leur laissa par ailleurs aucun répit pour savourer leur triomphe sur les Red Wings.

« Il ne nous a pas donné la chance de respirer et d'apprécier notre victoire parce qu'il disait que nous n'avions encore rien accompli à ce stade, raconte Gill. Pour être juste envers Pat, je dois dire qu'il était dur pour tout le monde. Généralement, les meilleurs joueurs d'une formation sont un peu épargnés. Une chose que j'aimais bien de Pat, c'était qu'il était aussi dur pour Dougie que pour tous les autres joueurs. » (Au moment où cette entrevue a été réalisée, 19 ans plus tard, Gill dirigeait les Frontenacs de Kingston, l'équipe junior administrée par Gilmour.)

Joseph était soi-disant vulnérable du côté de son gant, dans le haut du filet, mais il tint les Leafs à l'écart du pointage jusqu'à la dernière minute de la première période, quand John Cullen profita de son propre retour pour compter. Philippe Bozon répliqua en milieu de troisième. Puis le compte demeura inchangé pendant ce qui parut une éternité. Quiconque ne se fiant qu'à la feuille de pointage du match pourrait croire à un long face-à-face défensif. Mais rien ne correspondait moins à la réalité, car on assistait en vérité à un formidable duel de gardiens. Il fallut attendre à 3:16 de la seconde période de prolongation, alors qu'on approchait de minuit et que Joseph avait repoussé 62 tirs des Leafs et essuyé un coup de patin de Foligno sur la tête, pour que Gilmour, un ancien Blues, joue de nouveau les héros et vienne à bout de l'invincibilité de Cujo. Tous les autres Leafs sur la glace étaient surveillés de près par leurs couvreurs quand Gilmour, posté derrière le filet, le contourna d'un mouvement aussi rapide qu'étourdissant qui confondit Joseph.

« C'était la plus longue partie que j'avais jamais jouée », confesse Gilmour, qui avait patiné ce soir-là des milles et des milles, accumulant un colossal temps de glace.

Le joueur de centre continuait à perdre du poids et son visage semblait s'allonger d'un match à l'autre ; quand il portait son uniforme, la feuille d'érable de son chandail paraissait se replier sur elle-même.

« Je devrais ramener ce garnement à la maison et le nourrir de force », badina Burns.

Les sueurs de la prolongation s'étaient à peine évaporées quand l'arbitre jeta la rondelle sur la glace pour la première mise en jeu du match numéro deux, dans un Gardens privé d'air conditionné et dont le taux d'humidité concurrençait celui d'un sauna. À la surface de la patinoire, l'air tiède rencontrait celui plus frais de la glace, et de ce choc thermique résultait un brouillard insolite.

Potvin savait qu'il devait rendre à Joseph arrêt pour arrêt ; il n'y avait pas de place pour la plus petite marge d'erreur dans cette série.

« La situation était difficile parce que je savais que je ne pouvais pas me laisser distraire par quoi que ce soit. Mais en même temps, c'était exaltant. Parce que Curtis était si bon à l'autre bout de la patinoire, je me devais d'exceller autant que lui. Et honnêtement, j'avais beaucoup appris de ma première série contre les Red Wings. Maintenant, il me fallait mettre en pratique ce que j'avais appris. »

Hull compta le premier but du match sur le troisième tir des siens, semant la consternation dans la foule. Mais Gilmour, polissant déjà son statut de légende, créa l'égalité, émergeant d'un coin pour loger le disque tout juste derrière Joseph. Garth Butcher, un défenseur de Saint Louis, aussi vif qu'un chat, sortit aussitôt la rondelle du filet. Les officiels durent aller à la reprise vidéo et revoir le jeu de plusieurs angles avant que l'arbitre Paul Stewart ne valide le but au terme d'une interminable attente. Sur la séquence de jeu suivante, Gilmour fut coupé au visage par un bâton porté trop haut. Il tomba sur la patinoire en se tortillant sous les yeux des partisans retenant leur souffle. Quand il finit par se relever, il fit savoir sa façon de penser à Stewart, qui n'avait pas vu matière à pénalité, et le jeu reprit.

Une fois encore, aucun autre but ne fut marqué en temps réglementaire ; une fois encore, on dut aller jusqu'en deuxième période de prolongation. Et une fois encore, Joseph se dressa comme un mur devant la grêle des tirs dirigés vers son filet. Mais cette fois, ce furent les Blues qui s'enfuirent avec la victoire quand, à 3 :03, le défenseur Jeff Brown bondit sur un rebond et logea la rondelle dans le haut du filet alors que Potvin était étendu sur la glace. Après six matchs en séries, en incluant les quatre matchs disputés contre Chicago, Joseph avait repoussé 252 tirs sur 261.

« Il joue présentement comme s'il pesait 400 livres et faisait quatre pieds de large », commenta Burns.

Quand la série se transporta à Saint Louis, l'entraîneur eut peu de chose à dire à ses protégés, sinon de mettre la rondelle plus souvent dans le filet. Avec 121 tirs au but en deux matchs, les Leafs n'avaient pu faire mieux que de partager la série.

Afin de changer la dynamique, Burns fit revêtir l'uniforme à Mike Krushelnyski pour lui faire disputer son troisième match des séries. Le vétéran avait connu une splendide première moitié de saison avant qu'une dramatique baisse de régime ne le relègue sur le banc plus souvent qu'à son tour. Malgré tout, il était le seul Leaf à avoir disputé les 84 matchs de la saison régulière, en dépit d'un temps de glace réduit.

« Cinquante-deux joueurs sont entrés et ressortis par cette porte cette saison-là, se rappelle Krushelnyski. C'est extrêmement dur pour un entraîneur de jongler avec tous ces joueurs et de tenter de faire tenir toutes ces pièces ensemble. »

Un entraînement punitif de cette campagne 1992-1993 est resté spécialement gravé dans sa mémoire.

« Nous avions perdu la veille et Pat nous avait fait patiner avec des poids pendant quarante minutes. S'il l'avait fait une minute de plus, je crois que nous aurions déclenché une terrible mutinerie. Mais Pat n'était pas là pour être notre ami. Des fois, nous l'aimions ; des fois, nous le détestions. »

Wendel Clark, de son côté, n'a que faire de cette vision des choses :

« La question n'est pas de savoir si vous aimez ou si vous détestez un entraîneur, c'est plutôt de savoir si vous le respectez. Pat était très respecté. »

La partie numéro trois ne fut pas davantage concluante pour les Leafs, qui laissèrent échapper une avance de 2-0 pour baisser pavillon

4-3. Gilmour présentait un tout nouvel assortiment de points de suture sur le nez et un petit air de famille avec le monstre de Frankenstein, mais un chroniqueur de Saint Louis préféra ridiculiser l'allure de Burns.

« Qu'arrive-t-il à Pat Burns ? Pourquoi cet ancien policier aux allures de brute et d'armoire à glace essaye-t-il de ressembler à l'onctueux chanteur de charme Wayne Newton ? »

Un signal d'alarme parcourut l'échine des Leafs.

« La peur commence à nous gagner, et la seule façon de la conjurer c'est en croyant en nous. Nous devons croire les uns dans les autres, dit Foligno qui poursuivit, afin d'alléger l'ambiance : En tant qu'équipe, notre objectif, notre seule raison d'être ici, le but de notre présence, c'est de tenter de mettre un sourire au visage de Pat Burns. Et nous y sommes parvenus quelques fois cette année. Mais nous voulons répéter l'expérience encore quelques fois. »

Le chœur des louanges adressées à Curtis Joseph rendait Burns littéralement malade.

« Joseph par-ci, Joseph par-là, tout le monde ne parle que de Joseph. On a tout de même compté trois buts contre lui. Le problème, c'est qu'on en a donné quatre. »

Lors du quatrième match, disputé en début d'après-midi, Toronto fit la démonstration que Joseph n'était qu'un mortel comme les autres. Les Leafs envahirent son demi-cercle et le bousculèrent, Foligno et Krushelnyski générant le plus gros du trafic.

« Ils nous ont donné du bon hockey toute l'année, dit Burns de ses deux maraudeurs, pas très élégants mais terriblement efficaces. Ils ont joué le style de hockey dont nous avons besoin : être constamment en mouvement, prendre des claques en pleine face. »

Joseph se plaignit à l'arbitre des libertés que prenaient les Leafs dans son espace de travail. L'arbitre alla s'entretenir un instant avec Burns à ce sujet.

« Nous ne faisons qu'envoyer la rondelle au but, répondit-il d'un air angélique. C'est notre mission… »

Stimulés par un discours d'avant-match de Burns, ses joueurs se jetèrent à corps perdu dans la partie et lui ramenèrent une victoire de 4-1. Un Potvin étincelant éclipsa son vis-à-vis et laissa tant de sueur sur la glace qu'il en perdit neuf livres.

Alors que la série reprenait le chemin de la Ville Reine, les deux équipes avaient développé une haine sincère l'une contre l'autre. Seul Glenn Andersen, qui avait un dalaï-lama sommeillant en lui, refusait d'adhérer à cette détestation collective.

« Le mot haine ne figure pas dans mon vocabulaire », disait-il.

Durant la partie numéro cinq, Toronto continua à exercer sa domination, battant les Blues dans tous les domaines, jouant un hockey plus rude, démontrant plus de finesse et les battant 5-1. Maintenant, une victoire au match suivant, au vénérable et décrépit St. Louis Arena, donnerait aux Leafs leur premier titre de division Norris depuis qu'ils avaient quitté la division Adams en 1981 et les enverrait en finale de la conférence Clarence-Campbell. De retour dans la ville de la Grande Arche, la température était caniculaire. La chaleur affecta sans doute Foligno qui, discourant sur le fait que les Blues leur opposeraient une vive résistance, commit ce qu'on appellerait bientôt au Québec un « perronisme » :

« Nous devrons faire bien attention de garder nos deux pieds dans les airs… euh… sur terre. »

Burns trouva le temps et l'inspiration pour taquiner son homologue des Blues, Bob Berry, qui vivait les affres d'un terrible sevrage depuis qu'il avait renoncé au tabac. L'entraîneur des Leafs fit parvenir au vestiaire des Blues la feuille de l'alignement de son équipe à laquelle il avait collé une cigarette.

À l'intérieur de l'amphithéâtre étouffant, le toupet de Burns s'aplatissait de plus en plus alors qu'il faisait les cent pas derrière le banc. Cependant, avec son équipe en avance 1-0, et en voyant la désinvolture avec laquelle jouaient désormais ses joueurs, Burns sentit ses cheveux se dresser sur son crâne.

« Je pouvais le sentir en quittant Toronto. Il y avait toutes ces conversations autour de la coupe Stanley et de Joe-Sieve [le surnom donné à Joseph par les partisans des Leafs], ce genre de choses… Vous ne pouvez pas vous mettre à parler comme ça pendant les séries. »

Les Blues l'emportèrent finalement 2-1, et maintenant les Leafs se retrouvaient dans une situation identique à celle qu'ils avaient vécue contre les Red Wings, quand ils avaient failli à les éliminer en six matchs, condamnés à revivre l'insoutenable tension d'un match sans lendemain. Entre la route lisse et la pente accidentée, les Leafs avaient choisi l'option la plus compliquée.

« Nous avons joué avec le feu et nous nous sommes brûlés, geignit un Burns dépité. Nous n'avons que jeté de l'huile sur le feu. »

Foligno reconnaît aujourd'hui que ses équipiers et lui avaient eu de sombres pressentiments avant de retourner à Saint Louis.

« Les Blues étaient si fiers. Ils ne voulaient pas perdre devant leurs partisans. Et nous nous sommes dit exactement la même chose après. Et quand nous sommes revenus à la maison, il était absolument hors de question qu'ils nous battent dans notre propre édifice. Nous étions convaincus que, pour le septième match, nous allions hausser notre niveau de jeu au point où toutes nos passes atterriraient sur le ruban de nos bâtons, que tous nos jeux seraient exécutés à la perfection… et c'est exactement comme ça que les choses se sont passées. Ce fut absolument incroyable. Nous avons joué la partie telle que nous l'avions imaginée dans notre esprit. »

Mais en songeant à cet autre septième match, Burns ne pouvait réprimer une certaine nervosité, et ses propos la traduisaient bien :

« Il n'y a aucun doute là-dessus, l'avantage va à l'équipe visiteuse. C'est nous qui subissons la pression. J'ai demandé à mes gars, à l'heure où ils vont enfiler leur chandail ce soir, de se rappeler qu'il s'agirait peut-être de la toute dernière fois. Un septième match de série n'est plus une question de stratégie, mais plutôt de ce que vous avez en vous. Les gars doivent se recueillir et comprendre la signification de l'enjeu. »

Gilmour, lui, restait impassible :

« Pression ? Quelle pression ? »

Qui aurait pu prédire la déroute qui allait s'abattre sur les Blues, ce soir-là, au Maple Leaf Gardens ? Tout comme Icare, Joseph avait dû voler trop près du soleil, car il fondit, littéralement. Wendel Clark compta deux buts et, sur un lancer frappé foudroyant, égratigna le masque de Joseph quand la rondelle l'atteignit directement en pleine figure. Dans la seule première période, quatre buts des Leafs eurent tôt fait d'enlever tout espoir de remontée aux Blues, qui s'inclineraient finalement 6-0. Gilmour se « contenta » pour sa part d'un but et deux passes, ce qui lui donnait maintenant 22 points en séries, surpassant le record du club de Darryl Sittler par un point.

« Pat nous avait si bien préparés pour ce match, se rappelle-t-il. Mais pas avec de grands discours, et sans élever la voix. Il nous a juste parlé doucement. »

Au dehors du Gardens, la ville était en proie à la frénésie – une belle frénésie. Foligno, qui vivait au centre-ville près du Place Sutton Hotel, s'incorpora à la foule sur le chemin du retour à la maison, zigzaguant à travers la parade spontanée qui avait envahi la rue Yonge.

« Je dis toujours aux gens que j'ai assisté à quelques parades dans ma vie. L'une d'elles a eu lieu au Colorado, quand nous avons gagné la coupe Stanley. Une autre quand les Blue Jays ont gagné la Série mondiale. Et enfin, celle qui a suivi notre victoire en séries contre les Blues de Saint Louis. Une partie de ma famille était en ville à ce moment-là et ils se sont joints à la parade. Je me souviens d'être rentré chez moi en passant par les ruelles parce que je ne pouvais pas marcher en pleine rue sans être assailli. C'était incroyable ! »

CHAPITRE 13

Gilmour contre Gretzky, Burns contre Melrose

« S'il pense me déconcentrer en me traitant de beigne... »

De son siège, à l'arrière de l'avion, Pat Burns arborait un air furieux. En fait, il ne l'était pas ; il s'agissait évidemment de l'expression normale de son visage au repos, les sourcils perpétuellement froncés, le regard sérieux, les traits impassibles même quand il haussait la voix. Ce matin-là, alors que les Leafs s'envolaient pour Los Angeles, Burns était profondément embêté. L'objet de sa colère était un certain Cliff Fletcher, et comme il s'agissait de son directeur général, il ne pouvait y faire grand-chose. « The Boss », comme l'appelait Burns, avait permis que des épouses se mêlent à l'entourage de l'équipe en déplacement. Dans un élan de convivialité, Fletcher avait invité les femmes des entraîneurs et des directeurs à accompagner le club lors de leur séjour en Californie. La moutarde était montée aussitôt au nez de Burns sans même s'arrêter à sa moustache.

« Ce n'est pas mon idée, grogna Burns. Il ne s'agit pas de vacances, (censuré) ! »

Burns était si allergique à cette idée de voir des épouses autour de l'équipe pour les parties trois et quatre de la finale de la conférence Campbell qu'il cacha délibérément l'existence de cette invitation à sa propre amie de cœur, Tina Sheldon. Elle découvrit le pot-aux-roses en recevant un appel de de Boots Fletcher, la femme de Cliff.

« Tu ne veux pas que je vienne avec toi ? », lui demanda Tina, blessée.

« Non, pas vraiment ! », dut lui avouer son grognon de conjoint.

Être la çompagne de Pat Burns pouvait s'avérer une chose pénible à assumer. Bien qu'il pût être affectueux et prévenant – Tina le comparait à un gros nounours –, le seul grand amour de sa vie demeurait le hockey, et toute chose ou tout être venait en second, du moins durant la saison régulière, et à plus forte raison en séries éliminatoires. Mais après que Boots Fletcher eut fait sortir le chat du sac, Burns fut pris en flagrant délit de mensonge. Il dut se résigner à l'inévitable, de mauvaise grâce, en émettant cet avertissement :

« Ne t'attends pas à ce qu'on se balade main dans la main sur la plage ! »

En fait, Burns finirait bel et bien par se promener sur les plages de Californie, mais pour des raisons tout à fait improbables.

Fletcher délia les cordons de la bourse sans compter. Dans son esprit, les Leafs méritaient toutes les gâteries que la concession pouvait leur offrir alors que s'allongeaient ces exténuantes séries. Les joueurs furent transférés de l'aéroport de Los Angeles directement à leur luxueux hôtel de Santa Monica, en bordure de la mer. Tout en approuvant l'isolement de l'équipe hors de Los Angeles, Burns trouvait tout de même à redire sur ce point de chute, qui lui semblait trop décontracté et trop près d'innombrables plaisirs : sable, surf, etc. Peut-être l'entraîneur se méfiait-il aussi de quelques autres tentations non loin de Tinseltown… Sur le strict plan du hockey, l'hôtel était situé à une distance considérable à la fois de leur lieu d'entraînement et du Great Western Forum d'Inglewood.

Burns passa des heures et des heures assis dans le lobby en marbre de l'hôtel, dans une attitude de Bouddha, le sourcil levé, à l'affût de tout mouvement, prenant bonne note des allées et venues des joueurs. Bien peu furent tentés de se prélasser au bord de la piscine avec des *drinks* capiteux, mais des marches à vive allure le long de la promenade ou du quai de Santa Monica étaient considérées comme thérapeutiques. Burns avertit les siens de prendre garde au soleil, rappelant à ses joueurs la mésaventure de Jacques Lemaire, qui avait si bien fait bronzer son crâne dégarni qu'il lui avait été impossible de mettre son casque une fois la partie venue.

« N'oubliez pas l'huile solaire ! », leur cria-t-il.

Après 16 parties en 32 jours, cette traversée du continent d'est en ouest était bien la dernière chose dont les Leafs avaient besoin. Alors que Wayne Gretzky en était à sa cinquième saison dans l'uniforme des Kings, son équipe venait d'éliminer Calgary et Vancouver. Les rapides patineurs de la Cité des Anges étaient extravagants, semblables à des vedettes de cinéma; les Leafs évoquaient plutôt une équipe de cols bleus allant fièrement à l'usine avec leurs boîtes à lunch, et semblaient être une extension de l'homme debout derrière leur banc. Le caractère de cette équipe était la raison – à part la victoire, bien sûr – qui expliquait le regain de popularité du hockey à Toronto.

« Pas seulement Toronto, le pays tout entier ! », se souvient Dave Ellett.

Les premiers mois de la saison d'Ellett avaient été ardus, mais sous la tutelle de Burns, il était devenu l'un des arrières en qui son entraîneur plaçait toute sa confiance.

« Nous avions connu un début de saison instable, avec quelques désaccords. Pat était un entraîneur de type défensif, tandis que moi, j'aimais bien me porter à l'attaque. Il détestait voir des défenseurs passer la rondelle en milieu de patinoire. J'ai toujours senti que j'avais la capacité de bien exécuter ce genre de jeu et je voulais continuer dans cette veine. Mais si ça ne fonctionnait pas ou s'il y avait un revirement, j'avais droit à ce que nous appelions "le regard". »

Ellett et Burns étaient tous les deux originaires de la région d'Ottawa. Assez tôt dans la saison, les Leafs affrontaient les Sénateurs à Kanata et Ellett était sur la patinoire pour la période d'échauffement précédant le match.

« Burnsie a sauté sur la glace et a marché droit vers moi. Je le voyais s'approcher de moi et je pensais : "OK, qu'est-ce que j'ai fait ? Pourquoi en a-t-il après moi ?" »

Au lieu de l'enguirlander, Burns lui demanda s'il était le petit-fils d'Abe Cavan. Ellett opina. Cavan avait été le chef de police d'Ottawa. Burns s'exclama :

« Il m'a donné mon premier emploi comme policier ! Je n'oublierai jamais ce qu'il a fait pour moi ! »

Ce jour-là, bien des années plus tard, Burns était l'entraîneur des Maple Leafs de Toronto et ils n'étaient plus qu'à une série de la finale de la coupe Stanley. Quelle route étrange et tortueuse l'avait mené de ce point-là à un autre… Il y avait aussi tout un réseau de liens insolites qui unissaient Burns, les Leafs et les Kings. C'était Gretzky qui avait embauché Burns pour diriger les Olympiques à Hull une décennie plus tôt. Les Kings s'étaient fortement intéressés à la candidature de Burns pour combler leur poste d'entraîneur, l'été précédent, avant que Burns ne signe avec Toronto. Burns ne s'était pas gêné pour ressortir cette histoire à outrance, l'amplifiant d'une fois à l'autre – l'exagération étant l'un de ses péchés mignons –, allant jusqu'à dire qu'on lui avait fait miroiter le poste de directeur général de la concession. Le propriétaire majoritaire de celle-ci, Bruce McNall, qui connaîtrait plus tard son lot de démêlés avec la justice, se chargea rapidement de rectifier les faits…

Quoi qu'il en soit, les Kings avaient jeté leur dévolu sur Barry Melrose, un personnage presque aussi coloré que Burns. Melrose, un ancien des Leafs, était le cousin germain de Wendel Clark. Ils avaient également été coéquipiers dans l'équipe de balle-molle de leur ville natale, Kelvington, en Saskatchewan, pendant la première moitié des années 1980 – Melrose comme receveur, Clark comme arrêt-court. Mike Murphy, l'assistant de Burns, avait été l'entraîneur en chef des Kings pendant une saison après en avoir été le capitaine pendant six ans. Plusieurs joueurs des Leafs avaient été coéquipiers de joueurs des Kings au sein d'autres équipes. Bien qu'elles déploient leurs activités à des milliers de milles de distance, dans des divisions différentes, les deux équipes partageaient de nombreux points en commun.

La série s'était entamée de manière fracassante au Maple Leaf Gardens quand Marty McSorley – le garde du corps attitré de Wayne Gretzky à Edmonton et maintenant à Los Angeles – avait gratifié Gilmour d'un coup bas à sa manière avec moins de cinq minutes dans un match que les Leafs gagnèrent 4-1. Le 93 avait complètement éclipsé le 99, lui dérobant ce soir-là le titre de Merveille, amassant une paire de filets et autant de passes, laissant son empreinte sur tous les buts de son équipe. Au troisième vingt, Toronto avait surclassé Los Angeles 22-1 au chapitre des tirs au but, des chiffres qui traduisaient bien la dimension insolite de cette rencontre. Le coude bien haut de McSorley mit Gilmour KO juste après qu'il eut préparé le but de Bill Berg, le quatrième des Leafs. Gilmour étendu face contre glace, Clark, en vaillant défenseur des siens, se rua sur le brutal mastodonte pour lui donner une correction et il lui appliqua un solide coup de poing. McSorley conserverait en souvenir un œil au beurre noir pour le reste de la série.

« Eh bien, notre meilleur joueur gisait sur la glace avec un compte de 4-1, commenta sobrement Clark. C'est le genre de choses qu'on ne veut pas voir se produire. »

Pendant la mêlée qui s'ensuivit, les partisans couvrirent la patinoire de débris, parmi lesquels une béquille.

« Quelqu'un a dû ramper longtemps pour revenir à la maison », gloussa Melrose.

Gilmour parvint à se remettre debout et patina directement vers le banc des Kings. Là, il se cramponna au bâton de Darryl Sydor et servit à ses adversaires une envolée lyrique dont ils se souvinrent bien après leur retraite. Cette performance exemplaire de courage sidéra les Kings eux-mêmes.

« Par le simple fait de venir à notre banc, s'extasia Sydor, il essayait de nous montrer que rien de ce que nous pourrions lui faire n'arriverait à le briser. »

De là où il avait assisté à la scène, Burns était devenu fou furieux. Il se rua à l'extrémité du banc et se tint près des sièges qui séparaient les deux équipes, criant et gesticulant à l'intention de Melrose. Le juge de ligne Ray Scapinello eut à s'interposer entre les deux hommes afin d'empêcher Burns de franchir la zone tampon. Melrose, dont les cheveux longs dans le cou deviendraient plus tard un sujet brûlant d'actualité, prétendit ne pas avoir saisi un traître mot de la longue tirade de Burns.

« Je croyais qu'il était en train de commander un hot-dog », ironisa-t-il.

Se moquant de la montée aux barricades de son vis-à-vis, l'air insolent, Melrose gonfla ses joues, imitant l'expression et les cris de Burns.

« Tu es gros ! », lui lança-t-il.

L'insulte enragea encore davantage Burns. Selon des joueurs des deux bancs, Burns répliqua en assimilant Melrose à une partie génitale de la femme et lui cracha une bordée d'injures se rapportant à sa longue tignasse, celle-ci constituant une invitation ouverte à la moquerie. N'est pas Rod Stewart qui veut, pour porter la «coupe Longueuil» avec élégance !

« Pourquoi ne vas-tu pas te faire couper tes (censuré) de cheveux ? »

Cela s'éloignait un peu de l'esprit d'Oscar Wilde… Il s'agissait de chamailleries infantiles, mais cela aurait pu être pire, comme le dit plus tard Melrose :

« J'aurais pu lui dire d'aller se chercher un autre beigne ! »

(Il ne s'agissait pas d'une citation originale. Durant les séries éliminatoires de 1988, l'entraîneur Jim Schoenfeld des Devils du New Jersey confronta l'arbitre Don Koharski dans un corridor, rencontre au cours de laquelle l'officiel fut poussé – ou trébucha –, ce qui le conduisit à menacer Schoenfeld qu'il ne dirigerait plus jamais un autre match. Schoenfeld avait conclu l'échange avec ce spirituel dernier mot : «Tu es tombé de toi-même, gros porc ! Va te chercher un autre beigne ! »)

Depuis, Gilmour a visionné plus d'une fois cette première partie Kings-Leafs, ainsi que les autres de ces séries de 1993.

« Encore aujourd'hui, je voudrais retourner là-bas et attraper Melrose par le collet. S'ils en étaient venus aux coups, j'aurais misé tout mon argent sur Pat. Cet épisode montrait à quel point Pat était passionné pour son club, alors c'était sublime à voir. Il avait la même intensité quand il s'adressait aux arbitres. S'il n'avait pas eu d'émotion, comment ses joueurs auraient-ils pu en avoir ? »

Après la partie, Burns continua à dénoncer l'attaque subie par Gilmour, affirmant qu'il n'enverrait jamais un de ses hommes forts sur la glace pour assaillir une vedette du club adverse.

« Tout ce que je sais, c'est que si Ken Baumgartner faisait la même chose à Wayne Gretzky, nous nous ferions pendre haut et court sur la colline du Parlement. J'ai perdu beaucoup de mon respect pour les Kings de Los Angeles à cause de cela. Je sais qu'une chose pareille ne se produirait pas dans notre équipe, et je ne la laisserais jamais faire. »

Dans le vestiaire des Kings, McSorley tenta de formuler une explication désinvolte pour justifier son geste :

« Vous pouvez m'appeler l'artiste des coups bas… »

Burns se permit également une remarque peu délicate sur le compte de Gretzky, se livrant à une comparaison peu flatteuse pour la Merveille.

« Wayne Gretzky ne joue pas sur les 200 pieds de la patinoire. Doug revient sur ses pas, couvre son joueur et le suit jusque dans son territoire. »

Pour le plus grand délice des journalistes, la guerre des mots était partie en grand et se poursuivrait tout au long de la série.

Le lendemain, sur un ton sarcastique, McSorley invita les photographes à prendre tous les gros plans qu'ils voulaient de son œil au beurre noir, gracieuseté de Clark.

« Que tout le monde prenne une bonne photo. Une couple de points de suture avec ça ? Quelle histoire ! »

Mis à part cette ombre à son visage, McSorley offrait le portrait de la plus pure innocence. Incapable de résister à la tentation, McNall se joignit à la foire d'empoigne verbale, disant qu'il n'avait aucune idée des mots qui s'étaient échangés entre les deux entraîneurs.

« Qu'est-ce qu'il criait à Melrose ? Je crois qu'il était fâché que Melrose ait décroché le poste qu'il avait convoité toute l'année dernière. »

Quand deux gros bouquets de ballons furent livrés au vestiaire de l'équipe visiteuse, Luc Robitaille rigola :

« L'un est de Doug et l'autre est de Wendel ! »

Burns se présenta à l'entraînement avec une coupe de cheveux toute fraîche – des deux entraîneurs, aucun doute possible sur celui qui sortait de chez le coiffeur – et donna aux journalistes la chance de passer au peigne fin les retombées de la querelle avant de déclarer vouloir en finir avec ces gamineries.

« Les tempéraments irlandais ont tendance à être explosifs. Là, je suis de bonne humeur et je tiens à le rester. Barry peut dire tout ce qu'il veut. Aujourd'hui, j'aime les Kings. »

Melrose, lui, continuait à pester, indigné par la remarque de Burns sur Gretzky.

« Quiconque dans le hockey se mêle de critiquer Wayne Gretzky n'est pas très intelligent. Si Pat Burns gagne aujourd'hui très bien sa vie dans la LNH, c'est grâce à Wayne Gretzky qui l'a embauché pour diriger son équipe junior. »

Il suggéra que Burns avait été victime d'un « anévrisme au cerveau ». Melrose remit sur le tapis cet incident de novembre où Gilmour avait brisé le bras de Tomas Sandstrom et Burns accusé les Kings de « toujours se plaindre pour tout et rien » quand ils avaient regimbé contre la suspension imposée à Gilmour.

« Qui se plaint, aujourd'hui ? », se moquait Melrose, dénonçant l'hypocrisie entourant l'assaut de McSorley sur Gilmour.

L'espiègle Melrose savait comment remuer le fer dans la plaie, bien qu'il jurât avoir tourné le dos à toute confrontation physique depuis le jour où, lors de sa première année comme entraîneur de Medicine Hat, il s'en était pris à un spectateur qui l'avait frappé pendant un match, ce qui avait poussé plusieurs joueurs de 16 ans à transformer leur bâton en machette.

« Je me suis juré de ne plus jamais perdre la carte. J'ai eu si honte… »

Ainsi, il avait appris à dominer son caractère, parvenant même à garder son calme quand Philadelphie avait pulvérisé son équipe par le compte de 10-2 plus tôt dans l'année.

« Je m'étais glissé une courroie de cuir entre les dents… »

Pour ce qui était de sa curieuse « coupe Longueuil » dont Burns avait fait la cible de son sarcasme, voici ce que Melrose avait à dire pour sa défense :

« Mes cheveux sont la seule chose sur laquelle mon père et moi ne nous sommes jamais entendus. Il a toujours insisté pour que je les porte courts. Quand j'ai quitté la maison, à 15 ans, je me suis dit que dorénavant je les porterais toujours longs. Tout le monde les aime comme ça. Enfin, sauf les chauves, bien sûr. »

Et vlan dans les gencives. Burns encaissa les blagues sur son toupet qui se clairsemait – « Je me fais juste un peu pousser le front » –, mais il avait la mèche plus courte quand on critiquait la courbe généreuse de son ventre :

« Peut-être que quand Barry sera sur ses 41, 42 ans, son bedon prendra aussi de l'expansion… »

Les médias remarquèrent rapidement que Gilmour n'était pas sur la patinoire pour l'entraînement. Burns avait sa réponse toute prête : « Doug est retourné sur sa planète pour se reposer un peu. »

Ce serait le seul répit auquel Gilmour aurait droit durant cette folle épopée de 42 jours.

Lors du deuxième match, ce fut au tour des Leafs de perdre toute contenance. Cette partie décousue aurait pu aller d'un côté comme de l'autre ; aucune équipe ne se démarquait vraiment. Vers la fin de la première période, après que McSorley l'eut de nouveau solidement frappé, Gilmour patina jusqu'à son tourmenteur, le feu dans les yeux, et lui donna un bon coup de tête en plein visage. Les Kings furent outragés que Gilmour n'écopât pour son geste que d'une mineure – tout comme McSorley, d'ailleurs –, alors qu'une majeure ou une inconduite de match leur aurait paru appropriée.

Toronto gaspilla une avance de 2-1 pour finalement baisser pavillon 3-2 sur un but de Sandstrom préparé par Gretzky, en troisième. La Merveille s'inscrivait en faux contre les jugements selon lesquels les Kings n'étaient qu'une formation dotée d'une seule dimension, essentiellement offensive. En fait, les Kings concurrençaient les Leafs sur leur propre terrain au niveau du cran et de leur rythme tout en lenteur, tandis que Gilmour, comme un chroniqueur le dit, était passé du mode *super-duper* à *super-stupor* en l'espace de deux jours. À l'époque, Gilmour avait nié avoir donné de la tête à son tortionnaire, prétextant qu'il ne s'agissait que d'un « tête-à-tête ». Aujourd'hui, il ne fait pas de mystère :

« Oh oui, c'était un coup de tête ! »

Hors glace, Melrose se crêpait le chignon avec Don Cherry, un observateur qui faisait preuve de bien peu de neutralité dans le cadre de cette série – comme le prouvait par exemple la bise qu'il avait donnée à Gilmour en pleine télé après le match numéro un.

« Je ne crois pas que *Hockey Night in Canada* devrait favoriser une équipe aux dépens d'une autre, estimait Melrose, contrarié. Notre alignement compte autant de Canadiens que celui des Leafs. »

En guise de représailles, Melrose défendit à ses joueurs d'accorder des entrevues sur les ondes de *Hockey Night in Canada*. En ondes, Cherry profita de son temps d'antenne pour claironner tout le bien qu'il pensait de Melrose :

« C'était un faux-cul quand il était un joueur et c'est un faux-cul comme entraîneur. »

Prudemment, Melrose sauta sur l'occasion de se taire et de ne pas suggérer à Cherry d'embrasser la partie la plus pertinente de son anatomie. Plus tard, Cherry crut insulter Melrose en disant que sa tignasse lui donnait l'air de « Billy Ray Cyprus », ce qui outragea davantage Burns, qui confessait pour Billy Ray Cyrus (et non « Cyprus ») la plus vive admiration, l'ayant même proclamé son chanteur country favori. Pendant ce temps, la femme de Melrose, Cindy, connue pour son style court-vêtu, tout en dentelle et bustier, mit son grain de poivre dans la dispute inter-entraîneurs en rebaptisant sur les ondes de la radio KISS l'entraîneur des Maple Leafs « Fat Burns ».

Toronto n'avait pas remporté de match numéro deux jusqu'ici en séries. Burns était agacé que son équipe ait failli sous ce rapport.

« On dirait que nous nous assoyons et que nous attendons que le "Doug Gilmour Show" commence. Peut-être que certains de nos gars ne comprennent pas encore tout à fait de quoi il est question ici. »

Maintenant, ils s'embarquaient pour la côte Ouest, et avec des passagers féminins en sus – mais pas les femmes des joueurs. Burns n'avait aucune idée de la controverse qui s'apprêtait à le frapper...

Une station de radio de Los Angeles, faisant ses choux gras du tour de taille de Burns, pressa ses auditeurs de faire parvenir un beigne à l'entraîneur en donnant le nom de l'hôtel de l'équipe à Santa Monica. Quand les Kings eurent vent de la farce, des dirigeants appelèrent la station et les prièrent fermement de mettre un terme à l'opération beignes. Mais le mal était déjà fait. Dix-huit douzaines de beignes avaient atterri à la réception de l'hôtel. Dans une brillante riposte, Burns et Tina distribuèrent les patisseries aux itinérants de Santa Monica et de Venice.

« Ce matin, j'étais un roi. Je suis peut-être une personne impopulaire à L.A., mais plein de sans-abri qui dorment à la belle étoile sur la plage pensent que je suis le plus grand. J'ai cru qu'ils allaient me porter en triomphe sur leurs épaules. Ils m'ont dit qu'ils n'avaient pas eu de meilleur petit déjeuner depuis des années. »

Cependant, Burns demanda à tous de s'en tenir là :

« Je prie les gens de ne pas gaspiller leur argent, parce que je ne mange que des beignes de chez Tim Hortons. »

Beau joueur devant la plaisanterie, Burns avait développé sa propre interprétation du geste des partisans des Kings, soutenant que son embonpoint n'y était pour rien :

« Je crois que tous ces beignes ont davantage à voir avec mes années passées dans la police. Les policiers fréquentent beaucoup les beigneries afin de boire du café et de rester bien réveillés pour protéger tous ces gars qui ont de grandes gueules. »

Toutes ces distractions et tous ces projecteurs commençaient toutefois à le lasser.

« Tout ça a été bien amusant, mais maintenant c'est le temps de revenir à nos moutons. Barry et moi ne sommes pas le clou du spectacle, nous ne sommes que des éclairagistes. Nous sommes ici pour gagner des matchs de hockey, pas pour nous conduire comme des enfants d'école. »

Joignant la parole au geste, Burns réserva à ses hommes une exténuante séance d'entraînement, rejetant du revers de la main toute allusion à l'épuisement des siens.

« Il ne devraient pas être fatigués. Mais le bout de viande entre leurs oreilles, peut-être bien... »

Des centaines de partisans se présentèrent au Forum munis de beignes, autant de projectiles destinés à Burns. Gilmour, quant à lui, commença à être harcelé dès le milieu de l'hymne national canadien.

« Ils avaient des pancartes, se rappelle Gilmour. D'un côté il était écrit : *Gilmour Head Butt*. De l'autre côté, *Gilmour Butt Head*. En fait, c'était plutôt amusant, j'aurais dû en garder une. »

Gilmour était en train de passer ses bâtons à la torche d'un chalumeau (en ces temps préhistoriques, les bâtons de hockey étaient encore en bois !), dans le corridor du Forum, avant la partie.

« Un gars est passé et m'a dit : "Hé, toi, vas-y mollo avec nos joueurs." Au moment où j'ai entendu sa voix, sans même lever la tête, je savais qui c'était : Sylvester Stallone. Et j'ai pensé : "Wow, c'est cool." Il y avait toutes ces stars d'Hollywood qui venaient aux parties et nous étions émerveillés. Pat, lui, disait : "Nous n'avons rien à foutre de qui sont ces gens-là, OK ? Qui se soucie que Kurt Russell et Goldie Hawn soient dans les gradins? Ne les regardez même pas. Ce ne sont pas vous qu'ils viennent encourager." »

Les Kings battirent les Leafs 4-2, trompant deux fois Félix Potvin sur des tirs à bout portant. Tandis que Gretzky continuait à jouer ce que Burns qualifiait de «hockey piétonnier», l'entraîneur redoutait une imminente explosion du 99. Il implorait ses joueurs de se regarder longuement dans le miroir en se demandant: «Désirons-nous vraiment ceci?» Sa mise en garde dut toucher une corde sensible, car au match numéro quatre, les Leafs revinrent en force avec un effort convaincant, s'imposant 4-2 et remportant toutes les batailles à un contre un de la rencontre.

«Nous sommes à notre meilleur quand nous sommes acculés au pied du mur, observa leur entraîneur ravi. Nous aimons jouer avec la peur au ventre. »

«Ça va être une longue série, prédit Gretzky. Maintenant, nous le savons. »

Les critiques se faisaient acerbes sur le compte de la Merveille. Le dernier objectif qui lui restait à atteindre dans le hockey était de mener les Kings de Los Angeles à la conquête de la coupe Stanley. Mais où était l'éblouissante performance à laquelle tous s'étaient attendus de lui? Au début des séries, le joueur de 32 ans avait affirmé ne s'être pas mieux senti depuis des années, mais ce n'était pas l'impression qu'il donnait sur la glace. Hélas pour les Leafs, comme tout le monde le sut plus tard, le 99 gardait le meilleur pour la fin, au tomber du rideau.

Secoués, les Kings se tournèrent vers leur gourou, Anthony Robbins, auteur bien connu de livres et de cassettes sur la pensée positive, qu'il ne se privait pas de vendre dans les émissions de télé de fin de soirée. Melrose était l'un des adeptes de Robbins. De retour à Toronto, Burns se moqua de cette approche nouvel âge du hockey; comme tout cela était californien… De toute façon, maintenait Burns, les Leafs avaient leur propre expert en motivation, le psychologue de l'équipe Max Offenberger.

«Moi, j'ai Maxie. Nous fumons un cigare, nous buvons un cognac et tout va beaucoup mieux. Et en plus, Maxie met son sofa à ma disposition s'il est trop tard pour que je rentre. »

Sur leur propre terrain, les partisans de Toronto allaient montrer à la foule de L.A. une ou deux choses, promettait Burns. Les deux entraîneurs échangèrent une autre salve d'injures, l'un accusant l'autre de contrevenir au cessez-le-feu convenu. Burns crut à un affront sous-entendu quand Melrose émit un commentaire sur l'âge moyen de l'alignement des Leafs, qui les forçait à jouer la trappe en zone neutre parce qu'ils ne pouvaient rivaliser avec la vitesse des Kings. L'attaque ne se voulait qu'un lob inoffensif, mais Burns répliqua par un engin nucléaire.

« Barry Melrose ne témoigne aucun respect à qui que ce soit. Il a joué la même carte depuis le début de la série. Il a cru qu'il pourrait me distraire avec son histoire de beignes. J'ai été policier pendant 16 ans. On m'a traité de chien, de cochon. On m'a brisé des bouteilles de bière sur la tête. On m'a donné des coups de pied dans le bas-ventre. Une femme que j'arrêtais a essayé de m'arracher les yeux. S'il croit me distraire en me traitant de beigne… Je ne crois pas que Barry comprend que les entraîneurs forment une fraternité. Nous devrions nous respecter les uns les autres. Nous sommes seuls derrière le banc… »

Burns parlait, parlait, parlait… mais il ne parlait pas sans raison ni sans habileté. En discourant ainsi, Burns détournait délibérément l'attention des médias de ses joueurs plongés dans le court-bouillon médiatique torontois.

« Je ne sais pas si c'est quelque chose que Pat avait appris de Scotty Bowman, ou si ça lui venait naturellement, dit Gilmour. Scotty avait toujours quelque chose à dire sur n'importe quoi. Il se plaignait que les bancs étaient trop courts ou que la glace n'était pas bonne. L'attention était manifestement portée sur nous, et Pat faisait de son mieux pour la faire dévier. Et il ne voulait pas que nous lisions les articles qu'on écrivait sur nous, surtout s'ils étaient négatifs. »

Au terme des 60 premières minutes du match numéro cinq, au Gardens, c'était l'impasse, 2-2, Toronto ayant comblé un retard de deux buts. En prolongation, les Leafs dominèrent le jeu. Avec 39 secondes à faire au premier surtemps, Glenn Anderson traversa le cercle de mise en jeu gauche, contourna un amas de joueurs qui incluait Gretzky et décocha un tir qui vrombit entre les jambières de Kelly Hrudey, « comme une balle de croquet dans un arceau », tel que le rapporta le *Times* de Los Angeles.

« Je me disais : "Débrouille-toi juste pour tirer au but" », dit Anderson, le plus inspiré des Leafs au sein d'une équipe décidément éteinte.

« Nous avons sorti un lapin du chapeau, reconnut Burns. Mais les lapins se font rares… »

Toronto n'était plus qu'à une victoire d'atteindre une première finale de la coupe Stanley depuis leur dernière conquête du trophée en 1967. Burns avait interdit qu'on prononce dans le vestiaire le nom des Canadiens de Montréal – qui se reposaient durant ce temps à la maison, attendant de connaître l'identité de leur adversaire –, mais toute la ville était en proie à la folie des séries. Les joueurs eurent à peine le temps de se rendre compte de leur victoire qu'ils durent sauter dans l'avion pour reprendre la route de L.A.

« Nous savions ce qui se passait en ville, raconte Gilmour, mais nous, les joueurs, étions dans notre propre petit monde. Des fois, je repense à ces moments-là et je me demande si tout cela est vraiment arrivé. »

Gilmour ne fait pas ici allusion à ses exploits, mais à ses occasionnels accès de violence, des réactions désespérées provoquées par Burns qui les exhortait à « les faire saigner ».

« Les gens, les jeunes, me posent tout le temps des questions, mais c'est si dur à expliquer. Je pensais vraiment que nous allions gagner cette série. Je mettais mon casque et, franchement, parfois je me conduisais comme un trou du cul. Après la partie j'enlevais mon casque et je me demandais : "Est-ce que j'ai vraiment fait ça ?" J'avais la sensation que notre destin était de tout gagner. *Man, oh man,* c'était une sensation incroyable. »

Incroyable est très certainement le mot qui décrit aussi parfaitement le match numéro six, même presque 20 ans plus tard. L.A. s'était procuré une avance de deux buts quand Wendel Clark prit les choses en main, offrant probablement la plus belle et la plus courageuse performance de sa vie. Il compta une, puis deux, puis trois fois. Deux de ces buts survinrent en troisième période alors que Clark porta presque à lui seul les Leafs à une égalité de 4-4.

« Ç'a été la partie de sa vie, affirme Mike Foligno. Wendel s'est chargé de compenser toutes les fautes commises par l'équipe et nous a remis à lui seul dans la partie pour nous donner une chance de gagner. Avec cette performance-là, il nous a montré quelle sorte d'homme il était. Cette partie a prouvé à tout le monde pourquoi il était le capitaine de cette équipe. Je me souviens de la jubilation dans le vestiaire, combien nous étions heureux qu'il nous ait menés en prolongation. »

Sur cette soirée glorieuse, Clark se montre modeste. Son dos lui avait fait mal toute la journée.

« Je me suis échauffé seulement deux minutes et je n'étais pas sûr que j'allais participer au match. Puis je suis allé voir Chris Broadhurst, le physiothérapeute de l'équipe, pour un traitement. Tu ne sais jamais quand tu vas connaître ce genre de match. Je ne l'avais certainement pas senti… La rondelle m'a suivi toute la soirée. »

Clark observe une pause avant de conclure :

« Le lendemain soir, c'est Wayne Gretzky qu'elle a suivi… »

Jusqu'à la fin de ses jours, Burns a soutenu qu'il n'y aurait jamais dû y avoir de lendemain soir, que Gretzky n'aurait pas dû être sur la glace pour enfiler le but gagnant du sixième match à 1:41 de la prolongation – un but compté en avantage numérique après que Glenn Anderson eut rudoyé stupidement Rob Blake. La série était désormais égale et Toronto devrait subir l'épreuve d'un septième match pour une troisième fois ce printemps-là.

Kerry Fraser avait signalé la pénalité contre Anderson avec 12,1 secondes à faire en troisième. Dans son point de presse ce soir-là, Burns ne s'étendit pas trop sur cette infraction imposée à un moment si crucial.

« Que voulez-vous faire ? C'était une pénalité méritée. »

Bien que mécontents de celle-ci, les joueurs étaient loin de s'en faire.

« Nous étions revenus de l'arrière et nous étions sûrs que nous allions gagner la partie, raconte Ellett. Nous allions écouler cette pénalité, ce n'était pas un problème. Personne n'était furieux contre l'arbitre et ne disait : "On s'est fait avoir." Nous voulions mettre ça derrière nous, *tuer* cette pénalité et aller de l'avant. »

Burns prit la peine d'ajouter, pour le bénéfice des journalistes :
« Ils auraient pu aussi décerner une pénalité à Gretzky. »

Ce qui s'est produit en prolongation a pris, à force d'être évoqué, répété et rabâché, des proportions mythiques. Juste avant d'enfoncer un couteau dans le cœur des Leafs, Gretzky avait coupé Gilmour au menton en portant son bâton trop haut. Tous les officiels en uniforme ce soir-là ont prétendu avoir manqué le geste, bien que Gilmour saignât visiblement. Dans sa biographie *The Final Call*, Fraser a écrit :

« En tant qu'arbitre, ma plus grande crainte a toujours été que, le temps d'un battement de paupière, quelque chose puisse se passer et que je le rate. Vous n'aimez pas non plus qu'un joueur passe tout bonnement devant vous et obstrue votre champ de vision, car vous redoutez que quelque chose de déterminant puisse se produire au même moment. Était-ce ce genre de moment-là ? »

Fraser s'approcha d'abord de Gilmour et vit du sang sur son menton, « mais ça ne coulait pas. J'ai d'abord pensé que c'était une vieille coupure qui s'était rouverte. » Il prétendit que Gilmour lui avait dit que « Gretzky a tiré et son bâton m'a atteint à la fin de son élan ». Si c'était le cas, dit avoir répondu Fraser, aucune infraction ne pouvait être décernée puisque la fin de l'élan suivant un tir exempte le joueur d'une pénalité pour bâton élevé. C'était alors la règle qui prévalait.

Gilmour remet en question cette version des faits.

« J'ai dit qu'il ne s'agissait *pas* de ça. Gretz a voulu soulever mon bâton et il a raté son geste. Ça n'avait rien à voir avec un mouvement pour tirer. Alors OK, Fraser ne l'a pas vu. Mais un juge de ligne voulait signaler la pénalité. Dans ce temps-là, selon le règlement, Gretzky aurait pu être expulsé de la rencontre. Il y aurait eu une émeute. Et c'est pourquoi il n'y a pas eu de pénalité. Le compte aurait été 4-4... et Dieu sait ce qui aurait pu arriver. »

Gilmour était au vestiaire, en train de se faire administrer huit points de suture pour refermer sa coupure, quand Gretzky compta le but décisif, la rondelle déviant sur la lame de son bâton, résultat d'une passe erratique. Au-dessus de sa tête, Gilmour entendit la clameur de la foule et sentit vibrer l'édifice. Aucun doute n'était possible : les Kings avaient gagné. Tout ce qu'il ignorait, c'était lequel d'entre eux avait frappé. Quand il sut qu'il s'agissait de Gretzky, Gilmour soupira profondément.

« J'avais peur que nous ayons réveillé un géant endormi. Et je me suis dit : "*Oh crap*, c'est bien la dernière chose que nous voulions !" »

Le but de Gretzky laissait les Leafs atterrés – quel triste gaspillage de la splendide performance de Clark ! – mais pas démolis. Ils passèrent la nuit à L.A., prirent un repas tardif en équipe et quelques bières à l'hôtel.

« Le vol de retour fut assez calme, merci, se rappelle Ellett. Pat n'avait vraiment pas grand-chose à nous dire après la partie. Mais personne n'était déprimé. Nous allions disputer un troisième septième match, et nous avions gagné les deux premiers, alors tout le monde était pas mal confiant. »

Néanmoins, quelques membres des médias émirent l'opinion que les Leafs avaient peut-être tenté le diable une fois de trop. Pendant ce temps, l'humeur était à la liesse chez les Kings.

« La défaite du match six nous a fait mal, mais elle a surtout donné aux Kings l'élan qui leur manquait, estime Foligno. Elle leur a redonné une confiance qu'ils n'avaient plus, une autre victoire et la finale était à leur portée. Ça s'était passé à leur domicile, mais nous avions déjà gagné là auparavant. »

Melrose exultait :

« Ce n'est pas un septième match. C'est maintenant un 1 de 1 ! »

Puis il avisa ses joueurs et les médias de Los Angeles :

« Emportez quelques slips de plus… Nous allons à Montréal. »

Gretzky déclara ne pas avoir commis de geste inapproprié à l'endroit de Gilmour. Mais il avait pris un plaisir évident à compter le 105e but de sa carrière en séries éliminatoires et à forcer la tenue d'un septième match.

« Je n'ai pas de pouvoir surhumain. Je ne peux pas accumuler quatre points par match. C'est impossible. Mais je veux m'assurer que lorsque je fais quelque chose, ma contribution est importante. »

Sa contribution était en effet importante et donnait à la Merveille 29 points en séries, soit trois de moins que le meneur à ce chapitre, Doug Gilmour.

Ce septième match tombait pile le jour de l'embauche de Burns par les Leafs, un an plus tôt. Burns était exactement sur la même longueur d'ondes que Gilmour, craignant que Gretzky ait été émoustillé et qu'il soit maintenant sur le point de commettre un coup d'éclat. Burns était aussi préoccupé par le niveau d'endurance de son meneur, le cœur et l'âme de cette équipe, se doutant que l'essence commençait à se faire rare dans le réservoir de Gilmour.

« Il tient présentement avec du fil et de la broche. Nous avons contacté sa planète pour qu'ils nous envoient d'autres clones. »

Personne n'ignore la fin de l'histoire.

« Gretzky a été Gretzky », se borne à dire Clark.

« Wayne s'est présenté sur la glace et a dominé », dit Potvin.

« Il a fait ce qu'il a fait durant toute sa carrière : porter son équipe sur ses épaules, surenchérit Gill. C'est pourquoi il est le meilleur joueur à avoir jamais existé. »

« Gretzky est un magicien. Il s'est levé… », conclut Ellett.

L'intéressé a lui-même parlé de cette partie comme du « meilleur match » qu'il ait jamais disputé.

Même s'il avait raté la partie numéro cinq pour assister sa femme lors de la naissance de leur fille, Mark Osborne avait couvert le 99 durant tout le reste de la série avec ses compagnons de trio Zezel et Berg.

« Nous avons tous suivi la carrière de Wayne, tous les records qu'il a battus, ses coupes Stanley à Edmonton, dit Osborne. Comme ça, il dit qu'il s'agit de son meilleur match à vie ? Eh bien, ça n'a pas été très gentil pour nous. Son meilleur match et il ruine notre seule chance à vie d'affronter les Canadiens de Montréal en finale de la coupe Stanley. Merci, Gretz ! »

Pas la peine de s'étendre sans fin sur la suite. Gretzky fit plus que se lever pour l'occasion : il survola la patinoire. Son huitième tour du chapeau en séries propulsa les Kings vers leur première finale de la coupe Stanley au terme d'un gain de 5-4. Les Leafs étaient en avance 4-3 quand le patin de Dave Ellett redirigea accidentellement le lancer de Gretzky derrière Potvin pour son troisième but de la soirée.

« Bien sûr, je l'ai revu des millions de fois, soupire Ellett. Tout le monde se croit obligé de ramener ça sur le tapis. C'est le genre de choses qui arrive dans un match de hockey. J'ai seulement senti que quelque chose touchait mon patin. J'ai tout de suite su, au silence de la foule, que ce n'était pas bon pour nous. Je me suis tourné et j'ai vu la rondelle dans le filet. »

Tout n'était pas encore joué. Ellett, qui ne voulait rien savoir d'endosser le rôle de bouc émissaire, répliqua presque immédiatement pour les Leafs.

«Les gens l'oublient parce qu'on n'arrête pas de nous remontrer encore et encore le but de Gretzky. Mais j'ai compté une minute plus tard. Il restait deux minutes au match, nous avions encore une chance.»

Potvin fut retiré à la faveur d'un sixième attaquant, mais les Leafs ne parvinrent pas à égaliser. L.A. gagna 5-4. La magie avait fini d'opérer. Dans le vestiaire, les joueurs pleuraient sans chercher à se cacher.

«Nous étions absolument dévastés, relate Gill. Encore aujourd'hui, je suis dévasté. Quand les gens m'en parlent, j'ai toujours cette boule dans la gorge. Nos étions *tellement* près. Nous y étions presque.»

Mais ils n'y seraient jamais.

Burns allait de joueur en joueur, étreignant tour à tour chacun des inconsolables, en les remerciant une, deux, trois fois.

«Vous pouviez voir qu'il était très ému, dit Gilmour. Mais il était aussi très fier.»

À la fin du match, à l'heure des poignées de main, Gretzky avait dit à Burns:

«Je ne pouvais pas vous laisser faire. Je ne pouvais pas vous laisser gagner.»

D'une voix rauque, Burns s'adressa solennellement aux médias après coup:

«Cette équipe s'est rendue loin, bien au-delà de mes attentes. Je n'ai pas arrêté de leur répéter: "Vous devez combattre la nuit jusqu'à ce que vous voyiez le jour."»

Sa citation poignante ressemblait à celles qu'il aimait bien préparer à l'avance et qu'il gardait dans la poche de son veston, prête à l'usage. Ou peut-être l'avait-il simplement chipée à Bruce Cockburn, dans sa chanson *Lovers in a Dangerous Time*.

«Tout cela a été un formidable apprentissage pour cette organisation, un grand bond en avant. À partir de maintenant, vous savez que si vous portez ce chandail et ces couleurs, vous devez être prêt à jouer et tout donner. Jamais je n'ai été plus fier d'une équipe et je l'ai dit aux gars. J'aurais aimé leur dire plus tôt, mais je ne voulais pas leur donner l'impression que l'aventure était finie. »

L'aventure était finie.

CHAPITRE 14

Panne d'essence

« Mon travail est de leur faire oublier à quel point ils sont crevés. »

Avec de grosses poches sous les yeux, arrivant seuls ou par paires, habillés d'un jeans ou de bermuda, l'édition des Leafs de 1992-1993 se réunit une dernière fois dans un restaurant du centre-ville de Toronto. Dans leur esprit, ils jouaient encore au hockey, toujours en route pour la coupe Stanley, en mode guerrier. Dans les faits, aussi étrange et aussi bête que ça pouvait l'être, ils n'étaient plus que l'une des 14 équipes admises en séries qui avaient perdu leur dernière partie de l'année et qui étaient maintenant éjectées du portrait.

La « veillée funèbre » avait été organisée par Wendel Clark. Bob Rouse arriva sur sa Harley flambant neuve, Mark Osborne débarqua avec des cigares – certains cubains, d'autres en chocolat –, histoire de marquer en retard la naissance de sa fille. Tous avaient coupé leur barbe des séries. La plupart jurèrent qu'ils ne regarderaient pas la finale entre Montréal et Los Angeles ; ils ne pourraient tout simplement pas le supporter.

La campagne écoulée avait été un fabuleux succès, un grand accomplissement. Mais il était trop tôt pour penser au futur et trop tard pour rêver. Maintenant que l'adrénaline avait cessé de se déverser en eux, les joueurs étaient épuisés et leurs corps amochés se rappelaient à leur bon souvenir. Peu d'entre eux étaient disposés à regarder ce qui les attendait – le camp d'entraînement débuterait dans moins de 100 jours.

« Je veux monter sur ma moto et sentir le vent dans mes cheveux, dit Pat Burns. Je veux me trouver un endroit avec un peu de soleil et de sable. »

On l'avait approché pour participer en tant que commentateur à la retransmission télévisée de la série finale, mais il avait décliné l'invitation :

« Je suis fatigué de parler de hockey. »

Et pourtant, les gars de la bande étaient visiblement réticents à l'idée de se séparer pour l'été. Du restaurant, ils partirent dans une flotte de taxis et se rendirent dans une boîte d'effeuilleuses, The House of Lancaster.

« Puis Pat et moi sommes allés dans un autre bar, le Left Bank, raconte Gilmour. Dan Aykroyd était là avec des amis, et nous avons passé un moment avec eux. Après ça, nous sommes rentrés à la maison. Je ne dirais pas que Pat avait le cœur brisé, il était seulement vidé, comme moi. »

L'entraîneur fit sa valise pour des vacances éclair à Antigua, mais fut de retour à Toronto dès le 1er juin pour assister à une fête donnée en l'honneur de l'équipe au Nathan Phillips Square. Le fait qu'ils n'avaient rien gagné n'atténua pas d'un iota l'enthousiasme des 10 000 partisans venus célébrer leurs favoris sur la place publique. La foule envahit la scène temporaire et les rampes d'accès. C'était le plus grand rassemblement à City Hall depuis la visite du pape en 1984. Cet après-midi-là, Burns était aussi ahuri par ce qu'il voyait que pendant les séries de fin de saison, quand des centaines d'inconditionnels accueillaient l'équipe à l'aéroport après qu'ils eurent *perdu* une partie à l'étranger. « À Montréal, blaguait-il, ils auraient envoyé des chasseurs pour abattre l'avion de l'équipe. » En s'adressant à la foule, Burns laissa échapper ce cri du cœur :

« J'ai été assez chanceux de faire partie de deux grandes traditions, celles des Canadiens de Montréal et des Maple Leafs de Toronto. Jamais je n'avais vu de tels partisans dans ma vie. Vous êtes les meilleurs de tous ! »

Sur la scène, les joueurs traînaient des pieds, les mains enfoncées dans les poches, soudainement timides devant toute cette admiration pour un parcours qui, ultimement, s'était avéré une cause perdante.

« Nous avons attendu un long moment, dit Wendel Clark au micro, et je sais que vous avez attendu encore plus longtemps. »

Clark avait un an quand des joueurs des Maple Leafs avaient bu pour la dernière fois dans la coupe, en 1967.

« Nous irons encore plus loin dans les prochaines années », promit-il.

Doug Gilmour mérita la plus grosse ovation. Le 93 se cachait presque derrière ses coéquipiers, se passant nerveusement la main dans les cheveux, son regard rivé sur ses pieds.

« Je sais que tous les gars réunis ici sont très fiers de ce qu'ils ont accompli cette année. Et nous nous améliorerons avec le temps. Je vous remercie. Et les gars derrière moi, je leur dis la même chose : merci. »

Pendant une cérémonie tenue plus tard à l'hôtel de ville, Burns dit qu'il était remué par cet accueil chaleureux.

« Nous n'avons rien gagné et voyez comme ils nous ont célébrés. C'est formidable, mais je suis presque gêné par toutes ces marques de reconnaissance. Aujourd'hui, les partisans sont enthousiastes, mais demain ils pourraient être impatients. Les attentes vont être plus grandes et notre tâche va être plus rude. »

Quelques semaines plus tard, après que les Canadiens eurent disposé des Kings en cinq matchs pour remporter leur 24e coupe Stanley, Burns mit la main sur son deuxième trophée Jack Adams en tant qu'entraîneur de l'année. Avant le soir de la remise des trophées annuels, il avait prétendu que cette nomination – sa troisième, déjà – le laissait « blasé ».

« Ça ne m'excite plus vraiment. Ça n'a rien à voir avec le trophée lui-même. Ce qui m'embête, c'est d'apparaître à la télévision nationale et de devoir trouver quelque chose d'intelligent à dire. »

Quand son nom fut prononcé et qu'il eut à se lever pour aller quérir son dû, Burns manifesta toutefois sa joie et dédia cette récompense à ses joueurs.

« Cette fois, l'honneur est encore plus grand. Nous avons accompli beaucoup et le club s'est donné de bonnes assises. Je suis venu à Toronto avec mes idées et je m'en suis tenu à celles-ci. Je savais que nous n'avions pas une puissance offensive explosive, mais que nous pourrions trouver une manière pour que cette équipe gagne non seulement des matchs, mais aussi le respect. »

Doug Gilmour fut en nomination pour le trophée Hart – remis au joueur le plus utile – ainsi que pour le Frank Selke, soulignant le travail du meilleur attaquant défensif. Il dut concéder le Hart à Mario Lemieux qui, tout en ayant manqué un mois pendant la saison régulière en raison de traitements contre la maladie de Hodgkin, forme de cancer atteignant les ganglions, n'en avait pas moins remporté le championnat des pointeurs avec une incroyable récolte de 160 points en 60 matchs. Le Selke fut toutefois l'affaire de Gilmour. Il rigola quand les journalistes soulignèrent l'ironie qu'un joueur de sa trempe, une redoutable menace offensive, remporte un honneur dévolu au jeu défensif. Gilmour souleva aussi l'hilarité quand il se présenta sur scène, les cheveux impeccablement peignés vers l'arrière et dûment laqués. Burns, basané au retour d'un séjour dans les tropiques, posa avec Gilmour pour d'innombrables photos. Le dernier Leaf à avoir remporté un honneur individuel avait été Brit Shelby, recrue de l'année en 1965.

Burns profita toutefois de la situation pour mettre un bémol de prudence au cœur des célébrations :

« Je crois que les entraîneurs peuvent seulement durer trois ou quatre ans à la tête d'une équipe à moins qu'elle ne remporte la coupe Stanley chaque année. Si nous ne gagnons pas la coupe au bout de quatre ans, il y aura des gens qui se mettront à vouloir ma tête. »

Et s'adressant directement aux journalistes, il ajouta :

« J'aimerais que Toronto soit la dernière ville où je dirigerai une équipe, mais c'est vous qui en déciderez. »

Cet été-là, Burns loua un chalet au lac Simcoe, mais ce serait la première et la dernière fois, car il fut la cible permanente des groupies et des chasseurs d'autographes de tout le sud de l'Ontario. Les partisans le débusquaient jusque sur son bateau, alors qu'il pêchait. Les Leafs restèrent très populaires durant tout cet été-là. Une vidéo évoquant la saison 1992-1993, *The Passion Returns*, se vendit comme des petits pains chauds, tout comme le poster *Pat's Garage*, montrant l'entraîneur et certains de ses joueurs, vêtus de manière décontractée, qui avaient pris place parmi une panoplie de motocyclettes et d'autos *vintage*…

À l'occasion, Burns fit des apparitions spéciales au sein des Good Brothers, un groupe bluegrass fondé par les frères Bruce et Brian

Good. Leur relation avec Burns remontait à la Coupe Canada de 1991, quand la finale avait été disputée à Hamilton contre l'équipe des États-Unis. Au même moment se déroulait dans la ville de l'acier le Canadian Country Music Week, et Brian Sutter et Mike Keenan participaient à la soirée de remise des prix. Burns rencontra alors Bruce Good et ils allèrent à l'hôtel faire plus ample connaissance autour d'une bière ou deux. Burns était excité de rencontrer des musiciens canadiens et, pour faire bonne mesure, invita Bruce et son fils Travis au match final du tournoi, que le Canada gagna. Autour de minuit, les Good rejoignirent Burns à l'hôtel de Toronto où logeait Équipe Canada.

« On a fait la fête jusqu'à l'aube dans l'une des chambres, se souvient Bruce. Je crois que c'était celle de Keenan. »

Au matin, les fêtards, qui n'avaient pas fermé l'œil de la nuit, descendirent à la salle à manger pour déjeuner, le trophée de la Coupe Canada trônant en guise de centre de table. Quand Keenan remonta dans sa chambre pour dormir un peu, Burns et Bruce Good emportèrent le trophée pour lui faire prendre l'air jusqu'à la station locale de musique country, le temps d'une entrevue.

Dans la version des faits de Bruce (différente de celle rapportée plus tôt dans ce livre), voici quelle a été la suite des événements :

« Nous sommes retournés à l'hôtel et nous avons déposé la coupe à côté de Keenan endormi, sur un oreiller. »

Selon les souvenirs de Good, Keenan ne remarqua pas la présence de la coupe à son réveil et ne l'avait toujours pas remarquée quand il quitta sa chambre. Une préposée aux chambres retrouva la coupe et le remisa tout simplement aux objets perdus.

Burns accueillit les Good à Montréal pour une partie des Canadiens l'année suivante et leur fit faire une visite guidée de la « cathédrale » : le vestiaire de l'équipe. Les atomes entre les musiciens et l'entraîneur se crochirent encore davantage quand celui-ci déménagea à Toronto. Burns était toujours heureux comme un roi de jouer avec le band quand on le lui demandait. Les Good Brothers entretenaient une relation de longue date avec les Leafs. À la fin des années 1970, ils avaient joué à maintes reprises à l'occasion de partys du club organisés par Ron Ellis. Le premier album du groupe – gagnant d'un prix Juno – avait été financé par un défenseur des Leafs, Dave Dunn.

« Pendant son premier été à Toronto, Pat s'est joint à nous pour des spectacles bénéfices et aussi des spectacles réguliers, raconte Bruce. Il avait une excellente voix de chanteur, mais j'ai été surpris de constater à quel point il était un bon guitariste, surtout rythmique. Il connaissait plus d'accords que n'importe lequel d'entre nous. Il était vraiment incroyable, et d'autant plus qu'il avait appris seul. Il aimait la musique. Sa chanson favorite était *Margaritaville*, alors nous la jouions souvent. Il avait beaucoup d'aisance sur scène et une sacrée présence. Il aimait monter sur les planches et se produire devant le public. Certaines personnes pensaient qu'on le faisait jouer avec nous pour en jeter, parce qu'il était l'entraîneur des Maple Leafs, mais ce n'était pas vrai. Pat était un musicien formidable et il avait vraiment un don. Il aurait pu en faire une carrière si sa vie avait pris une direction différente. »

Burns nourrissait aussi une affection particulière pour la musique irlandaise, si bien que les Good et lui formèrent un autre groupe appelé les Butcher Boys consacré à ce seul genre. Une nuit, tous se réunirent à l'appartement de Travis et enregistrèrent un album entier de musique irlandaise. Burns joua et chanta sur chaque chanson. Depuis, Bruce a demandé à un ingénieur du son de transférer ce vieux ruban sur un CD. À la toute fin de l'enregistrement, on peut entendre un bruit récurrent : boum ! boum ! C'était le voisin de Travis qui tapait sur le mur, intimant aux mélomanes de cesser ce boucan sur-le-champ !

Durant l'été, Wendel Clark devint le troisième joueur de l'histoire des Leafs à joindre le club des millionnaires, et Burns demanda poliment que l'on renégocie son contrat. Il eut d'ailleurs gain de cause : le salaire des deux années restantes de son contrat fut majoré de 100 000 $. À la fin août, Burns était de retour au bureau, ronchonnant à propos des attentes fondées sur la saison 1993-1994 et appelant ses joueurs à la ronde afin de savoir s'ils avaient bien pris soin de leur condition physique pendant la belle saison.

« C'était comme si on s'était quittés la veille, et Pat était au bout du fil », se rappelle Gilmour.

Leur conversation ressembla grosso modo à quelque chose du genre :

— Qu'est-ce que tu faisais ?

— Rien.

— Tu as commencé à te mettre en forme ?

— Ouais, ouais, je m'y mets.

— OK, je faisais juste vérifier…

Lors des examens médicaux, au jour un du camp, Burns passa au crible les résultats des tests de condition physique en gloussant et en chantonnant.

À l'exception de gagner la coupe Stanley cette année, qu'est-ce que les Leafs pourraient accomplir en guise d'exploit ? Remporter 10 victoires en lever de rideau, peut-être ?

Avant d'en arriver là, les Leafs devaient d'abord contribuer à l'exportation du hockey hors du Nouveau Monde en affrontant les Rangers de New York dans deux matchs hors concours à Londres, en Angleterre. Évidemment, la corvée puait souverainement au nez de Burns :

« Il n'y a rien que j'aime de près ou de loin là-dedans, mais je n'y peux rien. »

Après le vol de sept heures, l'entraîneur grognon était encore plus désenchanté et ses commentaires étaient encore plus tranchants :

« Si je venais ici avec un chapeau de touriste, je pense que ce serait fantastique. Mais en tant qu'entraîneur, tout ce que je trouve à dire, c'est : *Jesus !* »

Cliff Fletcher rit de bon cœur en se rappelant cette aventure en sol britannique :

« Pat se lamentait chaque jour. Il disait : "Ce ne sont pas des (censuré) de vacances ! Nous sommes accompagnés de nos femmes, de nos blondes… *What the hell ?*" »

Joueurs, femmes et blondes firent une croisière sur la Tamise, furent invités d'honneur au Planet Hollywood et eurent le choix entre une soirée au théâtre ou un match de qualification Angleterre-Pologne au stade Wembley, dans le cadre de la Coupe du monde de foot.

Mike Keenan et ses Rangers gagnèrent les deux matchs.

Ces (quasi) vacances terminées, les Leafs retournèrent à leur bon vieux Gardens, loin du palais de Buckingham et de la relève de la garde.

« Pat va diriger l'un de ses camps dans le plus pur style Hitler », marmonna Mike Foligno.

En réalité, les joueurs étaient impatients de reprendre là où ils avaient laissé au printemps. Félix Potvin parle du sentiment général des joueurs à leur arrivée au camp d'entraînement :

« Nous avions l'impression d'avoir été en dessous des attentes des gens et nous voulions prouver à tous que nous étions une bonne équipe. La chimie que nous avions développée pendant la première saison s'est transmise à l'équipe de la saison suivante. »

Aux yeux de Todd Gill, le répit estival était venu et reparti en un clin d'œil, mais il était impatient de reprendre le collier.

« Les séries nous avaient aidés à nous fabriquer une telle confiance en nous ! Chacun d'entre nous était bien meilleur grâce à ce qu'il avait traversé la saison précédente. »

La saison se mit en branle le 7 octobre et cette année-là encore, l'attention des amateurs de sports torontois était concentrée sur les balles et les prises, sur Joe Carter et Roberto Alomar, car les Blue Jays étaient en quête d'un deuxième titre de Série mondiale consécutif. Alomar procéda d'ailleurs à la mise au jeu officielle du match d'ouverture des Leafs. Burns a toujours soutenu qu'il détestait à s'en confesser ces parties-là, mais rien de particulièrement énervant ne survint lors de cette soirée sans histoire. Les Leafs culbutèrent les Stars de Dallas 6-3 et voilà, ils étaient partis !

Lors du deuxième match, contre Chicago, des centaines de partisans passèrent la soirée l'oreille collée contre leur radio transistor alors que les Blue Jays battaient de leur côté les White Sox de Chicago. Les Leafs gagnèrent 2-1 – et les amateurs de sports de Chicago rêvèrent cette nuit-là de raser la Ville Reine.

Partie trois, contre Philadelphie : 5-4. Il s'agissait d'une bonne petite séquence gagnante pour commencer la saison. Commentaire de l'entraîneur réaliste :

« Je suis content que les gars aient bien joué lors de ces trois premiers matchs, mais je garde les deux pieds sur terre. Il y a encore 81 matchs à venir… »

Partie quatre : les Leafs suèrent à peine en étourdissant les Capitals 7-1. Burns fit même se reposer Gilmour pendant les sept dernières minutes du match. Commentaire de l'entraîneur faussement grognon :

« Ça lui apprendra à faire autant d'argent ! »

Fort de ces quatre gains d'affilée, Burns exhorta sa troupe à ne rater aucune occasion d'accumuler des points :

« Nous devons nous comporter comme des écureuils et remplir nos petites joues maintenant, mettre de côté le plus possible de noisettes en vue de l'hiver. Car l'hiver sera long et froid. »

Partie cinq et six : un doublé aller-retour contre les Red Wings pendant le week-end de l'Action de grâce, 6-3 et 2-1.

La saison était vieille d'une demi-douzaine de matchs et Toronto trônait au sommet du classement de la ligue. Une fiche immaculée de six victoires. La perfection. Gilmour, lui, régnait sur le classement des marqueurs. Quarante-neuf ans auparavant, les Leafs avaient commencé la saison de la même façon et avaient finalement remporté la coupe Stanley. Et malgré tout, les Leafs passaient au second plan dans l'actualité sportive de la ville. Ce constat inspirait à Todd Gill un haussement d'épaules :

« Je crois qu'il y a assez de place dans les journaux pour les Blue Jays et nous. On peut se contenter de la page 2 pour quelque temps. »

Les journalistes affectés à la couverture du hockey commençaient à se rendre compte, au fur et à mesure que l'espace accordé à La Séquence prît de l'ampleur, que les Leafs n'étaient plus qu'à trois gains d'établir la marque pour le meilleur début de saison de toute l'histoire de la LNH. Burns prétendait que tout cet intérêt autour de cette séquence était beaucoup de bruit pour rien.

« Je me fous des records. Si on en a un, on en aura un. La seule chose qui m'intéresse, ce sont les points. »

Partie numéro sept : les Leafs concassèrent les Whalers 7-2. Potvin avait une étincelante moyenne de buts accordés de 2,14 – la meilleure de la ligue. Burns, radieux, s'émerveillait de la contribution offensive d'une équipe à qui les observateurs avaient prédit des difficultés à remplir le filet adverse.

« Je ne sais pas trop d'où viennent tous ces buts, mais tout ça est plutôt plaisant. »

Le record de la concession – et de la LNH – pour le plus de victoires consécutives en début de saison était de neuf et avait été établi 68 ans plus tôt, et égalé par les Sabres de Buffalo en 1975-1976. Depuis le début de La Séquence, Potvin avait gardé le filet de son équipe pour tous les matchs.

Partie numéro huit : Burns ne trouva rien de mieux que de défier le sort en envoyant dans la mêlée à Miami, contre les Panthers, le second de Potvin, Damian Rhodes. « Dusty » préserva La Séquence, Toronto battant la Floride 4-3 en prolongation. Et pour la énième fois, Burns répéta : « Je me fous du record ! »

L'équipe traversa l'État d'est en ouest pour continuer de parfaire son bronzage contre le Lightning de Tampa Bay. À sa 10ᵉ saison avec les Maple Leafs, Todd Gill n'éprouvait aucune nostalgie pour le bon vieux temps…

« Quelques-uns des gars qui sont aujourd'hui avec l'équipe ne peuvent pas comprendre à quel point la situation était mauvaise à Toronto. Pendant les cinq premières années, les Maple Leafs étaient le sujet de blague préféré de tout le monde. Il nous arrivait nous aussi d'en rire, mais il y a des jours où ce n'était pas possible, ça faisait trop mal. Personne ne voulait jouer pour les Leafs et devoir composer avec cette réalité. Maintenant, plus personne ne rit. Les gens nous prennent au sérieux. »

Vingt ans plus tard, en 2012, Todd Gill jette un œil émerveillé dans le rétroviseur de sa vie :

« Dans leur tête, les autres équipes se disaient : *"Oh God*, on va jouer contre Toronto." Depuis combien de temps n'avait-on plus entendu ce genre de choses ? »

Partie neuf : Mark Osborne enfila deux buts et Potvin blanchit le Lightning 2-0 au Thunderdome en ce même samedi où les Blue Jays remportaient leur deuxième titre de Série mondiale aux dépens des Phillies. Championnat de baseball et record de séquence égalé : les Torontois avaient toutes les raisons de pavoiser… sauf, bien entendu, Burns qui rechignait :

« Nous sommes des athlètes professionnels. Nous sommes censés gagner ! »

Puis, dans un second temps, il voulut bien avouer :

« Nous n'en avons pas beaucoup parlé, mais nous y pensions quand même un peu. »

Pas question cependant que le tour de tête de ses joueurs enfle d'un seul centimètre après cet exploit :

« Tôt ou tard, chaque équipe connaît des passages à vide. Nous aurons des léthargies, l'entraîneur sera pourri, les joueurs seront pourris et Félix ne sera même plus capable d'arrêter une table. »

Pourraient-ils étirer leur séquence à 10 victoires ? La chose paraissait peu probable, car ils prenaient maintenant la direction du Chicago Stadium. Toronto n'y avait rien gagné depuis le 22 décembre 1989 : 13 défaites consécutives, dont 5 par blanchissage. Les Blackhawks aiguisaient leur hache de guerre.

« S'ils nous battent, dit Burns, ils battront l'équipe de l'heure dans la LNH. »

Dans un moment d'insouciance, Burns prédit que les Leafs réussiraient à préserver leur séquence sous les combles du vénérable édifice de 64 ans, cernés par les 17 000 partisans enragés et assommés par les accords explosifs du vieil orgue Barton :

« La malédiction va être brisée ! »

Nik Borschevsky fit la preuve d'une maîtrise de plus en plus érudite de l'anglais en synthétisant admirablement la situation :

« Petite patinoire, monde fou. »

Il y avait aussi un autre petit problème : avec moins de quatre minutes à faire au match à Tampa, Gilmour avait été expulsé de la partie pour avoir frappé à répétition Roman Hamrlik. Durant les matchs présaison, il avait également écopé d'un match de suspension pour avoir frappé à la tête Enrico Ciccone, des Capitals. Brian Burke, vice-président de la LNH et préfet de discipline, avait revu la vidéo de l'incident de Tampa et envisageait une sanction supplémentaire. Gilmour était indigné :

« C'est une mauvaise plaisanterie. Je vais être suspendu pour m'être *battu* ? Si je suis suspendu, je vais être vraiment très déçu. »

Burke se déplaça jusqu'à la Ville des Vents pour l'audition. Burns accompagna Gilmour devant la Grande Inquisition. Avec à-propos, Burke différa sa décision, assurant le fougueux 93 qu'il serait de la formation pour le match contre les Blackhawks.

Partie 10 : malédiction brisée, Leafs déchaînés, victoire de 4-2. Selon la feuille de pointage, Potvin avait repoussé 42 tirs. Burns était sceptique :

« D'après moi, quand un fan reçoit une rondelle sur la tête, ils la comptent comme un lancer. »

Dix victoires de suite au compteur, un nouveau record, et La Séquence tenait bon. Prochaine destination : Montréal. Le match était entouré d'une aura de tension dramatique. Il ne s'agissait pas seulement d'un nouveau retour de Burns dans la ville où était née sa réputation, mais de la « reprise » d'une confrontation qui ne s'était jamais finalement concrétisée, au printemps précédent, lors de la finale de la coupe Stanley.

« J'ai contribué à bâtir cette équipe, mais je ne prends aucun crédit pour leur conquête de la coupe Stanley », dit Burns en prétendant exactement le contraire.

Jacques Demers, lui, contenait difficilement son excitation. En parlant du duel qui allait opposer Patrick Roy à Félix Potvin, il peinait à trouver les comparaisons pour exprimer sa pensée :

« Ce sera comme Sandy Koufax contre… contre… contre… (moment de silence) Ce sera comme Joe Montana contre Dan Marino. C'est ça : Montana contre Marino ! La crème de la crème. Le meilleur contre le meilleur. Vous ne pouvez demander mieux. Télédiffusé dans tout le Canada. Wow ! Quel match ! ».

Demers, qui semblait toujours rechercher l'approbation de Burns, peu importe le nombre de fois où celui-ci l'avait envoyé sur les roses, tenta d'adresser un compliment à l'homme qui l'avait précédé derrière le banc des Canadiens :

« Pat Burns a très bien préparé son équipe. Il n'y a aucune chance derrière ce début de saison. Ses joueurs sont très bien dirigés. Il leur a appris comment gagner. Il est l'un des meilleurs entraîneurs de toute la ligue. »

Burns rejeta sans délicatesse le bouquet de fleurs si aimablement offert :

« Vous n'apprenez pas à une équipe à gagner. Vous pouvez lui apprendre à mieux jouer. Les joueurs apprennent à gagner par eux-mêmes. »

Partie 11 : tour du chapeau d'un ex-Leaf, Vincent Damphousse, et victoire des Canadiens de 5-3... La Séquence était désormais de l'histoire ancienne. Fletcher se paya la tête de Burns en lui rappelant toutes ses jérémiades pendant le séjour londonien de la présaison.

« Dix victoires et une défaite, Pat. Ouais, un affreux camp d'entraînement. Toutes ces épouses et toutes ces blondes ont dû constituer une sacrée distraction... »

Et pourtant Burns était presque soulagé de voir La Séquence prendre fin. Cela l'autorisait à redevenir tout à fait lui-même et à se remettre à ronchonner sur tout et rien, et surtout sur une défaite des siens.

———

Nostradamus Burns avait vu juste en prophétisant que tout ce qui montait finissait par redescendre. Et les Leafs connurent effectivement leur part de léthargies et de disettes après leur extraordinaire départ. En fait, ils terminèrent la saison avec 14 victoires au-delà de ,500, ce qui signifie qu'entre la fin de La Séquence et la fin de la saison, ils jouèrent seulement quatre matchs au-delà de ,500. La production de Gilmour chuta de manière dramatique. À la date limite des transactions, en échange de Glenn Anderson, Fletcher obtint des Rangers le rapide et talentueux Mike Gartner, mais cela n'empêcha pas les Leafs de continuer à tituber durant le dernier mois de la saison régulière. De temps en temps, Burns utilisait une nouvelle tactique pour le moins bizarre : s'asseoir sur le banc du casier d'un joueur dont le rendement lui avait paru laisser à désirer. Au panthéon des idées de Burns, celle-là se classa bonne dernière. De son côté, Wendel Clark n'eut pas besoin qu'on le motive : il atteignit un sommet en carrière avec 46 buts en 64 matchs. Dave Andreychuk et lui cumulèrent un total de 99 buts, le deuxième plus haut dans la ligue par deux ailiers d'une même équipe, cette année-là.

Au dernier match de la saison régulière, Toronto prit la mesure des Blackhawks 6-4 à Chicago, une victoire qui valut aux Leafs le deuxième rang de la Division Centrale. Le match était une répétition de la série à venir entre les deux clubs, car les Leafs affronteraient les

Blackhawks en première ronde. Leur gardien Eddie Belfour avait coutume d'exceller contre Toronto, avec une fiche de 16-4-4, mais il trébucha lors du premier match, allouant trois buts faciles, tandis que les Leafs, tel que Burns le leur avait demandé, soumettait le cerbère à un barrage de tirs venus de loin. Les hommes de Burns se sauvèrent facilement avec la victoire, 5-1. Mais l'entraîneur, toujours désireux d'accoler aux siens l'étiquette de négligés, demanda après la rencontre :

« Pourquoi devrions-nous être confiants ? Parce que nous avons gagné 5-1 ? »

Si la victoire avait été aisée, elle n'en avait pas moins été virilement disputée. La feuille de pointage parle d'elle-même : une interminable litanie de pénalités pour rudesse, pour avoir accroché, dardé, fait trébucher, donné du coude, du bâton, pour s'être battu, sans compter trois inconduites de match…

Avant la deuxième partie, Burns fit l'éducation des médias avec quelques statistiques qu'il avait glanées çà et là. La plus intéressante concernait le pourcentage des équipes qui avaient remporté une série 4 de 7 lorsqu'elles gagnaient le deuxième match : 75 %.

« Par conséquent, dit Burns, une première victoire ne nous assure rien du tout. Que devons-nous croire ? Que la série est finie ? »

Loin de là… Les Hawks et Belfour en firent la preuve éclatante lors des trois premières périodes du second match, qui se conclurent par une égalité de 0-0. À trois minutes de la prolongation, Clark fit écran devant Belfour et Todd Gill en profita pour loger un boulet derrière le gardien. De son côté, Potvin avait été tout bonnement spectaculaire, et même incroyable sur un arrêt en plein vol, du bout du gant, avec son bras tendu.

Mais les Leafs devaient maintenant affronter le monstre terrifiant du bruyant Chicago Stadium, et deux fois plutôt qu'une. Les Blackhawks se sauvèrent avec la troisième partie, 5-4 – Tony Amonte, tout feu tout flamme, marquant quatre buts – et la quatrième, 4-3 en prolongation.

« Je ne suis pas surpris, dit Burns, et je ne suis pas non plus abattu. Nous retournons maintenant à la maison et ils devront gagner sur notre patinoire. »

Au passage, l'entraîneur accusa ses joueurs de s'être un peu trop tapés dans le dos après leurs deux premières victoires :

« Et maintenant la tape dans le dos est un bon coup de pied au derrière. »

Lors du match numéro cinq, Gilmour renoua avec son rôle de joueur catalyseur en séries éliminatoires, inspirant ses coéquipiers dans un triomphe de 1-0, même s'il n'était pas sur la glace au moment du but vainqueur. Brutalement projeté à la renverse par Gary Suter en troisième période, Gilmour sentit immédiatement que sa cheville droite avait mal encaissé son poids et que quelque chose n'allait pas. Jetant son bâton et ses gants d'un air dégoûté, il prit le chemin du vestiaire mais revint au jeu le temps d'une présence, en avantage numérique, se contentant autrement de rester sur le banc et d'encourager ses coéquipiers jusqu'à ce que Mike Eastwood battît Belfour.

La direction des Leafs assura les partisans des Leafs que la condition de Gilmour était satisfaisante. Cela n'était pas entièrement vrai. Gilmour se gavait d'antidouleurs et boitait visiblement sur sa cheville meurtrie quand l'équipe monta à bord d'un appareil pour Chicago. Les Leafs laissaient planer un doute sur la présence en uniforme de Gilmour pour le match numéro six, mais les Blackhawks ne mordaient pas à l'hameçon.

« Sa cheville est très loin de son cœur », dit éloquemment Darryl Sutter.

Les radiographies ne révélèrent aucune fracture.

« S'il est capable de marcher, je sais qu'il jouera », dit Burns.

Si Gilmour put en effet patiner, il le dut aux deux injections visant à geler sa cheville qu'il reçut avant le match. Inspiré par le courage de leur meneur, les Leafs blanchirent les Blackhawks, leur servant un hockey patient, conservateur et défensif, gagnant 1-0 pour une troisième fois dans la série, cette fois sur un but de Gartner en avantage numérique.

« Je veux que cette série finisse au plus vite, dit Gilmour. C'est sans doute pourquoi j'ai joué. C'est bien de prendre un jour de repos, mais c'est encore mieux de gagner d'abord et de prendre ensuite trois ou quatre jours de repos. »

En arrachant la série en six matchs, Toronto s'assura que plus jamais un match de hockey ne serait disputé au Chicago Stadium. L'équipe déménagea la saison suivante au nouveau United Center, tandis que leur vieil amphithéâtre bien-aimé était livré au pic du démolisseur. L'orgue du Chicago Stadium s'était tu à jamais.

———

Les Leafs concentraient maintenant leur attention sur les Sharks de San Jose, surprenants tombeurs des champions de la conférence de l'Ouest, les Red Wings. Les Sharks, équipe d'expansion à leur troisième année d'existence, étaient dirigés par Kevin Constantine, un personnage sans saveur ni couleur, qui préconisait un hockey aux propriétés soporifiques – ce qui, pour être honnête, était également la spécialité des Leafs. À la première partie, au Gardens, les Sharks sortirent l'aileron hors de l'eau et s'en tirèrent avec une victoire de 3-2 sur un but de Johan Garpenlov avec 2 :16 à faire dans le match.

« On a eu des ennuis avec eux toute l'année, rappela Burns. On est dedans jusqu'aux genoux. »

Les Leafs eurent la surprise d'être hués par certains de leurs partisans et ils leur demandèrent de faire preuve d'un peu de patience. Ils ne tardèrent d'ailleurs pas à les en remercier en assommant les Sharks 5-1 lors du deuxième match, enfilant trois buts en avantage numérique et neutralisant le trio des « Ov » (Igor Larionov, Sergei Markov et Johan Garpenlov). Prenant pitié de son preux chevalier à la cheville en bouillie, Burns garda Gilmour au chaud sur le banc pour la seconde moitié de la troisième période.

« Nous n'avions plus besoin de lui, badina Burns. On l'a relégué aux oubliettes. »

Maintenant, avec le nouveau format de série adopté cette année-là, ils devraient affronter les Sharks trois fois dans leur bassin aux eaux souvent troubles. L'entraîneur leva un index alarmiste et livra l'une de ses classiques envolées lyriques à ses protégés, comme si ceux-ci ignoraient le péril qui les guettait :

« "Vous pourriez n'être jamais aussi près d'aller aussi loin." C'est ce que je leur ai répété. Je leur ai dit que je pouvais leur garantir de manière absolue que certains d'entre eux n'auraient jamais une meilleure chance de gagner la coupe Stanley que celle qui leur était donnée présentement.

Il y aura des changements dans l'équipe, peut-être tout un tas de changements. Qui sait si une chance pareille se représentera ? »

Pour une raison ou pour une autre, le message ne parut pas se rendre immédiatement aux cerveaux concernés. Les Sharks déchiquetèrent les Leafs 5-2, Ulf Dahlen jouant les bougies d'allumage avec un tour du chapeau, le premier de l'histoire de l'équipe en séries de fin de saison. Consterné par sa performance, Potvin retourna à sa chambre d'hôtel et regarda le film *Tombstone,* qui aurait pu servir de métaphore pour illustrer les déboires des Leafs. Burns engueula ses troupes comme du poisson pourri. Dûment réprimandés, les Leafs se déchaînèrent et s'offrirent un potage d'aileron, 8-3.

Clark donna très tôt le ton au match avec un placage retentissant sur Jeff Norton, donnant l'impression de l'encastrer dans la bande – le défenseur prit d'ailleurs plusieurs minutes à s'en relever, semant l'inquiétude dans les gradins. Peu porté sur le repentir, Clark récidiva sur la personne de Dahlen. Les Leafs firent valoir leur taille et leur poids sur le gardien format poche des Sharks, Arturs Irbe, qui encaissa sa part de contacts dans son demi-cercle. Dave Andreychuk sortit de son coma des séries en y allant de deux buts et Gilmour égala un record d'équipe en séries avec cinq points – un but et quatre passes.

Mais les Sharks, intraitables, répliquèrent de nouveau. Qui étaient donc ces gars-là ? Le *Shark Tank* était à ce point bruyant, en ce soir de cinquième match, que le chroniqueur Bob McKenzie écrivit que le commentateur des matchs des Leafs, Joe Bowen, pourtant doté d'une voix de stentor, fut prié de parler plus fort ! Cette victoire de 5-2 des Sharks leur redonnait un avantage d'un match dans la série, et Toronto se retrouvait dans les câbles, à une défaite de l'élimination après cette traversée aller-retour du continent. Burns commençait à être à court de tactiques. Il avait essayé de cajoler… de sermonner… Il avait essayé un entraînement punitif extrême… Il avait essayé pas d'entraînement du tout…

« C'est vraiment frustrant pour moi et pour toute l'équipe des entraîneurs. Je peux vous dire quelque chose : nous ne serons pas une équipe très populaire si nous perdons. »

Un membre des Leafs était certainement très populaire… et peut-être même trop, auprès d'une personne à l'esprit dérangé. Gilmour avait été ciblé par une *stalker*, une femme à l'obsession fixe qui oscillait entre amour et haine. Elle avait adressé par téléphone des menaces au frère de Gilmour, David, qui possédait un bar à Kingston, affirmant qu'elle voulait tuer Doug. Cela s'était passé quelques mois auparavant. Puis elle avait tenté à plusieurs reprises de déjouer le système de sécurité du Gardens, réussissant au moins une fois à convaincre le personnel qu'elle était l'amie d'un joueur. Gilmour n'avait pas pris les menaces au sérieux au début, mais il avait fini par informer Burns qui, lui, avait informé la police. Pendant des semaines, des agents en civil suivirent Gilmour et sa petite amie Amy Cable dans tous leurs déplacements à l'occasion des matchs et des entraînements. D'autres agents étaient postés derrière le banc des Leafs. Aucune accusation ne fut jamais portée contre la déséquilibrée. Des célébrités du sport avaient fait l'objet d'attaques dans le passé : Monica Seles, poignardée sur le court par un inconnu ; la patineuse Nancy Kerrigan, blessée sérieusement à un genou à la suite d'un coup monté par le mari de sa concurrente Tonya Harding.

Sur la glace, le moment de vérité arriva lors de la partie numéro six, en prolongation. Wendel Clark avait marqué les deux buts de son équipe. Il n'y avait pas une minute d'écoulée en prolongation quand, à une vingtaine de pieds du filet, Garpenlov décocha un boulet de canon qui aurait clairement battu Potvin. Sans doute Potvin avait-il l'habitude, tout comme Patrick Roy, de parler avec ses poteaux, car la rondelle frappa la barre transversale, et le bruit qui en résulta retentit aux quatre coins du Gardens.

« En fait, je ne me souviens pas du bruit », avoue Potvin, sans aucun doute la seule personne présente ce soir-là à ne pas s'en rappeler.

La tension était insoutenable jusqu'à ce que Gilmour prépare le but décisif marqué par Gartner.

« Ouf ! lâcha Burns en s'emparant du micro pour le point de presse d'après-match. Vous, les journalistes, n'avez aucune idée de ce que c'est, diriger un match en prolongation dans la LNH. Vous voulez renifler mes dessous de bras ? Ma chemise est trempée de ma taille aux aisselles. Oui, on peut dire que c'est une expérience qui vide… »

Pendant le jour de repos précédant le match ultime, Burns broya même du noir sur sa tendance à… broyer du noir !

« Rigoler, rire, danser… ce n'est pas dans ma nature. J'aimerais être une personne joviale, mais je ne le suis pas. »

Superstitieux, il fut stupéfait d'apprendre que Kevin Gray, la vedette de la comédie musicale *Miss Saigon*, serait sur la scène du théâtre Princess of Wales et par le fait même incapable d'interpréter l'hymne national. En séries éliminatoire, Burns tenait Gray pour rien de moins qu'un talisman.

« Ah, non! dit-il quand il sut la chose. Ne venez pas me dire ça! *Give me a break!* »

Les Leafs commençaient tout de même à avoir une certaine expérience des septièmes matchs et ils composèrent avec le stress de ce nouveau défi. La chance n'eut rien à voir avec le résultat du match – une victoire de 4-2 façonnée par la contribution de Clark (deux buts) et la tenue superbe de Potvin.

« Qui se faisait du mauvais sang? crâna Burns devant les journalistes. Je n'en ai jamais douté… »

Burns pensait que le format 2-3-2 (deux matchs à la maison pour l'équipe détenant l'avantage de la glace, trois à l'étranger et deux à la maison) était une abomination. Plusieurs observateurs étaient du même avis, estimant que cette configuration de la série favorisait l'équipe qui ne détenait pas l'avantage de la glace. Si l'équipe visiteuse partageait les honneurs des deux premiers matchs, la série pouvait se terminer rapidement. Contre Vancouver en finale de conférence, cela pourrait s'avérer mortel, songeait Burns.

« J'aurais préféré que nous ne jouissions pas de l'avantage de la glace contre San Jose et Vancouver, avoue Dave Ellett, des années plus tard. Nous nous sommes retrouvés dans une position difficile. Nous perdions une partie à la maison et hop, nous étions dans leur édifice pour trois parties d'affilée. *Boy*, vous avez dit pression? Ce fut une série dure, très dure. Avec notre style de jeu, un hockey physique, où chaque partie était une guerre de tranchée, les milles s'accumulaient vite à l'odomètre. Contre Vancouver, nous étions déjà au bout du rouleau. »

Le brave Gilmour recevait toujours deux injections dans la cheville avant chaque match et la série contre les Sharks avait hypothéqué les réserves d'un peu tout le monde. Burns était conscient que ses gars étaient fatigués, mais il les exhorta à aller puiser en eux des forces supplémentaires. Cette finale de conférence serait le duel des Pat : Burns et Quinn, conduisant au combat les deux équipes les plus lourdes et les plus robustes de la LNH. Outre un même prénom, les deux entraîneurs partageaient aussi une coupe de cheveux identique, du style « pièce montée ».

Les Canucks avaient éliminé les Flames en sept matchs et les Stars en cinq, et ils étaient plus reposés que les Leafs quand Quinn se présenta avec sa troupe à Toronto. Quinn était un ancien porte-couleur des Leafs, un robuste défenseur qui avait presque décapité Bobby Orr lors d'une percutante (mais légale) mise en échec durant les séries de 1969. L'homme, fils d'un pompier, avait grandi à Hamilton.

« Je suis un ancien Maple Leaf, déclara Quinn à l'aube de la série. J'ai encore mon tatouage des Leafs quelque part sur mon derrière. Nous sommes très contents de venir jouer ici à Toronto, le berceau du hockey au Canada. Je suis vraiment heureux d'être ici. »

La partie numéro un fut un grand festival du dégagement et de récupération de la rondelle en fond de zone adverse, le seul élément spectaculaire de la rencontre étant la présence dans les gradins de Tom Cruise et de Nicole Kidman. Peter Zezel, avec deux buts, fut le héros des Leafs en prolongation, profitant d'une bévue du gardien Kirk McLean. S'étant lancé à la poursuite de la rondelle dans un coin de sa zone, McLean avait été plaqué par Bill Berg et la rondelle avait été relayée à Zezel, qui n'avait pas raté une si belle occasion d'exercer son tir dans un filet désert…

Lors du match numéro deux, Gilmour contribua aux trois buts des siens, dont deux par Ellett, mais Toronto perdit 4-3, déroulant le tapis rouge au pire des scénarios, celui tant redouté par Burns.

« Je n'ai pas cessé de répéter aux joueurs que tous les efforts consentis pendant la première partie ne signifieraient rien si nous ne gagnions pas la suivante. Les Canucks étaient venus avec l'intention de diviser les deux premiers matchs et ils l'ont fait. Ils ont compris l'enjeu ; apparemment, pas nous… »

Mark Osborne se rappelle :

« Nous étions à plat. Et maintenant nous partions à Vancouver pour trois matchs... »

Quinn, tout à la fois entraîneur, directeur général et président des Canucks, se plaignait que son équipe fût victime du parti pris que les médias de l'est du pays nourrissaient à l'égard des Leafs. Les insultes fusaient entre les deux entraîneurs, et même Fletcher y ajoutait son grain de sel, alors que de vieux conflits de la saison régulière renaissaient de leurs cendres.

« Ils ressortent de vieilles histoires que le capitaine Cook a lu dans le journal quand il est venu ici », badina Quinn.

Répliquant aux Leafs au chapitre du vedettariat, avec Mel Gibson dans les gradins du Pacific Coliseum, les Canucks s'imposèrent 4-0 dans un troisième match ponctué d'une mêlée générale après une mise en échec de Tim Hunter sur Doug Gilmour survenue derrière le but des Canucks. Quoique brutal, le geste n'en était pas moins légal, mais Rob Pearson, ne l'appréciant guère, se mit à remodeler le visage de Hunter, qui refusa de monter sur le ring. En moins de quelques secondes, la patinoire s'était transformée en une arène digne d'un cirque romain, fauves en moins. Au moment où Pearson regagna le vestiaire, on put lire deux mots sur les lèvres de Burns : « *Good job!* » Cinq joueurs furent expulsés de la rencontre, dont l'épicentre de la secousse sismique, Gilmour lui-même.

Quelques dizaines de pieds plus haut, sur la passerelle de presse, George McPhee, le directeur du personnel des joueurs de Vancouver, mis en furie par la râclée infligée par Bob Rouse à Jeff Brown, passa sa rage sur un panneau de la baie vitrée qui vola en éclats. Des confettis de vitre giclèrent en tous sens, et le responsable de l'arbitrage hors-patinoire, Gary McAdam, en fut si surpris que, bondissant de sa chaise comme un diable de sa boîte, il s'assomma sur une rampe de métal.

Burns avait l'estomac noué par la situation. Il tenta d'insuffler un second souffle à ses joueurs :

« C'est maintenant ou jamais pour cette équipe. Si nous devons gagner la coupe Stanley, ce sera cette saison, là, tout de suite. Nous avons eu notre chance, il y a un an. Nous en avons une nouvelle maintenant.

Je ne crois pas que nous aurons la même chance l'an prochain avec ce groupe de joueurs.»

Mais comme il le confia à un ami, il savait déjà. Après la troisième partie, il savait.

«Nous sommes vidés.»

À l'entraînement, le jour suivant, Burns y alla d'un discours éloquent sur la cruelle beauté du hockey devant une audience de journalistes conquis, parlant d'éthique, d'honneur et de rêves d'enfance de coupe Stanley – laquelle demeurait sa quête absolue. Il parla aussi de la manière dont il tentait de motiver ses troupes:

«Mon travail est de leur faire oublier la fatigue qu'ils ressentent et les blessures qui les affligent. Si nous perdons parce que nous ne sommes pas assez bons, nous l'accepterons. Mais je pense que nous sommes assez bons pour l'emporter. C'est pourquoi nous n'abandonnerons pas.»

Il dénonça les «coups bas» des Canucks dont ses hommes avaient été victimes:

«Nous avions coutume d'avoir un code d'honneur dans le hockey. C'est la manière dont je continue à diriger mes hommes. Je ne dirais jamais à mes joueurs de sauter sur la glace et de commettre des coups bas. En sommes-nous arrivés là? Est-ce dans cette direction que nous allons?»

Les Leafs, eux, se dirigèrent vers un deuxième blanchissage de suite, 2-0. McLean avait été irréprochable. Les Leafs oscillaient au bord du précipice et Burns était à court de grandes tirades inspirantes. À l'hôtel où logeait l'équipe, Burns partagea un repas avec Gilmour, Clark et Gill au bord de la piscine. L'entraîneur leur avoua qu'il n'avait plus d'autre lapin à sortir de son chapeau.

«Peut-être une lapine, mais plus de lapin...»

Plus tard, l'équipe se changea les idées en faisant une petite croisière dans le port de Vancouver. Accoudé à la rampe du bateau, Burns avait l'air songeur.

«Les gars, il va falloir se serrer les coudes et ramer tous dans la même direction. Qui sait ce qui peut arriver?»

L'inévitable survint, mais de la manière la plus dramatique. Blessé lui aussi à la cheville, Gill reçut une injection pour geler la douleur, tout comme Gilmour, et implora Burns de pouvoir jouer, mais celui-ci ne le lui permit pas.

« C'était la bonne décision, je m'en suis rendu compte plus tard, témoigne Gill. Mais sur le coup, je voulais tellement jouer et Pat, lui, avait peur que j'aggrave encore ma blessure. Je lui ai dit : "On me l'a gelée, ma (censuré) de cheville, alors laisse-moi jouer !" Le fait est que Pat prenait vraiment soin de ses joueurs. Je le respecte pour ça, mais sur le moment j'étais prêt à le tuer. »

Au début de la partie numéro cinq, avant la mise au jeu initiale, Burns marcha sur toute la longueur du banc en tapotant le dos de chacun de ses joueurs, se penchant sur eux pour leur souffler quelques mots à l'oreille. Ravivés, les Leafs se bâtirent une avance de trois buts en première période, mais la regardèrent ensuite s'évaporer. À égalité 3-3, les deux équipes ne firent pas de maître en première période de prolongation, mais au début de la suivante, avec 14 secondes d'écoulées, Greg Adams compta, offrant à Vancouver une victoire de 4-3 et la série. Cette année encore, c'en était fait des Leafs. Vancouver avait maintenant affaire aux Rangers en finale, qu'ils perdirent en sept matchs.

« Cette semaine passée à Vancouver sans gagner un match a été la plus longue de ma vie », se rappelle Fletcher.

Ce furent des félicitations on ne peut plus tièdes que Burns offrit à son vis-à-vis et aux Canucks :

« Les Canucks de Vancouver représenteront très bien le Canada en finale de la coupe Stanley. Mais je ne peux pas dire qu'ils ont été la meilleure équipe. Non, je ne peux pas dire ça... »

CHAPITRE 15

En eaux troubles

« Qui est-ce que je vais faire jouer avec Sundin ? »

« S'ils ne veulent pas bouger et s'ils désirent garder l'équipe actuelle, peut-être que c'est à moi de bouger. »

Pat Burns ne pensait pas vraiment ce qu'il disait : il ne changerait pas d'adresse – bien que les Nordiques lui aient fait de l'œil, mais très discrètement, de peur d'être accusés de maraudage. Le directeur général Fletcher allait rapidement mettre le holà à ces jeux de coulisses en offrant à Burns une prolongation de contrat de deux ans et une augmentation de salaire carrément monstrueuse. L'ultimatum tacite de Burns, publiquement relayé à la direction des Maple Leafs par le biais des médias, se voulait un appel désespéré à un remaniement majeur de l'alignement ; dans sa composition actuelle, l'équipe avait régressé et vivait sur du temps emprunté. Après l'élimination des siens – en finale de conférence, cette année encore, mais pas plus loin que l'année précédente –, Burns avait laissé passer quelques semaines avant d'afficher ses couleurs en vue de la saison à venir.

La nécessité de procéder à des changements dans le personnel de joueurs était une idée largement acceptée. Néanmoins, personne ne s'attendait à l'onde de choc qui allait bientôt déferler. Le 28 juin 1994, au premier jour du repêchage annuel de la LNH, à Hartford, Cliff Fletcher fit, de mémoire de partisan des Leafs, l'annonce la plus ahurissante : Toronto avait échangé Wendel Clark aux Nordiques de Québec en retour de Mats Sundin. Dans la *Leaf Nation*, l'incrédulité était totale, la réaction, instantanée. Wendel Clark, é-chan-gé ? Comment avaient-ils pu ? Rejoint chez lui par le *Toronto Star*, Don Cherry ne mâcha pas ses mots :

« Sommes-nous le 1ᵉʳ avril ? C'est sans doute un canular. J'espère que ce n'est pas sérieux. On n'échange pas Wendel Clark contre Mats Sundin. »

Il ne s'agissait pas d'une plaisanterie. L'audacieux Cliff Fletcher avait osé faire l'inconcevable, l'inimaginable. Le méga-échange impliquait six joueurs, mais Clark était le prix à payer pour obtenir le Suédois de 23 ans, le 1ᵉʳ choix au repêchage universel de 1989, auteur de deux récoltes de 100 points lors de ses trois premières saisons dans la LNH.

Se sentant profondément trahis, les partisans des Leafs observèrent un véritable deuil collectif. Fletcher savait qu'il serait honni, conspué, vilipendé. Il avait passé la veille à remuer la question dans tous les sens, hésitant quant au parti à prendre. C'était le directeur général des Nordiques, Pierre Lacroix, qui l'avait approché. Jusqu'à ce qu'on lui en soufflât l'idée, Fletcher n'avait jamais songé à se départir de Clark. Burns fut plus tard désigné comme étant l'instigateur de l'échange, désirant mettre le plus de distance possible entre Clark et lui. Les deux hommes avaient entretenu une relation mitigée et parfois tendue, dépourvue de la symbiose et de l'intensité qu'on pouvait retrouver dans celle qui liait, par exemple, Gilmour et Burns.

« Ils se haïssaient, dit un Leaf membre de la formation à cette époque. Que Clark ne veuille pas jouer blessé et qu'il ne se défonce pas pendant les entraînements, ça rendait Pat fou de rage. »

Évidemment, Burns avait plus d'une fois publiquement défié son capitaine.

« On s'entendait assez bien, dit pour sa part Clark. C'était un bon entraîneur, rien à voir avec ceux qui souhaiteraient jouer à la place des joueurs. »

Et Burns reconnaissait que, dans les moments cruciaux, Clark répondait généralement bien à l'appel. Maintenant, le capitaine était atteint de plein fouet dans ce qu'il avait de plus cher.

« Ça m'a brisé le cœur », avoue Clark.

Selon Fletcher, Burns n'avait pas milité en faveur de l'échange :

« Je ne me souviens pas que Pat soit jamais venu me voir en me disant qu'il fallait échanger Wendel. Au printemps de 1993, Montréal avait éliminé Québec. Dans l'esprit des Nordiques, ils avaient été physiquement intimidés par les Canadiens, en séries. Lacroix a commencé à me parler de Wendel. Je lui ai dit : "Nous n'avons même jamais pensé à échanger Wendel. Mais je pourrais commencer à y penser si Mats Sundin venait en retour." Quand les Nordiques furent d'accord là-dessus, nous savions que cet échange était la chose à faire. Mats était jeune, il était gros, c'était un cheval. Nous devions aller de l'avant. »

Se débarrasser de Clark brisait aussi le cœur de Fletcher :

« Pendant des années, il avait été le pilier de la concession, le seul joueur de valeur. À Toronto, Wendel symbolisait année après année l'espoir pour nos partisans et ça me plaisait. »

Clark représentait sans contredit une icône, mais Fletcher était payé pour prendre des décisions crève-cœur dans le but d'améliorer l'équipe, et celle-ci était aux prises avec nombre d'éléments vieillissants et au bout du rouleau.

Clark avait passé la journée à tourner une pub de céréales à Toronto. Chaviré par l'appel de Fletcher et la mauvaise nouvelle, il retourna à la maison… sur le seuil de laquelle les journalistes ne tardèrent pas à tenir une véritable convention. Une longue limousine blanche vint se stationner dans l'allée. Sur la banquette arrière de la voiture était assis l'ami de Clark, Tie Domi, alors avec les Jets de Winnipeg, qui sirotait une bière. Sundin, lui, apprit la nouvelle alors qu'il se trouvait à l'école de hockey d'une autre ancienne gloire des Leafs, Borje Salming. Le légendaire défenseur assura à Sundin que tout irait bien et qu'il aimerait jouer à Toronto. Sundin n'eut pas l'occasion de parler à Burns avant son arrivée dans la Ville Reine, pour l'ouverture du camp d'entraînement.

« Je ne crois pas que nous serons une aussi bonne équipe que l'an dernier dès le 1er octobre, dit Fletcher, mais j'espère que nous serons une meilleure équipe au mois de mars. »

Une fois le repêchage terminé, Burns devait rentrer à Montréal par un petit appareil de ligne. À l'aéroport de Hartford, Pat croisa Pat Hickey, vétéran journaliste du *Montreal Gazette*. Leur vol étant retardé, les deux Pat se consolèrent de leur mieux au bar, où ils furent plus tard rejoints par Jacques Lemaire, alors entraîneur des Devils. Les deux entraîneurs tuèrent les trois heures suivantes à siroter du hockey et parler de martinis (ou était-ce le contraire ?).

Le vol tant attendu fut finalement annulé, mais le trio – dont les deux tiers étaient bien imbibés – fut embarqué à bord d'un vol à destination de Boston avec correspondance pour Montréal, et tout ce beau monde arriva à bon port un peu après minuit.

Hickey n'avait pas d'auto et Burns offrit de lui faire un bout de conduite.

« Burns a acheté des cafés à l'aéroport et nous les avons bus dans son camion pendant une demi-heure, le temps qu'il passe quelques coups de fil. À un certain moment, une voiture de patrouille de la GRC est passée et s'est arrêtée quand le conducteur a reconnu Pat. Jacques Demers était dans la voiture parce qu'il cherchait justement la sienne, qui avait été volée. Demers m'a crié: "Hé, je vois que tu te balades avec l'ex-coach!" Et à ce moment-là, Pat a répliqué: "J'ai encore une job, espèce de gros (censuré)!"

« J'habitais à 90 kilomètres environ de la ville, et Pat encore 30 kilomètres plus loin, poursuit Hickey. Il roulait à 140 km/h sous la pluie. Je lui ai rappelé que les policiers aimaient bien se cacher près de la sortie de l'autoroute à Bromont pour attraper les amateurs de vitesse. Il m'a dit qu'il ne s'en faisait pas avec les contraventions, parce qu'il était "de la famille". Comme on s'approchait de ma sortie, Pat m'a demandé si je n'habitais pas trop loin de l'autoroute, parce qu'il commençait à être fatigué. Je lui ai dit que nous n'étions qu'à un kilomètre de là et je lui ai offert de dormir dans la chambre d'invité, mais il tenait à rentrer à la maison. Une demi-heure après qu'il m'eut déposé chez moi, je l'ai appelé sur son cellulaire pour être sûr qu'il s'était bien rendu. Pas de réponse. J'ai rappelé cinq minutes plus tard et il a répondu. Il m'a dit qu'il était dans l'allée de son domicile et il m'a remercié pour mon appel. Il avait arrêté sa voiture et il s'était endormi pendant que le moteur tournait encore… »

———

Comme il fallait s'y attendre, Gilmour hérita du « C » du capitaine. Fletcher et Burns s'étaient assis, regardés et tout de suite entendus.

« Il n'y a même pas eu de discussion, dit le directeur général devant les médias. Nous savions que le "C" revenait à Gilmour. Je m'attends à ce que Doug joue avec les Leafs jusqu'à sa retraite. Et il sera capitaine aussi longtemps qu'il jouera. »

Vraiment, les directeurs généraux devraient faire un peu plus attention à ce qu'ils disent…

Burns s'envola jusqu'à Toronto pour annoncer la nomination de Gilmour comme capitaine au Temple de la renommée, puis retourna directement dans les Cantons-de-l'Est, sans même passer la nuit dans la Ville Reine. Au lac Memphrémagog, il avait cet été-là un nouveau voisin en la personne de Félix Potvin.

« Si tu veux avoir la paix, je vais te conseiller un endroit », lui avait dit Burns.

Potvin y acheta alors une propriété qu'il habite toujours.

« Mes parents sont venus me voir et nous avons décidé de faire un tour de bateau, raconte Potvin. Ma mère m'a demandé de lui montrer où Pat résidait. Je lui ai dit qu'il n'en était pas question, que je ne voulais pas avoir l'air de l'espionner s'il était dehors. Mais bon, j'ai mis le cap dans cette direction et, bien entendu, j'ai vu Pat qui marchait sur le quai. Il m'a reconnu et nous a envoyé la main. Nous avons parlé, bu quelques bières. Il a été merveilleux avec ma mère. Hors de la patinoire, Pat était vraiment quelqu'un d'agréable, une personne différente. Mais il ne mélangeait jamais le travail avec le plaisir… »

Le « bureau » de Burns était un petit pub appelé Le nid de la chouette. Un autre habitué de l'endroit était l'auteur Mordecai Richler.

« Il fumait comme une cheminée, mais n'achetait jamais de cigarettes », raconta Burns à propos du célèbre personnage.

Un soir, alors qu'ils étaient assis ensemble, Richler se plaignit qu'il ne parvenait à trouver personne pour faire l'entretien de son terrain. Burns se permit une suggestion pleine de bon sens :

« Sais-tu que tu dois les payer pour ça ? »

Richler promena son œil perçant sur l'assemblée des consommateurs présents et en prit un au hasard.

« Hé, toi, est-ce que tu sais peinturer ? »

Le gars lui dit que oui, il savait, et qu'il pouvait s'en occuper.

« Parfait, tu es engagé. Tu commences demain. Amène-toi quand tu auras dessoulé. »

Des nuages menaçants planaient au-dessus du monde du hockey dans les semaines précédant l'ouverture des camps. Les pourparlers entre la ligue et l'association des joueurs étaient dans une impasse concernant la nouvelle entente collective. La rumeur voulait que le commissaire Bettman annule la saison d'un jour à l'autre, et que les clubs ferment leur patinoire avant les examens médicaux. De manière provisoire, alors que personne n'osait parier que la saison allait avoir lieu, les camps d'entraînement débutèrent et les matchs présaison furent tenus. Au Gardens, Sundin fut hué.

« Je me souviens d'être arrivé à Toronto sans savoir à quoi m'attendre. Ma première rencontre avec Pat s'est déroulée dans son bureau. Quand un entraîneur te convoque là, tu es porté à t'en faire, et Pat était un personnage particulièrement intimidant. Il était assis derrière son bureau, en train de gribouiller, et il m'a dit : "De quoi crois-tu que je veuille parler ?" J'étais un peu nerveux, alors j'ai eu un petit rire : "Euh, je ne sais pas, coach." Tout ce qu'il m'a dit a été : "Continue à travailler aussi fort que tu l'as fait, et tout va bien aller. N'aie pas l'impression que tu dois remplacer Wendel. Sois toi-même." Et j'ai essayé d'être moi-même parce que Pat a été le meilleur entraîneur que j'ai eu dans toute ma carrière. Il mettait toute sa passion dans son équipe. »

Sept joueurs de l'édition précédente des Leafs n'étaient plus là, dont les piliers défensifs Bob Rouse et Sylvain Lefebvre. Envolée elle aussi la cible récurrente de l'ire de Burns, Rob Pearson, qui avait pratiquement fui Toronto à la course en tant qu'agent libre. Certains pouvaient composer avec les exigences incessantes de Burns, d'autres, comme Pearson, n'y arrivaient pas et restaient ses têtes de Turc éternelles.

Quand Burns rasait sa barbe, c'était le signal qu'il était désormais en « mode coaching ». Le potentiel de sa nouvelle formation l'excitait.

« Ça va être une toute nouvelle équipe. Nous serons plus jeunes et, je le crois, plus agressifs. Mais cela va nous prendre un peu de temps avant que nous ramions tous dans la même direction. Il y a certainement des points d'interrogation. Qui est-ce que je vais faire jouer avec Sundin ? Répondre à cette question sera passionnant. »

Le chambardement avait été de taille, mais Burns disait plaisamment qu'il lui restait toujours ses « *TCB guys* ». Ces trois lettres étaient l'acronyme de *Taking Care of Business*, le classique du groupe rock Bachman-Turner Overdrive qui était diffusé à chaque match des Leafs au Gardens, avec le vieux succès de Thin Lizzy, *The Boys Are Back in Town*, l'autre incontournable chant de ralliement de l'équipe.

Mais les chances d'assister à une saison 1994-1995 dans la LNH se faisaient de plus en plus minces. Burns pouvait seulement observer, incrédule et bouche bée, ses joueurs serrer la main de leurs opposants en signe de solidarité, après les matchs hors concours. Avant une partie contre Detroit, Gilmour et Mike Gartner, le président de l'Association des joueurs de la LNH, se rendirent dans le vestiaire de l'équipe visiteuse pour discuter. Scotty Bowman, l'entraîneur des Red Wings, trouva la porte de la pièce fermée quand il tenta d'y entrer. Il traversa alors la patinoire pour aller s'entretenir (et se consoler de cette situation surréaliste) avec Burns. Selon lui, les entraîneurs étaient « mi-figue mi-raisin » par rapport à cette impasse. Il amena bientôt son équipe à Collingwood pour sa villégiature habituelle de trois jours.

« Je serais dévasté si nous devions arrêter de jouer. J'entends toutes sortes de choses et j'ai toutes sortes de bonnes raisons de croire que cela n'arrivera pas. N'en déduisez pas que je sais quelque chose, car ce n'est pas le cas. »

Le sifflet au vent, Burns prépara son équipe pour le match d'ouverture contre les Capitals de Washington. En pure perte. Le 1ᵉʳ octobre, les propriétaires abandonnèrent l'idée d'une entente et les amphithéâtres de la LNH restèrent plongés dans le noir.

Les mois passèrent. Les deux parties étaient-elles si inconscientes, leurs positions étaient-elles à ce point irréconciliables qu'elles allaient sacrifier la saison entière ? En coulisses, Fletcher menait des discussions pour tenter de rapprocher les deux clans.

« Je me suis impliqué parce que le propriétaire du Gardens n'était pas du tout heureux du lockout. »

En guise de plan B, Fletcher présenta au conseil d'administration un plan de rationalisation qui incluait des licenciements et des baisses de salaire pour l'équipe des entraîneurs et lui-même, mais Steve Stavro le rejeta.

Le lockout représentait un territoire inconnu pour tout le monde. Burns continuait à être payé, mais on n'avait pas de travail à lui donner. Fletcher le chargea d'aller surveiller de jeunes espoirs aux niveaux junior et mineur au Québec :

« C'était plus ou moins pour lui donner une tâche qui le tiendrait occupé. Nous étions tous dans l'expectative. »

Piaffant d'impatience, Burns alla se réfugier dans le chalet qu'il avait acheté à Austin, au bord du lac Memphrémagog, pendant l'été. Le bâtiment était décidément rustique et n'offrait aucun charme aux yeux de Tina, l'amie de cœur de Burns, qui n'y mit les pieds qu'une fois durant les 105 jours du lockout. Burns enfourcha sa moto aussi longtemps que la météo le lui permit et avait avec Fletcher des conversations téléphoniques sans fin où ils supputaient l'évolution et le règlement du conflit. Burns accepta une invitation pour inaugurer une patinoire communautaire sur l'île Broughton, au Nunavut, se rendant en Arctique dans un avion de la GRC. De manière tout à fait informelle, il dirigea aussi de jeunes joueurs dans la région de Magog.

Au Gardens, la patinoire était louée à des hockeyeurs amateurs pour un tarif de 500 $ par tranche de 75 minutes, resurfaçage de la glace compris. Les joueurs des Leafs et leurs frères grévistes s'étaient dispersés dans des ligues outremer, ou disputaient des matchs à des fins caritatives aux États-Unis ou au Canada. Le règlement interdisait aux entraîneurs d'adresser la parole à leurs joueurs. Burns tournait en rond et trépignait, inquiet de la condition physique de ses protégés et de l'éventualité de devoir reprendre à zéro leur préparation si le lockout en venait à finir un jour.

En fait, Burns ne respecta pas à la lettre l'interdiction de communiquer avec les joueurs. À compter de la mi-décembre, il appela en secret certains d'entre eux, en leur disant souhaiter qu'un accord survienne avant la fin de l'année. Burns proposa la tenue de séances d'entraînement aux gars en qui il avait le plus confiance, avec la tâche de passer le mot. Quand des journalistes torontois découvrirent un large groupe de Leafs se livrant à des routines et à des exercices sur une patinoire de la banlieue, leur chandail viré à l'envers, ils déduisirent sans peine que Burns dirigeait l'entraînement en pensée. Dave Ellett, qui tenait officieusement ce rôle, nia avoir reçu quelque directive que ce soit de son entraîneur.

« Non, non, nous n'avons pas le droit de communiquer avec les entraîneurs. »

Mais Burns, de son côté, ne fit pas de mystère et déclara à un journaliste :

« Je leur ai dit ce que je ferais à leur place, et ce qui devrait être fait. »

Les deux parties en litige se réunirent à Chicago pendant trois jours pour négocier avec ordre d'observer le silence radio aux médias. Fletcher répéta qu'une entente devait être bâclée avant la fin de la première semaine de janvier pour sauver la (moitié de) saison.

« Je ne me suis jamais senti aussi impuissant de toute ma vie devant une situation, grogna Burns. Ça devient effrayant. Je commence presque à penser comme un amateur de hockey et à m'en balancer. Dites-nous seulement si on joue ou pas… »

Une entente survint, presque aussi improbable qu'inévitable. Les camps d'entraînement se remirent en branle le 13 janvier 1995, pour cinq jours de préparation intensive avant un calendrier tronqué de 48 parties, dont toutes seraient jouées entre équipes de même division, et des séries éliminatoires qui pourraient s'étendre jusqu'en juillet, au besoin. Les joueurs des Leafs s'attendaient à ce que Burns leur fasse vivre un régime de terreur.

« On va juste devoir mettre les bouchées doubles jusqu'à ce que nous soyons d'attaque, dit Burns. Mon but est qu'on se taille une place en séries, rien de plus. Il n'y a aucune chance de prédire où on va finir. On doit seulement sauter dans la mêlée et prier pour que nous soyons en bonne santé et bien préparés. Je ne serai pas patient. Je ne peux pas me permettre d'attendre. Si quelqu'un ne produit pas, ce sera : désolé l'ami, tu es dehors. Nous, les entraîneurs, héritons d'un beau fouillis que nous devons régler en vitesse. Il y a une seule façon pour moi d'y arriver, et c'est en étant encore plus exigeant qu'à l'accoutumée. »

Les règles stipulées dans l'entente entre la LNH et les joueurs empêchaient Burns de fouetter ses joueurs avec la fureur de Simon Legree, le sombre personnage d'esclavagiste de *La Case de l'oncle Tom* : les séances d'entraînement du camp numéro 2 étaient limitées à trois heures par jour. Lors de la première séance en après-midi – les Leafs étaient déjà sur la patinoire avant que Bettman eût officiellement déclaré la reprise des activités –, Burns fronçait les sourcils et secouait la tête. Lors des matchs simulés, quand les joueurs étaient trop lents à son goût dans leurs changements de trio, il hurlait :

« *C'mon !* Pensez que vous êtes en troisième période d'un match des séries ! »

Les joueurs haletaient, mais ne suffoquaient pas.

« En fait, ça n'a pas été si dur, concéda Jamie Macoun. Il ne nous a pas tués. »

Vingt-six joueurs s'apprêtaient à pénétrer dans un territoire inconnu. Avec tant de nouveaux visages dans leur alignement, les Leafs étaient confrontés au défi de faire revivre la chimie qui les avait si bien servis lors des deux dernières années. Ils mirent toute leur confiance en Burns, même s'ils demeuraient préoccupés par sa promesse de se débarrasser des traînards qui ne produiraient pas.

« Je n'ai pas de formule magique. Nous sommes tous dans la même galère. J'espère que personne ne prendra les choses à la légère. Tu ne peux pas ménager tes efforts dans une saison de 48 matchs. »

À Las Vegas, les preneurs aux livres estimèrent à 4 contre 1 les chances que Toronto remporte la coupe Stanley.

Les joueurs eurent l'air lamentable et négligé lors du match d'ouverture contre les Kings, à Los Angeles, qui se solda par un verdict nul de 3-3. Puis ils perdirent 3-2 contre les Sharks, à San Jose. Burns jonglait frénétiquement avec ses trios, en quête d'une alchimie éclair. Pendant un entraînement, quand Todd Gill et Dave Andreychuk se prirent pour des escrimeurs et croisèrent leurs bâtons bien haut avant de se donner quelques jabs avec leurs gants, Burns sourit.

« C'est bien. Peut-être qu'ils vont ranger leur amour fraternel et que nous allons devenir un peu plus méchants. » À leur match d'ouverture local, les Leafs rossèrent les Canucks 6-2. Mats Sundin, superbe, obtint la première étoile, sauf qu'il en faudrait plus que ça pour que les partisans lui pardonnent de ne pas être Wendel Clark.

Mais, comme la saison prenait son envol, on remarquait toutefois un manque de continuité et de cohésion dans le rendement de l'équipe. Les prouesses offensives attendues se faisaient attendre. Le calendrier des Leafs comportait son lot de parties à l'étranger en début de saison, et Burns affirma qu'il visait un rendement de ,500 pour la pause du Match des étoiles, puis quelque chose autour de ,700 quand

l'équipe jouerait davantage à la maison. Mais l'équipe peinait manifestement à prendre forme, à trouver ses repères, à se rallier. Les joueurs jouaient sur les talons, avec la peur de commettre des erreurs qui les feraient prendre racine sur le banc.

«Peut-être ne sommes-nous pas aussi bons que tout le monde le croyait», soupira Burns.

La passion qui caractérisait les Leafs, la philosophie du «un pour tous et tous pour un» qui avait eu cours dans l'équipe lors des deux dernières années semblait s'être évaporée, et cela confondait Burns.

«Ils hésitent à lâcher des blagues et à dire des choses qui développent la chimie dans un groupe d'hommes. L'unité fait encore défaut. La camaraderie est en train de se bâtir.»

Burns ne disposait plus d'un trio fiable en échec-avant. Gilmour avait de la difficulté à se démarquer. La défense présentait des failles exaspérantes. Il devint bientôt évident que les Leafs iraient aussi loin que Sundin les mènerait. Après une défaite démoralisante à Los Angeles, la porte du vestiaire resta fermée plus longtemps qu'à l'accoutumée: les joueurs avaient décidé de tenir un conciliabule afin de laver une petite brassée de linge sale dans l'intimité, tandis que le chancelier de l'Autriche, attendant une séance de poses avec certains membres de l'équipe, faisait le pied de grue dans le corridor. Les points de presse de Burns se faisaient de plus en plus courts et précipités.

«L'effort doit venir d'eux, plaidait-il. Au cours des deux dernières années, cette équipe a trouvé des manières de gagner; aujourd'hui, nous trouvons des manières de perdre.»

Après 26 matchs joués dans la saison abrégée, les Leafs étaient une équipe moyenne.

«Nous devons gagner notre part de matchs d'ici la fin du calendrier parce que la cave du classement est proche, dit Burns. Nous ne voulons pas tomber dans la médiocrité. J'espère que les joueurs comprennent ça. C'est en train de devenir une question de vie ou de mort.»

Comme la date limite des transactions approchait, Burns n'hésita pas à donner dans l'humour noir pour tenir sa troupe sur un pied d'alerte:

«Si j'étais eux, j'attendrais la semaine prochaine pour faire une grosse épicerie…»

Burns avait emprunté la citation à Tie Domi, qui l'avait dite alors que son statut dans l'équipe était incertain. Les Leafs venaient justement d'affronter les Jets à Winnipeg. Domi, un ailier droit, prenait position pour une mise au jeu, le dos tourné au banc des Leafs, quand il entendit quelqu'un lui crier après. Il se retourna, scruta le banc du regard.

« Je ne voyais personne parler. Puis j'ai regardé Pat. Il m'a dit : "Oui, tu m'as bien entendu. Je veux t'avoir sur mon club." »

Les raisons pour lesquelles Burns convoitait Domi n'étaient pas claires. Il avait déjà un homme fort confirmé dans son équipe, Ken Baumgartner, qui s'était rendu célèbre par son cri « *Daddy's home!* » en venant se jeter dans une mêlée générale pour secourir ses coéquipiers. Mais Baumgartner avait bien peu de temps de glace.

« C'était un gars qui amenait de la rudesse à la formation, mais Pat utilisait rarement ce genre de joueur, explique Fletcher. Il n'aimait pas les envoyer dans la mêlée parce que trop de parties étaient trop importantes. Mais Pat percevait Domi comme un gars capable de patiner et de jouer dans toutes les situations. »

Fletcher conclut l'échange en retour de Mike Eastwood et, dans la même foulée, en bâcla quatre autres qui améliorèrent l'alignement de l'équipe. Burns avait présenté sa liste d'emplettes à Fletcher et son directeur général était allé... à l'épicerie !

Domi reçut un appel à trois heures du matin. Une voix au bout du fil lui dit :

— Je te l'avais dit...

— Hein ? Qui parle ?

— C'est Pat Burns et tu es un Leaf. Saute dans un avion. Je veux que tu joues ce soir.

Domi sauta dans le premier vol disponible, enthousiaste à l'idée de retourner jouer pour l'équipe qui l'avait choisi au 27e rang du repêchage de 1988, bien qu'il n'ait joué par la suite que deux matchs à Toronto avant d'échouer avec les Rangers. Il réussit à se rendre au Gardens à temps pour la partie.

« Je n'ai pas vu Burnsie avant d'arriver sur le banc. Quand je me changeais, dans le vestiaire, il était en train de donner une entrevue à la télé. »

Ce ne fut que le lendemain qu'ils eurent le temps de parler, dans le bureau de Burns.

« Il était assis là, en sandales et en boxers. Je suis parti à rire. "Je vais te dire ce que je trouve drôle. Pat, tu as tout un look!" À partir de ce moment-là, il m'a tout de suite aimé. »

Il ne restait plus qu'un mois avant la fin de la saison régulière et pour que les Leafs, nouvelle version améliorée, se classent pour les séries. Burns avait fait le plein de nouveaux atouts dans ses manches, son alignement comportait dorénavant encore plus de talent et de vitesse.

Mais il ne relâcha pas la pression sur ses joueurs, pas plus qu'il n'ajusta son système défensif en fonction de ceux qui étaient là depuis longtemps.

« Notre équipe était différente et nous devions jouer en conséquence : c'est-à-dire différemment, suggère Dave Ellett. Je crois que Pat a eu un peu de mal à s'y faire. Je veux dire, c'est pour cette raison que nous étions allés chercher Sundin, n'est-ce pas, pour ouvrir le jeu? Mais Pat ne semblait pas vouloir aller dans cette direction. »

Dans une succession d'à-coups, les Leafs arrivèrent à la ligne d'arrivée, ni plus ni moins désorientés que les autres clubs. Tandis que les Canadiens étaient tombés sous le couperet et se voyaient exclus des séries, les Leafs terminèrent au quatrième rang de leur division, ce qui signifiait pour eux une autre première ronde contre les Blackhawks, qui disposaient de l'avantage de la glace. Burns s'en moquait comme de sa première chemise, mais cette première ronde l'inquiétait toujours, comme elle inquiète tous les entraîneurs.

« C'est la plus dure des rondes. Si vous passez à travers, vous êtes correct. »

Les Leafs commencèrent les séries en lion, remportant les deux premiers matchs de la série quart-de-finale de la conférence de l'Ouest, Potvin volant le deuxième avec un blanchissage sur 42 tirs.

« Il n'y a pas grand-chose qui me rend nerveux, philosopha le gardien. Mon père a l'habitude de me dire : "Tu ne mourras jamais d'une crise cardiaque." »

L'équipe passa la nuit à Chicago après ce match. Et ce fut peut-être à partir de ce moment que les problèmes commencèrent.

« Quelques gars sont sortis ce soir-là, raconte Sundin, qui n'était pas l'un des concernés. Ils sont rentrés très tard. Pat en a entendu parler et il n'était pas très content. »

Mais il y avait pire. Un groupe de joueurs qui n'avaient pas joué lors des deux premiers matchs se mirent à faire du grabuge peu après leur retour à l'hôtel, au point que des plaintes parvinrent à la réception de l'établissement. Et l'inévitable advint : Burns fut réveillé aux petites heures par le concierge de nuit :

« Dites-leur d'arrêter ce raffût ! »

L'entraîneur était proprement scandalisé, et pas seulement parce qu'on avait osé interrompre ses doux rêves. Est-ce que ces inconscients ne comprenaient pas l'enjeu dans lequel l'équipe était engagée ? Il ragea durant toute l'envolée du retour et, une fois à Toronto, ordonna à ses protégés de se rendre immédiatement au Gardens pour un entraînement punitif.

« Il nous a fait patiner avec des sacs », se rappelle Sundin.

« C'était la première fois que je le voyais vraiment fâché, ajoute Domi. Les sacs de la vieille école, pas de rondelle, et nous étions en avance par deux matchs. On a compris le message. »

Les Leafs étaient à moitié sortis des affres de la maléfique première ronde. Le mot « balayage » était tabou à l'oral, à l'écrit et même en pensée.

« Le seul avantage dont nous bénéficions en ce moment est que nous devons gagner seulement deux autres fois pour remporter la série... et eux quatre, lança Burns dans un élan de pensée toute cartésienne. Les Hawks sont une équipe fière. Personne n'est considéré comme mort avant qu'il soit enterré et qu'on lui ait récité une dernière prière. »

Les Blackhawks n'étaient certainement pas au fond de leur tombe à attendre qu'on les ensevelisse. Menés par Ed Belfour, ils alignèrent deux victoires et ramenèrent la série à la case départ. Le petit air crâneur des Leafs avait disparu avec leur avance. Quand les Hawks gagnèrent une troisième partie consécutive au United Center, les joueurs des Leafs commencèrent à ressembler à une bande de mourants en sursis. Burns n'avait plus besoin de convaincre personne quand il revendiquait pour les siens le statut de négligés...

« Nous jouons mieux quand nous sommes désespérés. Personne n'a jeté les armes en disant : "Nous nous rendons." La question est de savoir si nous allons avoir assez d'orgueil pour faire face à la situation. »

Fidèle à un vieux réflexe, Burns avait ramené la situation à l'un de ces slogans qu'on peut lire sur les pare-chocs des voitures, comme si un regain d'amour-propre pouvait compenser pour les fautes d'exécution et le manque de discipline, une vertu qui avait pris la clé des champs. Et pourtant l'équipe répondit à l'appel, réussissant à gagner le match suivant 5-4 en prolongation après avoir gaspillé l'avance de trois buts qu'elle détenait en début de troisième et s'être fait copieusement huer. Le joueur substitut Randy Wood marqua le but de sa carrière après 10 minutes de jeu en surtemps après que la rondelle se fut retrouvée dans l'enclave, Sundin ayant tenté de surprendre Belfour en contournant le filet.

« Il n'y a pas de quoi être fier, admit Burns en essuyant ses sourcils en nage, encore secoué par l'effondrement des siens au troisième vingt. Nous avons trouvé une manière de gagner alors que nous donnions l'impression d'être aussi morts que du bœuf hâché dans le comptoir d'un boucher. »

Les Leafs avaient tout simplement gagné le droit de disputer un cinquième septième match en trois ans.

« La pression est maintenant sur eux, pas sur nous », insista Burns.

Il s'écoula entre cette partie et la suivante juste assez de temps pour que Burns fût pris en flagrant délit d'excès vitesse par un photo radar sur l'autoroute 427, sa troisième contravention depuis son arrivée à Toronto.

La rencontre décisive s'avéra un cauchemar pour Todd Gill, et une répétition de ce qui avait été son pire moment dans l'uniforme des Leafs – la dernière partie de la saison 1988-1989, quand il avait commis au Chicago Stadium une erreur qui avait résulté en un but qui qualifiait les Blackhawks pour les séries et en excluait les Leafs. Cette fois, le destin concocta son affreux remake à 11 : 53 de la troisième période, alors que les Leafs tiraient de l'arrière 2-1 mais bataillaient ferme pour revenir dans le match. Gill tenta une passe du revers en direction de son coéquipier Dmitri Mironov, lequel fut bousculé par Joe Murphy qui lui subtilisa la rondelle et s'échappa avant de battre Potvin au-dessus de la mitaine. Vingt-six secondes plus tard, Chicago récidiva, annihilant toute chance de remontée miraculeuse, et un but dans un filet désert scella un score de 5-2 à l'impression trompeuse. Toronto, un club taillé sur mesure pour remporter la coupe au cœur d'une saison écourtée et chaotique, n'avait pas survécu à la première ronde des séries.

« Tout est allé de travers, dit Potvin. Pour être bien honnête, je n'ai pas beaucoup de souvenirs de cette saison-là. J'ai eu l'impression que nous nous sommes démenés toute l'année pour faire les séries et, le temps de claquer des doigts, nous étions éliminés. »

« De toutes les défaites, estime Ellett, celle-là a probablement été la plus décevante, autant pour Burns que pour toutes les autres personnes concernées. »

Personne n'arrivait à comprendre les causes de cette lamentable débâcle et comment les Leafs avaient pu laisser filer une série dont ils possédaient l'absolu contrôle après deux victoires initiales.

« Quand vous prenez une pareille avance dans une série, dit Fletcher, aussi sidéré que les autres membres de la formation, vous devriez être en mesure de vous imposer. Nous avons été battus. »

CHAPITRE 16

Le fond du baril à Toronto

« Je crois qu'au fond Pat s'est congédié lui-même. »

Cliff Fletcher était courtois, posé et raffiné. Pat Burns était mal dégrossi, brusque et vulgaire. L'un avait été délicatement taillé dans le cachemire, l'autre, découpé à la hâte dans un drap. On pouvait difficilement imaginer deux natures plus diamétralement opposées. Et pourtant, sous le rapport du hockey, les deux hommes se complétaient. Il ne s'agissait pas d'une relation amicale entre deux vieux potes, inséparables lors des séjours à l'étranger, parce que Burns garda toujours une certaine réserve devant les grands dirigeants arborant des titres honorifiques en remorque à leur nom. Il était un employé et Fletcher était *The Boss*. Hors du hockey, ils n'avaient rien en commun. Mais pour tout ce qui avait trait à ce sport, ils étaient instinctivement liés, chacun agissant dans le champ d'action qui était le sien sans empiéter sur celui de l'autre.

« Pat était très indépendant, rappelle Fletcher. Il voulait mener les choses à sa manière, ce qui correspondait à mon style de gestion. Je n'ai jamais été un dirigeant frustré de n'avoir pas été entraîneur de carrière. »

Leurs rapports avaient donc toujours été faciles, jamais tendus. Lorsqu'ils prenaient un verre, dans un aéroport, Burns continuait à régaler Fletcher du récit de ses vieux exploits policiers. Même rabâchées plusieurs fois, ses histoires leur arrachaient des fous rires. Par exemple, la fois où Burns, affecté aux stupéfiants, était en couverture dans un bar gay, à moitié vêtu en travesti. Il dansait avec un partenaire masculin, chuchotant dans son micro-cravate, donnant à ses collègues massés à l'extérieur le signal d'intervenir pour lancer la descente. Sauf que les collègues en question prirent tout leur temps pour passer à l'action, parce qu'ils étaient pliés en deux à imaginer Burns en train de danser dans les bras d'un homme. Mais Fletcher se souvient d'un épisode plus dramatique:

« Il a vécu ses moments les plus éprouvants quand ses patrons l'ont envoyé passer un mois "en civil" au pénitencier de Kingston, parmi les détenus. À l'intérieur de la prison, seul le directeur de l'établissement savait que Burns était là en mission. Pat dit qu'il faisait des cauchemars à l'idée que le directeur subisse une crise cardiaque et meure. Il n'a jamais eu plus peur de sa vie. En entendant ces histoires-là, il était facile de comprendre la personnalité que Pat avait développée, celle d'un homme capable de réagir dans l'instant à une situation. Cela l'a très bien servi comme entraîneur. »

Toutes ces histoires étaient-elles vraies? Certaines étaient-elles le fruit d'une imagination particulièrement fertile? Est-ce vraiment si important? Il est sans doute arrivé à Burns d'enjoliver un peu ses souvenirs de policier, mais sa carrière d'entraîneur, elle, était bien réelle et authentique, et c'est tout ce qui comptait. Tout le reste n'était qu'une toile de fond amusante. Fletcher accordait une grande valeur à la « crédibilité instantanée » que Burns avait apportée à la franchise lors de son embauche.

« Son arrivée a semé l'excitation dans toute la ville, se souvient Fletcher. À partir de ce moment-là, les choses n'ont pas cessé de s'améliorer – pendant quelques années. Il était tout ce que les Maple Leafs attendaient d'un entraîneur. »

Mais Fletcher était à ce moment-là dans le hockey depuis plus de 30 ans et il détecta chez son entraîneur passionné et irascible les traits sous-jacents, les forces qui pouvaient devenir des faiblesses. Le *pattern* du séjour de Burns aux commandes d'une équipe devint plus tard évident: celui d'un fort impact initial qui allait toutefois en s'amenuisant avec le temps.

« Pat était le type d'entraîneur qui ne pouvait jamais connaître un très long passage dans une organisation parce qu'il était terriblement exigeant et allait chercher le rendement maximal de chaque individu. Après un certain nombre d'années, s'il gardait le même groupe de joueurs, ceux-ci finissaient par lancer la serviette. Ils n'avaient tout bonnement plus rien à offrir… »

Tandis que la saison 1995-1996 suivait son cours, bien peu d'observateurs auraient pu prédire que l'espérance de vie de Burns chez les Leafs diminuait comme une peau de chagrin et que sa réputation d'entraîneur était en déclin. L'élimination précoce en séries éliminatoires du printemps précédent s'était révélée une profonde déception, mais elle était généralement perçue comme une anomalie, un accident de parcours comme il en survient fréquemment dans le sport, même aux bonnes équipes, ce qui faisait en sorte que la ferveur des partisans demeurait intacte. Seule une poignée de connaisseurs, des gens qui avaient une dent contre Burns parce que celui-ci les avait malmenés à répétition, tirèrent le signal d'alarme ou détectèrent des problèmes majeurs dans cette équipe qui avait été en grande partie remodelée. Certaines spéculations sur l'avenir de Burns suscitèrent une réaction où l'apitoiement l'emportait sur la colère :

« Pendant deux ans, j'ai été le roi de la ville et maintenant je suis un paria. Mais je suis passé à travers la même chose à Montréal, et vous devez vous attendre à sentir ce genre de pression dans une ville où le hockey est une affaire de vie ou de mort. »

Toutes les raisons étaient bonnes – et certaines étaient même excellentes – pour expliquer l'exclusion rapide des séries la saison précédente : les blessures (incluant la double hernie discale de Gilmour), les inconvénients posés par le calendrier écourté, le manque de temps pour une saine transition après la vague d'échanges réalisés par Fletcher. Mais l'important demeurait qu'il n'y avait pas de ver dans la pomme susceptible de corrompre ce que le directeur général et l'entraîneur avaient bâti. L'édifice disposait d'assises solides.

Burns, qui en était à la dernière année de son contrat, n'avait pas demandé de prolongation ni d'augmentation. Étant donné les résultats de la saison précédente, il ne croyait pas mériter une hausse de salaire. Cela serait éventuellement fait, il ne fallait rien précipiter, c'était ce que se disaient les deux parties, Fletcher négociant maintenant avec Robin Burns, le cousin de Burns devenu son agent.

Mais aux yeux de l'organisation, il paraissait suspect et même contrariant de voir leur entraîneur conclure des ententes où il endossait des produits en prenant des arrangements qui auraient pu être interprétés comme autant de manifestations d'insubordination. Quand les Leafs signaient une entente avec une station de radio, Burns se dépêchait de vendre ses services à un réseau rival. Quand le Gardens concluait un contrat d'exclusivité avec un fabricant automobile pour ses tableaux d'affichage, Burns traversait la rue pour signer avec un concurrent.

Un reportage paru dans *The Globe and Mail*, début août, affirmait que Fletcher avait essayé sans succès de se débarrasser de Burns, se butant au refus du propriétaire Steve Stavro de payer la dernière année du salaire de l'entraîneur, au montant de 750 000 $. Fletcher ne perdit pas de temps à démentir l'histoire, disant qu'« il n'y a pas un millionième d'un pour cent de vérité » dans les assertions que l'on devait à deux sources anonymes. Le directeur général téléphona immédiatement à son entraîneur pour tuer dans l'œuf ses angoisses. Burns revenait d'un voyage de pêche au New Hampshire et avait trouvé des douzaines de messages sur son répondeur téléphonique : des questions de journalistes sur l'histoire du *Globe* et autres commérages qui envoyaient Burns à Chicago ou à Pittsburgh. Un reportage d'une station de radio québécoise affirmait que sa carrière à Toronto était terminée.

— J'ai entendu dire que j'étais viré, dit Burns à Fletcher.

— Ne sois pas stupide, lui répondit Fletcher.

L'histoire les fit bien rire. Ce genre de bavardage était typique de l'entre-saison, mais il n'en dégageait pas moins un parfum de vraisemblance, car pour la première fois, Burns soulevait la controverse. Davantage de ricanements accueillirent la nouvelle que Burns et Jacques Lemaire étaient invités par Gary Bettman à participer à un comité étudiant des manières de réduire les interférences en zone neutre qui avaient ralenti considérablement le jeu ces dernières années. Burns et Lemaire étaient les deux champions de ce style de hockey. L'ironie de la situation n'échappait pas à Burns.

Durant la saison morte, quelques échanges et acquisitions d'agents libres permirent à Fletcher d'apporter de nouveaux changements à l'alignement. Le robuste Sergio Momesso débarqua de Vancouver. Larry Murphy, un défenseur au jeu élégant, apposa sa signature au bas d'un contrat de trois ans au montant de 7 millions de dollars qui en fit le mieux payé des Leafs – un titre de gloire qui attisa la hargne des partisans à son endroit quand il faillit à jouer selon les attentes, les huées se faisant si persistantes que le joueur, traumatisé, fut échangé deux ans plus tard par les Leafs compatissants. À ce moment-là, bien entendu, l'équipe avait implosé et Fletcher lui-même s'était fait montrer la porte.

Mais toutes ces convulsions étaient encore bien loin dans le temps quand Toronto entreprit la campagne 1995-1996 à Pittsburgh, chaleureusement accueillis 8-3 par Mario Lemieux, de retour au jeu après une pause de 17 mois, et sa bande de « Pingouins ». Déconfiture passagère, plaidèrent les Leafs. Le genre de choses qui arrive. L'équipe se prépara ensuite pour le retour de l'enfant prodigue Wendel Clark, échangé une semaine plus tôt des Nordiques aux Islanders de New York. À cause de la formule du calendrier intradivision de la saison du lockout, Clark n'avait pas franchi le seuil du Gardens depuis son départ de Toronto. Il dut faire un effort pour se rappeler d'aller dans le bon vestiaire, celui de l'équipe visiteuse. Mats Sundin, qui avait jusque-là adopté un profil bas, tenta de minimiser l'importance de l'événement. Les partisans torontois accordèrent une ovation debout à leur ex-capitaine. Mais celui-ci ne joua pas un rôle déterminant dans la rencontre, tandis que Sundin, de son côté, fit sensation avec une performance qui propulsa les siens vers un gain de 7-3.

Un autre épisode mémorable d'octobre 1995 se produisit lorsque les Leafs accueillirent l'ancienne équipe de Tie Domi, les Rangers. Sans avoir été apparemment provoqué, Domi « gela » littéralement son ancien coéquipier Ulf Samuelsson d'un crochet du gant gauche avec 1:04 à jouer en troisième dans une partie que les Leafs perdaient 2-0. Venu de nulle part, le formidable coup de poing atterrit dans le visage de Samuelsson, qui tomba et s'étala sur la glace comme un sac de patates, inconscient. Même selon les lois non écrites des hommes forts et la faible sympathie vouée à Samuelsson, un des joueurs les plus salauds de la LNH, le geste de Domi constituait un assaut qui dépassait l'entendement. Burns ne fut pas favorablement impressionné et décrivit la saute d'humeur de son dur à cuire comme « décevante ».

« Samuelsson m'avait traité de demeuré, relate Domi en évoquant l'incident. *"Come on, Tie Dummy. Come on, Tie Dummy."* »

Domi prit le « mot d'esprit » de Samuelsson à la fois comme une insulte personnelle et un affront fait au patronyme de son défunt père, et il frappa le Suédois sans pitié. Quand Burns lui demanda une explication après coup, Domi lui rapporta les propos de Samuelsson.

« Oh, OK, dans ce cas-là. Il l'a mérité, bien bon pour lui. »

Le geste de Domi lui valut une sévère suspension de huit matchs. Mais le fougueux ailier ne perdit pas la considération de son entraîneur.

Même si Burns vouait un véritable culte à Gilmour, Domi était en quelque sorte devenu son chouchou, le joueur avec qui il faisait des marches à l'extérieur de la patinoire, celui qui l'accompagnait lors d'apparitions promotionnelles ou pour de petites virées en ville.

« Il m'emmenait manger, des trucs comme ça, et j'étais content de lui tenir compagnie. Pat me disait : "Allez, amène-toi, tu viens avec moi." J'ai eu la chance de le connaître comme individu, hors de la glace. »

Burns était aussi résolu à développer les habiletés de Domi pour lui donner d'autres dimensions que celles d'homme fort et de garde du corps des vedettes de l'équipe.

« Il a été le premier à me dire que je pourrais être un joueur taillé sur mesure pour les séries. Il m'a rendu plus responsable et a fait de moi un joueur établi. Il m'aimait. Et quand Pat vous aimait, vous étiez comme son fils. »

———

Burns était par ailleurs un homme solitaire dans cette période de sa vie. Il parlait très peu de ce qui se passait dans sa vie privée, mais Tina et lui s'acheminaient vers une rupture. De quelques années la cadette de Burns, Tina s'était très bien adaptée à sa nouvelle vie à Toronto. Elle s'occupa d'abord du marketing d'une compagnie de biscuits, puis gravit des échelons importants dans le domaine de la promotion au sein de la société d'investissements Nesbitt Burns. Burns était ravi par la tournure que prenait la carrière de son amie de cœur. Il ne voulait pas qu'elle soit simplement un faire-valoir dans son existence, pourtant un fossé s'était creusé entre eux. Tina ne s'était pas rendue une seule fois de tout l'été dans les Cantons-de-l'Est. Elle avait développé des relations hors du monde du hockey. Il n'était plus question de mariage. Burns confia à un ami que Tina désirait des enfants, mais qu'il ne renverserait pas sa vasectomie et qu'il n'avait aucune envie de fonder une nouvelle famille. Quand Burns revint à Toronto pour le camp d'entraînement, il remarqua que plusieurs photos de Tina et lui ne décoraient plus les murs de leur condo du bord de l'eau – photos qu'il retrouva dans un tiroir, manifestement mises de côté. Il en déduisit que, durant son absence, Tina avait décidé d'éliminer la présence de Burns de leur domicile et qu'elle voyait sans doute quelqu'un d'autre, comme il avait fait lui-même de son côté pendant l'été. Autour de Noël, ils se mirent d'accord pour rompre. Ce fut une séparation à l'amiable ; ils resteraient amis. Burns laissa même Tina loger au condo aussi longtemps qu'elle voulut, tandis que lui avait choisi une chambre du Sutton Place Hotel comme point de chute.

Cependant, Burns était préoccupé et parfois mélancolique après cette nouvelle relation ratée. Un soir, il prenait un verre dans un bar du bord de l'eau, le Purple Pepper, au Queen's Quay. Non loin de lui, étaient attablés un groupe de jeunes gens qui ne portaient absolument aucune attention à l'entraîneur, seul dans son coin.

« Tout d'un coup, le serveur nous a apporté tout un plateau de *shooters*, se rappelle Mandy McCormick, qui était du nombre de ces joyeux fêtards. Il nous a dit : "Ces consommations vous sont offertes par Pat Burns, qui apprécierait beaucoup que vous le laissiez seul." »

Le groupe était éberlué.

« Premièrement, personne ne savait qui il était, et si certains le connaissaient, personne ne l'avait remarqué. On a toutefois descendu les verres et puis nous l'avons laissé seul, comme il le voulait. J'ai pensé qu'il était un peu égoïste, mais un verre gratuit, c'est un verre gratuit. »

Autour de l'équipe, qui connaissait une saison moyenne, l'unité qu'attendait anxieusement Burns était en voie de se réaliser. Des blagues de vestiaire débiles recommençaient à être monnaie courante, et le digne entraîneur mettait son grain de sel dans ces fantaisies. Un après-midi, un petit malin versa de l'huile sur les pierres du sauna du Gardens alors que Burns se déshabillait avant d'y pénétrer. Une fois entré, Burns, terrifié par la fumée, en ressortit aussitôt, flambant nu, en criant:

«Il y a le feu dans le sauna!»

Le spectacle ne devait pas être banal, car en racontant aujourd'hui l'anecdote, Domi ne peut réprimer un rire hystérique.

Ces espiègleries auraient dû être de bon augure. Dans le vestiaire n'existait aucune division visible pour un œil extérieur. Quand ses protégés le méritaient, Burns leur servait une bonne sortie, mais celles-ci étaient moins nombreuses et de plus en plus espacées. Un soir, il se mit dans une colère terrible au New Jersey entre deux périodes quand Todd Warriner – qui avait subi plus que sa part de remontrances de Burns – avait fait une passe sur réception (en anglais, *one-touch pass*) à un coéquipier. S'il y avait une chose qui pouvait rendre Burns fou, c'était de voir un de ses Leafs prendre un risque en commettant une passe sur réception – une passe rapide d'un joueur à un autre, faite dans l'instant suivant sa réception, censée déstabiliser l'adversaire, mais aussi susceptible de lui offrir un revirement. Dans le vestiaire, ce soir-là, sa fureur atteignit des caps rarement enregistrés depuis longtemps.

«Il y a un gars dans ce vestiaire, je suis à peu près sûr qu'il ne porte ni le 66 ni le 99, mais il a fait une passe sur réception! Il y a seulement deux gars dans le monde qui peuvent faire des passes sur réception, Lemieux et Gretzky, et je ne vois ni l'un ni l'autre ici!»

Burns promena un regard menaçant dans le vestiaire, à la recherche du coupable. Pas bête, Warriner s'était réfugié dans les toilettes.

— Je suis ici, coach! avait répondu une petite voix.

Pas plus bête que son joueur, Burns choisit de ne pas faire irruption dans l'intimité de Warriner.

À partir de ce moment-là, Warriner hérita du surnom «One-Touch»...

Au-delà des apparences, certains signes laissaient croire que les tactiques psychologiques de Burns perdaient de leur efficacité. Après une défaite gênante de 6-1 contre les Panthers de la Floride, l'entraîneur voulut jouer la carte de l'amour-propre. Lors d'une séance d'entraînement au Forest Hill Memorial Arena, le lendemain, Burns repéra un garçon qui jouait sur une patinoire attenante. Sermonnant ses joueurs, généreusement conspués la veille, il attira leur attention sur le jeune patineur :

« Voici la fierté. Si vous avez oublié ce que c'est, la voici, la fierté : un jeune qui porte le chandail des Maple Leafs de Toronto et pour qui vous êtes des héros. »

Certains joueurs se permirent un petit sourire suffisant et roulèrent les yeux vers le ciel. Ce genre de choses ne serait jamais arrivé un ou deux ans plus tôt. Burns prit bonne note de la réaction et imposa à sa troupe un entraînement punitif de 90 minutes. Si quelques mots bien sentis ne parvenaient pas à les toucher, peut-être que des exercices abrutissants et des muscles endoloris y arriveraient.

L'équipe ne réussissait pas à aligner quelques victoires et à se donner un élan. Ils jouaient du hockey moyen, avec une fiche moyenne, et ils n'avaient aucune excuse pour justifier ce rendement. Un voyage dans l'Ouest, trois parties en quatre soir dans trois fuseaux horaires différents, vida tout le monde en ne générant que des résultats modestes : 1-0-2. Au début novembre, les Leafs semblèrent s'ébrouer quelque peu, n'essuyant qu'une défaite en six matchs, avec deux matchs nuls. Mais un fait demeurait, difficilement contournable : l'équipe n'avait pas aligné trois victoires consécutives depuis presque 20 mois. Pourtant, personne ne paraissait trop s'en faire. C'était une équipe constituée de vétérans, moins impressionnables et moins malléables que des jeunes, et dont la confiance connaissait des hauts et des bas, signes précurseurs de surplace et d'un éventuel effondrement.

Du 1er au 21 novembre, les Leafs conservèrent une fiche de 7-1-2, puis de 6-1-1 durant la première moitié de décembre. Soudain, leur fiche s'élevait à sept matchs au-dessus de ,500 pour la première fois depuis leur séquence de 10 victoires, au tout début de la saison 1993-1994. Avant Noël, Gilmour atteignit les 1 000 points en carrière, troisième joueur seulement de la concession à toucher ce plateau. Le même soir, Burns entrait dans le club des entraîneurs ayant récolté 300 victoires dans la LNH, 126 de celles-ci derrière le banc des Maple Leafs.

« C'est une bonne sensation, et j'espère pouvoir en remporter 300 autres, même si c'est peut-être trop demander. Certains entraîneurs ne durent même pas 300 matchs. »

Un journaliste s'étonna du choix de cravate de Burns, dont le motif montrait le Grinch, personnage du célèbre conte du Dr Seuss.

« J'ai toujours pensé que le Grinch était un incompris. C'est un être solitaire. J'ai toujours été un fan du Grinch. »

Burns aurait beau jeu de se replonger, durant le temps des Fêtes, dans le conte qui avait bercé son enfance, car le retour à la réalité serait dur et l'année 1996 apporterait avec elle un cauchemar : celui d'une chute libre aussi soudaine que catastrophique.

Le 5 janvier 1996, les Leafs affrontaient les Sabres à Buffalo et ce sixième match en neuf jours trahissait une fatigue évidente des joueurs de Burns. Celui-ci laissa éclater après le match une colère qui semblait disproportionnée en regard de cette défaite honorable au compte de 3-1. Au point de presse, il péta un plomb et se lança dans des jérémiades qui se voulaient bien plus qu'un compte rendu du match aux médias présents.

Pour des raisons inexplicables, il suggéra en termes voilés qu'il régnait une mésentente dans le vestiaire, un genre de secret qu'un entraîneur ne doit sous aucun prétexte révéler.

« Certains joueurs pensent que les directives de l'entraîneur ne sont plus importantes. Ne vous méprenez pas sur le sens de mes paroles, nous avons un bon groupe de gars dans ce club. Je ne dis pas que c'est le cas de tout le monde, mais je pense qu'il y a quelques individus qui empêchent certains autres de progresser. »

Mais de quoi Burns pouvait-il bien parler ?

« Je ne sais pas ce qui se passe dans le vestiaire, poursuivit-il, mais peut-être qu'il y a quelques gars qui disent aux autres : "Oubliez ce que vous dit l'entraîneur, voici comment nous devons jouer." »

Bien entendu, les journalistes n'allaient pas laisser passer une si belle occasion et ils se précipitèrent vers les joueurs pour recueillir leurs réactions. La plupart furent pris de court, d'autres, franchement fâchés.

« Si Burns a des problèmes avec certains joueurs, lança Macoun, eh bien, c'est à eux qu'il devrait s'adresser. »

Todd Gill, un fervent de Burns, était perplexe :

« Vous devriez demander à Pat à qui il fait allusion. À chaque match que nous disputons pour Pat Burns, nous avons un plan de match et nous essayons de le suivre. »

L'entraîneur avait ouvert une boîte de Pandore, cependant l'ensemble des journalistes torontois, négligents, ne prirent pas la peine de la fouiller de fond en comble. Burns évitait généralement de cibler ses critiques sur des joueurs en particulier, préférant s'en tenir à des réprimandes collectives. Derrière le banc, si un mauvais jeu de l'un des siens l'irritait, il se penchait au-dessus du concerné et lui parlait directement à l'oreille :

« Pourquoi as-tu laissé filer ton homme ? Reste assis ici quelques moments et pense à ça. »

À court d'arguments, après une défaite à Montréal peu de temps auparavant, il s'en était pris au leadership de l'équipe, ce qui avait agacé plusieurs joueurs, dont Gilmour. Les vétérans auraient dû avoir l'épiderme moins sensible devant ces quelques tapes à leur ego. Mais ils étaient vraiment mécontents que Burns ait évoqué un problème – quel problème ? – hors du vestiaire. Alertés par la rumeur d'une possible épreuve de force au sein de l'équipe, quelques journalistes commencèrent à ouvrir l'œil. En fait, les braises de la discorde couvaient dans le temple ; dûment attisées, elles ne tarderaient pas à se transformer en brasier. À ce sujet, Domi marche sur des œufs, pour ne pas dire des tisons ardents :

« C'était une équipe dominée par des vétérans. Certains gars étaient plus fragiles que d'autres et n'étaient pas capables d'encaisser une critique constructive. Nous étions au beau milieu d'une transition avec de jeunes joueurs fraîchement débarqués et des gars qui entretenaient une relation de longue date avec Pat, ceux qui avaient fait partie de la formation qui était allée deux fois en finale de conférence. Pat tentait de réaliser une transition avec les forces fraîches, mais il n'y en avait pas assez autour de lui pour l'aider à mener son plan à terme. Peut-être certains joueurs ne voulaient-ils tout simplement pas de ce passage à autre chose ; je n'en suis pas sûr. Je ne faisais pas partie de ce groupe de joueurs plus vieux. Moi, j'étais le gars de Burnsie et tout le monde le savait. »

La situation ne s'améliora pas quand *Le Journal de Montréal* rapporta une déclaration de Burns selon laquelle il pourrait quitter les Leafs pendant l'été si un autre club lui faisait une offre intéressante. Il était maintenant de notoriété publique que le contrat de Burns comportait une clause échappatoire qui lui laissait trois semaines pour étudier les propositions d'autres organisations une fois la saison terminée ; autrement, il demeurait la propriété de l'équipe.

« Si je recevais une offre pour un contrat de trois ans d'une autre équipe, je devrais la considérer sérieusement, avait dit Burns au *Journal*. Il y a des choses qui n'arrivent qu'une fois dans la vie. Je ne suis pas plus idiot qu'un autre. J'aime la sécurité. »

Avec Terry Crisp, Burns était à ce moment-là l'entraîneur avec le plus d'ancienneté au sein de la formidable partie de chaises musicales qui régnait dans la ligue. Au lieu de s'entendre sur une prolongation de contrat ou de négocier une nouvelle entente, Burns et les Leafs avaient signé une « lettre d'intention » tenant compte de la clause échappatoire, qui faisait de l'entraîneur un agent libre durant une durée limitée. Si Burns choisissait de partir, les Leafs ne lui devraient rien. S'il décidait de rester et que les Leafs voulaient de lui, une année garantie était prévue. Mais si Toronto ne voulait plus de lui, ils devraient lui verser cette année de salaire, soit la bagatelle de 850 000 $ pour qu'il *ne* dirige *pas* l'équipe. Ce « détail » revêtait un aspect critique de l'entente.

En janvier, des rumeurs d'échange vinrent perturber l'équipe, ajoutant au climat d'incertitude ambiant.

« Les rumeurs commencent à peser sur certaines personnes, dit Burns, qui tentait de réparer les dommages causés par sa sortie à Buffalo. Il n'y a pas de dissension dans le club. Si des gars veulent parler, la porte est toujours ouverte. Il n'y a pas de problème. »

Il en allait également ainsi de son statut, qui n'était plus celui d'un intouchable :

« Qui sait ? Peut-être que Cliff pourrait en avoir assez de moi ? Mais je ne suis pas intéressé par aller ailleurs. J'ai ma place ici. Ce sont les médias qui ne cessent de ramener le sujet du contrat sur le tapis. Je ne suis pas inquiet. Je ne veux pas partir. J'aime Toronto. Pourquoi tout le monde dit-il que je veux partir ? »

Burns expliqua au chroniqueur Steve Simmons du *Toronto Sun* les raisons qui le rendaient réceptif à de meilleures offres d'une autre équipe :

« Si tu étais à ma place et qu'on t'offrait un contrat d'un an et un autre de trois ans, lequel prendrais-tu ? Tu prendrais le contrat de trois ans, non ? Alors, en quoi est-ce mal de dire cela ? »

Burns essayait de finasser avec Fletcher et, franchement, il n'appartenait pas à la même ligue que son directeur général. Il aurait sans doute mieux fait de se taire. Mais il croyait qu'il avait des munitions et s'attendait à en avoir encore davantage quand son équipe atteindrait les séries. Elle ferait bel et bien les éliminatoires ce printemps-là, mais sans lui.

———

Fletcher apporta de nouveaux changements à l'équipe par une transaction complexe impliquant trois clubs qui amena Kirk Muller à Toronto. Celui-ci ne créa pas un impact immédiat. Le club s'était enlisé dans les ornières d'une séquence perdante : déjà sept défaites et ce n'était pas fini. Quand les Leafs furent bafoués 4-0 par les Blues au Gardens, les partisans huèrent vigoureusement les leurs. Les joueurs ne savaient plus où se mettre.

« Les joueurs veulent faire face à la situation et ils veulent le faire tous ensemble, insista Burns. Personne ne veut se défiler, personne ne veut avoir à raser les murs dans cette ville. Nous savons ce que nous avons à faire. Nous pouvons le constater par la réaction des fans. Et nous pouvons imaginer, par celle des médias, que nous devrons nous serrer les coudes. »

Pourtant, rien ne semblait pouvoir remettre les Leafs sur le chemin de la victoire. Inlassablement, et en mettant à rude épreuve les nerfs de tout son monde, Burns brassait et rebrassait ses trios, parfois même d'un changement de joueurs à un autre, à la recherche d'une étincelle. Il justifiait de son mieux ces expériences sans fin et demandait du temps alors que le club s'ajustait à tous les échanges intervenus et toutes les blessures subies.

« J'ai dormi là-dessus, j'ai continué à y penser sous la douche, j'ai mis des noms dans une tasse et je les ai jetés sur la table. Cela va prendre du temps. Soyez patient, attendez et vous verrez quelle chimie sera la bonne. »

Aucune victoire en huit matchs, et 14 petits buts comptés au cours de cette séquence… Les équipes de Burns en revenaient toujours à ce problème chronique : leur incapacité à marquer.

« Il y a un nuage noir qui nous suit partout », grogna Burns quand l'équipe atterrit à San Jose en plein orage.

Burns était confronté à sa plus longue disette depuis qu'il avait pris les rênes du club.

« Tu commences à te demander si nous allons gagner un autre match un jour. Nous nous satisferons d'une victoire contre n'importe qui. Nous devons en gagner une maintenant. »

Ce ne fut pas contre les Sharks, qui leur infligèrent une défaite de 6-4 au cours de laquelle les Leafs furent pathétiques.

Une semaine après le début de février, on pouvait constater le spectaculaire renversement de situation survenu chez les Leafs en un peu plus d'un mois. La veille du jour de l'An, ils étaient à huit matchs au-delà de ,500 et lorgnaient la première position de la conférence de l'Ouest. Ils avaient maintenant perdu leurs neuf derniers matchs, et ils n'étaient plus qu'à un du record d'équipe enregistré en 1966-1967. Le rendement du club préoccupait Fletcher au point qu'il quitta une réunion des directeurs généraux en Arizona pour rejoindre Burns et sa troupe à Anaheim. Esquivant les spéculations autour de l'avenir de son entraîneur, Fletcher déclara que Burns resterait derrière le banc de l'équipe jusqu'à la fin de la saison, et même davantage :

« Il sera aussi notre entraîneur l'an prochain s'il devait décider de revenir. Son avenir n'est pas différent de celui qui s'offrait à lui quand il nous a conduits deux années de suite en finale de conférence. »

Fletcher s'adressa aux joueurs à huis clos.

« Je ne dirais pas que je leur ai lu le Riot Act… Tout ça remonte aux dinosaures. Mais nous avons dans cette équipe des joueurs qui ne jouent pas à leur plein potentiel. J'avais certaines choses à leur dire. C'est fait. Point. »

Burns était reconnaissant à Fletcher de son vote de confiance, mais il ne cachait pas à quel point la situation le préoccupait.

« Je suis certain qu'il y a quelques joueurs qui se questionnent en ce moment et qui se disent : "Pat devrait être parti." Peut-être que cela en réjouirait certains. Mais peut-être y en a-t-il aussi d'autres qui se disent : "Hé, ce n'est pas sa faute." Je n'ai pas été injuste envers qui que ce soit dans cette équipe. »

Il se rebiffa à la suggestion que ses troupes l'avaient peut-être laissé tomber :

« Je ne crois pas que les joueurs m'ont laissé tomber et je ne vais pas les laisser tomber. »

Quand on demanda à Gilmour si les problèmes vécus par l'équipe étaient attribuables à Burns, il ne mâcha pas ses mots :

« C'est de la foutaise. Personne dans cette équipe n'a un problème avec Pat Burns. Pat a été très, très calme et très, très positif. Nous devrions le remercier pour être demeuré aussi optimiste. Tout ce que nous avons à faire, c'est sauter sur la glace et travailler plus fort pour lui, et travailler plus fort pour nous. »

Toronto finit par en arracher une, 2-1, contre les Ducks. À cette occasion, Burns avait remisé les lunettes qu'il avait portées la majeure partie de la saison.

« Peut-être que j'avais juste trop peur de voir ce qui se passait », blagua-t-il.

Une fois à Los Angeles, les Leafs entamèrent une nouvelle séquence perdante en s'inclinant 4-3.

« Cela nous ramène exactement là où nous étions », marmonna Burns.

Ce soir-là, Dan Aykroyd avait organisé au House of Blues un party d'anniversaire en l'honneur de Kirk Muller, un natif de Kingston. Les Leafs ne retournaient pas à la maison avant le lendemain matin et étaient attendus au restaurant après leur partie contre les Kings. Burns ordonna plutôt à ses joueurs de tous monter dans le bus à 23 heures. Méfiants, les joueurs déplacèrent le party dans l'une des chambres de leur hôtel. House of Blues avait fait préparer un vertigineux gâteau de fête qui fut livré à l'hôtel. Quelques-uns des joueurs le placèrent sur un chariot de service, poussèrent celui-ci jusqu'à la chambre de l'entraîneur et cognèrent à sa porte avant de prendre leurs jambes à leur cou. Une légende a couru selon laquelle les mots *We hate you* avaient été tracés sur le gâteau, mais elle n'a jamais été vérifiée. Message haineux ou pas, Burns n'apprécia pas la gaminerie. Au beau milieu de la chute vertigineuse au classement d'une équipe, les festivités n'avaient pas leur place, estimait-il. De son point de vue, les joueurs auraient été mieux avisés d'aller directement au lit pour expier leurs fautes.

Les Leafs avaient disputé 8 de leurs 11 dernières parties contre des équipes jouant sous la barre de ,500, ce qui ne les avait pas empêchés d'afficher un piètre rendement de 1-6-1. L'équipe était profondément désemparée. En retournant à Toronto, un Burns exaspéré commit sans doute sa pire erreur en exprimant publiquement son découragement, des mots teintés d'un fort accent de reddition :

« Je ne vois pas ce que je peux faire de plus. J'ai essayé de les engueuler. Je les ai fait se défoncer à l'entraînement. J'ai essayé de faire appel à leur raison. Qu'est-ce que je peux faire d'autre ? »

Un entraîneur ne doit jamais, au grand jamais, agiter le drapeau blanc. En avouant qu'il n'avait plus de solutions pour relancer l'équipe, il venait de se tirer dans le pied et d'offrir à l'administration des Leafs la raison toute trouvée pour le congédier. Des amis très proches qui parlèrent avec lui dans ces jours pénibles suspectent Burns d'avoir délibérément forcé la main de Fletcher.

« Je crois que Pat s'est essentiellement viré lui-même, affirme Chris Wood, un homme d'affaires torontois qui possédait sa résidence d'été à Magog et qui était devenu un proche de Burns. Même des gens très sûrs d'eux en arrivent à douter d'eux-mêmes. Quand l'irréparable se rapprochait, Pat m'appelait et me disait : "Je vais être viré, je le sais." Il avait développé une attitude défaitiste. C'était comme s'il avait fait en sorte que les choses se produisent ainsi. »

Le climat de pessimisme autour de l'équipe était oppressant. Toronto avait gagné une fois en un mois. Hors de lui, Burns bannit les journalistes du vestiaire. En avance 2-0 sur les Sabres, les Leafs durent se contenter d'un autre match nul. L'embarras de l'entraîneur était palpable aux points de presse, après les entraînements et les matchs. Il avait l'air d'un homme qui marchait vers la potence. Il y avait une seule lueur d'espoir dans le tableau : les Leafs étaient en quatrième place dans leur conférence avant le début de leur chute libre et ils l'occupaient encore malgré tout. Toronto connut aussi un bref regain de vie pendant cinq matchs (3-1-1). Burns promit qu'il freinerait la dégringolade du club et essaya d'insuffler un peu de constance à ses joueurs. Puis vint la seconde léthargie.

Des avances bêtement gaspillées, des pénalités d'indiscipline et quatre défaites firent plonger Toronto sous la barre de ,500. Fletcher avait répété qu'il n'avait jamais congédié un entraîneur en pleine saison et qu'il n'avait pas l'intention de commencer maintenant. Au dîner caritatif *Have a Heart*, Burns écorcha ses joueurs devant les journalistes venus renifler autour de lui :

« Je ne sais pas comment les joueurs peuvent marcher dans la ville. Moi-même, j'ai des problèmes à le faire. Je suis gêné. »

Il était cuit. Un piqué en vrille de 18 parties n'était plus une léthargie : cela représentait presque le quart de la saison. Mais Fletcher lui donna encore un sursis :

« C'est son poste, point. Ce n'est même pas un problème. »

De façon discrète, toutefois, le directeur général eut une rencontre avec les joueurs. Cinq semaines de cafard ininterrompu poussèrent le club à faire appel aux services d'un psychologue sportif. Même Burns se soumit à l'exercice. Assiégé de toutes parts, il disait une chose aux médias et une autre à ses confidents.

« Plus que jamais, tout ce qui a été dit et écrit me donne encore plus l'envie de revenir l'année prochaine, dit-il aux journalistes qui l'entouraient. Si Cliff veut que je sois de retour, je serai de retour. Toronto est le meilleur endroit pour gagner si vous gagnez, et je gagnerai de nouveau. Je ne suis pas devenu stupide en trois mois. »

Mais une fois loin des feux de la rampe, il disait à ses amis qu'il n'en pouvait plus.

À Winnipeg, les Leafs menaient 3-1 lorsqu'ils s'effondrèrent et perdirent finalement 4-3.

« Je n'ai jamais ressenti autant de pression et de stress dans ma vie, admit Burns. Je ne dors pas la nuit. Je reste réveillé pendant des heures, en me demandant ce que nous pourrions faire pour sortir de notre léthargie. Je n'ai jamais rien vécu d'aussi éprouvant auparavant. »

Ce désespoir publiquement exprimé désarçonna encore davantage les joueurs. L'un d'entre eux, qui préféra garder l'anonymat, suggéra que sa rupture avec Tina avait jeté Burns dans un creux de vague dont il n'arrivait pas à émerger. Foutaise, commenta l'entraîneur à Marty York du *Globe and Mail*.

« Premièrement, je suis content que nous ne soyons plus un couple en ce moment parce que, même si j'ai eu une belle relation avec cette femme et même si nous sommes restés de bons amis, je préfère être seul pendant une période aussi pénible. »

Il en profita pour souligner que Fletcher s'était également séparé de sa femme Boots au lendemain de Noël.

« Je suis sûr que les joueurs qui croient que j'ai la tête ailleurs à cause de ma rupture pensent que Fletcher l'a tout autant. Eh bien, je ne pense pas que nos problèmes aient quoi que ce soit à voir avec ça. »

———

Quelque chose ne pouvait que céder à un moment ou à un autre. Glissant tout doucement hors de portée d'une place en séries, l'équipe entama un voyage dans l'Ouest constitué de trois escales : Winnipeg, Dallas et Denver. Rien de la pression ambiante exercée sur le club n'échappait à Fletcher, au point qu'il accompagna l'équipe sur la route.

« Nous ne pouvons revenir à la maison sans rien ramener de ce voyage de trois matchs », dit-il.

Mais Toronto perdit les trois matchs, dont le dernier par blanchissage 4-0 aux mains de l'Avalanche dans ce qui constituerait l'ultime rencontre de Burns derrière le banc des Leafs. Au cours du voyage, déprimé et paranoïaque, il appela un ami à Toronto, se plaignant amèrement d'une mutinerie dans le vestiaire. Selon l'entraîneur, ce groupe de joueurs jouaient pour perdre et lui faire perdre son job. Burns identifia Jamie Macoun comme étant le meneur de cette cabale. En posant un regard rétrospectif sur cette période sombre, Fletcher rejette cette thèse du revers de la main :

« Jamie Macoun est un gars franc du collier. Il dit ce qu'il pense. De toute façon, aucun athlète ne jouerait volontairement mal pour nuire à son entraîneur, puisqu'il courrait lui-même la chance d'être le premier à perdre son poste. Non, je n'y crois pas. Macoun, comme la grande majorité des joueurs, aime l'argent et désirait un autre contrat. Quand les choses vont mal, les joueurs s'en font toujours pour la même personne : eux-mêmes. Il n'y avait aucun doute à l'effet que certains joueurs étaient malheureux de la situation et blâmaient Burns pour les problèmes de l'équipe. Mais ce genre de choses arrive dans tous les vestiaires, dans tous les sports. Personne ne va prendre le blâme. Il est toujours plus commode de pointer du doigt quelqu'un d'autre que soi. »

Dave Ellett liquide le sujet :

« Burns et Macoun n'avaient pas une bonne relation. Mais je peux honnêtement vous assurer que pas un membre de cette équipe n'a fait exprès de perdre. Nous aussi sentions la pression… *Jesus*, c'était vraiment un sale moment à passer. »

Des joueurs remarquèrent un changement dans le comportement de Burns durant ce qui allait s'avérer sa dernière semaine en poste.

« Pat était si calme cette semaine-là, il n'était vraiment pas comme d'habitude. »

Après le match contre l'Avalanche, Burns quitta le banc avec le dos voûté et le visage sombre.

« Pour la première fois de sa carrière, il était complètement découragé », résume Ellett.

Toronto avait perdu 16 de ses 22 dernières parties.

Les Leafs passaient la nuit à Denver. Tôt le lendemain matin, Fletcher convoqua Burns dans sa chambre d'hôtel. Le directeur général a-t-il congédié Burns ou Burns a-t-il demandé à être libéré de son poste ? La réponse restera toujours nébuleuse. Gardons toutefois en mémoire que si Burns avait démissionné, il n'aurait jamais reçu les 850 000 $ que son contrat lui garantissait.

« Je voulais qu'il continue, insiste Fletcher. Je lui ai dit : "Pat, on peut passer à travers." Mais Pat sentait qu'il avait perdu son équipe. Il ne pensait vraiment pas qu'il pouvait continuer. Je l'avais observé derrière le banc la veille, et il avait l'air si frustré, si découragé. »

En évoquant cette rencontre solennelle, Fletcher a les larmes aux yeux.

«Les entraîneurs sentent ces choses-là… Ils savent quand ils possèdent le contrôle de leur équipe, et ils savent aussi quand ils commencent à le perdre…»

Il compare la situation à celle de ces étudiants qui ont le même professeur pendant quatre ans.

«À la fin, vous avez toutes les misères du monde à porter attention à ce qu'il dit, vous ne l'écoutez plus en buvant ses paroles comme au premier jour, pendant la première année. C'est la même chose pour un entraîneur. Il est dur de maintenir l'intérêt, de motiver en permanence un groupe d'athlètes qui a déjà entendu mille fois tout ce que vous avez dit au fil du temps. Un entraîneur sent très bien quand son message ne passe plus…»

Fletcher est étonné, encore aujourd'hui, par la vitesse (un mois et demi!) et la manière dramatique dont les choses se sont dégradées. Il éprouvait une profonde compassion pour l'homme qui était assis devant lui dans la chambre d'hôtel de Denver, ce matin-là.

«J'avais déjà vu des entraîneurs se débattre, mais jamais comme lui. Pat personnifiait si bien l'homme aux commandes en tout temps. Dans son esprit, voir tout s'écrouler autour de lui et n'avoir plus aucun contrôle sur la situation, savoir qu'il devait à tout prix gagner… Ça l'a rongé. J'espérais pouvoir acheter du temps. Mais Pat en était à un point où cela n'avait plus d'importance plus lui.»

Le seul geste possible était celui qui consistait à délivrer Burns de son fardeau, et c'était aussi ce que souhaitait l'entraîneur.

«Ce fut une décision mutuelle», dit Fletcher, dont le cadeau de départ à Burns consista dans le respect de l'indemnité de licenciement prévue au contrat, soit le salaire d'une année.

Quand le club monta à bord de l'appareil qui les ramenait à Toronto, les deux hommes ne soufflèrent mot à personne de leur discussion, pas même aux adjoints entraîneurs, et encore moins à la meute des journalistes affectés à la couverture de l'équipe. Fletcher leur mentit purement et simplement, puis récidiva devant la seconde vague de journalistes qui attendaient l'équipe à l'atterrissage, donnant à tous l'assurance que Burns serait à son poste contre les Devils du New Jersey. Il ne présenta aucune excuse à quiconque pour avoir donné à son entraîneur la chance de pouvoir quitter la ville en douce.

« Il me l'a demandée. Et il la méritait. Pat avait tant fait pour la concession en ramenant la fièvre du hockey à Toronto. Il m'a rappelé plus tard ce soir-là pour me dire qu'il était rendu à Kingston. Je lui ai dit : "OK, Pat. Je vais avoir beaucoup de plaisir demain matin lors de la conférence de presse." »

C'était de l'humour noir.

Fletcher ajoute doucement :

« J'aimais Pat. »

Quand Fletcher s'est présenté au Gardens, la rumeur du départ de Burns s'était déjà répandue et rien n'aurait pu éteindre le brasier qui s'était abattu sur le vénérable édifice. On pourfendit Fletcher pour avoir menti, mais il ne montra pas le moindre atome de repentir. Nick Beverley, un des membres des instances décisionnaires des Leafs, fut chargé de prendre les rênes de l'équipe sur une base intérimaire. Mais tous les projecteurs étaient maintenant directement braqués sur le directeur général, dont on n'attendait rien de moins qu'il sauvât la saison du club – autrement dit, un fiasco parfait. La plupart des joueurs tinrent le même discours : pauvre-Pat-ce-n'est-pas-sa-faute. Certains étaient sincères, d'autres non. Dave Ellett a son opinion bien arrêtée sur la question :

« Disons-le comme ça : quand Pat a été viré, il y a eu quelques gars qui étaient franchement contents. »

Gilmour n'était pas l'un de ceux-là :

« Je ne pense pas qu'aucun des gars a joué pour que Pat soit congédié. Mais de toute façon, personne ne serait prêt à l'avouer. Il est très possible que certains gars soient allés jusque-là. »

Burns donna quelques coups de téléphone pendant cette nuit-là, le long de la route qui le menait à Kingston. Il appela Gilmour pour le remercier pour toutes ces années passées ensemble, puis Domi afin de lui faire part de quelques conseils pour la suite de sa carrière. Sa voix, basse et traînante, était celle d'un homme épuisé :

« Il m'a dit : "Bonne chance, *kid*, je suis parti." C'était très émouvant. »

Ensuite il appela ses enfants, pour leur dire qu'il rentrait à la maison. Puis enfin son ami Kevin Dixon, qui évoque cet appel à la fois tant redouté et tant espéré :

« Il était soulagé. »

Soulagé d'être enfin délivré.

Durant le dernier mois, Burns était retourné vivre dans son condo au bord de l'eau. Tina avait finalement déménagé en emportant, avec la bénédiction de son ex, presque tous les meubles. Le logement avait été laissé désert et offrait un aspect peu engageant, dépourvu même de coutellerie et de vaisselle, si bien que Burns avait dû faire quelques achats en toute hâte pour être fonctionnel. Quand il prit place à bord de son pick-up, ce soir-là, il laissa deux douzaines de vestons dans son placard et tous ses souliers. Avant de quitter le condo pour ne plus jamais y revenir, il avait appelé son ami Chris Wood :

« Pat m'a dit : "Woody, je m'en vais, j'ai été remercié. Il y a une paire de patins ici, ils sont pour toi." Il avait aussi une paire de bottes qu'il me demanda de donner au portier. Pat était quelqu'un de très généreux. »

Ce fut le même Woody qui envoya plus tard un des camions de sa compagnie récupérer des objets que Pat voulait conserver, incluant un grand portrait de lui grimpé sur sa Harley, un cliché pris au faîte de sa gloire torontoise par un photographe du *Star*.

Burns ne fit qu'une brève halte au Gardens, le temps de jeter un dernier regard sur le banc qui n'était plus le sien. Puis l'ex-entraîneur des Leafs sauta dans sa camionnette et s'évanouit dans la nuit.

Il laissait derrière lui une équipe en ruines, un bataillon de journalistes en colère et, au zoo de Toronto, un tigre de Sibérie qu'une admiratrice folle de lui avait commandité, allongeant la coquette somme de 500 dollars pour avoir le droit de nommer la magnifique créature du nom de... Burnsie.

CHAPITRE 17

Combat d'oursons à Boston
« Les Bruins de 2000, c'est Saïgon en 1975. »

Dans le vestiaire des Bruins, les deux hommes se jaugent du regard avec attention. Harry Sinden est à la recherche d'un entraîneur et Pat Burns est à la recherche d'un emploi. Le postulant est qualifié, sans l'ombre d'un doute, mais Sinden n'en éprouve pas moins un malaise devant cet homme. Il y a eu entre eux trop d'intenses confrontations et les cicatrices témoins de ces luttes sont à peine refermées. Sinden ne peut pas ne pas poser la question :

— Pat, tu as été un Canadien de Montréal. J'ai de la misère à croire que tu puisses être un jour un Bruin. En es-tu capable ? Te sens-tu capable d'être un Bruin ?

Quand Burns répond, Sinden est à l'affût du langage corporel de son interlocuteur.

— Si je fais partie de cette équipe, Harry, je serai le meilleur d'entre tous tes Bruins.

Près de 15 ans plus tard, Sinden est catégorique :

« Il m'a convaincu. »

Michael Jackson et Lisa Marie Presley. Tie Domi et Belinda Stronach. Charles et Diana. Autant de couples dépareillés que rien ne réunissait et condamnés à se séparer dès leur rencontre. Ajoutez à cette liste de mâles dominants unis pour le meilleur et surtout le pire l'étrange couple constitué par Harry Sinden et Pat Burns. Pas tant qu'ils avaient peu de chose en commun, mais probablement à cause de leurs tempéraments presque identiques, des caractères bouillants voués à devoir un jour se confronter. Sinden contre Burns : un monolithe immuable croisant une force irrésistible. Sinden était le président et le directeur général des Bruins de Boston, une sorte de seigneur de l'ère féodale férocement grippe-sou à qui rien n'échappait de tout ce qui remuait rue Causeway, à plus forte raison avec un propriétaire majoritaire tel que Jeremy Jacobs, qui préférait vivre à Buffalo. Mythique entraîneur de l'équipe qui avait remporté la Série du siècle contre l'URSS en 1972, Sinden n'avait jamais tout à fait renoncé à son ancienne peau d'entraîneur. Quiconque était appelé à passer derrière le banc des Bruins aurait le regard de Sinden, fouineur et chicanier, braqué par-dessus son épaule. L'homme ne pouvait s'en empêcher.

Mike Milbury, ancien joueur et entraîneur des Bruins, un prototype parfait de la mythologie bostonnaise, raconte cette anecdote qui vaut tous les portraits de Sinden :

« C'est la première année que je dirige les Bruins et nous sommes à deux parties de la pause du Match des étoiles. Nous jouons et gagnons à Hartford, maintenant nous n'avons plus qu'un match à gagner avant quatre jours de congé, et nous sommes premiers au classement général. Même si je suis un entraîneur recrue, je me sens contrôler parfaitement la situation. Nous revenons à une heure du matin. Je décide d'annuler l'exercice du matin. Je passe tout de même par le Gardens pour regarder un bout de vidéo du match. J'ai aussitôt un appel de Harry : "Monte me voir dans mon bureau." Je vais le voir. Nous sommes en première place, nous avons gagné la veille, aucun problème en vue. Je m'assois et Harry me dit : "Alors, Mike, tu penses que c'est (censuré) fini ? Tu crois déjà que le (censuré) de congé est commencé, hein ? Tu penses que tu vas venir ce soir et gagner cette (censuré) de partie, deux points de plus en banque, mais la vérité c'est que tu es déjà en vacances, comme tous ces (censuré) de (censuré) de gars !" Je suais comme les chutes Niagara. J'ai quitté le Gardens et je suis revenu à cinq heures le soir. J'ai fermé à clé la porte du vestiaire, j'ai donné des coups de pied dans des chaises, j'ai engueulé comme du poisson pourri tout ce qui avait deux oreilles dans la pièce. Et, croyez-le ou non, cette partie a été l'une de nos meilleures de toute l'année. L'une des expressions favorites de Harry était : "Le hockey, ce n'est pas comme un pont. Vous ne pouvez pas passer. Vous devez vous présenter et jouer." Il avait été un entraîneur exceptionnel. Et il vous parlait comme un gars qui avait dirigé une équipe championne de la coupe Stanley et l'équipe canadienne qui avait battu les Russes en 1972. Harry était très exigeant envers ses entraîneurs parce qu'il sentait, et avec raison, qu'il connaissait la bonne manière de diriger. Et Pat Burns n'était pas du genre à éviter une confrontation, lui non plus. Il n'était pas, comment dire, d'une nature politiquement correcte.»

Voir Sinden et Burns unir leurs forces en 1997 renversa le monde du hockey.

«Ce genre de choses aurait été impensable 40 ans plus tôt», commente Serge Savard.

Aux yeux du Sénateur, la haine qui prévalait entre Boston et Montréal à l'heure des séries éliminatoires excluait l'idée qu'un entraîneur puisse diriger l'une puis l'autre équipe, même avec une escale de quatre ans à Toronto entre les deux villes ennemies.

«Je ne sais pas pourquoi Pat est allé à Boston, se borne à dire Fletcher en secouant la tête. Ce qui est arrivé là-bas est ridicule.»

La venue de Burns à Boston n'était un mystère pour personne. L'entraîneur désirait à tout prix faire un retour derrière le banc après un an passé sur les lignes de côté à se tourner les pouces. Après avoir quitté Toronto, il s'était réfugié à Magog, heureux pendant un temps de pouvoir récupérer, s'attendant à ce que les propositions fusent de toutes parts à l'été. Il paraissait probable que des postes deviennent vacants à San Jose et Vancouver, pour ne nommer que deux destinations. Pour se garder occupé dans l'intervalle, Burns accepta un contrat de six semaines à CKAC pour tenir une chronique quotidienne pendant les séries. Il accepta également un engagement à court terme pour exprimer – en anglais, cette fois – ses opinions entre les périodes de matchs de première ronde à TSN, empiétant un peu sur le territoire de Don Cherry, le roi dans le domaine du commentaire. Ces interventions ponctuelles permirent à Burns de concentrer temporairement ses énergies sur un but et de se garder impliqué dans le petit monde du hockey. Un peu dépaysé d'être passé, même fugitivement, du côté de la force obscure des médias, l'entraîneur au chômage montra son habileté à donner son opinion et à improviser quand la situation le demandait. Le besoin pour les chroniqueurs se fit bientôt encore plus grand, si bien que Burns put régaler, dans les deux langues, les amateurs de hockey sur les ondes de plusieurs stations de radio AM.

« Vous pouvez faire de la radio avec les cheveux dépeignés, rigolait Burns. Vous pouvez même faire de la radio en étant allongé sur votre divan avec une bière. »

La radio l'amena aussi à faire la connaissance de Line Gignac, divorcée et mère de deux adolescents, qui travaillait dans le secteur de la promotion. Une odeur de brûlé – conséquence d'un coup de foudre – ne tarda pas à se répandre autour du cœur de Burns.

« J'ai rencontré quelqu'un », dit-il à Kevin Dixon.

Pour ce qui était du vrai hockey, celui qui le ramènerait derrière le banc d'une équipe de la LNH, Burns crut qu'il pouvait se payer le luxe d'être capricieux, puisqu'il touchait le salaire de la dernière année de son contrat avec les Leafs. Sans en être conscient, Burns surestimait peut-être sa valeur sur le marché. Assurément, pensait-il, un autre club ne tarderait pas à venir cogner à sa porte. Mais les mois passaient, et il constata malgré lui que les directeurs généraux ne se battaient pas dans l'allée de son chalet des Cantons-de-l'Est. Il commença à trépigner et à se poser des questions :

« Qu'est-ce qui arrive si le téléphone ne sonne pas ? Qu'est-ce qui arrive si personne ne veut de toi ? »

Quand la saison de hockey suivante se mit en branle, Burns se demanda avec angoisse si son règne n'était pas déjà terminé. Il dut se résigner au fait que son retour dans la LNH passerait par le renvoi d'un autre membre de la confrérie des entraîneurs.

Les congédiements en pleine saison sont monnaie courante. Mais le sort voulut que les postes disponibles étaient de ceux qu'on regarde mais qu'on ne touche pas. En février, Burns effectua un retour dans la Ville Reine pour faire la promotion d'une nouvelle ligne de moto-neiges et fournit quelque matière à copie au contingent de la presse locale, en se gardant bien d'émettre tout commentaire négatif sur la concession en plein chaos.

« Si le hockey me manque ? Je suis impatient d'y revenir et j'y reviendrai, mais seulement si la conjoncture est favorable. »

En fait, Burns était souvent pendu au téléphone, pressant son cousin et agent Robin Burns de proposer ses services dès qu'il était question d'un poste disponible. En tant qu'analyste pendant les entractes des matchs de hockey présentés à RDS, il avait l'opportunité de rester près de l'organisation au sein de laquelle sa carrière avait pris son envol dans la LNH. Quand les Canadiens furent éjectés des séries par les Devils en cinq matchs et que Mario Tremblay, à sa deuxième année avec le club, fut prié de lever les feutres, Burns fit part de son intérêt pour le poste, avec toutefois certaines réserves.

« Je devrai y réfléchir. Je veux diriger de nouveau dans la LNH, mais est-ce que je veux que ça soit ici ? Je fais de la télévision, maintenant. Je suis gentil et populaire. Quand tu deviens entraîneur, tu deviens une cible. »

Sans rien précipiter, il posa officiellement sa candidature. Au même moment, d'autres postes devinrent disponibles : Phoenix, Pittsburgh, San Jose et, le plus attirant du lot, Boston. Les Bruins, qui avaient terminé bons derniers de la ligue et qui avaient raté les séries pour la première fois en 30 ans, venaient de congédier le flegmatique Steve Kasper. La perspective de diriger une autre équipe des *Original Six*, quand bien même celle-ci était tombée dans la médiocrité depuis quelque temps, faisait saliver Burns. Mais il n'était pas le premier choix de Sinden. Le directeur général louchait plutôt sur Jack Parker, de l'Université de Boston, l'entraîneur le mieux coté du hockey universitaire américain. Et Sinden ne porta son regard perçant sur la personne de Burns – son plan B – que lorsque Parker eut dédaigné son offre. Quand Sinden convia Burns à une première prise de contact, l'entraîneur désœuvré revenait des plages floridiennes.

« Pat me rappelait certains des entraîneurs que j'avais déjà eus, Cherry et Milbury, par son attitude, son comportement, sa personnalité, raconte Sinden en rappelant la présence de son assistant directeur général Mike O'Connell lors de cette première longue rencontre avec Burns en mai 1997, dans le vestiaire des Bruins. Ce n'était pas un stratège ou un tacticien, mais je crois que Pat a toujours géré ses équipes de la même manière. Nous venions du même milieu. Il avait grandi dans les rues d'une grande ville et il avait été policier ; j'avais été un ouvrier à la General Motors. Il m'a semblé qu'il pourrait correspondre à ce que nous recherchions. J'ai eu la sensation qu'il pourrait être un Bruin. »

Burns relata plus tard cette entrevue à son ami Chris Wood, qui fut sidéré par le choix de carrière de son ami.

« Il m'a appelé et m'a dit : "Woody, je m'en vais à Boston." Je lui ai dit : "Écoute, Pat, j'étais un gros partisan des Canadiens et je suis devenu un fan des Maple Leafs à cause de toi. Mais les Bruins de Boston ? Je t'aime bien, Pat, mais il n'y a aucune chance que je devienne un fan des Bruins." Et Pat a dit en ricanant : "Je sais, Woody, moi non plus." Mais franchement, comment aurait-il pu ne pas aller à Boston ? Il s'était écoulé pas mal de temps entre son départ de Toronto et l'offre des Bruins. Tous les entraîneurs se remettent en question quand ils commencent à se demander s'ils retrouveront jamais un poste. Je ne pense pas que Pat avait eu aucune autre offre sérieuse. Et c'était un contrat lucratif pour lui, presque un million de dollars par année. Mais Harry s'est révélé par la suite être un tyran. »

Certains ont bien tenté de dissuader Burns de prendre le chemin de Beantown : ressaisis-toi, Pat, ce n'est pas une bonne idée, tu vas faire une grosse erreur. Mais il ne voulait rien entendre.

Pour les besoins de l'entrevue, Burns se déplaça à Boston avec Robin Burns et Kevin Dixon. Robin, ancien joueur de la LNH et entrepreneur accompli – sa compagnie d'équipement de hockey, Itech, était devenue la troisième plus grosse dans son domaine –, avait pris le relais de Don Meehan quand les agents s'étaient vu interdire le droit de représenter à la fois des joueurs et des entraîneurs.

« Harry nous avait cantonnés dans un hôtel à l'autre bout de la ville. Pat s'était enregistré sous le nom de Patrick Jonathan. L'intention des Bruins était de nous cacher le mieux possible ; Sinden ne voulait pas que quiconque apprenne que nous nous parlions. Mais le premier type que nous avons croisé dans le lobby de l'hôtel nous a dit : "Hé, Burnsie, tu es en ville pour signer avec les Bruins ?" Méchant secret ! »

Burns jouissait d'un certain degré de popularité en Nouvelle-Angleterre, du moins parmi ceux qui suivaient le hockey. Quand il s'était présenté dans un bar de Lake Placid pendant son année sabbatique, une serveuse audacieuse avait supplié Burns d'autographier son soutien-gorge.

« Et il avait signé, se rappelle Robin en riant, en plein sur son sein ! »

Après la discussion avec Sinden, les Burns et Dixon se retrouvèrent dans la chambre de l'un des trois comparses et ne tardèrent pas à devenir pompettes. Dixon se livra à une fouille approfondie des bagages de Burns, s'empara de ses sous-vêtements et les fit tremper dans l'évier avant de les balancer par la fenêtre.

« Pat nous criait dessus : "Vous, mes crétins, vous êtes mieux de m'avoir gardé une paire de bobettes pour demain !" »

Ce fut Robin qui se chargea de mettre au point les derniers détails du contrat :

« J'ai dit à Pat : "Nous voulons un contrat de quatre ans parce que Harry va te congédier au bout de trois ans." »

Burns s'était renfrogné en soutenant qu'il ne serait pas congédié, mais Robin était revenu à la charge :

« Écoute, Pat, tout ce que je te dis, c'est la vérité : Harry finira par te virer. »

Et Robin Burns tint si bien son bout devant Sinden qu'il eut gain de cause et obtint pour son célèbre cousin des augmentations successives qui porteraient son salaire à 950 000 $ la quatrième année de son contrat.

« Je savais que Harry ne voulait pas briser la barre psychologique du million. Mais nous avons quand même eu ce que nous voulions. Et cette première année à Boston fut magique pour Pat. »

À Boston, Burns n'était plus le fils d'une mère canadienne-française, mais le fils d'un père irlandais, et son personnage de policier devenait une cerise sur le sundae. Y avait-il personnalité plus susceptible de séduire cette ville ? Burns apportait avec lui cette image romantique de la classe moyenne irlandaise et ses traits d'ancien flic dur à cuire. À la conférence de presse qui le présentait aux médias bostonnais, Burns révisa même ses classiques en revisitant l'une de ses anecdotes d'enfance : ce n'était plus un chandail des Blackhawks de Chicago qu'on lui avait offert et qui l'avait tant fait pleurer, mais un chandail des Bruins de Boston avec le nom de Johnny Bucyk dans le dos.

« C'était quand Maurice Rocket Richard, le numéro 9 des Canadiens de Montréal, était la plus belle chose sur terre depuis le pain tranché, dit-il aux journalistes de Beantown, qui furent charmés dans la seconde. J'ai eu à faire mon chemin dans le hockey et mon chemin dans la vie. Mais c'est mon chemin. »

Il fit référence à son année sabbatique forcée en mentionnant qu'il l'avait passée « au Vermont ». Vérification faite, Magog ne s'était pas déplacée jusqu'aux États-Unis, mais oui, en effet, une portion du lac Memphrémagog se trouve en territoire américain.

———

Avec ce nouveau contrat de quatre ans, Burns devenait le deuxième entraîneur après Dick Irvin* à diriger trois des six équipes originales de la LNH. Dans cette ville rompue aux grands entraîneurs énergiques, Burns était l'homme tout désigné pour répondre aux attentes fondées sur lui. Il fixa à son 4X4 Chevy une plaque d'immatriculation noire et or avec les initiales « BS » et appliqua un autocollant des Bruins sur sa Harley. L'as lanceur Roger Clemens venait à peine de faire défection pour les Blue Jays de Toronto ; ce n'était que toute justice pour les Bostonnais de voir débarquer une figure aussi charismatique que celle de Burns.

Burns se moqua des médias locaux qui émettaient la supposition qu'il puisse éventuellement avoir maille à partir avec le président de l'équipe.

« Tout le monde a peur du mythe que représente Harry Sinden. Sinden ne croit qu'en une chose : être loyal à son équipe et gagner. C'est un homme de la vieille école et j'aime ça. Je crois que c'est important d'être loyal. Ne croyez-vous pas que c'est le temps qu'on revienne à ça ? »

Bien sûr, Burns flattait son patron dans le sens du poil, mais Sinden apprécia au plus haut point le premier trimestre de leur collaboration. L'organisation des Bruins, dont la proverbiale avarice n'était un secret pour personne, assura Burns qu'elle n'hésiterait pas à délier les cordons de sa bourse afin d'acquérir des joueurs de qualité. Sinden consentit à ce que son nouvel entraîneur entre en communication avec Dave Ellett, un de ses favoris lors des années torontoises. Ellett était alors agent libre.

« Le premier appel que j'ai reçu a été celui de Pat. Il m'a dit : "Je veux que tu viennes à Boston. Qu'est-ce que ça va prendre ?" L'idée d'aller

---

* Dick Irvin dirigea les Maple Leafs durant neuf saisons (1931-1932 à 1939-1940), les Canadiens de Montréal durant 15 saisons (1940-1941 à 1954-55) et les Blackhawks de Chicago durant trois saisons (1928-1929, 1930-1931, 1955-1956).

là-bas me rendait nerveux. L'organisation avait une mauvaise réputation et mon agent me dissuadait de devenir un Bruin. J'ai eu des conversations avec Pat et il m'a assuré que les choses avaient changé là-bas. »

Ellett devint donc un Bruin. Puis Burns amadoua Ken Baumgartner – l'homme fort au visage d'ange déchu et étudiant au M.B.A. à temps partiel – et réussit à l'attirer lui aussi à Boston.

« Les gars, vous allez adorer le Bomber ! », lança-t-il aux journalistes.

Les Bruins se relevaient d'une saison catastrophique où ils avaient commis le double crime d'être à la fois mauvais et ennuyeux. En Burns, Sinden misait sur une personnalité capable de remplir les sièges du tout nouveau FleetCenter et d'endiguer l'hémorragie au niveau de la vente des billets des saisons. Un entraîneur de haut vol faisait partie du plan de relève de la concession. L'autre pilier de la renaissance des Bruins était un tout jeune homme de 17 ans du nom de Joe Thornton, le prix de consolation de l'équipe pour avoir terminé au dernier rang de la ligue. L'adolescent de six pieds et quatre pouces avait été le premier choix au repêchage et l'espoir le plus louangé depuis Bobby Orr. Pour leur deuxième choix (huitième au total), les Bruins avaient jeté leur dévolu sur un Russe petit mais costaud, Sergei Samsonov.

« Je lui ai tapé sur l'épaule, s'émerveillait Burns, c'était comme taper sur du roc ! »

Mais la plate réalité, c'était que Burns ne pourrait compter que sur le légendaire défenseur Raymond Bourque, deux espoirs qui risquaient de s'avérer des étoiles filantes et une brochette d'autres gars dont il n'avait jamais entendu parler. En voyant réunis ses nouveaux protégés au camp d'entraînement, une chique de tabac coincée sous sa lèvre supérieure, Burns déclara :

« À part Raymond Bourque, je ne connais pas un chat… »

En aparté aux journalistes, il ajouta :

« J'ai des cravates et des sous-vêtements qui sont plus vieux que certains des gars qui sont au camp… »

Catalogué comme un entraîneur fidèle aux vétérans et peu apte à bien gérer les jeunots – comme s'il n'avait jamais développé au niveau junior des jeunes qui avaient gradué directement dans la LNH –, Burns promit d'être patient avec ses novices et de préconiser un équilibre entre la sévérité et le renforcement positif. Au camp d'entraînement, il était clair que l'entraîneur jouissait d'une totale attention de ses troupes, obéissantes et énergiques, manifestement heureuses de pouvoir compter sur quelqu'un qui apportait de la structure à leur plan de match, même si Burns n'avait jamais été perçu comme un spécialiste des diagrammes raffinés truffés de X et de O. Comme un chroniqueur l'écrivit : « Burns est le genre d'entraîneur qui, lorsqu'il sent une baisse d'intensité parmi ses effectifs, va se fier à la page couverture et à l'endos de son livre de jeu ; l'une et l'autre lui suffisent puisqu'il va s'en servir pour frapper ses joueurs sur la tête. »

Burns se faisait toutefois une priorité de former lentement mais sûrement « Jumbo Joe » Thornton à la LNH.

« Je ne vais pas répéter les mêmes erreurs que commettent certaines équipes avec leurs premiers choix au repêchage. »

Mais Burns oubliait peut-être une chose importante : qui prenait réellement les décisions. Ce fut là que Burns rencontra ses premières difficultés avec Sinden. Pour la même raison qui l'avait amené à ouvrir son coffre-fort pour mettre la main sur Burns, Sinden voulait un plein retour sur l'investissement de plusieurs millions de dollars qu'il avait misé sur Thornton. Le jeune homme aux boucles blondes, maintenant âgé de 18 ans, attirerait de jeunes fans dans les gradins et serait sans doute l'étincelle d'une offensive bonifiée. Burns, lui, voyait plutôt le jeunot mûrir dans les mineures.

« Vaut-il mieux le garder ici et ne pas le faire jouer ? demanda Burns en prenant les médias à témoin. Ou est-il plus utile qu'il retourne dans les mineures et participe au Championnat mondial junior ? Nous allons devoir tous nous asseoir, l'administration et les entraîneurs, et faire la liste des pour et des contre. Quelle est la meilleure décision qui s'impose pour Joe Thornton ? »

L'entraîneur et le directeur général débattirent âprement du sujet, mais il s'agissait d'une bataille que Burns ne pouvait remporter.

« Nous avions ce gros et grand bonhomme, premier choix au repêchage, dit Sinden. Dans l'esprit de tout le monde, il était de la trempe de Lindros. Pat l'a regardé et a dit : "Il n'est pas prêt." Mais j'avais l'impression que nous ne pouvions pas garder ce jeune dans les mineures. »

Thornton se brisa un bras durant une partie hors-concours, cinglé par Stu Barnes des Penguins ; ainsi le litige fut-il provisoirement différé. Mais Jumbo Joe revint dans l'alignement pour le quatrième match de la saison régulière. Sinden et son assistant O'Connell purent imposer la recrue à Burns, mais l'entraîneur contrôla son temps de glace. Faisant la sourde oreille à la volonté de Sinden, il introduisit doucement le jeune au jeu de la LNH, l'utilisant surtout sur le quatrième trio, le gardant parfois toute la partie sur le banc, de telle sorte qu'à son 20e match, Thornton n'avait toujours pas un traître point à sa fiche. Ce n'était pas ainsi que le supposé sauveur de la concession allait mériter le titre de recrue de l'année.

« Nous l'avons gardé avec le grand club, mais il n'a pas beaucoup joué, dit Sinden en revenant sur cette décision discutable. Il était prêt sous certains rapports, mais Joe était encore un gamin. Certains d'entre eux débarquent à 18 ans et sont tout à fait matures, mais Joe ne l'était pas. »

Avec la sagesse que confère le recul, Sinden concède que l'intuition de Burns était bonne.

« Pat avait vu juste là-dessus. »

Ce fut finalement Samsonov, avec son année d'expérience dans la Ligue internationale de hockey, qui se révéla la sensation de l'année, avec en supplément le trophée Calder.

L'édition 1997-1998 des Bruins connut un départ canon, Burns tirant le maximum de ses joueurs marginaux, comme c'était sa marque de commerce.

« La force de Pat était d'attribuer à chacun le rôle qui était le sien, rapporte O'Connell. C'était vraiment ce qu'il savait le mieux faire : faire d'un groupe de gars une équipe. Il encourageait chaque joueur à remplir au mieux son rôle pour le bien-être de l'équipe entière. »

Les Bruins de Burns offraient un hockey ennuyeux à s'en décrocher la mâchoire, hermétique et peu favorable au risque, mais à la défense de l'entraîneur, il ne faisait que composer avec les éléments à sa disposition. Une caricature montrait Burns hypnotisant les partisans en faisant osciller sous leurs yeux une rondelle comme une montre de gousset. Questionné sur les vertus de « la trappe », Burns sortait les griffes :

« Il a fallu que quelqu'un lui donne un nom, et c'était la pire chose à faire. Vous voulez parlez du jeu de position ? Nous ne jouons pas la trappe. Nous jouons un jeu de position, et c'est ce qui se pratique dans cette ligue depuis 25 ans. »

O'Connell ne voit toujours pas la différence entre la trappe et le « jeu de position » préconisé par Burns, tout en reconnaissant que la direction savait exactement ce qu'il en était.

« La mentalité du jeu que nous pratiquions était celle de la trappe. Pat aimait voir à l'œuvre de gros gars au jeu physique, mais la manière dont il les utilisait n'engendrait pas de problème. Son attitude était plutôt classique, du genre : attendons, gardons nos positions, attendons, attendons encore et puis répliquons. Il a reproduit cela partout où il est passé. La trappe a été développée dans la cour de Montréal et c'était le système dans lequel Pat croyait. Tout le monde se doutait bien que c'était ce qu'il allait faire à Boston, mais il n'en était pas moins excellent à l'imposer à tout le monde, meilleur que n'importe qui d'autre. Et nous gagnions en jouant ce style-là. Vous pouviez ne pas être d'accord avec certaines de ses idées, mais c'était une façon de jouer qui a réussi à plusieurs des équipes qui l'ont adoptée. Elle rend efficaces des équipes sans grand talent. La structure de la trappe leur donne une chance de gagner. Si je regarde la LNH d'aujourd'hui, je dirais qu'elle compte cinq équipes plus ou moins médiocres, et que les 25 autres sont toutes pareilles. »

La veille du jour de l'An 1997, Boston fit match nul 2-2 avec Toronto. Il s'agissait de la première visite de Burns au Gardens depuis qu'il l'avait précipitamment déserté 20 mois plus tôt. Les Bruins avaient alors une fiche de 17-17-7, une fiche qui tranchait radicalement avec celle de l'équipe qui avait terminé dans la cave du classement l'année précédente. Le hockey qu'ils offraient à leurs partisans – et à leurs détracteurs – était souvent terne, mais il s'avérait efficace, et cela parce que les joueurs avaient adhéré à la vision de leur entraîneur. À la pause du Match des étoiles, les Bruins étaient solidement campés au sixième rang de la conférence de l'Est, et les années de misère de l'équipe n'étaient plus qu'un mauvais souvenir grâce à l'intervention de Burns, qui semblait s'être fait une spécialité de secourir les clubs des *Original Six*. Déjà, l'appel des séries se faisait entendre et Burns laissait échapper des tirades de circonstance :

« Si vous voulez vous inviter à la "Danse du printemps", vous êtes mieux d'apporter vos Kodiak et de laisser vos petits souliers de cuir à la maison. »

Le 9 avril, une victoire de 4-1 sur les Islanders assura aux Bruins leur présence en séries de fin de saison, et une fois encore le nom de Burns se mit à circuler pour le trophée Jack Adams.

« Les meilleurs entraîneurs sont ceux qui gardent leur monde constamment en alerte et qui leur font connaître honnêtement ce qu'ils attendent d'eux, dit Raymond Bourque en évoquant ses années sous la férule de Burns. Pat nous a fait savoir dès le début très clairement ce qu'il attendait de nous. J'ai beaucoup appris de lui. Je ne m'étais jamais rendu compte à quel point il était un homme minutieux. C'était un homme qui croyait que toute l'équipe devait jouer défensivement – pas seulement les défenseurs, mais aussi les joueurs d'avant. Il ne cessait de nous répéter le même message, et ses exercices allaient dans ce sens-là. Ce sont d'ailleurs les mêmes que j'ai repris quand je dirigeais les équipes de mes garçons, et si jamais j'étais entraîneur dans la LNH – ce qui n'est pas mon intention –, j'aurais recours aux mêmes exercices. Nous les pratiquions deux ou trois fois par semaine. Chacun de nos avants savait parfaitement ce qu'il avait à faire en zone défensive. Nous étions très, très bien dirigés. »

Le retournement de situation était rien de moins que spectaculaire : les Bruins avaient engrangé 30 points de plus que la saison précédente.

« Cela s'expliquait par une combinaison de facteurs, raconte Bourque. Nous avions eu ces deux choix de première ronde. Sergei avait sans doute eu plus d'impact que Joe sur le coup. Mais nous avions aussi signé quelques agents libres et nous nous étions améliorés en termes de talent et de caractère, tout spécialement avec des gars comme Rob DiMaio et Timmy Taylor, des joueurs avec un rôle bien défini mais des professionnels aguerris qui étaient vraiment importants dans le vestiaire. Il est possible que nous ayons tant excellé cette année-là parce que des tas de gens ne se souciaient pas de nous et ne s'attendaient pas à ce que nous excellions. Et Pat a été celui qui nous a cimentés tous ensemble. »

Contre Washington en première ronde, la saison de rêve des Bruins prit abruptement fin en six matchs, deux de ceux-là se concluant en deuxième période de prolongation. Avant ce qui serait l'ultime match de la série, Burns rasa le bouc qu'il avait porté durant la majeure partie de la saison en pensant ainsi faire tourner la chance de son équipe, mais en vain. L'élimination hâtive de l'équipe ne tua toutefois pas l'enthousiasme d'un club qui s'était relevé d'une saison de cauchemar. Si Sinden et O'Connell avaient envie de confondre l'opposition, ce serait à eux de partir à la chasse aux talents disponibles sur le marché pendant la saison morte.

« Donnez-moi les joueurs, déclara Burns, et je vous ferai un tic-tac-toe. Je ne pense pas que notre style soit ennuyeux, mais vous devez vous adapter aux éléments dont vous disposez. À l'époque des Flying Frenchmen, à Montréal, ils jouaient ce que les anglophones appellent le *firewagon hockey*. Tout cela est bien beau, mais il vous faut les joueurs pour le faire. Si vous ne les avez pas, vous devez vous adapter. »

Burns aurait-il pu s'exprimer plus clairement ? En décrochant son troisième Jack Adams, en juin, il n'avait jamais été mieux en selle.

« C'est notre cérémonie des Oscars, dit Burns en acceptant l'honneur. Nous avons dirigé des films pendant toute l'année, et vous voyez ce soir les stars de nos productions. Et si les joueurs sont les stars, alors les entraîneurs, eux, sont les réalisateurs. »

Dans un état d'esprit on ne peut plus serein, il emmena Line en vacances dans les Caraïbes. Au moment de son embauche par les Bruins, il avait mis en garde sa nouvelle amie de cœur :

« Je suis un homme différent quand la saison de hockey commence, et j'en deviens un autre quand elle finit. »

Ce serait à Line de voir, avait-il dit, « si elle pourrait le supporter ». Apparemment, elle avait réussi. Le couple convola en justes noces à Anguilla. Bourque fut le témoin de Burns.

« Ma femme et moi étions à Saint-Barthélémy. Nous avons fait un beau petit tour de bateau pour rejoindre Line et Pat. »

Les deux couples avaient développé une excellente relation, la femme de Bourque, Christiane, se plaisant tout particulièrement en la compagnie de Line. Bourque se souvient très bien de la cérémonie touchante :

« Le mariage s'était déroulé sur la plage. Nous avons mangé avec eux après et nous sommes repartis pour Saint-Barthélémy le soir même. »

À Boston, toutefois, l'ambiance n'était guère aux engagements éternels et aux escapades romantiques. Le premier signe que les désirs de Burns ne cadraient pas avec ceux de la direction des Bruins se présenta quand celle-ci ne protégea pas les noms d'Ellett et de Baumgartner lors du repêchage de l'expansion. Après avoir survécu à ce ballotage, Ellett fut relégué à un rôle de figurant au cours de sa deuxième année à Boston. Pour Ellett, il n'y a aucun doute que l'assistant du directeur général O'Connell a été la source des ennuis de Burns :

« C'est lui qui a tiré le tapis sous les pieds de Burns parce que celui-ci ne l'aimait pas et ne voulait pas l'écouter. Tous mes ennuis sont venus de là, parce que j'étais l'un des gars de Pat. À ma première année là-bas, je n'avais pas raté un match ; puis soudainement, à ma deuxième année, je moisissais sur la galerie de presse. Pat m'a dit : "Je n'y peux rien. Mais dès que les séries vont commencer, j'aurai les coudées franches et je pourrai faire jouer qui je veux, et tu seras dans l'alignement." L'année suivante, ils se sont débarrassés de moi. »

L'année deux du règne de Burns à Boston débuta avec quatre obstacles majeurs dès le camp d'entraînement et une tentative de retour raté par Cam Neely. Il ne tarda pas à devenir évident que l'équipe n'avait pas la cohésion de l'édition précédente. Des tensions apparurent autour du temps de glace de certains joueurs, tout particulièrement de Sergei Samsonov, qui connut une léthargie en milieu de saison. On entendit bientôt quelques histoires qui tendaient à laisser croire que tout n'était plus rose au royaume du noir et du jaune. Ellett croit que quelques-unes des premières pointes dirigées vers Burns vinrent de la direction « parce qu'ils ne pouvaient manipuler Burns à leur guise ». Pourtant, aux yeux d'Ellett, Burns paraissait plus heureux et plus décontracté qu'auparavant.

« Le coaching était devenu plus agréable à exercer pour lui. Il avait appris qu'il n'avait pas à être aussi dur chaque jour avec les joueurs. Ce n'était pas tout le temps des entraînements exténuants, avec des hauts cris. Il avait du plaisir. »

Néanmoins, il était difficile de comprendre où s'en allait cette équipe, dont la seule cohérence était son incohérence. Devant un journaliste, O'Connell s'en prit ingénument à la manière dont Burns utilisait Samsonov. Piqué au vif, Burns répliqua dans une entrevue radiophonique :

« Je ne questionne pas les choix au repêchage de Mike. Il a de la pression une fois par année, et c'est le jour de juin où se tient le repêchage. Critiquer après coup fera toujours partie des réflexes d'une direction et je crois que c'est une chose normale, mais le faire publiquement, c'est autre chose. Ça me blesse. J'aurais mieux aimé que cela soit discuté derrière des portes closes. L'occasion s'est présentée à Mike de pouvoir diriger cette équipe avant ma venue. Peut-être pense-t-il qu'il aurait dû être nommé entraîneur à ma place. Si Mike veut mon poste, il sait qu'il peut l'avoir. »

O'Connell s'empressa de s'excuser :

« C'est bien la dernière chose que je veux voir arriver. »

Les deux hommes se réconcilièrent, mais la guerre des mots poursuivit tout de même son escalade.

« Ce n'était vraiment pas une situation facile », se rappelle Sinden.

De janvier à février, lors de cette deuxième saison, l'équipe traversa un passage à vide, affichant une fiche de 0-6-2 durant cette séquence. Burns dit à Line de partir en vacances seule. Le stress le rendait encore plus grognon et distant qu'à l'habitude.

« Ça change toute votre vie parce que vous ramenez un peu plus vos problèmes à la maison. Souvent, vous allez vous asseoir et les gens vont vous parler et vous ne les entendez pas. Ma femme va m'adresser la parole et au bout d'un moment elle va me dire : "Tu ne m'écoutes pas." Et je lui dis : "Oui, c'est vrai." C'est parce que votre cerveau est toujours en train de jongler. »

À la recherche de solutions, Burns sondait tout le monde autour de lui, des journalistes jusqu'à l'équipe des concierges du FleetCenter.

« Je ne fais pas un one-man-show. Je tends l'oreille à tous ceux qui m'entourent, mais je suis le seul sur la ligne de feu. Parfois, je n'ai qu'une fraction de seconde pour prendre une décision. C'est ce que j'aime de Harry : il est le meilleur directeur général que j'ai eu parce qu'il a déjà été entraîneur et qu'il sait. Serge ou Cliff ne l'ont jamais été. »

En fin de saison, un regain de vitalité des Bruins les propulsa devant les Sabres au sixième rang dans l'Est. Ils finirent avec le même nombre de points que la saison précédente, mais durent travailler plus fort pour parvenir à ce résultat. En première ronde, ils trouvèrent sur leur route les Hurricanes de la Caroline. Ce fut une série chaudement disputée, marquée par d'éblouissantes performances du gardien Byron Dafoe, qui avait enregistré 10 blanchissages en saison régulière et qui en ajouta deux dans cette série de six rencontres, s'avérant un facteur important dans le triomphe des Bruins. Pour leur récompense, ils devaient maintenant affronter Buffalo et son redoutable cerbère, le Tchèque Dominik Hasek. Dans le premier match de la demi-finale de la conférence de l'Est, les Bruins firent passer le sublime Dominator pour un gardien très ordinaire. Après le match, Burns s'employa à faire pâlir encore plus l'aura de Hasek :

« Je crois qu'il en a laissé passer quelques-unes cette année… Sa moyenne de buts alloués n'était quand même pas de zéro-zéro-zéro, non ? Ce gars a déjà été déjoué et il le sera encore. »

Les Bruins perdirent les trois parties suivantes. Après leur défaite de 4-1 lors de la quatrième rencontre, Burns lança un appel au ralliement des troupes.

« Je leur ai juste botté le cul avec un discours à l'ancienne. Le plus grave n'est jamais de tomber, l'important c'est de toujours se relever. »

Boston évita l'élimination au match suivant avec un gain de 5-3 au FleetCenter avant de retourner au Marine Midland Arena pour le sixième round.

« Commandez les ailes de poulet, parce que nous arrivons ! »

Mais les Sabres en profitèrent toutefois pour produire leur meilleur effort des séries éliminatoires et battre les Bruins 3-2, et les réjouissances des Oursons autour des ailes de poulet et de la bière furent remises à une autre fois. Mais Burns refusa néanmoins de donner dans la déception. À ses yeux, la performance de ses protégés avait été plus qu'honorable et nul n'avait à en rougir.

« Nous avons tout donné jusqu'au son de la sirène. Vous ne pouvez qu'être fiers de ces gars-là, et moi je le suis. »

Cependant Sinden, lui, ne l'était guère. Au lendemain de l'exclusion des Bruins des séries, les joueurs purent doucement s'éveiller en découvrant dans le journal un bilan ravageur de leur président et directeur général. À l'exception de Bourque, fulminait-il, les meilleurs éléments de l'équipe n'avaient pas été à la hauteur de la tâche.

« L'équipe des entraîneurs a fait un excellent travail. Ils ont essayé de fermer le jeu, ils ont essayé de miser sur l'échec-avant, ils ont tout essayé. Le problème, ce sont les joueurs. »

Il pointa en particulier du doigt Jason Allison et Dmitri Khristich, ce qui affecta profondément tous les membres de l'équipe. Réagissant aux propos de Sinden, Allison déclara :

« Chaque année, c'est la faute d'une nouvelle tête de Turc. Depuis combien d'années n'étions-nous pas sortis victorieux d'une première ronde ? Dix entraîneurs et 500 joueurs ont eu le temps de défiler ici. Alors, cette fois c'est ma faute, je crois bien. Je prends le blâme. »

Khristich se borna à dire :

« Tirez sur tout ce qui bouge. C'est la tradition à Boston. »

Burns n'était pas visé comme responsable – pas encore. Mais s'il avait désigné les principaux coupables de la défaite dans son alignement, Sinden ne fit rien pour améliorer celui-ci pendant l'été, à l'exception de l'embauche de Dave Andreychuk pour un contrat d'une durée d'un an. Des éléments fiables tels que Tim Taylor furent autorisés à tenter leur chance sur le marché des agents libres. Quant à Khristich, à qui l'arbitrage avait alloué un salaire de 2,8 millions de dollars, Sinden jugea que l'Ukrainien ne les valait pas et se désista tout simplement du contrat qui liait Boston à l'ailier droit, qui devint dès lors un agent libre sans restriction. Dafoe, lui, préféra rester chez lui en Californie, manquant le camp d'entraînement et le premier mois de la saison 1999-2000, incapable de s'entendre avec Sinden dans la négociation de son nouveau contrat. Tous ces couacs eurent des répercussions directes sur le début de saison des Bruins, qui ne remportèrent leur premier gain qu'à leur 10e match, leur plus mauvais départ en 35 ans.

Burns avait la réputation de diriger des équipes dont les performances s'étiolaient avec le temps. La première année était toujours marquée par une amélioration extraordinaire du rendement de l'équipe ; la deuxième était caractérisée par un léger recul ; la troisième, par une régression sans équivoque. Une fois encore, un directeur général était confronté au même cas de figure mettant aux prises Burns : un entraîneur dont la durée de vie était de trois ans et dont le contrat en durait quatre.

« C'était le parcours typique de Pat avec une équipe, raconte Sinden. Ils s'en remettaient à lui un ou deux ans, puis ils passaient à autre chose. Je ne dirai pas que ce fut nécessairement le cas ici. J'aurais aimé pouvoir lui offrir quelques bons joueurs de plus. »

Sinden plaidait énergiquement pour une philosophie de jeu axée sur l'attaque – plus vivante, plus agressive, plus volontaire. Pendant ce temps, confronté à la réalité qui était la sienne, Burns se débattait pour insuffler à ses hommes un élan et mettre fin à leur séquence perdante, et la seule façon qui s'offrait à lui était de renforcer la discipline au niveau défensif. Les vues de l'entraîneur et de son directeur général étaient diamétralement opposées.

« J'avais l'impression que nous aurions dû être une équipe plus offensive et plus agressive, et nous ne l'étions pas, dit Sinden. Je me rappelle lui avoir dit une fois : "Pat, j'ai vu jouer des équipes avec des structures 1-2-2 ou 2-3, mais toi tu joues 0-5." Ça lui tombait royalement sur les nerfs. »

Dogmatique, Burns ne démordait pas de ses positions :

« C'est la philosophie que je compte continuer à mettre en pratique, que cela fasse ou non l'affaire des partisans. Ce que désirent les partisans, c'est une équipe gagnante. C'est la seule manière de vendre une équipe : gagner. »

Cette saison-là devait s'avérer une *annus horribilis*, une expérience traumatisante pour tout le monde, mais tout spécialement pour Burns et Bourque. L'un des deux ne survivrait pas à cette saison de cauchemar à Boston, et bien malin qui aurait pu prédire que Bourque partirait avant Burns.

Un obscur pressentiment planait au-dessus de tout le personnel des entraîneurs et des joueurs. Burns se fit plus virulent quand il parlait des piètres éléments qui lui avaient été fournis pour bâtir son équipe. Puis il vira sa veste de bord et reprocha à ses joueurs de s'apitoyer sur eux-mêmes.

« Nous ne pouvons baisser les bras et jouer les âmes en peine. Qui sommes-nous pour nous permettre de demander comment ils comptent dépenser leur argent ? Nous ne sommes pas dans une position pour rouspéter. Qui suis-je ? Je ne suis qu'un employé, juste un numéro dans la compagnie. J'ai parlé à M. Jacobs deux fois dans ma vie. Alors, ce n'est pas à moi de décider ce qui doit être fait, et ce n'est certainement pas aux joueurs non plus. Vous avez un travail à faire en tant que professionnels. Vous êtes payés pour sauter sur la patinoire et exceller. Allez-y et faites ce que vous avez à faire. Nous devons arrêter de maugréer et nous mettre à nous dire : "Hé, allons de l'avant !" Nous devons retrouver la passion de jouer au hockey. Vous ne pouvez pas gagner sans montrer de l'émotion et, en ce moment, elle nous fait défaut. »

En ce qui concernait Burns, les émotions n'étaient pas enfouies très loin, et elles ne tardèrent pas à jaillir d'une manière excessive – même pour Burns – après une défaite à Ottawa, à l'occasion d'une longue tirade négative. Il s'en prit à Sinden après que le directeur général, ayant assisté à une séance d'entraînement, lui eut adressé une critique.

« Il s'apprêtait à quitter la patinoire et je lui ai dit quelque chose à propos de l'équipe, se souvient Sinden. Et il m'a répondu : "Oh, tu es tellement dépassé là-dessus !" et il a poursuivi sa route. Ça m'a ulcéré. Je ne dirigeais plus l'équipe, mais j'avais vu tous les matchs des 35 dernières années. Je n'étais pas dépassé. »

De son propre point de vue, Burns tenait le coup. Il refusa de peser sur le bouton de panique et, de manière manifeste, les joueurs lui témoignèrent leur confiance. Le vaisseau fut temporairement redressé, grâce à une excellente séquence de 9-1-2, avant de tanguer et de sombrer, lorsque les Bruins furent humiliés 9-3 par Chicago.

« N'en faisons pas une maladie, déclara Burns. N'envisageons pas le suicide. »

Intraitable, comme un roquet hargneux, il se remit à mordre les mollets de la direction en regimbant sur la faiblesse de son alignement :

« Peu importe si notre entraîneur est Dieu et si notre directeur général est Moïse. Si notre meilleur trio ne marque pas, nous ne pouvons pas gagner. »

À l'approche de Noël, le chœur du jugement dernier commença à se faire entendre de plus en plus fort, les spéculations sur le sort de Burns allant bon train. Au 29 décembre, les Bruins n'avaient remporté que 2 de leurs 13 derniers matchs. Sinden sauta dans un avion à destination d'East Rutherford à seule fin de faire taire les rumeurs voulant que son entraîneur soit mis à la porte.

« J'ai été aussi ferme que je pouvais l'être pour leur faire comprendre que cela n'arriverait pas. »

Cela ne changea rien à l'issue du match, que les Bruins perdirent aux mains des Devils.

Le capitaine Burns et son équipage poursuivirent leur lent naufrage en franchissant le cap de la nouvelle année. L'entraîneur grincheux croisait le fer de plus en plus souvent sur un ton sans cesse plus cassant avec les journalistes. Le refrain était toujours le même : ce n'est pas *ma* faute, je ne peux pas marquer des buts à leur place, pauvre de moi. Puis, directement de Buffalo, le proprio Jacobs tourna le fer dans la plaie en donnant son opinion au *Boston Globe* :

« Je crois que notre équipe est bien gérée par Harry et Mike. Mais notre équipe d'entraîneurs n'a pas contribué à la hauteur de mes attentes. Je crois que nous sommes en droit de nous attendre à mieux de leur part. J'ai l'impression que nos partisans méritent mieux que ce que nous leur offrons. »

Atterré et blessé, assailli de tous les côtés, Burns pouvait difficilement contredire le propriétaire :

« Je peux comprendre la position de Jeremy. Quand tu possèdes une entreprise de plusieurs dizaines de millions de dollars, tu peux critiquer sans ménagement la personne de ton choix. »

Même quand Jacobs invita toute l'équipe à manger chez lui à sa résidence secondaire de West Palm Beach, cela n'allégea pas l'atmosphère autour de l'équipe. Un joueur déclara (sous le couvert de l'anonymat) au *Boston Globe* ces mots lourds d'amertume :

« Le gars nous suce jusqu'à la moelle, et nous avons tous pu voir à quel point il est riche. »

Sinden donna à son entraîneur un nouveau vote de confiance, O'Connell, pas. Les joueurs appuyaient toujours Burns ; assez, en tout cas, pour tourner le dos à l'un de leurs coéquipiers, Joe Murphy, qui, furieux de réchauffer le banc, avait agoni d'injures son entraîneur durant un match contre les Sénateurs. L'attaquant fut suspendu pour «insubordination» et aucun coéquipier ne se porta à sa défense. Ce débordement avait été précédé de plusieurs violentes prises de bec entre les deux hommes dans le vestiaire; jamais auparavant Burns n'avait été exposé à une mutinerie aussi flagrante de l'un de ses joueurs.

«Ce genre d'incident s'est produit deux fois sur le banc, relata Burns. Je crois que c'est une question de respect. Je pense que les joueurs en avaient assez, et moi aussi. Un grand entraîneur m'a dit un jour que tu étais un grand entraîneur quand on t'envoie te faire foutre cinq fois sans broncher. Mais la sixième fois, tu dois réagir.»

Murphy fut envoyé au diable vauvert pour méditer sur son sort, puis à Washington.

Après une autre performance apathique au FleetCenter, Burns entra dans une fureur d'anthologie, bottant une porte de toutes ses forces et claquant celle de son bureau avec tant de vigueur que le vestiaire en trembla. Il en émergea pour évacuer ses joueurs de la salle d'exercice – à laquelle les médias n'avaient pas accès –, leur ordonnant de retourner au vestiaire afin d'affronter les journalistes.

«Et que ça saute!», leur cria-t-il.

En mars, même Bourque – le plus loyal et le plus désintéressé des Bruins, récipiendaire de cinq Norris – avait atteint les ultimes limites de sa résilience au sein du marasme ambiant. Il demanda un échange, de préférence à Philadelphie. Sinden l'envoya plutôt au Colorado. Ses adieux, rendus publics lors d'une conférence de presse à l'aéroport Logan, sous les yeux de ses enfants larmoyants, prirent aux tripes tous les gens présents.

Le légendaire capitaine des Bruins s'était ouvert sur ses intentions à Burns:

«Pat s'est toujours montré très respectueux à mon égard, raconte Bourque. Il avait de la considération pour la manière dont je menais ma carrière, dont je m'entraînais et dont je jouais. J'avais alors 40 ans, pas tout à fait l'âge de Pat. Je me sentais proche de Pat, c'était une personne qui pouvait me comprendre. Mais cette troisième année de son séjour à la barre des Bruins, ce n'était pas joli. C'était alors une équipe complètement différente, avec tous ces joueurs de caractère que nous avions perdus. Je ne crois pas que nous étions bien outillés pour faire face à la compétition et pour nous rendre en séries. La plupart du temps, nous nous présentions et nous travaillions fort, mais nous savions qu'il n'y aurait pas de miracle. Pat le savait, je le savais. J'avais toujours été du genre à me rendre à la patinoire avec un grand sourire aux lèvres, j'avais toujours été un gars positif. Mais dans ces conditions, c'était difficile de le rester. Tout le monde en était devenu conscient, comme je l'ai dit au point de presse : il n'y avait plus rien à espérer ici. »

À la fin de sa dernière partie dans l'uniforme des Bruins, une défaite de 3-0 aux mains des Flyers, Bourque conserva la rondelle en souvenir. « Adieu, Ray », put-on lire sur plus d'une banderole ce jour-là. (Un an plus tard, au terme de l'ultime rencontre de sa carrière, Bourque se verrait présenter la coupe Stanley par le capitaine de l'Avalanche Joe Sakic.)

Alors que Bourque passait à l'Ouest dans un jet privé, Burns pleurait la fin d'une époque et se faisait l'avocat de la réconciliation. Fatigué du feuilleton dramatique qui l'opposait à la direction, il demanda une trêve immédiate :

« J'espère seulement que la médisance va cesser. J'en ai assez. Je suis fatigué de tout ça : à qui la faute, tout ce qui est arrivé… »

Commentant le départ de Bourque dans le *Herald*, Michael Gee observa avec humour :

« La vraie surprise, c'est que Pat Burns ne se soit pas accroché au train d'atterrissage de l'avion avant le décollage. Les Bruins en 2000 évoquent le Saigon de 1975. La seule solution sensée est la fuite. »

Le bon sens – ou quelque chose d'approchant – se remit à prévaloir autour de l'équipe. Mais Sinden ne donnait pas non plus à Burns le petit Jésus sans confession :

« Nous n'avons pas lancé la serviette en ce qui concerne Pat Burns. Nous nous assoirons à la fin de la saison et nous évaluerons alors notre situation. »

Les vautours de l'engeance médiatique décrivaient des cercles dans le ciel, attirés par l'odeur de la charogne. En réalité, Sinden était déjà fin prêt à actionner le couperet de la guillotine tandis que se préparait le compte à rebours de l'élimination mathématique des Bruins des séries de fin de saison. Et puis il hésita. Un cynique aurait pu dire que l'hésitation de Sinden s'expliquait par le dégoût que lui inspirait l'idée de payer à Burns son indemnité garantie. Burns, peut-être un peu sadomasochiste, fit savoir sans la moindre équivoque qu'il désirait revenir l'année suivante. Confronté à une large opposition, de la part des médias et des partisans – incluant les détenteurs de billets de saison –, Sinden calma le jeu et s'abstint de bouger.

« Nous avons discuté de certaines choses qui devaient changer, et j'étais satisfait de nos conversations, raconte Sinden. Mais voilà : les choses n'ont pas changé. »

Burns avait promis de relâcher un peu son style de jeu étouffant qu'il lui répugnait d'appeler la trappe, de permettre aux siens de faire preuve de plus de créativité, de rester bien conscient des directives de Sinden. Quand la nouvelle saison se mit en branle, les Bruins étaient cependant toujours aussi statiques, en dépit de deux victoires en lever de rideau. Mais le sursis de Burns fut de courte durée : huit matchs. Un voyage cauchemardesque signa l'épitaphe de son passage chez les Bruins. En montant à bord de l'avion qui ramenait l'équipe à Boston, on put entendre Burns chantonner doucement :

« *Leaving on a jet plane, don't know when I'll be back again.* »

Sinden débrancha le respirateur artificiel le 25 octobre 2000.

« Nous perdions et nous étions une calamité à voir jouer. Nous jouions de manière identique à la saison précédente. Pat persistait à faire les choses à sa façon, la seule qu'il connaissait. De nous deux, Mike O'Connell était celui qui désirait le plus le départ de Burns. Il sentait que nous avions besoin d'un bon coup de barre. »

À sa troisième année à Boston, en plein cœur de la première vague de rumeurs autour de son congédiement, Burns avait défié les usages et acheté une propriété – un ranch, moins les chevaux. Ce petit coin de paradis pour cow-boy du dimanche était situé au New Hampshire, ce qui faisait de lui un entraîneur habitant hors de l'État qui l'employait, bien qu'il possédât toujours un pied-à-terre à Boston. Il était de nouveau un entraîneur sans emploi, mais Line et lui résolurent de ne pas vendre le ranch. Ils aimaient leur tanière, son emplacement isolé. Près de Laconia, la localité la plus proche, Burns organisa avec les médias, quelques jours après avoir été remercié, une rencontre au Patrick's Pub – un nom prédestiné. À ce moment-là, il connaissait son laius par cœur. Le téléphone annonciateur de la mauvaise nouvelle avait sonné à sept heures du matin.

«C'est un peu tôt dans la journée pour être viré», commente-t-il en ricanant.

Sans acrimonie, apparemment dépourvu de colère, Burns exposa sa version des faits : il avait tenté de s'adapter, il n'était pas un entraîneur doté d'une seule dimension défensive et il avait tenu compte des volontés de Sinden, un personnage qu'il qualifiait d'«original». Et, bien sûr, il n'en avait pas fini avec le métier d'entraîneur.

«Je suis juste un gars ordinaire, qui essaye de se débrouiller dans la vie. Je veux faire mon chemin en rencontrant le moins d'obstacles possible. Ce passage à Boston n'a été qu'un cahot sur la route.»

La veille, Burns avait regardé à la télé les Bruins battre les Capitals 4-1. Ils étaient désormais dirigés par son bon ami Mike Keenan, une embauche commode pour Sinden puisque «Iron Mike» habitait Boston. Burns insista pour dire que l'amitié qui les liait ne serait pas affectée par le fait que Keenan lui succédait derrière le banc des Bruins. Robin Burns, lui, dit que la réalité était différente : «Il a été blessé.»

Une semaine plus tard, Sinden se congédiait lui-même en tant que directeur général, se désistant au profit de son protégé O'Connell, mais il gardait son titre de président. Dans les faits, il demeurait le grand patron. Au printemps 2012, O'Connell n'était plus dans le paysage depuis longtemps et Sinden avait toujours un bureau au FleetCenter en qualité de «conseiller senior du propriétaire des Bruins de Boston». Quand il évoque le limogeage de Burns, on perçoit une touche de regret dans sa voix.

«Je dois dire qu'il y a sans doute eu de la pression de ma part. Vous devez parfois agir dans la précipitation, et quand vous prenez du recul, vous vous dites que vous auriez dû prendre un peu plus votre temps. Vous vous questionnez après coup. Cela a sans doute été le cas avec Pat. Mais nous lui avions quand même laissé une belle chance.»

Quant à Mike Keenan, il fut remercié à la fin de la saison 2000-2001.

CHAPITRE 18

Rédemption à Meadowlands

« J'ai été à l'écart du hockey pendant deux ans et vous avez dit que je ne serais jamais de retour. »

Pat Burns passa prendre Lou Lamoriello à l'aéroport dans son pick-up et mena le vieux sage du hockey jusqu'à son ranch – toujours sans chevaux – du New Hampshire, où il le présenta à sa femme Line et à son boxer Roxie. Par ce bel après-midi chaud de juin, ils passèrent trois heures à discuter sous le porche du ranch.

Au hockey, peu de temps suffit pour étiqueter quiconque de *has been*. De temps à autre, le manège à bord duquel prennent place les entraîneurs éjecte l'un d'entre eux, quand certaines personnes estiment qu'il a fait un tour de trop en selle. Le goût du jour change, les actifs deviennent des pertes, ce qui était neuf la veille encore est devenu dépassé. Comme chez les athlètes, les nouveaux espoirs émergents écartent les joueurs que l'on suspecte d'être sur la pente descendante. Le hockey est un sport impatient qui ne reste jamais en place bien longtemps, sur la glace ou derrière le banc. Des bagues de la coupe Stanley ne sont pas la garantie d'un emploi futur, et de toute façon, Burns n'avait pas ce genre de bibelot dans son coffre à bijoux. S'il n'avait pas de bague de la coupe aux doigts, cela ne tenait pas à une bizarrerie du destin. Des équipes qu'il avait dirigées, toutes trois appartenant aux *Original Six*, une seule s'était rendue en grande finale. Dans une ligue qui comptait désormais 30 clubs, une saison régulière conclue avec un pourcentage de victoires-défaites supérieur à la moyenne ne voulait pas dire grand-chose et ne signifiait souvent rien d'autre qu'une saison perdante.

Burns avait passé une douzaine d'années derrière le banc et qu'avait-il à présenter pour sa défense ? Il semblait bien avoir atteint l'apogée de sa carrière dès sa première saison à Montréal, à peine sorti de sa peau de policier, et il ne s'était par la suite jamais hissé de nouveau jusqu'à la finale de la coupe Stanley. Ce constat le minait. Il avait passé le cap de la cinquantaine. Sa sécurité financière était assurée et il n'aurait plus jamais besoin de travailler. Mais qu'est-ce qu'un homme d'âge mûr pouvait faire du reste de sa vie ? Les opportunités étaient si limitées, l'offre supplantait tant la demande, que Burns, au rancart depuis deux ans, considérait même la possibilité de diriger une équipe américaine au niveau universitaire. Une éventualité attrayante se présenta quand le mot se passa que le poste de Paul Maurice était en danger, en Caroline. Burns dit à des amis que si les Hurricanes ne gagnaient pas ce soir-là, il se retrouverait en lice pour succéder à Maurice. Mais l'équipe gagna, Maurice survécut à la tourmente et la fenêtre d'opportunité se referma aussitôt.

C'était de ce genre de choses que Lamoriello, le grand stratège de Meadowlands, était venu discuter avec Burns, s'exprimant sans détour avec son accent de la Nouvelle-Angleterre, un mélange de « Rhode Island, de New Jersey et du Québec », comme il le décrivait lui-même. Lamoriello était à la recherche d'un nouvel entraîneur en chef, ayant congédié Kevin Constantine, mais la concession du New Jersey avait des conditions bien spécifiques. Les Devils n'étaient pas une équipe en difficulté, elle ne demandait pas à être sauvée d'un naufrage et ne se tournait pas en désespoir de cause vers Pat Burns en quête d'un miracle. Deux ans plus tôt, les Devils avaient remporté la coupe Stanley et étaient venus à un match près de répéter l'exploit l'année suivante. Mais en 2002, dépourvus de passion et d'énergie, ils avaient été exclus des séries dès la première ronde. Année après année, les Devils étaient rarement très loin du peloton des principaux aspirants aux grands honneurs. La concession du New Jersey avait sa manière bien à elle de faire les choses ; elle ne donnait pas dans le tape-à-l'œil et le grand déploiement. D'un point de vue psychologique, les Devils faisaient bande à part avec leurs compétiteurs, avançant à leur propre cadence, anonymement, à l'abri de toute controverse. Mis à part leur dévotion pour un jeu basé sur la défensive, New Jersey se voulait l'antithèse d'une équipe dirigée par Pat Burns, offrant des formations bien équilibrées et maniaques du moindre détail.

Cependant, Lamoriello aimait bien le style de Burns, et il sentait que les Devils et lui pourraient retirer un bénéfice mutuel de leur association si son candidat pouvait dissiper jusqu'à son dernier doute.

« Pat était indiscutablement un des meilleurs entraîneurs de son sport. Il pouvait s'ajuster en une fraction de seconde aux événements, il savait ce qu'il pouvait demander et obtenir de ses joueurs. Nous étions une équipe qui avait le talent nécessaire pour tout gagner, mais nous avions un peu régressé. Nous nous pensions trop bons, peut-être que nous nous pensions meilleurs que nous l'étions. Nous avions besoin de quelqu'un doté d'une forte personnalité pour changer cette attitude. J'ai dit à Pat : "Il y a une chose que tu n'as pas encore accomplie : tu n'as pas encore gagné la coupe Stanley. Selon moi, cette équipe a une chance de la remporter, mais elle a besoin d'un certain type d'entraîneur. Et peut-être n'a-t-elle pas besoin de l'entraîneur que tu as été jusqu'à ce jour. Elle a besoin que tu changes. Et quand je dis changer, je ne parle pas de tes connaissances, mais peut-être de certaines choses relatives à ta façon d'être." »

Burns écouta attentivement son interlocuteur et, malgré son vif désir de lui prouver qu'il lui était encore possible de se réinventer, il ne convainquit pas immédiatement Lamoriello : celui-ci ne croyait tout simplement pas cet homme trop pressé à son goût de redevenir entraîneur.

« Je crois que Pat était surpris de voir à quel point j'étais quelqu'un de direct. Pat était une personne insécure – je crois que la plupart des gens ne s'en rendaient pas compte. Il ne comprenait pas pourquoi il se retrouvait dans cette situation où personne ne faisait appel à ses services. Je lui ai dit : "C'est tout simple : tu étais un entraîneur qui usait tout le monde autour de toi – autant ta propre personne que tes joueurs. Parce que tu les amenais à un niveau où ils avaient du succès et qu'après, tu les perdais." Il ne comprenait pas pourquoi cela se produisait. Mais c'était facile à comprendre. Quand l'équipe se met à faire de mieux en mieux, tu commences à penser : "C'est à cause de moi." Et tu oublies que c'est à cause des joueurs. Et dès qu'ils se rendent compte que tu penses que tu es la raison du succès de l'équipe, et que tu le penses vraiment, alors tu te retrouves dans le pétrin. »

Jamais Burns n'avait eu une telle conversation avec un directeur général, quelqu'un qui semblait pouvoir lire en lui comme dans un livre et qui n'aimait pas nécessairement tout de lui, mais qui ne prenait pas pour autant la fuite. Il avait l'impression d'avoir été déshabillé, mis à nu, mais il se sentait aussi régénéré.

« Je voulais qu'il voie les choses différemment, qu'il me fasse confiance, poursuit Lamoriello. Je lui ai dit que ce qu'il avait à faire, c'était d'aimer ses joueurs plutôt que de leur montrer qu'il était un dur. Être dur est un état d'esprit, ce n'est pas un message. Et tu dois laisser tes joueurs t'aimer comme toi tu les aimes. »

D'une manière tout à fait inhabituelle, Burns révéla à Lamoriello des choses et des secrets qu'il n'avait jusque-là partagés qu'avec ses amis les plus intimes, se soulageant d'un grand poids.

« Il avait des cicatrices, et les cicatrices ne s'en vont pas. Elles guérissent, mais elles ne s'en vont pas. La façon dont tu vivras avec ces cicatrices déterminera la personne que tu vas devenir. »

Lamoriello expliqua à Burns ce qui lui semblait être l'âme des Devils, en quoi cette équipe se distinguait de toutes les autres. Il lui expliqua aussi qu'il ne croyait pas détenir toutes les réponses, mais que celles qu'il possédait lui suffisaient ; que Burns pourrait n'être pas d'accord quand l'enjeu lui semblerait en valoir la peine, qu'il pourrait discuter aussi passionnément qu'il le désirerait avec le directeur général et les joueurs, mais qu'il n'y aurait aucune tolérance pour des rancunes ou des manigances, ou encore des attaques ciblées contre des personnes qui nuiraient à l'atmosphère autour de l'équipe.

Dans le concept d'équipe tel que le voyait Lamoriello, l'entraîneur était une composante importante, mais il se devait de n'être ni une étoile ni un tyran.

« Pour avoir une équipe qui connaît du succès, vous avez besoin de remiser votre ego au vestiaire. Ce fut le sujet fondamental de notre conversation au New Hampshire. Je lui ai dit : "Si tu es prêt à laisser ton ego de côté et à nous apporter tes connaissances – parce que tu as les connaissances –, tu seras un entraîneur du tonnerre avec nous. Les gars répondront à l'appel, parce qu'ils savent déjà comment gagner.

Ils ont déjà gagné auparavant. En ce moment, ils ont besoin d'être poussés et encadrés. Tu dois les pousser aussi loin que tu en es capable, mais jamais au point de ne plus les rattraper. Si tu veux les pousser au point de risquer de les perdre, ça ne marchera pas." »

Lamoriello partagea avec Burns la sagesse issue de sa vaste expérience.

« Si les choses vont mal, le mit-il en garde, ne panique pas ; cela ne servira qu'à effrayer davantage les joueurs. N'insiste pas sur ce qui ne fonctionne pas ; mets plutôt l'accent sur les correctifs qui doivent être apportés pour redresser la situation.

« Les joueurs ne sont pas supposés s'en faire à propos de ce que tu penses. Quand tu réprimandes un joueur, souviens-toi que tu ne t'en prends pas à sa personne. Tu dois établir une séparation entre ces deux aspects. Si ça ne va pas bien avec quelqu'un en tant que joueur, quand tu montes à bord de l'autobus, ça ne veut pas dire que tu ne le regardes pas et que tu ne le salues pas. Si tu discutes avec eux dans ton bureau à propos de hockey, ne fais pas allusion à leur conduite hors de la patinoire et ne leur dis pas qu'ils sont *aussi* des hockeyeurs de merde. Quand un journaliste écrit des choses désagréables à lire, la pire chose que tu puisses faire est de leur en parler et de répliquer. Regarde-le ou regarde-la dans les yeux et dis-lui bonjour. Tu vas gagner en respect à ses yeux et le faire réfléchir. »

Lamoriello conclut :

« Pat avait besoin de la même chose que ce dont ses joueurs avaient besoin : il avait besoin d'avoir un bon coup de pied dans le derrière et d'être aimé. »

———

Les deux hommes s'étaient sondés l'un l'autre, chacun trouvant dans l'autre ce qu'il cherchait. Lamoriello eut la conviction que cela fonctionnerait. Il lui dit seulement :

— Pat, avant que tu prennes ta décision, sois sûr que c'est bien ce poste que tu veux.

Lamoriello savait qu'il y avait au moins une autre équipe qui faisait de l'œil à Burns.

« "Ton choix devrait être les Devils, mais je veux que tu prennes le temps de penser à ce dont nous avons discuté." Nous n'avions même pas parlé de contrat ou d'argent, rien de tout ça ne constituait un problème. Ce qui importait, c'était Pat, moi, l'équipe et la victoire. »

En cet après-midi de juin 2002, les deux hommes perdirent la notion du temps. Alors que la lumière du couchant glissait sur le porche du ranch, ils convinrent d'une entente tacite. Ce fut entre eux le début d'une merveilleuse amitié.

Burns adopta la philosophie des Devils. Le soir précédant le début du camp d'entraînement, il rasa son bouc, Lamoriello ne tolérant aucun poil au menton dans son équipe. Pour faire bonne mesure, il se débarrassa aussi de sa mythique moustache. Le nouvel entraîneur laissait décidément tomber le masque. Il prenait la charge d'une équipe dotée d'un système qui portait encore l'empreinte de Jacques Lemaire, dont le jeu conservateur avait mené les Devils à la première de leurs deux coupes Stanley, en 1994.

Le club regorgeait de vétérans de talent, jouissait d'un bon système de clubs-écoles et pouvait compter sur Martin Brodeur, un gardien de but au jeu aussi exceptionnel que constant. Ils commençaient toutefois à accuser quelques cheveux blancs, le capitaine Scott Stevens et le défenseur Ken Daneyko étant tous deux âgés de 38 ans. Le vrai problème qui guettait les Devils se situait toutefois au niveau de la contribution offensive : Bobby Holik avait été cédé aux Rangers, Peter Sykora aux Mighty Ducks et Jason Arnott aux Stars. Cela ne représentait toutefois pas un mystère pour Burns, qu'on accusait depuis longtemps d'être allergique au jeu offensif, ce qui n'était pas tout à fait vrai. Un examen attentif de son parcours montrait que des attaquants doués, par exemple Doug Gilmour, avaient disputé leurs saisons les plus productives sous l'égide de Burns. Tout ce qu'il demandait à ses joueurs, c'était d'être responsables aux deux extrémités de la patinoire. Mais il était bien improbable que Burns entende ronchonner sur le jeu défensif dans une équipe gagnée aux vertus de la trappe en zone neutre.

Au South Mountain Arena d'East Orange, Burns arriva au premier jour du camp d'entraînement avant sept heures du matin.

« J'avais tellement hâte de voir tout le monde sur la patinoire ! C'était comme si je n'avais pas arrêté un seul jour. Je ne dirais pas que j'étais nerveux, mais anxieux et excité. »

Faisant bon usage des conseils de Lamoriello, il se montrait aussi poli que discret avec les médias locaux, désireux de ne pas renouer avec son bon vieux personnage de Burnsie, affirmant qu'il avait évolué et s'était corrigé de son autorité implacable de naguère.

« Je me suis assagi depuis le temps. Je continue à croire dans la discipline. J'ai toujours le même désir de gagner. Je laisserai les joueurs jouer à leur manière, mais ils le pourront jusqu'à un certain point. »

Burns accorderait désormais moins d'entrevues individuelles et n'entretiendrait plus aucun culte autour de sa personnalité, pas plus qu'il n'endosserait le moindre produit.

Extérieurement, il paraissait toujours le même, même s'il avait la figure plus mince et s'il était rasé pour la première fois en 27 ans. Il criait durant les exercices (« Il y a une différence entre crier fort et faire un fou de soi. »), frappait sur la bande avec son bâton, exigeait des joueurs fautifs ou paresseux 10 *push-ups* sur-le-champ et, quand des erreurs étaient commises, faisait rouler les joueurs sur eux-mêmes sur la patinoire – un petit exercice un peu bizarre qu'il avait conservé de ses années au niveau junior. Mais cette équipe était sur la même longueur d'ondes que son entraîneur : couverture en zone défensive, pression en zone neutre et passage à l'offensive si les conditions étaient favorables.

Brodeur, hier comme aujourd'hui la pierre angulaire de la concession, ne connaissait Burns que vaguement. Il n'était encore qu'un adolescent – et un partisan des Canadiens – quand Burns avait été entraîneur à Montréal, et il lui arrivait alors d'accompagner son père photographe au Forum. Plus tard, il avait écouté les commentaires de Burns lors de ses apparitions comme analyste à la télé et à la radio.

« Quand il est arrivé chez les Devils, je le connaissais sans le connaître, vous comprenez ? Et il s'est avéré être exactement ce dont il avait l'air : un gars inflexible et incapable d'hypocrisie. Pat, c'est Pat. Par sa façon de diriger son monde, par sa manière de parler. En le voyant dégager toute cette confiance, ça vous faisait du bien. »

Brodeur se rappelle la passion qu'ils partageaient pour la moto.

« C'est lui qui m'a accompagné quand je suis allé choisir ma première moto. Il m'a amené chez le concessionnaire et il a roulé à mes côtés quand nous en sommes repartis parce que c'était la première fois que je conduisais une moto. »

Burns, pas fou, s'était tout de suite fait un allié de Brodeur. Des fois, quand l'entraîneur pensait que l'équipe glissait vers la facilité et avait besoin d'une bonne claque derrière la tête, il avertissait Brodeur – « Regarde bien ça ! » – puis se composait un masque de sergent instructeur dans un camp de recrues.

« Un jour, nous étions assis en train de jaser quand Pat m'a dit : "Va t'asseoir, je dois engueuler l'équipe." Alors, il est arrivé dans le vestiaire et il a jeté le bidon de Gatorade par terre et il a commencé à briser des bâtons. Oh, mon Dieu que c'était drôle ! Puis il m'a regardé, l'air de me dire : "Alors, j'étais comment ?" »

Par-dessus tout, Brodeur fut impressionné par la facilité avec laquelle Burns s'est fondu dans la culture des Devils.

« Quand vous arrivez dans notre organisation, comment dire, Lou n'est pas la personne la plus souple au monde avec qui négocier. Pat ne s'est pas senti menacé par le fait de devoir évoluer autour de quelqu'un qui détenait autant de pouvoir. Alors, comme joueurs, nous ne nous sentions pas non plus menacés par le grand patron ; tout ce dont nous avions à nous préoccuper, c'était de satisfaire notre entraîneur. Nous avons un peu oublié que Lou guettait toujours tout par-dessus notre épaule avec ses yeux d'aigle. Pat était le patron. New Jersey est un endroit différent des autres dans la ligue, par cette manière dont Lou fait les choses.

« Pat est arrivé ici et il a dû se donner une image propre, en rasant son bouc et en coupant ses cheveux, ajoute Brodeur en riant. Ça a sans doute été le plus dur pour lui, parce qu'il ne ressemblait plus à un motard. Mais il s'est intégré. Il est devenu l'un d'entre nous. »

Burns débuta sa 13e saison dans la LNH en tant qu'entraîneur-chef avec une victoire à l'étranger contre Ottawa, puis une autre à la maison contre les Blue Jackets de Colombus. Burns se faisait un devoir d'éviter de parler de lui. Ses points de presse d'après-match étaient brefs et laconiques : des interventions de deux minutes. La seule controverse survint quand, pendant un voyage, le cas problème Mike Danton fut renvoyé au New Jersey après avoir formulé des commentaires à un journaliste à propos de son temps de glace, et cette décision fut prise par Lamoriello. Burns avait banni des séances d'entraînement l'agent de Danton, David Frost. (Des années plus tard, lors du procès de Frost pour abus sexuels sur des mineurs, Burns fut révolté d'apprendre que l'agent déchu et ancien entraîneur au niveau junior s'était comparé à lui.)

Durant la première quinzaine d'octobre, les Devils gagnèrent six de leurs sept premiers matchs et présentaient la défense la plus avare de toute la LNH, mais les assistances au Continental Airlines Arena étaient épouvantables, les gradins étant plus souvent qu'autrement à moitié vides.

« Je jette un coup d'œil, remarqua Burns, et il ne semble pas y avoir beaucoup de monde. Pour une équipe avec une fiche de 6-1, c'est surprenant. »

Au fil des 25 premières parties de la campagne, New Jersey maintint une fiche de 15-7-1-2, remportant 11 victoires par la marge d'un seul but et se retrouvant aux commandes de la Division Atlantique. Pourtant, Burns paraissait n'avoir jamais été plus renfrogné, à en juger par le regard noir qu'il arborait derrière le banc.

« Ne me jugez pas à ma mauvaise humeur, tenta-t-il d'expliquer aux journalistes locaux. Je ne suis pas la personne la plus agréable à fréquenter. Vous n'aimeriez probablement pas être mon ami. »

Ses variations d'humeurs, dont la gamme s'étendait de *do* à *ré*, divertissaient au plus haut point Brodeur.

« S'il arrivait avec son chapeau enfoncé sur la tête et un air bête, vous compreniez qu'il était de mauvais poil et que l'entraînement allait être pénible ce jour-là. D'autres jours, il s'était levé du bon pied, et nous étions tous de bonne humeur. »

Peu importe le degré de jovialité de Burns, tous ses joueurs suivaient ses directives à la lettre.

« Ce n'était pas un technicien, raconte Brodeur, il était plus terre à terre que ça. Il nous disait par exemple : "Voici ce sur quoi nous avons à travailler." Lemaire était un entraîneur qui pouvait enfoncer une épingle sur la patinoire comme s'il s'agissait d'un tapis et nous dire : "Écoutez-moi bien, c'est ici que vous devez vous placer." Avec Pat, c'était plutôt : "Euh, arrangez-vous pour être dans les environs." Son approche du jeu mettait tout le monde à l'aise, nous n'avions pas à marcher tout le temps sur des œufs. »

Un beau matin, pendant l'une de ses envolées lyriques à l'entraînement, Burns était si énervé qu'il en oublia le nom de son gardien de but substitut, Corey Schwab, et finit par lui lancer :

— Toi, le gardien ! Va dans ton but !

Toute l'équipe se tordit comme des bretzels.

Burns fit bientôt les manchettes quand il lança une pointe assassine à Glen Sather, le directeur général des Rangers de New York, qui ne lui avait donné rien de plus qu'un retour d'appel courtois alors qu'il était à la recherche d'un nouvel entraîneur. L'équipe de Manhattan, qui s'appropriait en permanence la visibilité médiatique de la région, n'avait pas fait les séries depuis cinq ans.

« La différence entre les Rangers et les Devils, c'est que nous avons de hauts critères d'excellence. Nous devons être à la hauteur chaque année et il y a dans le coin une couple d'équipes qui n'ont pas les mêmes standards que nous. »

Burns appliquait au pied de la lettre la philosophie de Lou. Ils avaient parfois des accrochages, mais fidèle à ses principes, Lamoriello faisait en sorte qu'aucune situation conflictuelle ne s'envenime.

« Si j'avais quelque chose à dire, ou s'il était mécontent, il ne se tournait jamais vers une tierce personne. S'il n'aimait pas quelque chose que j'avais fait, il me le disait et nous tentions de corriger le tir. Si je n'aimais pas quelque chose qu'il avait fait, même chose. On se parlait dans le blanc des yeux et puis c'était fini. Ne vous faites pas d'idée ; je ne l'avais pas facile avec Pat, moi non plus. À un certain moment, je lui disais : *Come on, Pat.* Et il souriait. Il était entêté, au point où dans le passé, il n'aurait pas fait confiance à quelqu'un qui lui aurait dit : "Tu as tort." Il s'était amélioré à ce niveau-là. Tout comme les joueurs, il avait quelquefois besoin d'un conseil. Pat était une personne qui pouvait blesser les gens qui l'entouraient avec ses propos. Je lui disais : "Aimes-tu quand les gens te parlent comme ça ?" Ou alors je lui répondais du tac au tac. Mais dès le premier jour, entre lui et moi, ce fut l'honnêteté totale et sans compromis. »

Au début de janvier 2003, le vieux Burns tonitruant et grossier remonta à la surface quand les journalistes lui firent remarquer que des joueurs aussi doués que Patrick Elias, Joe Nieuwendyk et Scott Gomez n'étaient plus l'ombre d'eux-mêmes et qu'ils blamèrent son système de jeu statique.

« Croyez-vous que je défends à mes joueurs de marquer des buts ? C'est de la merde. La mettre dedans, c'est la tâche de tout le monde. Croyez-vous qu'il y a un seul entraîneur dans toute la ligue qui dit à ses joueurs : "Ne marquez surtout pas de buts, car nous évoluons dans un système de jeu défensif"? Réveillez-vous et allez boire une cafetière de (censuré) café ! »

Les joueurs des équipes adverses qui critiquaient le caractère étouffant du jeu des Devils étaient traités de « geignards » par Burns. À ses propres joueurs qui se montraient indisciplinés sur la patinoire, il n'avait pas peur de faire réchauffer le banc, même à ses étoiles. À un certain moment, il trouva à Gomez un siège de choix dans les gradins le temps d'un match. Furieux, Gomez lui répondit en engrangeant des points dans les cinq parties suivantes.

Le système défensif des Devils, si décrié, avait pour objectif de faire gagner des parties, et c'était tout ce qui comptait. À la pause du Match des étoiles, New Jersey n'avait pas perdu une rencontre à domicile depuis un mois. Burns enfonça dans la tête de ses joueurs qu'ils étaient invincibles à la maison et qu'ils pourraient se contenter d'une moyenne de ,500 lors des matchs disputés à l'étranger. En mars, deux défaites consécutives furent perçues comme une légère léthargie en regard des standards de l'équipe.

Les Devils terminèrent la saison régulière avec une fiche de 108 points (46-20-10-6), le deuxième plus haut total de leur histoire, le titre de la Division Atlantique et le deuxième rang de la conférence de l'Est. Burns avait connu une année superbe, mais il confessait tout de même être physiquement et mentalement vidé à l'approche des séries.

« Plus je vieillis et plus je trouve ça difficile. »

Burns continuait toutefois à se comporter impeccablement, ne se permettant que de loin en loin une réplique incendiaire aux journalistes, qu'il tenait plus que jamais pour des ennemis.

« J'aime bien leur envoyer de temps à autre un coup dans les gencives. Je n'arrive pas à me la fermer. Ça m'aide à mieux me sentir.

Certaines personnes pensent que je suis ici pour me faire des amis. Je ne suis pas ici pour me faire des amis. Et je suis aussi sympathique qu'une brouette pleine de terre glaise. »

En première ronde, les Devils se frottèrent aux Bruins, et les médias en firent toute une histoire. Les Bruins étaient non seulement le club qui avait congédié Burns, mais Mike O'Connell, après avoir écarté Robie Ftorek avec neuf matchs à faire à la saison, avait pris sa place derrière le banc. Contre Burns, le pauvre O'Connell ne faisait pas le poids. Mais Burns essaya de noyer le poisson autour de cette affaire :

« Je travaillais pour Harry Sinden, pas pour Mike O'Connell. Tout cela n'a rien à voir avec une revanche. Une partie de hockey ne se joue pas derrière le banc. »

Malgré tout ce qu'il pouvait dire, la première partie de la série se joua en fait complètement derrière le banc, puisque Burns dut composer avec les pertes inopinées de Gomez (commotion) et Nieuwendyk (frappé à la tête par Bryan Berard). Il jongla avec ses trios à une cadence parfaitement démente, les Devils tinrent en échec Joe Thornton (101 points en saison régulière) et Jamie Langenbrunner compta les deux buts des siens dans un gain de 2-1. Dans un deuxième match décousu, Langenbrunner récidiva avec le but gagnant, les Devils l'emportant 4-2 et prenant les devants 2-0 dans la série, qui prenait maintenant la direction du FleetCenter. Lors du match numéro trois, le 70e de sa carrière en séries éliminatoires, Brodeur empocha son 14e blanchissage, les Devils culbutant les Bruins 3-0. Un chroniqueur de Beantown résuma assez bien le sentiment général en écrivant :

« L'armée irakienne a plus de chances de revenir de l'arrière que les Bruins. »

Mais le balayage anticipé ne se produisit pas, car Boston, à la surprise générale, chassa Brodeur du filet – spectacle rarissime – dans une victoire sans équivoque de 5-1. Encore plus exceptionnelle était l'absence dans l'alignement de Daneyko. Le vétéran, surnommé Mister New Jersey, s'était présenté au camp d'entraînement inaugural de la concession, 20 ans plus tôt, et avait disputé les 165 matchs éliminatoires joués dans l'histoire de l'équipe sans en rater un seul, la troisième plus longue séquence du genre dans les annales de la LNH. Ce jour-là,

Burns avait pris la difficile décision de retrancher, à 15 jours de son 39e anniversaire de naissance, Daneyko qui se débattait avec une douloureuse blessure aux côtes, gracieuseté d'un coup de P.J. Axelsson pendant la troisième partie.

Daneyko fut de retour en uniforme pour le match numéro cinq et New Jersey cloua le cercueil des Bruins 3-0 à la maison, un triomphe qui les propulsait en deuxième ronde contre le surprenant Lightning de Tampa Bay, que l'entraîneur John Tortorella avait mené au sommet de la Division Sud-Est en saison régulière. En première ronde, Lecavalier, Saint-Louis et compagnie avaient sorti les Capitals après avoir trébuché lors des deux premiers matchs. Aux médias de Tampa Bay en pâmoison devant les leurs, Burns ressortit de son sac à malices son bon vieux mantra : « C'est nous contre le reste du monde ! »

« Personne sur terre ne veut nous voir gagner, sauf nos partisans. Tout le monde veut voir le Lightning gagner parce que c'est l'équipe Cendrillon de l'année. Chaque printemps, il y a une équipe qui enfile le soulier de vair et qui se transforme en équipe Cendrillon, et soudainement tout le monde tombe amoureux d'elle. »

Même l'affection des partisans du New Jersey pour sa propre équipe semblait être au plus bas, car on pouvait voir des milliers de sièges vides lors de chacun des deux premiers matchs de la série, gagnés 3-0 et 3-2 par les Devils, cette dernière partie étant dénouée par un but de Langenbrunner en troisième période de prolongation. En Floride, les visiteurs effacèrent un retard de trois buts avant de s'incliner finalement 4-3 sur un but de Dave Andreychuk après que Burns eut été empêché de compléter un changement qui le laissait avec quatre attaquants sur la patinoire. Scott Stevens dut quitter la partie assez tôt, blessé à l'oreille par un tir. À la partie suivante, le retour du courageux capitaine, qui portait un protecteur spécial sur son oreille gauche suturée, inspira les Devils à l'occasion d'une magistrale performance. Lors de ce gain de 3-1, Stevens compta même un but pendant un avantage numérique, « la cerise sur le sundae », commenta Brodeur.

Enfin, pour la cinquième partie de la série, les gradins de Meadowlands étaient revenus à la vie, la salle étant presque comble, et la foule enthousiaste agita ses bâtons de tonnerre durant un marathon qui dura jusqu'en troisième période de prolongation quand Grant

Marshall renvoya le Lightning se faire dorer la couenne sur les plages de Floride, 2-1. En fait, Marshall avait manqué le départ de l'autobus qui amenait l'équipe de l'hôtel à la patinoire et dut littéralement courir après, semant l'hilarité parmi ses coéquipiers qui purent le voir sprinter par la fenêtre arrière du véhicule.

« Si j'avais su que le match allait se poursuivre jusqu'en troisième période de prolongation, dit-il après coup, je me serais arrêté pour prendre un taxi. »

Maintenant les Devils devaient se frotter à Ottawa, l'équipe la plus puissante de la ligue en 2002-2003. Parce qu'il avait grandi dans la région de l'Outaouais, Burns fut encore plus qu'à l'habitude le point de mire des médias qui couvraient la finale de la conférence de l'Est. Les Sénateurs étaient dirigés par Jacques Martin, un autre familier de la région et, aussi, l'homme qui avait battu les Olympiques de Burns à la coupe Memorial en 1986. Un journal sauta sur une citation de Burns et choisit de la jouer sur toute la largeur de la une : « We'll win ». Pareille phrase n'était pas sans rappeler la fameuse prophétie de Mark Messier, qui avait promis, avant le dernier match de la demi-finale Rangers-Devils en 1994, une victoire des siens, un vœu qui se réalisa et qui pava la voie à une première conquête de la coupe Stanley par les Rangers en 54 ans. Burns ne revint pas sur sa déclaration, se bornant à dire qu'elle avait été citée hors de son contexte. Il avait louangé les Sénateurs, saluant leur magnifique saison.

« Puis on m'a demandé : "Eh bien, à vous entendre parler, vous n'avez aucune chance de gagner ?" Et j'ai répondu : "Oh, nous allons gagner." Bien entendu, ils se sont empressés d'en faire une manchette, "Burns promet de gagner". »

Il conclut sa mise au point en grognant :

« Avec les médias, vous ne pouvez pas gagner. »

———

Le premier match très attendu de la série se mit en branle au Centre Corel, à Ottawa, et se solda par une défaite des Devils en prolongation, 3-2. Pour la première fois, ce printemps-là, New Jersey tirait de l'arrière dans une série. Puis Lamoriello prit la décision de ramener tout son monde au New Jersey le lendemain – jour de la fête des Mère, incidemment –, un geste qui fut tourné en dérision. Certains journalistes interprétèrent même ce geste comme un stratagème pour soutirer Martin Brodeur à leur curiosité, car les procédures de divorce toutes récentes du gardien de but intriguaient plus d'un d'entre eux. Avant de quitter Ottawa, Burns alla passer trois heures avec sa mère à la résidence pour personnes âgées où elle habitait. Peu importe les raisons véritables de ce repli stratégique au New Jersey, en revenant à Ottawa, les Devils ramenèrent la série à la case départ avec une victoire convaincante de 4-1.

De retour une fois encore à la maison, Brodeur et Patrick Lalime furent tous les deux sensationnels dans le duel qui les opposait, et au terme duquel les Devils eurent le meilleur, 1-0. Burns louangea son ange gardien :

« Où serions-nous sans lui ? Les mots me manquent pour dire tout le bien que je pense de ses performances. »

Les Devils s'imposèrent sans ambiguïté dans le match numéro quatre, 5-2, pour prendre une avance de 3-1 dans la série. Mais il aurait fallu être bien naïf pour considérer les Sénateurs déjà hors de combat : cette équipe pouvait compter sur des réserves de ténacité et des tonnes de talent. À ses débuts en séries, la recrue Jason Spezza y alla d'un but et une passe, menant les siens à une victoire de 3-1 lors du cinquième match.

Ce fut à ce moment-là que les médias choisirent de révéler des détails sur la séparation de Brodeur, après que sa femme Mélanie eut rempli les papiers de divorce. Les motifs détaillés d'adultère, avec lieux, dates et heures, furent mis en lumière, à la grande joie de ceux que ces choses pouvaient amuser. Brodeur avait développé une relation avec une femme (aujourd'hui son épouse) qui avait été précédemment mariée au demi-frère de Mélanie. Ses problèmes personnels étaient du bonbon pour une portion du public en mal de potins et les journaux à sensation.

« Pat m'a beaucoup soutenu pendant cette période, raconte Brodeur. Ce n'était pas facile parce que nous étions au beau milieu des séries, et voilà que tout ce déballage se met à sortir, et que tous les détails y passent. Ça ne m'a pas distrait quand je jouais. Le hockey est un refuge. La distraction me rattrapait au-dehors de la patinoire. Pat prenait soin de moi, et sa femme Line prenait soin de ma petite amie. Ce n'était pas comme s'il me disait : "Tu devrais faire ceci et tu devrais faire cela." Il était tout simplement là pour moi. Il était passé à travers toutes sortes de choses dans sa propre vie personnelle, alors il pouvait sans doute me comprendre. J'avais besoin d'être bien entouré pour passer à travers ce moment-là. Pat m'a juste dit : "Je suis là pour toi." Cela a marqué le début de notre relation à l'extérieur du hockey. »

Avec une fiche en séries de 11-4, 4 blanchissages et une moyenne de 1,67, il était manifeste que toutes ces histoires n'atteignaient pas Brodeur entre les deux poteaux. Dans une série aussi chaudement disputée que celle contre les Sénateurs, il se devait d'être meilleur que simplement exceptionnel. New Jersey n'avait pas perdu deux matchs d'affilée ce printemps et avait gagné ses huit matchs disputés à Meadowlands, mais la séquence prit abruptement fin au sixième match quand les Sénateurs triomphèrent 2-1 en prolongation. La série se déciderait donc au septième match, au Centre Corel.

Ottawa avait plus de talent, mais les Devils avaient probablement plus de volonté, et pouvaient en outre compter sur l'un des motivateurs les plus astucieux de leur sport en Burns. Quelques heures avant le début du match, il nota à l'extérieur de l'amphithéâtre la présence de plusieurs roulottes des médias qui avaient été dirigées à Ottawa au cas où la série finale inclurait les Sénateurs. Burns décida d'interpréter ce détail comme étant une marque de présomption et il exploita la situation pour enflammer ses troupes, faisant s'arrêter l'autobus des Devils pour attirer leur attention sur les roulottes sacrilèges.

« Vous les voyez, ces roulottes ? Vous allez toutes me les renvoyer d'où elles viennent parce qu'il n'y aura aucun match de la finale disputé ici ! »

Les Devils s'inscrivirent les premiers au tableau, mais perdirent Nieuwendyk, blessé à la hanche, tôt dans le match. À l'entracte, Burns se rendit à la clinique et découvrit, en pleurs et incapable de jouer, son vétéran de 35 ans, gagnant de deux coupes Stanley.

« Je suis retourné dans le vestiaire et j'ai dit aux joueurs : "Nous avions un vieux guerrier qui aurait bien aimé continuer à nous aider. Au moment où je vous parle, il a les larmes aux yeux." Cela a semblé motiver l'équipe. Tout le monde s'est rallié. »

En avant 2-1 en troisième, Burns arpentait le banc de long en large, distribuant les tapes sur les épaules des joueurs, les exhortant à tout donner.

« Derrière le banc, Pat était déchaîné, lançant des "Cette partie est à nous!" et des "On les a dans les câbles!", dit Brodeur après coup. Je ne l'avais jamais vu aussi ému, sauf quand il criait contre un arbitre ou contre Gomer [Gomez]. »

Quand un revirement de Jeff Friesen mena au but égalisateur des Sénateurs, Burns, plutôt que de punir son joueur, le consola. Friesen lui témoigna sa gratitude en comptant avec 2:14 à faire au match, donnant une victoire de 3-2 aux siens, et la série, 4-3.

———

La tension monta encore d'un cran à la perspective d'une série finale entre les Mighty Ducks d'Anaheim et les Devils du New Jersey, bien que certains fussent mécontents du caractère possiblement assommant d'un duel entre deux équipes au système de jeu axé sur la défense. Sans aucun doute allait-on assister à une guerre des nerfs entre deux gardiens québécois: Martin Brodeur et Jean-Sébastien Giguère, dont la tenue en séries avait été aussi remarquable que celle de son vis-à-vis, avec une séquence sans but alloué de 213 minutes et 17 secondes. La plus nerveuse des spectatrices de la série serait sans doute Carol Niedermayer, mère de Rob et de Scott, jouant respectivement pour les Ducks et les Devils. Mais le plus gros nom des deux équipes, du moins au point de vue des médias, semblait être celui de Burns, auquel on rappelait avec insistance le fait qu'aucune coupe Stanley ne figurait à son curriculum vitae.

« Je ne suis pas un facteur important dans cette série, répétait-il à qui voulait l'entendre. Ce que je veux, c'est le succès de cette équipe. »

Derrière le banc des Ducks se dressait Mike Babcock, un entraîneur recrue qui se retrouvait dans la même position que Burns quand celui-ci, 14 ans plus tôt, avait conduit les Canadiens jusqu'à la série finale contre les Flames de Calgary.

L'offensive des Ducks, pourtant bien reposés, tomba à plat lors du premier match, Brodeur enregistrant son cinquième zéro des séries et Friesen, ex-Duck, enfilant deux des trois buts des siens. Une fois encore, Burns retrancha de sa formation Daneyko, comme il l'avait fait lors de quatre matchs de la série précédente. La situation se révélait frustrante au plus haut point pour le vétéran, qui n'émit pourtant pas la moindre protestation. Les joueurs étaient sensibles au désarroi de leur coéquipier, mais ils étaient aussi en admiration devant un entraîneur qui avait le cran de prendre une décision aussi difficile.

« Non, rappelle Brodeur, ce n'était certainement pas une décision aisée à prendre quand vous savez que Dano était le visage de cette concession. Ken n'était pas un joueur comme un autre. Nous parlons d'un gars qui avait toujours fait partie de l'organisation et que les partisans aimaient. Mais ça ne fonctionnait plus pour lui et un changement devait être apporté. Nous avions besoin de nos meilleurs joueurs dans l'alignement. Vous devez tirer votre chapeau à Pat pour avoir eu le culot de prendre cette décision. »

Lors du match numéro deux, les Ducks montrèrent un peu plus de détermination, mais le résultat fut exactement le même : une autre défaite de 3-0. La série se déplaçait maintenant à l'Arrowhead Pond, et Giguère en profita pour pointer un doigt accusateur vers ses coéquipiers :

« Je serais vraiment très déçu si tout le monde ne montrait pas un maximum d'émotion à l'occasion de ce troisième match. C'est ce qui nous a fait défaut lors des deux premiers matchs et c'est inacceptable. Nous devons donner le meilleur de nous-mêmes ici et maintenant. Quand ce genre d'occasion se représentera-t-elle à nous ? »

Secoués, les Ducks montrèrent de nouveau la hargne qui leur avait permis de se hisser jusqu'en finale, raflant le troisième match en prolongation 3-2, Brodeur accordant deux buts faciles sur de mauvaises sorties. Lors du match suivant, le vétéran de 39 ans, Steve Thomas, fut cette fois le héros de la prolongation des Ducks dans une amère défaite de 1-0 pour les Devils. Les critiques tiquaient sur le faible nombre de buts marqués en finale, prétendant que la beauté du spectacle en était diminuée. Si, pour le connaisseur, la qualité du calibre de jeu faisait l'unanimité, le résultat était désastreux pour le réseau télédiffuseur. Dans le cinquième match, les artilleurs des Devils se déchaînèrent 6-3 au Continental Airlines Arena.

À court de sujets dans leurs tentatives souvent infructueuses d'engager Burns dans une discussion, les journalistes lui demandèrent, lors du point de presse du lendemain, d'énumérer les personnes qu'il admirait le plus. Burns cita les noms de Scotty Bowman, Bill Parcells, Bob Knight et le général « Arnold » Schwarzkopf, mélangeant le célèbre militaire avec l'acteur-gouverneur Schwarzenegger.

Mais Anaheim revint une nouvelle fois de l'arrière au match suivant, humiliant les Devils 5-2 à l'Arrowhead Pond, le capitaine Paul Kariya survivant à un placage dévastateur de Scott Stevens qui le laissa inconscient et parfaitement immobile sur la patinoire pendant plus de trois minutes.

« Je ne savais pas s'il était encore vivant, dit Brodeur. Il n'a pas bronché durant un long moment. »

Avec 11:23 à jouer au match, Burns retira Brodeur au profit de Schwab. La décision laissa Brodeur, comment dire, mi-figue mi-raisin ; il déclara qu'il serait prêt à reprendre le collier pour le septième match, Burns désirant simplement lui accorder un repos supplémentaire.

Durant toute la série, jusque-là, chaque partie s'était soldée par une victoire de l'équipe jouant à domicile. Brodeur a une idée bien arrêtée sur le sujet :

« Toute l'année, Pat avait prêché qu'il nous fallait être dominants à domicile, que c'était là que nous allions gagner. Et c'est ce qui est arrivé. »

Devant les médias, avant l'ultime rencontre, Burns présenta un discours modeste mais confiant, reportant l'attention sur ses joueurs :

« Cette équipe a accompli beaucoup. Pour ma part, je n'ai rien fait. Ici, tout se conjugue au "nous". C'est ainsi que nous avons travaillé pendant toute l'année. »

Neuf mois de travail d'arrache-pied allaient donc se décider en un match, qui prendrait place dans un amphithéâtre qui manquait de charme et, trop souvent, de clients. Et Burns, sentimental dans l'âme, sortit de son chapeau un dernier lapin en réintégrant Daneyko dans l'alignement.

« Pour le match le plus important de l'année, voilà que Dano revenait au jeu », se souvient Brodeur.

Informé lors du souper de l'équipe qu'il serait en uniforme pour l'occasion, mais averti par Burns de n'en parler à personne jusqu'au match du lendemain, Daneyko dut quitter la salle à manger pour aller discrètement pleurer dans un coin.

L'ultime rencontre de la finale constitua le point d'exclamation des Devils aux séries éliminatoires avec un triomphe de 3-0. Friesen marqua deux fois et Michael Rupp, une recrue de 23 ans, prenant la place de Nieuwendyk dans l'alignement, compta le but gagnant, réalisant le rêve de tout jeune hockeyeur.

Avant la mise en jeu initiale, Burns avait promené son regard sur la foule et pris son propre pouls émotionnel.

« Je pensais que je serais bien plus nerveux que ça. En fait, je croyais que je serais à bout de nerfs, et je ne l'étais pas du tout. »

Il s'agissait pour Burns, en 13 ans de carrière comme entraîneur, d'un neuvième match éliminatoire qui se rendait à la limite, une statistique qui le mettait sur un pied d'égalité avec Scotty Bowman et Mike Keenan. Pourtant, même au sommet de sa vie professionnelle, Burns ne pouvait s'empêcher de rester fidèle à lui-même, c'est-à-dire de grogner. Lorsqu'un journaliste fit devant lui allusion à la « beauté » d'un match numéro sept, il lui lança :

« Vous appelez ça une "beauté" ? Je ne suis pas sûr qu'une septième partie soit si belle que ça. Je ne sais pas si j'aurais envie de sortir souvent avec elle... »

Malgré un troisième blanchissage pour Brodeur dans cette finale, et un septième en séries, le trophée Conn Smythe échut à Giguère, qui se garda bien de sourire en le recevant. Burns lui-même ne reçut même pas une nomination pour un quatrième Jack Adams. Mais cela n'avait pour lui aucune importance, puisqu'il avait enfin mis la main sur le seul trophée qu'il désirait. À l'écart, les mains dans les poches, observant ses protégés célébrer sur la patinoire, Burns se demandait pourquoi il ne ressentait en lui aucune vague de joie.

« *Gee,* ça ne ressemble pas à ça à la télé ! »

Il vit Gary Bettman présenter la coupe Stanley au capitaine des Devils, Scott Stevens, qui la souleva au-dessus de sa tête avant de la tendre à un coéquipier pour amorcer le fameux rituel de passation du trophée de l'un à l'autre joueur – incluant Nieuwendyk, qui avait revêtu son uniforme. La coupe était la concrétisation de tous leurs efforts acharnés – de tous les sports professionnels, le saladier de lord

Stanley demeure le trophée le plus dur à capturer. La coupe vint finalement dans les mains de Burns, qui lui appliqua un tendre baiser avant de la soulever à son tour en direction des membres de sa famille dans les gradins.

« J'étais heureux de les voir là-haut, dit-il plus tard. Mon fils Jason et ma fille Maureen étaient venus de Montréal en voiture. Ma femme était avec eux, et aussi des amis et de la famille du Québec. Je voulais leur présenter la coupe parce que, trop souvent, on oublie ces gens qui nous soutiennent et qui étaient là quand les choses n'allaient pas aussi bien. Dans les deux dernières minutes du match, c'était vraiment excitant, pas pour moi, mais parce que j'avais eu peur de décevoir des gens, ma famille, les partisans. Je dois beaucoup à Lou. »

Dans le vestiaire, parmi les cris et les braillements des fêtards, Daneyko, dûment douché au champagne, rendit hommage à son entraîneur.

« Pendant toute l'année, il a gardé la pédale au plancher et ne nous a jamais laissé nous satisfaire de nos performances. C'était probablement cette facette qui manquait au club dans les dernières années. Dès le premier jour, au camp d'entraînement, il a été un homme pragmatique. Parfois, il faisait des choses que nous ne comprenions pas tout de suite. J'imagine que c'est la raison pour laquelle il est entraîneur et nous, joueurs. Il est sans doute le gars le plus dur pour qui j'ai joué, mais ça en valait la peine. »

S'adressant aux journalistes, Burns se permit une petite pointe de triomphalisme :

« Il y a des tas de gens dans cette pièce qui me croyaient fini, qui me traitaient de *has been* et qui disaient que je ne dirigerais plus jamais aucun club. J'ai été à l'écart du hockey pendant deux ans et vous avez dit que je ne serais jamais de retour. Eh bien, maintenant j'ai gagné quelque chose. »

Après une longue nuit de festivités, Burns conduisit sa famille à l'aéroport. Dans un aveu candide, l'entraîneur reconnut que plusieurs fois, au cours des années, il avait prétendu qu'il n'avait pas de besoin d'une coupe Stanley pour valider sa carrière dans le hockey. Il avait menti.

« Je l'ai dit souvent, mais je ne le croyais pas. »

La parade de la victoire – au New Jersey, il s'agissait d'un *tailgate party* qui se tenait dans le stationnement du complexe de Meadowlands – dut être repoussée d'un jour parce que les Nets de New York étaient toujours impliqués dans les séries de fin de saison de la NBL et que le contrôle de la circulation représentait un problème. Vingt mille partisans se réunirent pour célébrer leurs héros.

Après, débuta la classique et longue itinérance de la coupe Stanley pendant tout l'été, une belle tradition de la LNH qui permet à chaque joueur d'avoir le trophée à sa disposition durant une journée. Elle voyagea en avion avec Scott Gomez jusqu'en Alaska, dans un Hummer de 32 pieds lors d'une sortie en équipe à Hoboken, apparut au *Late Show with David Letterman* et à *Live with Regis and Kelly*, assista à l'ouverture de la Bourse de New York un matin, reposa sur la cuisse d'une statue géante de Bouddha dans un restaurant haut de gamme, participa à une croisière de trois heures autour de l'île de Manhattan, et assista à plusieurs tournois de golf ainsi qu'au repêchage de la LNH.

Quand vint le tour de Burns, plus tard dans l'été, il cala « Stanley » dans la boîte de son pick-up et l'emmena faire un tour au yacht club de Magog où était organisée une fiesta pour famille et amis. La matriarche du clan, la frêle Louise Burns, n'allait pas rater une pareille occasion.

« Ma mère de 90 ans était assise là, touchant la coupe avec ses mains tremblantes. L'émotion m'a étranglé. »

Le fils affirma avoir vu le reflet de la coupe dans les yeux de sa mère.

Et ce fut à ce moment-là, enfin, que la joie submergea Pat Burns.

CHAPITRE 19

Un nouveau défi

« Je n'ai jamais reculé devant aucun combat. »

Il faisait un temps de chien et pleuvait à verse, ce jour-là, quand Pat Burns est allé une dernière fois rouler en motocyclette avec ses Red Dogs. Ses compagnons de virée et lui s'étaient réfugiés sous un pont, quelque part au bord de la mer en Nouvelle-Angleterre, frissonnants, attendant que le déluge se calme un peu, assez pour voir l'asphalte devant eux. Mais Burns, lui, voyait devant lui une route encore bien plus sombre que celle-là : son futur. Il se tourna vers ses amis et leur dit :

« C'est ma dernière virée, les gars. »

Tard au printemps 2010, on pouvait dire que Burns avait en effet mené un voyage tortueux : six ans de maladie, d'hôpitaux, de traitements médicaux invalidants, de chimiothérapie, de radiothérapie, de chirurgie, d'espoirs de guérison puis de verdicts dévastateurs l'informant qu'il n'avait pas surmonté le cancer et qu'il ne le battrait pas. Une fois, deux fois, Burns avait vaillamment guerroyé, rassemblant toutes ses forces physiques et mentales pour livrer la bataille de sa vie – la bataille *pour* sa vie. Et chaque fois, après une apparente période de rémission, les cellules cancéreuses étaient revenues à l'assaut, du côlon au foie, puis du foie aux poumons.

Burns était en phase terminale. Il était en train de mourir.

« Même à ce point-là, raconte Martin Brodeur, il ne montrait pas sa douleur. Vous deviez vraiment bien le connaître pour deviner ce qu'il ressentait. Il avait lutté aussi fort qu'il avait pu, mais le mal n'avait cessé de revenir encore et encore. À la fin, il s'est probablement dit : "C'est bon, prends-moi." »

Et c'est ainsi que les priorités d'un être humain changent du tout au tout en un instant lorsqu'il est confronté à sa propre mort, à sa fin dernière.

––––––

Au camp d'entraînement 2003 des Devils, la coupe Stanley n'appartenait pas encore au passé; ses reflets argentés étaient encore bien vivants dans la mémoire des joueurs, qui en avaient à tour de rôle hérité pendant l'été. En septembre, toute l'équipe fut invitée à la roseraie de la Maison-Blanche et le président George W. Bush leur permit même de jeter un coup d'œil sur le Bureau ovale.

Sur un registre moins heureux mais tout aussi médiatique, le nom de Burns rebondit à Montréal durant le procès pour meurtre de deux Hells Angels quand la police attesta que les numéros de téléphone privés de l'entraîneur avaient été découverts pendant la fouille des demeures des suspects. Burns balaya la controverse du revers de la main, clamant haut et fort n'avoir aucune idée de la façon dont les deux lascars avaient pu obtenir ses numéros de téléphone. En réalité, Burns avait déjà laissé, à l'intention d'un chef des Hells, deux billets pour un match des Leafs aux guichets du Gardens. Quoi qu'il en soit, l'histoire, une fois qu'elle sortit dans les médias, ne créa aucun dommage sensible à la réputation de Burns.

À la mi-saison, Burns était beaucoup plus préoccupé par le rendement médiocre de ses joueurs, même s'il était confiant qu'ils retrouveraient leur mordant en séries. Cependant, tôt en janvier, il s'était senti moins bien et anormalement fatigué, s'endormant dès le décollage durant les vols de l'équipe, ce qui lui était inhabituel. Burns était si affaibli que Lamoriello remarqua la chose et lui demanda si tout allait bien, ce à quoi l'entraîneur avait répondu par l'affirmative.

Depuis quelques mois, des symptômes alarmants indiquaient que quelque chose clochait au niveau de la santé de Burns, mais celui-ci avait ignoré les signes d'avertissement envoyés par son corps, comme un grand nombre de gens qui préfèrent ne pas savoir ce qu'ils ont pour ne pas voir leurs craintes se confirmer. Ce déni rendit Robin Burns furieux quand il l'apprit, plus tard, et il l'est d'ailleurs toujours aujourd'hui.

« Pat, tu es un crétin, lance-t-il encore à son cousin qui n'est plus là pour l'entendre. C'est bien toi, ça : ne jamais rien dire à personne. »

Après une saison régulière pénible et sans lustre – au terme de laquelle Burns avait toutefois remporté, le 30 mars 2004, sa 500ᵉ victoire dans la LNH –, New Jersey se préparait à affronter Philadelphie en première ronde des séries éliminatoires. Les joueurs furent déroutés quand Burns rata une séance d'entraînement, puis une séance de patinage matinale, puis une réunion d'équipe. « Raisons personnelles » était le prétexte invoqué. Brodeur se souvient de l'inquiétude de la troupe :

« Nous avons demandé : "Mais qu'est-ce qui se passe ?" Et on nous a répondu : "Il consulte un médecin pour un problème." Personne ne songeait que ça pouvait être sérieux. »

C'était même *très* sérieux. Ce ne fut qu'à la demande expresse et urgente de sa femme Line que Burns partagea ses soucis avec Lamoriello, qui fit rapidement des arrangements avec les médecins de l'équipe pour que son entraîneur subisse des examens, qui menèrent à d'autres examens. Ceux-ci ne tardèrent pas à révéler un diagnostic bouleversant : Burns avait un cancer du côlon et avait besoin de commencer sur-le-champ des traitements de chimiothérapie. Mais, même à ce stade, Burns continuait à négocier pour acheter du temps.

« Je lui ai demandé : "Qu'est-ce que tu veux faire ?", se souvient Lamoriello. Et j'ai ajouté : "On va trouver une façon de s'en sortir, parce que je vais faire ce que tu veux." »

Burns voulait désespérément rester derrière le banc des Devils pour toute la durée de la première ronde.

« "C'est bon", lui répondit Lamoriello. "Une ronde. À moins que tu me sentes que tu ne puisses pas tenir le coup." »

Puis Burns quitterait son poste, que l'équipe gagne ou perde.

Les Devils, défenseurs de la coupe Stanley, furent éliminés par les Flyers en cinq matchs. Le jour suivant, le 18 avril, les journalistes furent convoqués au Continental Airlines Arena pour une conférence de presse à propos d'un « sujet non relié au hockey touchant l'entraîneur ». Burns prit place à la tribune, tira de la poche de son veston une déclaration écrite, aplanit les feuilles et lut à voix haute les redoutables nouvelles qui médusèrent l'assistance. Il souffrait d'un cancer du côlon qui nécessitait un traitement aussi immédiat qu'intensif.

« Au cours du dernier mois et un peu avant, je ne me sentais pas bien. Il y avait des signes que quelque chose allait de travers, mais je répugnais à faire quoi que ce soit parce que les séries approchaient. »

Il s'excusa auprès de ses joueurs pour avoir été distrait pendant la première ronde.

« Je n'ai pas été l'entraîneur que j'aurais dû être lors des deux dernières semaines, mais j'avais beaucoup de choses en tête. »

Ce fut au moment où il parlait de la fierté qu'il éprouvait pour son équipe que sa voix se brisa et que les larmes faillirent fuser.

« Je souhaitais et je rêvais de voir cette équipe poursuivre sa route jusqu'à la prochaine ronde et gagner une autre coupe Stanley. Même si je n'aurais pas été physiquement là, j'aurais certainement aimé voir ce groupe de *gentlemen* remporter de nouveau les grands honneurs. »

Il déglutit difficilement.

« Ainsi que l'expérience me l'a démontré, la chance et le destin ont leur gros mot à dire dans la victoire. Hélas, nous ne pouvons contrôler ni l'un ni l'autre, comme je l'ai appris lors des dernières semaines. Ceux qui me connaissent bien savent que je n'ai jamais reculé devant aucun combat. Et je ne vais pas reculer devant celui-ci. »

Il ne répondit à aucune question et quitta la salle, disparaissant au bout du corridor, son bras autour des épaules de Line.

Lamoriello fit savoir très clairement que Burns demeurait l'entraîneur des Devils et que c'est dans ce poste qu'il ferait son retour l'année suivante, si sa santé le lui permettait. (En fait, personne ne pouvait en avoir déjà la certitude, mais il n'y aurait pas de saison 2004-2005. L'année entière serait annulée par le lockout de la LNH.)

« Tout mon temps et toutes mes énergies seront concentrés sur ma guérison », avait déclaré Burns.

Le lendemain de l'annonce de son cancer, Burns participa à la prise de la photo annuelle de l'équipe puis disparut immédiatement. Il s'astreignit aussitôt à un régime ardu de séances quotidiennes de chimiothérapie et de radiothérapie, puis à une chirurgie intestinale en juillet, puis de nouveau à des séances de chimiothérapie. Il reçut un raz-de-marée de milliers de courriels et de lettres, autant de la part de gens du monde du hockey que de partisans et de parfaits inconnus.

L'hôpital où il reçut ses tout premiers traitements, St. Barnabas, était situé à Livingston, au New Jersey. Comme il habitait à deux pas de là, Brodeur invita Burns à séjourner chez lui, une offre que l'entraîneur accepta avec gratitude.

« Je lui ai dit : "Viens chez moi, relaxe-toi, tu seras bien mieux." Nous sommes devenus proches. J'ai deux bouledogues et Pat aimait jouer avec eux. »

Les chiens de Brodeur s'appellent Stanley et Vez – un diminutif pour Vézina, le célèbre gardien en mémoire de qui avait été institué le trophée du même nom, et que Brodeur avait remporté une première fois en 2003, sous les ordres de Burns.

Les médecins se montraient optimistes. La tumeur maligne qu'ils avaient retirée ne s'était pas propagée à la paroi intestinale et n'avait pas atteint les ganglions lymphatiques. Son cancer en était un de stade 2, guérissable à 75 %, sans récurrence après intervention chirurgicale. Burns et sa femme allèrent se réfugier dans leur résidence secondaire, à Punta Gora, en Floride, en bordure d'un terrain de golf.

Il continua à recevoir, deux fois par mois et pour le reste de l'année, des traitements de chimiothérapie qui le faisaient se tortiller de douleur dans son lit, assailli par de violentes nausées. Un des nombreux médicaments prescrits à Burns avait pour effet de le rendre extrêmement sensible aux basses températures, un inconvénient qui l'aurait de toute façon tenu à l'écart des patinoires s'il y avait eu une saison. Plus tard, il décrivit à Rich Chere, chroniqueur de hockey au *Star-Ledger* de Newark, les horreurs de son traitement :

« L'opération a été éprouvante, mais la deuxième série de traitements de chimiothérapie, d'août à octobre, a été la période la plus dure. Ils m'ont vraiment rendu malade. Je ne pouvais toucher à rien de froid. Je ne pouvais même pas boire un verre d'eau froide. Si je me tenais devant le réfrigérateur lorsque la porte était ouverte, je devais reculer. C'était vraiment très bizarre. J'ai encore le bout des doigts et des orteils engourdis. Ça s'en va tranquillement. »

Ce fut une année épouvantable pour le couple, car Line dut elle aussi se soumettre à une chirurgie abdominale. Puis, alors que Burns séjournait plus au nord, l'ouragan Charley frappa la côte floridienne en août, causant pour 60 000 $ de dommages à sa résidence.

Au printemps 2005, Burns avait repris un peu du poids qu'il avait perdu pendant la chimio, il travaillait presque tous les jours à l'extérieur et se sentait généralement optimiste et plein d'entrain. Les médecins partageaient son optimisme. Toujours sur la liste de paye des Devils, Burns agissait en tant que recruteur et assistait à des parties de la LNH et de la Ligue internationale de hockey disputées en Floride. Il enfourcha sa Harley, joua au golf avec Line et retourna à Montréal à titre de *marshal* pour la parade de la Saint-Patrick, durant laquelle son père fut honoré. Burns avait toutes les raisons de croire qu'il serait entièrement remis et prêt à reprendre son poste d'entraîneur au début de la saison 2005-2006, au point qu'il commençait déjà à jongler avec ses joueurs et à constituer des trios imaginaires... Et puis son monde bascula de nouveau.

En juillet, une station de radio montréalaise annonça qu'on avait diagnostiqué à Burns un deuxième cancer, une nouvelle rapidement confirmée par les Devils.

« Il ne sera pas notre entraîneur cette année », annonça solennellement Lamoriello.

Larry Robinson reprendrait le poste qu'il avait laissé après avoir mené les Devils à la coupe Stanley en 2000. Burns était dévasté :

« Je me sentais bien. J'étais en pleine forme et optimiste au plus haut point. Puis les médecins ont vu sur un scan que c'était revenu. Ç'a été affreux. »

Cette fois, le foie était le siège du cancer. Il se confia à un ami :

« Je me sentais tellement mieux, j'allais régulièrement au gymnase, j'avais déjà hâte de revenir derrière le banc et puis... bam ! Le moment le plus dur a été celui de l'annonce par le médecin. Je lui ai demandé : "Qu'est-ce qu'on fait maintenant ?" Il m'a répondu : "Opération et six autres mois de chimio." J'ai pensé : "*Jesus.*" »

Il se soumit à une nouvelle chirurgie en août 2005, de laquelle il ressortit avec le tiers du foie en moins. Mais le foie étant un organe capable de se régénérer par ses propres moyens, Burns et sa famille voulurent s'accrocher au scénario idéal.

« Heureusement, tout s'est bien passé et toute la masse maligne a été retirée. Le foie n'était pas attaqué massivement », déclara Burns.

Son ami Chris Wood – pilote, il possédait à ce moment-là son propre appareil – cueillit Burns au New Jersey et le ramena chez lui, au New Hampshire. Lamoriello, lui, était allé chercher Burns à l'hôpital et l'avait mené à l'aéroport de Teterboro. Le patient était monté à bord de l'avion sans aide.

Burns entama un autre interminable et douloureux cycle de chimiothérapie et de radiothérapie. Il refusait catégoriquement de renoncer à sa carrière d'entraîneur, qu'il espérait bien pouvoir reprendre, de préférence avec les Devils.

« C'est une précieuse motivation, déclara-t-il à ce sujet. Pour surmonter la maladie, vous devez croire. Le combat est parfois très dur, mais je vais essayer de le remporter. »

Il trouvait même le moyen de rire de la situation.

« Il faisait des blagues à propos de son sac de stomisé, se rappelle sa sœur Diane. Il disait : "Quand je pète, ça fait des bulles." Il était capable de s'amuser à propos d'une chose pareille. »

Affaibli par ses traitements, Burns avait tantôt de bons jours, tantôt de moins bons à Punta Gora. Un ami médecin, grand fan de hockey, emmenait de temps à autre Burns voir des matchs du Lightning à Tampa Bay. En novembre, le convalescent était dans l'assistance quand les Devils aplatirent les Bolts 8-2 et il profita de l'occasion pour aller saluer ses joueurs après le feu d'artifice. Lentement, des cheveux se mettaient à repousser sur son crâne dégarni par les traitements et il retrouvait des forces, preuve éclatante de sa prodigieuse résilience physique et de sa formidable volonté. Comme son état de santé ne cessait de s'améliorer, il put recommencer ses affectations de dépisteur pour le compte des Devils, souvent en compagnie de Scotty Bowman, qui se livrait à la même activité pour les Red Wings en qualité de conseiller senior.

« Il vivait assez près de chez moi, se rappelle Bowman, alors nous sommes allés ensemble à bon nombre de matchs à Tampa ainsi que sur l'autre côte. »

De tous ses confrères, Bowman était celui que Burns admirait le plus, et voilà qu'ils se retrouvaient tous deux à voyager de concert, s'offrant des virées à travers la Floride comme deux *snowbirds* à la semi-retraite.

Le fils de Bowman, Stan, avait survécu à deux combats contre la maladie de Hodgkin, et Scotty avait pu voir de ses propres yeux les séquelles physiques des traitements. Ils n'échangeaient cependant que rarement au sujet de la maladie.

« Je lui demandais comment il se sentait et il me répondait : "Oh, ça va bien." Puis j'ai su que sa situation s'est vraiment aggravée, mais il n'a jamais abandonné. Nous assistions à des parties côte à côte et nous râlions de concert quand on voyait des choses qui ne nous plaisaient pas, que ce soit une mauvaise décision d'un arbitre ou un geste absurde d'un joueur. »

Entre les deux hommes se noua une belle amitié.

« J'imagine que nous nous ressemblions, parce que nous avons tous les deux connu plusieurs équipes. Et nous partagions la même opinion sur les joueurs et les responsabilités qui sont les leurs. »

Les deux « ex » s'entendaient pour dire à quel point la conquête de la coupe Stanley représentait un tour de force – exploit que Bowman avait pourtant réédité neuf fois, un record qui semble aujourd'hui parfaitement inconcevable.

« Gagner une coupe Stanley, c'est quelque chose de bien insaisissable, réfléchit Bowman. Quand tu pousses tes joueurs au maximum, et c'est quelque chose que Pat et moi avons fait plus souvent qu'à notre tour, parfois ils finissent, non pas par te laisser tomber, mais par être, au bout d'un temps, moins attentifs à ce que tu leur dis. C'est probablement plus facile d'être un entraîneur et de durer longtemps si tu n'es pas trop exigeant. Pat exigeait beaucoup de ses joueurs. Sa fiche en carrière était éloquente, mais finalement tu es jugé sur la performance de ton équipe. Je trouve tragique qu'il n'ait pu savourer plus longtemps son succès quand celui-ci s'est enfin présenté. »

Avant de compléter, tard en 2005, un cycle final de chimiothérapie, Burns chevaucha sa Harley pour une autre virée, redoutant les traitements à venir. Quand un ami torontois fit allusion devant lui à la chimiothérapie, il lui dit :

« Tu veux parler de ce poison, non ? Après mes traitements de l'an dernier, mon corps était plein de ce poison. Ça m'a presque tué. »

Mais non seulement Burns n'était pas mort, mais il était plus fort et plus résolu que jamais à gagner son pari.

« Je vais remporter mon combat sur cette chose. Nous croyions bien l'avoir vaincue une première fois... »

Burns n'avait pas une seule miette d'apitoiement pour lui-même et ne songeait pas une seconde à reprocher quoi que ce soit à qui que ce soit, ni au destin ni à Dieu, pour ses infortunes.

« Je ne m'en suis jamais pris à Dieu et je ne me suis jamais demandé : "Pourquoi moi ?" Mais cette maladie est pour le moral une série de hauts et de bas qui n'en finit pas. Il y a des jours où vous avez l'absolue conviction que vous allez remporter la lutte, quand vous vous sentez fort dans votre tête et dans votre corps. Puis il y a des jours où vous avez la nausée et vomissez, quand votre estomac vous torture et que vous êtes tout étourdi, quand vous êtes si faible que vous pouvez à peine mettre un pied devant l'autre... »

Il s'obligeait à se lever et à sortir pour promener Roxie, sentir les fleurs, sentir la chaleur du soleil sur son visage.

« Je ne pouvais pas rester enfermé chez moi et renoncer. »

Il lui arrivait fréquemment de converser avec Lamoriello, réticent à parler de sa condition mais toujours prêt à causer hockey. Burns était profondément reconnaissant à l'organisation pour son support, financier et moral. Les Devils lui avaient facilité la tâche en lui offrant un contrat – au titre assez vague de conseiller – qui lui permettait de jouir d'une assurance qui couvrait les frais exorbitants de ses traitements : 30 000 $ par traitement de chimiothérapie, 14 000 $ par injection de globules blancs.

« Je dois ma vie aux Devils du New Jersey et à Lou Lamoriello, déclara Burns. Si je n'avais pu profiter de cette assurance médicale, j'aurais dû débourser un million et demi de dollars pour mes opérations, ma chimiothérapie et le reste. »

Le 18 décembre 2005, invoquant le stress et des problèmes de santé, Larry Robinson démissionna de son poste d'entraîneur des Devils. Lamoriello prit sa relève derrière le banc sur une base « intérimaire » et y resta jusqu'à la fin de la saison. Quelques semaines après ces événements, Burns termina sa chimiothérapie. Quand, peu après, Robinson et lui – en pleine forme et avec de belles couleurs au visage – assistèrent ensemble à une partie des Devils à Tampa, la rumeur ne tarda pas à courir qu'il était suffisamment rétabli pour reprendre le collier, vraisemblablement au début de la saison 2006-2007. Il ne démentit pas la nouvelle, mais il demeura prudent sur l'amélioration de son état :

« Je ne veux pas me créer de trop grands espoirs. »

À un ami, il révéla ce détail troublant :

« Il reste encore des cellules cancéreuses. Les médecins tiennent à me revoir chaque mois pour surveiller ce qui m'arrive. »

Quand la saison débuta, l'homme derrière le banc des Devils était Claude Julien.

L'apparition publique suivante de Burns eut lieu à Toronto quand Wendel Clark organisa des retrouvailles de l'édition 1992-1993 des Maple Leafs et l'entraîneur était l'invité d'honneur de l'événement. À cette occasion, 17 joueurs se massèrent dans la loge privée de Mats Sundin durant une partie des Maple Leafs et se remémorèrent de bons souvenirs. De toutes les formations que Burns avait dirigées, c'était celle dont il se rappelait avec le plus d'émotion, et le portrait d'équipe de cette édition 1992-1993 occupait d'ailleurs une place de choix sur le manteau de sa cheminée, dans sa résidence du New Hampshire.

« Quand je repense à ces années passées à Toronto, je crois que ce sont les plus belles de ma vie. Cette équipe était comme une grande famille dont tous les membres s'aimaient. »

Burns dit aux reporters qu'il se sentait merveilleusement bien.

« Je ne me suis jamais mieux senti. On ne peut pas parler d'une rémission complète parce que les médecins continuent à me suivre de près. Il n'y a jamais de rémission complète quand vous souffrez de ça. Il s'agit de quelque chose qu'ils ne cesseront jamais de garder à l'œil. »

———

Plus que jamais attiré par le hockey, Burns se retrempa l'orteil dans les eaux du coaching, du moins symboliquement, quand il fut désigné – aux côtés de Scotty Bowman, Jacques Demers et Michel Bergeron – parmi les quatre entraîneurs honorifiques à l'occasion du match des jeunes espoirs canadiens, le 17 janvier 2007, à Québec. Son équipe des

« Rouges » gagna au compte de 5-3. Questionné par les journalistes sur son état de santé, Burns répondit :

« Personne ne peut rien me garantir. Tu vis chaque journée avec cette épée au-dessus de la tête. Puis la maladie revient, et tu l'affrontes et tu te bats encore. Tu gardes ta gauche bien haute et tu frappes de la droite. C'est tout ce que tu peux faire. »

Burns faisait de plus en plus d'apparitions publiques, comme s'il s'efforçait de montrer au monde du hockey qu'il était solide et d'attaque, et même prêt à relever le défi d'un nouvel emploi. Avant toute chose, il était résolu à vivre cette vie qu'il lui semblait bien avoir reconquise, et à vivre sans la crainte de ce qui pourrait lui arriver le lendemain.

« Si tu commences à penser de cette façon, tu as un gros problème. Si tu te lèves le matin en te disant que tu vas peut-être tomber malade de nouveau, tu ne peux pas vivre ta vie. »

En compagnie de Luc Robitaille, il fut intronisé au Temple de la renommée de la Ligue de hockey junior majeur du Québec en avril et se présenta à Montréal pour se joindre aux festivités. Il participa à une marche pour une levée de fonds afin de sensibiliser la population au cancer de la prostate. À Toronto, il s'assit à la table des invités d'honneur du dîner annuel Conn Smythe pour la campagne des Easter Seals, et partagea avec l'assistance ses réflexions autour de la grave maladie qu'il avait affrontée :

« Nous nous disons tous : " Ça ne peut pas m'arriver." C'est ce que j'ai dit moi aussi pendant longtemps, jusqu'à temps que la maladie me rattrape et me botte le derrière. Je ne m'y attendais pas. Je me sentais bien. Je n'avais jamais été malade de ma vie. Je n'ai qu'une chose à dire aux gens : assurez-vous de voir un spécialiste et d'être examiné et si la maladie vous frappe, ne perdez pas confiance. Il y a des jours où, après une séance de chimiothérapie ou de radiothérapie, vous vous demandez : "Est-ce que tout ça va finir un jour ?" Ou encore : "Est-ce que c'est la fin ?" Mais vous devez résister et le lendemain, vous vous sentez mieux, et le lendemain, encore mieux, et puis vous rechutez et vous devez subir un nouveau traitement et ça vous rentre dedans. Mais c'est ainsi que sont les choses. C'est très stressant, pas seulement physiquement, mais psychologiquement aussi. »

Au New Jersey, Claude Julien fut congédié par Lamoriello en fin de saison, à quelques matchs des séries, et sans surprise, le nom de Burns fut évoqué comme possible remplaçant, mais il s'agissait surtout de vœux pieux. De son côté, Burns continuait à se tenir occupé au niveau hockey, participant à la relance de la station de radio CKAC. Il signa un contrat comme chroniqueur pour une émission matinale. On lui demandait à tout bout de champ s'il se sentait tiré d'affaire. Et c'était une question à laquelle il ne pouvait répondre avec certitude.

« C'est une maladie cruelle. Elle peut se tapir et surgir à tout moment. Mais je me sens en pleine forme. Si vous me demandez si je pourrais diriger un club de hockey demain matin, je vous répondrais oui. Je ne veux pas que les gens pensent : "Il est malade, il en est incapable." »

En vérité, Burns ajouta même qu'il était assez rétabli pour effectuer un retour à l'automne suivant si quelqu'un voulait bien de lui. Il venait tout juste de négocier avec Lamoriello, mentionna-t-il, parce qu'il lui restait deux ans à son contrat de dépisteur-conseiller avec les Devils. La rumeur courut même, pendant quelque temps, que les Leafs envisageaient de ramener Burns derrière le banc à Toronto. Quand l'intéressé fut rejoint, sur un parcours de golf en Floride, pour commenter la nouvelle, il se borna à ce bref commentaire :

« Ha, ha, ha ! »

Mais cela ne voulait pas dire qu'il n'aurait pas espéré plus que tout ce dénouement, pas plus que cela signifiait qu'il était mécontent de son mandat avec les Devils.

« Lou m'a confié le mandat de dépistage pour tout le Sud-Est. Et ça me permet en même temps de frapper un joli paquet de balles de golf. Ce n'est pas une mauvaise vie… »

Apparemment alerte et joyeux, Burns fut enchanté quand on le nomma entraîneur adjoint dans l'équipe de Ken Hitchcock pour le Championnat mondial de hockey 2008, qui se tenait pour la première fois au Canada. Le tournoi serait le meilleur des tests pour évaluer sa condition globale, physique et mentale.

« Ce sont comme mes premiers pas vers un retour au hockey, et je suis assurément excité », s'emballa Burns.

Ce mandat était loin d'être purement symbolique : il s'agissait de vrai hockey, et de diriger réellement des joueurs derrière un banc.

Quand l'équipe du Canada participa au match d'ouverture à Halifax, le 2 mai, Pat Burns se retrouvait en situation de match pour la première fois depuis l'élimination des Devils en séries, au mois d'avril 2004. Défait 2-1 par la Russie en finale, le Canada obtint finalement la médaille d'argent.

Burns était-il de retour pour de bon? Sa participation à ce tournoi signifiait-elle hors de tout doute son retour au sommet dans le hockey? Burns le pensait.

«Le coaching, vous l'avez dans le sang, déclara-t-il. Ça vous manque quand vous ne pouvez pas diriger, et quand vous le pouvez, vous vous dites: "*Geez*, c'est dur!" J'ai vécu les deux situations, et quand l'automne sera venu, je devrai voir, regarder toutes les avenues possibles et être sûr que c'est bien ce que je désire faire.»

La rumeur ne tarda pas à se déchaîner. Burns s'en allait avec les Sénateurs, avec les Sharks, avec l'Avalanche. Burns crut qu'il prenait la direction de San Jose en tant qu'entraîneur-chef et se réjouissait discrètement d'une entente provisoire qui le mènerait vers un contrat de deux millions de dollars. Mais dans l'intimité de leur cabinet, les médecins de Burns tempéraient le plus gentiment possible ses ambitions. L'un d'entre eux, un ami floridien, lui mit les points sur les i:

«N'y pense même pas. Tu ne passerais pas le stade de l'examen médical.»

En décembre 2007, tout son optimisme et tous ses espoirs s'envolèrent en fumée.

Le cancer était réapparu, cette fois dans ses deux poumons, et celui-là était incurable.

Jason Burns n'a que quelques souvenirs d'enfance bien nets de son père. Il y a eu cette fois où, petit garçon, s'étant aventuré dans une remise derrière la résidence familiale, il avait dérangé un nid d'abeilles. Son père l'avait sauvé de la ruche en furie, subissant bon nombre de piqûres dans l'équipée. Il se rappelle aussi une vieille bicyclette sale sur laquelle son père le juchait parfois pour l'emmener se promener dans un bois des alentours.

Plus souvent qu'autrement, Jason doit toutefois regarder des photographies prises par sa mère Danielle pour se convaincre que son père était vraiment présent et faisait partie intégrante de sa vie à cette époque-là.

« Je me souviens de lui quand il revenait à la maison et jetait son équipement de hockey au bas de l'escalier menant au sous-sol. Mais c'est à peu près tout. Je n'ai pas beaucoup de souvenirs. Je ne me souviens pas de nous trois – ma mère, lui et moi – assis autour d'une table. Je ne me souviens pas que nous étions ensemble à Noël. Quand j'étais petit, il travaillait comme enquêteur, il était entraîneur au midget AAA et il faisait du dépistage. Alors, il n'était jamais là. »

Aujourd'hui adulte, Jason est l'image tout crachée de son père : un homme bien charpenté au torse puissant, les mêmes yeux noisette, un seul sourcil courant sur toute la largeur de son front et une même passion pour le hockey. Il est devenu soudeur et a dirigé pendant un temps sa propre entreprise, mais il n'aimait pas la partie administrative de son travail. Il est maintenant pompier à Gatineau, a dirigé une équipe au niveau junior C, travaille avec les jeunes dans un programme hockey d'une école secondaire et commente le hockey sur les ondes d'une station de radio locale. Marié à une enseignante, il est père depuis la fin 2011. Ainsi qu'il l'admet avec candeur, Jason a appris de son propre père ce qu'il ne faut pas faire quand on en devient un. Il aimait profondément son père, mais il porte un regard critique sur une relation dont les rapprochements étaient trop sporadiques à son goût ; sans cesse, Jason a espéré développer avec son père une complicité que celui-ci ne pouvait lui offrir. Le hockey venait toujours en premier dans la vie de Burns. Comme celui-ci l'a reconnu lui-même sans faire de mystère, la paternité n'était pas sa tasse de thé.

« Mon père était si dur à cerner, on ne pouvait jamais savoir ce qu'il avait en tête. Nous nous sommes un peu mieux compris quand j'ai vieilli. Nous avons essayé de rattraper quelque peu le temps perdu. Mais ce n'est pas la même chose, vous ne pouvez pas revivre votre enfance. »

Les années où son père a dirigé les Leafs représentent les plus beaux moments pour Jason.

« Il m'emmenait en voyage avec l'équipe. Je me suis même déjà retrouvé assis sur le banc des joueurs. C'était cool. L'affection de mon père s'exprimait comme ça. Il m'a montré des tas de choses dont la plupart des petits Canadiens pouvaient seulement rêver. Mais il avait aussi une facette plus distante. Pour être honnête, j'avais toujours un peu peur de lui. Quand je lui demandais quelque chose, je ne savais jamais à quelle réponse m'attendre de lui. Enfin… la plupart du temps c'était non, si je lui demandais une faveur ou de l'argent. Parfois il y repensait et me disait oui, mais il me faisait me sentir vraiment mal à l'aise.

« Je voulais toujours le voir davantage, passer plus de temps en sa compagnie, parce que c'était très amusant d'être avec lui. Quand il est devenu très malade, à la toute fin, je lui ai dit : "Ça va me manquer de ne plus être avec toi, papa." C'était un bon ami, mais ça n'a pas été un père exceptionnel. »

Jason savait que son père était près de ses sous, ce qui est sans doute compréhensible de la part d'une personne qui a grandi dans l'insécurité financière. Burns était toujours préoccupé par les sorties d'argent, car il n'était jamais sûr d'avoir un autre poste d'entraîneur, un autre gros contrat. S'il n'avait aucun problème à débourser pour l'éducation de ses enfants – adolescent, Jason avait été envoyé à l'école privée, mais il n'avait pas aimé et avait abandonné au bout d'un an –, Burns n'appréciait pas mettre la main à la poche pour des biens coûteux qui lui semblaient relever du superflu.

« C'était le choix qu'il avait fait : ne pas faire de nous des enfants gâtés en nous couvrant de jouets », dit Jason.

Ce fut la mère de Jason qui lui acheta sa première auto, une Honda Accord 1986 usagée. À l'occasion de la remise des diplômes, au secondaire, en 1995, son père lui fit cadeau d'une Toyota 1988. Il n'a jamais acheté une motocyclette à son fils et il ne lui a pas non plus donné une des siennes.

En certaines occasions, l'avarice de Burns dépassait tout simplement l'entendement. Pour assister à la septième partie de la série finale de 2003, Jason roula de Gatineau au New Jersey, prenant Maureen chemin faisant. Jason chercha à s'assurer que son père leur procurerait des billets pour le match.

« Il m'a dit : "Euh, oui, je vais voir." Tu vas voir ? Je fais sept, huit heures de route pour assister à cette partie et tu vas *essayer* de m'avoir des billets ? »

Quand Jason et Maureen furent sur place, ils s'aperçurent que les amis proches de son père avaient tous eu des billets pour le match, sans problème. Manifestement, cela agace encore Jason d'avoir eu à tant insister afin de pouvoir assister au couronnement de la carrière de son père.

Mais Jason a certainement hérité du caractère têtu de son père et il le démontra ce soir-là, après que les Devils eurent remporté la coupe.

« Je lui ai demandé de pouvoir aller à la conférence de presse d'après-match. J'ai suivi mon père dans la folie ambiante. Je n'allais pas le laisser me refuser cette chance. Je me souviens de l'avoir retrouvé sous les gradins et de lui avoir donné une grosse accolade. Je lui ai dit : "Wow, tu viens de gagner la coupe Stanley !" Et il m'a dit : "Ouais, c'est plutôt cool, hein ?" Je l'ai reconduit chez lui plus tard. Nous étions seuls dans le camion et même cette nuit-là, nous n'avons pas beaucoup parlé. Nous avions toujours de la difficulté à communiquer. »

Jason grandit avec l'idée que son père s'ingéniait à passer le moins de temps possible avec lui, limitant sa disponibilité même pendant les semaines de l'été qu'ils passaient ensemble à Magog.

« Il n'aimait pas composer avec le fardeau que nous représentions pour lui. Il n'aimait pas avoir la responsabilité de ses enfants. Nous passions pas mal de temps à nous promener dans son camion, mais nous ne causions jamais beaucoup et presque jamais de choses personnelles. Nous parlions surtout de hockey. Quand j'étais jeune, je le voyais peut-être trois ou quatre fois l'an, pour une semaine tout au plus. Alors, je ne perdais pas mon temps à vouloir discuter : "Pourquoi tu ne fais pas ci, pourquoi tu ne fais pas ça ?" Je ne voulais pas que nos rares occasions de retrouvailles commencent mal et soient gâchées pour toute la semaine. Je faisais toujours attention à ce que je disais, parce que sinon il se fâchait. Dans ces cas-là, il pouvait se montrer vraiment exécrable et ne pas m'adresser un mot de toute la journée. Sous ce rapport-là, c'était vraiment un grand bébé ! »

Jason acceptait les limites affectives de son père, mais regrette cette distance dont ils n'ont jamais réussi à s'affranchir, et cela même quand la maladie, à son point culminant, a contribué à les rapprocher. Burns était en fait plus paternel avec ses joueurs préférés qu'avec son propre fils.

« Je ne pouvais lui apporter ce que ces gars-là lui donnaient. Je n'étais pas celui qui pouvait gagner une partie de hockey pour lui. Qu'est-ce que je pouvais lui donner ? Je ne pouvais pas aller lui acheter une moto ! Et les petites choses qui étaient dans mes moyens, il les avait déjà. Je pouvais seulement l'aimer, mais je ne pense pas qu'il pouvait comprendre l'amour que je voulais lui donner. »

Son ultime cancer l'aiderait à guérir un peu de son isolement affectif, mais pas entièrement.

« Un peu, dit Jason. Il m'a dit une ou deux fois qu'il n'avait pas été un bon père. Il le savait. Pour ma part, je pense qu'il n'a jamais vraiment essayé de l'être. Je lui ai dit, à la toute fin : "Peut-être que tu as attendu trop longtemps pour le dire." Mais c'est correct. Je l'aime. Oh oui, je l'aime beaucoup. »

CHAPITRE 20

Un tsunami d'affection

« Il nous a laissé l'aimer. »

Ce soir-là, le 22 novembre 2008, on retirait au Centre Bell le chandail numéro 33 de Patrick Roy, qui devenait ainsi le 15e joueur de l'histoire de l'équipe à mériter cet honneur, le troisième gardien après Jacques Plante et Ken Dryden.

« Mes amis, ce soir, je rentre chez nous », dit, ému, le légendaire gardien, trois fois gagnant du trophée Vézina et autant de fois du Conn Smythe, à la foule qui lui accorda une ovation longue de cinq minutes. Roy avait désiré que tous ses anciens entraîneurs des Canadiens – enfin, presque tous, un certain Mario Tremblay manquant à l'appel – soient là pour l'occasion. Pat Burns avait répondu présent.

Plus tôt dans la journée, tous deux avaient pu paisiblement converser un moment pendant le brunch organisé pour la vedette du jour.

« C'est fini », dit Burns, révélant à Roy ce qu'une poignée de parents et de proches savaient déjà.

Il ne gagnerait pas la bataille qu'il avait menée si âprement et si longtemps contre le cancer.

« Autant c'était un jour merveilleux pour moi, autant j'étais bouleversé, se rappelle Roy. Pat n'était pas en colère, non. Peut-être la gardait-il pour lui, en dedans. L'homme que j'avais sous les yeux semblait être en paix avec lui-même. C'est ce qu'il m'a dit : qu'il était en paix. Je crois que c'était la première fois que je le voyais aussi ouvert avec moi. Je pensais qu'il avait l'air en forme, mais lui savait que c'était le début de la fin. Je ne veux pas dire que je me sentais privilégié qu'il partage cela avec moi. Mais j'ai beaucoup apprécié ce moment, parce que je savais que c'était sans doute la dernière fois que nous serions ensemble. »

La triste primeur du troisième cancer de Burns fut lancée par *La Presse* en janvier 2009. Quand le quotidien l'avait joint, Burns n'avait guère eu le choix de confirmer le diagnostic, bien qu'il eût préféré pouvoir garder pour lui le plus longtemps possible cette information très confidentielle.

« Je sais comment vous êtes, à Montréal. Vous pouvez dramatiser n'importe quoi si ça vous arrange. La vérité est toute simple : le cancer est de retour. Mais ne craignez rien : je suis toujours vivant. Je ne suis pas en grande forme, mais je me lève tous les matins, je joue au golf, je conduis ma moto et je travaille, en dépit de la maladie. Je ne baisserai jamais les bras. »

La phase terminale d'une maladie est un pays étranger. Le compte à rebours commence pour chacun de nous à l'heure de notre venue au monde. Mais savoir que la fin de sa vie approche, que plus rien ne peut être fait ou même tenté, est une pensée qui bouleverse profondément celui qui doit affronter cette situation. On fait le deuil de sa vie, comme si on avait déjà un avant-goût de ce que sera le monde quand nous n'y serons plus. Burns n'a pas eu beaucoup de temps à sa disposition entre le moment où il a su que son dernier cancer était incurable et celui où sa condition a été médiatisée et qu'on lui a donné cette image d'homme à l'agonie. Il ne souhaitait pas qu'il en fût ainsi. La pitié n'était pas son fonds de commerce. Et pourtant, il fut touché droit au cœur par le déferlement d'amour et de soutien dont il fut l'objet.

Il avait été un dur toute sa vie, mais mourir avec grâce, à l'intérieur des rares conditions sur lesquelles il possédait encore un certain contrôle, demandait une force différente, une sorte de rude tendresse, un renoncement et une résignation contraires à sa manière d'être.

« Vous ne deviez jamais lui montrer que vous aviez de la peine de le voir dans cet état », dit Lamoriello.

Au fil des nombreuses heures qu'ils passèrent ensemble dans les deux ans qui suivirent le diagnostic de son cancer des poumons – un sursis beaucoup plus long que celui que les médecins avaient donné à leur patient –, Lamoriello fut témoin d'une métamorphose, l'une des rares choses que la maladie offre en retour de ses affres :

« Il s'est adouci. Selon moi, très franchement, Burns s'est libéré d'un tas de choses qu'il avait préféré dissimuler ou tenir cachées. Il a eu le temps de se rendre compte qu'il était une bonne personne, qu'il était quelqu'un de bien. J'ai toujours senti qu'il l'était, mais Pat, lui, non. Je crois que de découvrir à quel point les gens l'appréciaient, que de s'apercevoir que "tiens, personne ne semble me détester", c'est ce qui lui a permis de rester si longtemps parmi nous. À cause des expériences qu'il avait traversées dans sa vie, il se méfiait de tout le monde. À la fin, il faisait confiance. Il est devenu bien dans sa peau. »

Burns laissa ses enfants pénétrer dans son intimité et lui témoigner une compassion qui alla bien au-delà de ce qu'il avait permis auparavant, surtout sa fille Maureen, dotée d'une nature aussi obstinée que celle de son père. Pour elle, Burns avait été un père fantôme dans son enfance, Jason ayant eu une relation un peu plus stable avec lui. Dans les dernières années, il avait tenté de racheter son absence d'autrefois en les invitant tous deux à passer des semaines entières avec lui à Magog, l'été. Il devint aussi très proches des enfants de sa femme Line, Maxime et Stéphanie – tout particulièrement de cette dernière, qui le visitait souvent. Quand leur mère avait déménagé à Boston pour vivre avec Burns, Maxime et Stéphanie, alors adolescents, avaient surtout habité avec leur père, qui occupait un poste de directeur des communications à Montréal.

« Pat et ma mère allaient vraiment bien ensemble, c'était un bon *match*, raconte Stéphanie. Je l'ai rencontré pour la première fois dans un restaurant. Il m'a dit plus tard qu'il était nerveux à l'idée de faire ma connaissance, mais je ne l'ai jamais senti. Pat n'était pas paternel avec moi, puisque j'avais déjà un père. Il a pris la place qui lui convenait, celle de mari de ma mère, et non pas celle de mon père. C'était parfait pour moi, parce qu'un seul père me suffisait. Mais il est devenu un ami merveilleux. Je pouvais aller le voir, lui demander conseil sur des choses dont je ne voulais pas parler avec mon père ou ma mère. Il avait une approche différente et toujours intéressante. Pat savait comment dire les choses poliment, mais sans prendre de gants blancs. Je pouvais lui parler de n'importe quoi – le travail, la vie, parfois les hommes. C'était comme avoir une amie très proche, mais avec une opinion d'homme, vous voyez ? »

Quand Burns eut à traverser ses années de maladie, tout particulièrement à son troisième cancer, tous les enfants – alors adultes – se rapprochèrent de lui, jouant le rôle de tampon émotif.

« Pat était malade, mais il ne rendait les choses ni dramatiques ni morbides, poursuit Stéphanie. Ce n'était pas éprouvant d'être à ses côtés. Il était seulement lui-même. Je ne l'ai jamais entendu dire : "Pourquoi cela m'arrive-t-il ?" Il n'était pas en colère – du moins, je n'ai pas vu ça. Ce que j'ai vu, en revanche, c'était sa force et son courage. Il trouvait un grand réconfort dans le fait d'avoir sa famille autour de lui, ses enfants et son petit-fils. [Maureen a un fils, nommé Samuel.]

« Je me souviens de notre dernière virée en moto ensemble. C'était au New Hampshire, entre le restaurant et sa maison. Pat était alors très malade. C'est quelque chose que je n'oublierai jamais, de rouler en moto en étant cramponnée à lui. »

Dans la dernière année de sa vie, Burns se débarrassa de toutes ses motocyclettes, en vendant une notamment à Larry Robinson. La seule Harley qui restait dans son garage du New Hampshire appartenait à un ami. Burns se fit un point d'honneur de la retourner à son propriétaire en la chevauchant lui-même jusqu'à Magog. Plusieurs personnes de son entourage tentèrent de le dissuader de faire ce voyage.

« Quel est le pire qui peut arriver ? dit-il en haussant les épaules. Que j'aie un accident et que je me tue ? »

Son ami Kevin Dixon vint le rejoindre à la frontière du Vermont.

Son entêtement sans borne garda Burns actif, lui permettant de faire les choses qu'il aimait le plus aussi longtemps qu'il le put, tout en continuant à accomplir son mandat de dépisteur. Il avait besoin de se sentir utile, et la contribution qu'il pouvait apporter aux Devils comptait beaucoup pour lui. Son cancer incurable ne le ralentirait pas jusqu'à ce que ses réserves d'énergie soient au plus bas.

« Pour le moment, je profite du temps qu'il me reste, dit-il aux journalistes qui le rencontrèrent lors d'un match disputé à Tampa. Les hauts cris et tout ça, c'est désormais derrière moi. C'est fini. »

Il refusa aussi de suivre tout autre traitement parce que seule lui importait la qualité de vie, et non la quantité de temps qui lui restait à vivre.

« J'ai dit aux miens : "C'est assez. Nous avons fait tout ça. Savourons ce qui nous reste." »

Il s'agissait d'une décision sur laquelle il reviendrait plus tard, en se rendant compte qu'il désirait encore un peu de temps, ces quelques semaines supplémentaires que lui donnerait la chimiothérapie.

Mais devant la maladie, en phase terminale, l'esprit ne domine plus la matière. Malgré toute sa volonté, Burns n'arrivait plus à garder sa force habituelle. La fragilité s'installa, sa voix devint incroyablement rauque, séquelle des ravages de la maladie dans ses poumons. Et pourtant, il poursuivit sa collaboration à son émission de radio à CKAC parce qu'il aimait parler hockey ; il continuait à assister à autant de matchs qu'il le pouvait à la télévision – et, dans la mesure du possible, en personne – afin de rester au courant de l'actualité de son sport. Le hockey était pour lui une source de réconfort. Son émission était plus populaire que jamais, malgré ses cordes vocales amochées et les pauses fréquentes qu'il devait s'accorder pour reprendre son souffle.

« J'écoutais l'émission juste pour l'entendre, puis je changeais de station », dit Félix Potvin.

« Il était tellement bien renseigné, il connaissait tout le monde dans le hockey, estime Réjean Tremblay. Il était l'un des analystes les plus intéressants à la radio, il avait beaucoup de succès. »

Benoît Brunet, lui-même devenu analyste après sa retraite comme joueur, ajoute à ce sujet :

« J'écoutais toujours ses interventions. Pat ne tournait pas autour du pot, il allait droit au but. Même à la toute fin, il continuait à regarder des matchs et à en parler, et faisait connaître son opinion. Il n'avait pas besoin de 20 phrases pour y parvenir. C'est la raison pour laquelle les gens aimaient l'écouter. Il parlait de hockey et se faisait comprendre des gens ordinaires. »

———

La vague d'affection pour Burns, un phénomène qui le surprenait déjà beaucoup, se traduisit dans une campagne spontanée et populaire pour qu'il soit intronisé au Temple de la renommée du hockey. L'année précédente, le Temple avait justement annoncé de nouvelles procédures de scrutin pour que le processus de sélection devienne plus restrictif. Une pétition en ligne recueillit plus de 70 000 signatures en moins de 15 jours. Burns ne passa assurément pas une seule minute de son temps à attendre un coup de téléphone du Temple – un appel qui ne vint d'ailleurs jamais. Quand les noms des personnalités intronisées pour 2010 furent rendus publics, celui de Burns brillait par son absence. Il n'avait pas réussi à recueillir les 14 votes nécessaires sur un panel de 18 personnes réunissant entre autres Scotty Bowman, Lanny McDonald, Mike Gartner, Bill Torrey, Serge Savard et Harry Sinden. Les journalistes et les amateurs furent indignés. Quels étaient les membres de cette auguste assemblée qui ne croyaient pas que Burns possédât les qualifications nécessaires pour cet honneur ? Cette information ne serait jamais révélée parce que les « électeurs » avaient signé une entente de confidentialité leur permettant de s'exprimer uniquement au sujet des nouveaux membres élus au Temple, et non sur ceux qui avaient été refusés.

« Ça m'a terriblement déçu parce que Pat devrait être au Temple de la renommée, dit sans détour Savard. Mais le fait est que tu ne peux pas accéder au Temple, même si tu mérites cet honneur, sous le prétexte que tu t'apprêtes à mourir. Le comité de sélection est constitué de six anciens joueurs, six journalistes et six anciens dirigeants – ce qui me semble être un bon échantillonnage. Notre processus de sélection est classé en première position parmi tous les sports professionnels. Le nombre de votes n'y était tout simplement pas. »

Le cousin Robin se souvient que Burns n'a pas pris cette rebuffade au tragique :

« Pat m'a dit que son entourage était plus déçu que lui. Il me répétait à chacune de nos rencontres : "S'il te plaît, dis à tout le monde que je ne suis pas fâché. Et je n'ai rien contre les nouveaux membres intronisés, je les félicite tous." »

Mais si les portes du Temple ne s'ouvrirent pas pour Burns, il ne fut cependant pas à court d'honneurs, d'éloges et de distinctions. La Ville de Gatineau créa un fonds de sport amateur offrant des bourses de formation pour les entraîneurs. Et la Ville de Stanstead, à la frontière du Québec et du Vermont, annonça la construction, sur le terrain du collège de la localité, d'une nouvelle patinoire, l'aréna Pat-Burns, qui serait accessible autant aux étudiants de l'institution qu'à tous les citoyens de la région. Burns avait déjà dirigé de jeunes joueurs dans cet édifice défraîchi.

L'impulsion pour l'aréna Pat-Burns était venue de son ami Chris Wood, qui avait été initialement approché par le directeur du collège pour qu'il l'aide dans ses efforts visant à améliorer l'état de l'édifice, lequel allait bientôt être condamné tant son délabrement était grand.

« D'accord, je vais vous proposer un marché, dit Wood au directeur. Si vous acceptez de nommer l'amphithéâtre en l'honneur de mon ami Pat Burns, je vais m'engager dans le projet et le présenter à Pat. S'il l'endosse, nous irons de l'avant. »

Avisé du projet, Burns fut profondément touché.

« Les Red Dogs avaient l'habitude de jouer dans ce vieil aréna, se souvient Wood. Il arrivait à Burns de faire le voyage depuis Boston pour se joindre à nous. »

Le premier ministre Stephen Harper était parmi les dignitaires présents quand la mise en chantier du projet fut annoncée en mars 2010, les deux tiers du budget de 8,4 millions de dollars étant couverts par les paliers de gouvernements provincial et fédéral, grâce entre autres au travail sans relâche du sénateur Jacques Demers, qui présida la cérémonie. Quand il prit la parole, Harper parla d'abondance de l'équipe des Leafs dirigée par Burns en 1992-1993.

« Mon plus beau souvenir est celui de Pat qui mène les Leafs jusqu'en demi-finale. Cela nous montre qu'un grand entraîneur peut emmener une équipe très loin, mais que seul Dieu peut faire des miracles. »

Un avion privé avait été affrété par un ami de Burns pour l'amener de Floride jusqu'au Québec. Les médecins l'avaient enjoint d'éviter tout déplacement aérien et de fuir les foules parce qu'il était hautement vulnérable aux risques d'infection qu'on retrouve dans l'air ambiant. Et bien entendu, il n'avait pas voulu entendre parler de rater l'événement.

Pour tous ceux qui ne l'avaient pas vu depuis un moment, l'apparence de Burns, maigre et fragilisé, fut bouleversante. Il ressemblait précisément à ce qu'il était : quelqu'un confronté aux derniers stades d'un cancer des poumons. Sa métamorphose radicale secoua et chagrina ceux qui avaient gardé de l'entraîneur l'image d'un homme robuste. Burns avait toujours eu une stature physique qui en imposait. Comme on dit plaisamment, il prenait de la place.

« Je sais que ma vie approche de son terme et je l'accepte, dit Burns aux quelques douzaines d'invités, parlant avec un filet de voix à peine reconnaissable. Excusez ma voix. Je n'ai plus la grosse voix que j'avais quand j'envoyais les joueurs sur la patinoire. »

S'adressant en particulier aux jeunes hockeyeurs des ligues mineures locales qui avaient été conviés à la cérémonie, Burns reconnut, non sans mélancolie, qu'il ne serait probablement pas là pour admirer l'aréna une fois terminé.

« Mais je verrai tout cela d'en haut. Peut-être qu'il y a un Wayne Gretzky ou un Mario Lemieux ou un Sidney Crosby assis dans cette salle. Un jeune joueur de Stanstead qui jouera dans cet aréna nommé en mon honneur. »

Ce fut un après-midi émouvant. Autant pour lui-même que pour les siens, assis à la première rangée de l'assistance, Burns parla franchement, ne se dérobant pas devant la vérité :

« Quand votre vie touche à sa fin, vous vous rendez compte que votre corps faiblit et que votre esprit peine, mais que votre cœur s'adoucit. En vous rapprochant de votre famille, vous vous rapprochez de Dieu. Chemin faisant, il y a des choses dont vous vous rendez compte, vous vous rappelez des gens formidables avec qui vous avez travaillé. Je me suis dit à moi-même ainsi qu'à mes enfants que quand vous jetez un regard sur votre vie, vous ne devez pas pleurer parce que c'est fini ; vous devez être heureux parce que tout ça est arrivé. »

Burns retourna en Floride immédiatement après la cérémonie. Deux semaines plus tard, les craintes des médecins se réalisèrent : leur patient dut être hospitalisé pour une pneumonie. Mais il parvint à s'en remettre et à obtenir son congé de l'hôpital. Pour son entourage, le compte à rebours avait commencé, chaque quinte de toux ou montée de fièvre sonnant l'alarme. Mais Burns n'était pas encore mûr pour la Faucheuse. Chaque jour qui lui restait était une occasion de vivre avidement de nouvelles expériences, comme s'il s'ingéniait à remplir son album de souvenirs et de moments précieux.

Burns ne pouvait pas déterminer la date de sa mort, mais il pouvait en décider le lieu. Il ne possédait plus de propriété à Magog depuis longtemps. En août, il y loua une maison avec Line, mais ils n'y restèrent pas longtemps. Son ami médecin floridien, conscient des terribles douleurs endurées par Burns, l'avisa délicatement qu'il était temps pour lui de songer aux soins palliatifs. Le jour de la fête du Travail, Burns emménagea dans un centre de Sherbrooke, la Maison Aube-Lumière, pour que lui soient dispensés des soins que Line et la famille de Burns n'était plus en mesure de lui prodiguer. Il décora les murs de sa chambre avec des photos de ses équipes de hockey et autres souvenirs qu'il chérissait, y compris une Bible offerte par les Maple Leafs. Les fins de semaine, il désertait le centre pour passer du temps avec des amis et des êtres chers. Ce fut pendant l'une de ses sorties – en faisant des emplettes dans une épicerie, précisément – qu'il apprit la nouvelle de sa mort.

La fausse rumeur avait son épicentre à Montréal, prenant son élan à partir des stations de radio, et se propageait à vive allure grâce à la blogosphère. Tout avait commencé avec un employé du centre de soins palliatifs qui était entré dans la chambre de Burns et l'avait trouvée déserte. Le lit défait – en réalité, on s'apprêtait simplement à changer les draps – avait attiré l'attention de l'employé et l'avait poussé à contacter les médias. À Toronto, au centre d'entraînement des Leafs, Cliff Fletcher était entré dans le bureau de l'entraîneur et avait reçu un appel d'une agence de presse qui lui demandait de commenter la mort de Burns.

« En mettant le pied dehors, je me suis retrouvé entouré par 50 journalistes, se souvient Fletcher. J'ai commencé par exprimer mes condoléances à la famille. Puis quelqu'un a dit : "Attendez, attendez ! Il est vivant !" Alors, je suis parti, car je devais appeler Pat. Il a répondu à son cellulaire. Je lui ai dit : "Pat, je te dois des excuses. Laisse-moi te dire ce qui s'est passé." Pat a répondu : "Ces bâtards de médias, tout ce qu'ils veulent, c'est me voir mort." Il était aussi bagarreur que jamais. »

Secoué par toute cette histoire, Fletcher émit un communiqué de presse dans lequel il se répandait en excuses. Burns prit lui-même les choses en main. Il appela quelques-uns de ses bons amis dans les médias, parla à des journalistes du *Toronto Star*, de CKAC et à Bob McKenzie de TSN.

« Ils essayent de me tuer avant que je sois mort, grogna-t-il. Je ne suis pas mort, (censuré) loin d'être mort. Ils vendent la peau de l'ours depuis le mois de juin. Dis-leur que je suis vivant. »

Ceux qui avaient contribué à propager la fausse nouvelle crurent se dédouaner de leur indélicatesse en évoquant l'image d'un Burns qui se réjouissait de l'incident et classait l'affaire par un éclat de rire. Burns n'y avait rien trouvé de drôle. Il était blessé.

———

Ce fut avec l'idée de prendre sa revanche sur cette rumeur non fondée, en défi au sort qui planait au-dessus de sa tête, que Burns fit une autre dramatique apparition publique au début octobre, à l'occasion de la première pelletée de terre de l'aréna Pat-Burns. Les proches de Burns tentèrent de l'en dissuader.

« J'ai dit à mon mari: "Il n'en aura pas la force", se rappelle sa sœur Diane. Mais il voulait prouver qu'il en était capable. »

Burns n'était plus que l'ombre de l'homme qu'il avait été, le visage creusé par la maladie, la démarche instable, sa frêle silhouette drapée dans une couverture au moment de prendre place pour l'événement. Ne faisant qu'un simple commentaire aux journalistes (« Je suis toujours vivant »), on l'aida à caler son pied sur le bord de la pelle et à l'enfoncer de quelques centimètres dans la terre meuble.

« Cela illustre bien sa ténacité et son esprit de compétiteur, estime Fletcher. Je suis convaincu que 90 % des gens dans la même situation, à ce stade de la maladie, auraient été incapables de se rendre là-bas. »

Il leur a montré, il a montré à tout le monde qu'il était toujours Pat Burns.

Parmi ceux qui furent témoins de cette manifestation exemplaire de résilience, se trouvaient les anciens joueurs Guy Carbonneau, Stéphane Richer, Dave Ellett et Doug Gilmour.

« C'était plus que du courage, dit Richer. C'est un gars qui n'a jamais abandonné et qui n'abandonnera jamais. »

Ellett, lui, était bouleversé.

« Je n'avais jamais vu les ravages du cancer auparavant, alors j'avais été terriblement secoué. »

Gilmour, le cœur brisé, tentait de refouler ses larmes. Les joueurs étaient allés chercher Burns dans un VUS et l'avaient transporté jusqu'au lieu de la poignante cérémonie.

« Je suis monté dans la voiture et je ne l'ai pas reconnu, raconte Gilmour. Ce n'était plus Pat. »

En ramenant après coup Burns au centre de soins palliatifs, les joueurs s'attardèrent pour évoquer le bon vieux temps, conscients qu'ils ne le reverraient plus jamais. La journée avait été empreinte de tristesse jusqu'à ce que Burns détende l'atmosphère.

« Quand nous nous sommes retrouvés seuls avec Pat et que nous avons eu la chance de parler du bon vieux temps, c'est devenu une journée du tonnerre pour lui, se souvient Ellett. Il était un peu médicamenté, mais son esprit était toujours aussi vif. Il n'a jamais perdu cela, ni son humour. Nous avons ri comme des fous en nous remémorant le passé. »

Cependant, les grains de sable fuyaient à toute allure dans le sablier. Jason Burns partait toutes les fins de semaine de Gatineau pour venir voir son père. Maureen était toujours dans les environs. Au fil des dernières semaines de sa vie, Burns reçut la visite de quelques joueurs, certains désirant clairement faire amende honorable auprès de lui, désireux d'enterrer de vieilles querelles ou de se repentir de propos blessants. Richer vint chercher quelque chose qui ressemblait à une absolution, qu'il obtint.

« Nous pleurions tous les deux. À la fin de la conversation, il m'a demandé des nouvelles de mon père et de ma mère. J'étais celui qui était censé le soutenir, et c'était lui qui me réconfortait... »

Burns convoqua tous les siens pour une ultime réunion de famille pendant qu'il lui était encore possible de parler.

« Nous y sommes tous allés dans une camionnette, raconte Diane Burns. J'ai dit à la famille : "Il y a une chose qu'il ne veut pas, c'est que vous pleuriez devant lui, alors pas de larmes, s'il vous plaît. Ce sera un choc de le voir ainsi, mais essayez de vous contenir jusqu'au moment du retour." »

« Pat était assis et mangeait ses céréales. Il ne voulait pas parler de la mort ; ça ne l'intéressait pas. Je lui ai demandé s'il souffrait. Il m'a répondu que non, qu'il avait une forte médication. Il ne s'est jamais plaint, pas un mot. Mais il a dit : "J'ai 58 ans et j'ai le corps d'un homme de 90."»

À son cousin Robin, il fit cet aveu :

«C'est dur de croire que c'est la fin, mais je suis prêt. J'accepte ce qui m'arrive. »

Il eut quelques conversations sereines avec un jeune prêtre à qui il confia ses regrets et ses craintes sur l'au-delà. Il trouva du réconfort dans les paroles du religieux et dans les mots de la Bible posée sur sa table de chevet. Burns fut entouré de toute la délicatesse possible durant ces semaines difficiles. Sa fille Maureen s'attira l'admiration de plusieurs à cause de la patience dont elle faisait preuve pour nourrir son père, caresser son visage, replacer ses draps et son oreiller, infatigable devant la réalité de plus en plus prégnante de la mort. Elle le choya comme une mère le fait avec son enfant.

«Il nous a laissé l'aimer, conclut Diane. Il a laissé Maureen prendre soin de lui et l'aimer. Jason l'avait toujours aimé. Il a laissé Line se rapprocher encore plus de lui. Moi-même, il ne m'avait jamais laissé être aussi proche de lui. »

«Ils ont tous eu de bonnes conversations avec lui, dit Robin. J'ai dit à Jason : "Va chercher une enregistreuse, assieds-toi avec ton père, parle-lui, pose-lui des questions, parce qu'il n'y aura pas d'autre occasion pour toi." Il n'y a aucun doute dans mon esprit qu'ils avaient eu leurs différends. Pat avait été un père absent pendant des années ; il avait beaucoup à se reprocher. Mais à la fin, il a fait la paix avec Dieu et avec tous les membres de sa famille. Il a eu le malheur de devoir partir aussi tôt qu'à 58 ans, mais il a au moins eu cette chance de le faire avec la conscience en paix. »

Avec son corps qui le lâchait sans cesse un peu plus chaque jour, venaient l'humiliation et la frustration de devoir s'en remettre aux autres.

«C'était si dur pour lui d'en être réduit à cet état de dépendance, dit Jason. Je l'aidais à aller aux toilettes. Quelquefois, il tombait. Je devais l'aider à se remettre sur ses pieds. Il avait toujours été un gros et grand bonhomme. Maintenant, il devait s'en remettre à nous tous. Nous regardions des parties de hockey ensemble, sans parler beaucoup. Mais j'ai apprécié chacun des moments que j'ai passés en sa compagnie, ce simple fait d'être avec lui. Ça me faisait du bien. Je crois que ça lui faisait du bien à lui aussi. »

Quand Lou Lamoriello alla lui rendre sa dernière visite, Burns ne pouvait plus parler et ne communiquait plus qu'avec ses yeux.

« Au point où il en était, on ne pouvait que lui souhaiter de s'endormir et de ne plus se réveiller », dit son meilleur ami, Kevin Dixon.

Mais Burns continua de se battre jusqu'à son dernier soupir.

———

Burns rendit l'âme le 19 novembre 2010.

Les hommages se succédèrent sans attendre. Au Centre Bell, où les Canadiens affrontaient les Leafs, on présenta à l'assistance un montage vidéo montrant toute la gamme des expressions de Burns – mauvaise, féroce, rieuse, ironique – sur le tableau d'affichage et sur la patinoire, au son des accents poignants de la chanson de Lennon et McCartney, *In My Life*.

À Newark, dans leur nouvel amphithéâtre, le Prudential Center, où Burns n'avait jamais dirigé l'équipe, les Devils choisirent *I Will Remember You* de Sarah McLachlan en guise d'accompagnement musical à leur vidéo hommage et les joueurs portèrent un écusson arborant les initiales « PB » sur leur poitrine. Puis ils flanquèrent une volée de 5-0 aux Capitals, mettant ainsi fin à une séquence de trois défaites. Burns aurait savouré cette victoire à sa juste mesure ; on aurait dit qu'il planait au-dessus du jeu, pas encore tout à fait dissous, comme si ce match se voulait un tribut dédié à sa force de vivre.

Chez elle, à Gatineau, Diane Burns ouvrit un placard et sentit une odeur de cigarette. Personne sous son toit ne fumait. Son frère avait fumé par intermittence, arrêtant et recommençant sans cesse, mais avait écrasé pour de bon quand la maladie l'avait frappé, ne se permettant de loin en loin qu'un cigare, jusqu'à ce que les traitements lui enlèvent tout sens du goût.

« J'ai senti sa présence spirituelle. C'était réconfortant. »

Burns avait demandé de modestes funérailles sous la direction d'un prêtre de paroisse ; il eut plutôt droit au grand jeu, des obsèques somptueuses dignes d'un chef d'État, à la magnifique cathédrale Marie-Reine-du-Monde à Montréal, à un jet de pierre du Centre Bell. La messe fut célébrée par le cardinal Jean-Claude Turcotte, un fervent partisan des Canadiens, revenu d'urgence de Rome pour l'occasion.

« Voici ta famille et regarde tous tes amis, dit Robin Burns dans son éloge funèbre. Pas mal pour une "tête carrée" de Saint-Henri. »

Presque tout le gotha du hockey professionnel était réuni dans l'assistance : un débarquement de dirigeants et d'entraîneurs, l'équipe entière des Devils du New Jersey, d'anciens joueurs et des dignitaires du sport : Jean Béliveau, Dickie Moore (l'idole de jeunesse de Burns qui avait gravé son nom cinq fois sur la coupe à la fin des années 1950), Gary Bettman, Yvan Cournoyer, Raymond Bourque, Doug Gilmour, Wendel Clark, Patrick Roy et bien d'autres encore. Étaient aussi présents les membres de plusieurs clubs de moto qu'il avait fondés, et peut-être quelques véritables motards des Hells et des Nomads, mais sans leurs couleurs. La fratrie des policiers était elle aussi représentée, celle d'hier et celle d'aujourd'hui. Présents également, le sénateur Jacques Demers, qui se décrivit comme un « confrère » de Burns, et le premier ministre Jean Charest, des douzaines de journalistes – dont certains avaient réussi à pénétrer sous l'armure de l'entraîneur grognon. Toutes les 1 200 places de la basilique était occupées par des gens que Burns avait connus, et des centaines d'autres qu'il n'avait jamais rencontrés – des gens ordinaires qui voulaient rendre un dernier hommage à l'homme qu'ils avaient aimé et admiré parce qu'ils avaient reconnu en lui un des leurs, un héros de la classe ouvrière qui s'était élevé au sommet sans oublier ses racines.

« Il n'avait jamais oublié d'où il venait », se rappelle son cousin Robin.

La cérémonie dura longtemps, plus de deux heures, et fut tenue en trois langues, français, anglais et latin. Il y avait à la fois dans l'air quelque chose de solennel et de léger, des souvenirs et des blagues, la musique qu'il aimait, et Robin Burns évoqua le Pat enfant qu'il avait connu, en culottes courtes et coiffé d'un chapeau à hélice. Lamoriello relata une conversation téléphonique qu'il avait eue deux semaines plus tôt avec Burns, alors que les Devils traversaient un passage à vide.

« Je lui ai demandé comment il se sentait. Il a répondu : "On s'en fout, comment je me sens ! Je viens juste de vous voir jouer !" »

Une touche de couleur aussi inattendue qu'appréciée rehaussa la cérémonie : les gants rouges – d'un beau « rouge Devil » – portés par Maureen et Stéphanie, contrastant élégamment avec le noir du deuil. Quand tous eurent pris place, Line Burns fit son entrée, portant une réplique miniature de la coupe Stanley contenant les cendres de son époux. Il y avait une faveur toute spéciale qu'avait demandée Burns, et Lamoriello avait vu à ce qu'elle soit exaucée : la coupe portait l'emblème des Devils.

« C'est là que j'ai su tout ce que signifiait pour Pat cette conquête de la coupe Stanley, dit-il. Il désirait cette urne en forme de coupe, et il voulait sur cette coupe le logo des Devils. »

Le réceptacle fut posé près de l'autel et y resta durant tout le service, une flamme brûlant au-dessus. À la fin de la cérémonie, les proches s'arrêtèrent pour embrasser l'urne tandis qu'elle était placée dans un corbillard.

Ce soir-là, une assemblée de parents et d'amis se réunit pour célébrer le départ de Burns dans un lieu et d'une manière qui convenaient à merveille au cher disparu, lors d'une veillée tenue au pub Irish Embassy. On découvrit seulement le lendemain matin que des bandits avaient brisé une vitre du VUS de Line, stationné tout près, et fait main basse sur des effets personnels de Burns : sa montre, des photos de famille, deux valises contenant des vêtements et même des draps de lit rapportés du centre de soins palliatifs, en plus d'une douzaine de chandails autographiés par des joueurs des 30 équipes de la LNH, qui devaient être vendus à l'occasion d'enchères tenues afin d'amasser des fonds pour l'aréna Pat-Burns.

Parce que le portefeuille de Burns avait aussi été dérobé, les coupables n'étaient pas sans savoir l'identité de leur victime. La nouvelle se répandit très vite dans les médias, soulevant l'indignation générale et tout le monde fut aux aguets ; un sans-abri portant un chandail d'une équipe de la LNH fut même interpellé par la police. Jason et Line Burns lancèrent un appel aux criminels pour la restitution des biens volés, les assurant qu'aucune question ne serait posée. Le SPVM passa le mot que les boutiques de prêt sur gage feraient l'objet d'une surveillance ; vendre ce genre de marchandises équivalait désormais à une sorte de mission impossible. Durant les semaines suivantes, six chandails et deux valises furent récupérés, rendus par un criminel apparemment contrit, et cela par l'intermédiaire d'un animateur de télé et radio. En fait, des éléments de la pègre avaient mis leur réseau à contribution et fait passer le message dans la rue que les biens volés devaient être restitués. Un individu, dont on ne sut rien de plus que le surnom, le « Négociateur », procéda à l'opération. Certains de ces hors-la-loi pour lesquels Burns avait eu un faible étaient venus à la rescousse de l'ancien policier...

Le monde du sport peut parfois être mièvre et se révéler décevant, esclave de son image, à plus forte raison quand la fin de certaines histoires est triste. Burns aurait sans doute préféré que son départ se fît sans grand déploiement, à sa manière un peu rude et directe, sans cérémonie. Pourtant, en réalité, l'homme était un tendre qui cachait bien son jeu, un émotif, un sentimental. Le comportement qu'il affichait ne reflétait pas sa vraie nature.

« C'était un col bleu, dit Cliff Fletcher, quelqu'un qui avait travaillé comme un déchaîné pour connaître le succès. Il n'était pas né avec une cuillère d'argent dans la bouche, il n'avait pas beaucoup d'instruction. C'était un enfant du peuple, et les gens sont fascinés par ce genre de personnage. »

« Il montrait une façade de dur, mais c'était un homme sincère, témoigne Wayne Gretzky. Les gens savaient qu'il parlait avec son cœur. Pat avait un grand cœur. »

Claude Lemieux, qui a mis de côté depuis longtemps ses différends avec Burns, salue en lui l'homme parti des plus humbles auspices pour se hisser jusqu'au sommet de sa profession.

« Il y a des entraîneurs qui ont connu plus de succès que lui et qui ont eu un plus grand impact sur ce sport, mais ils ne seront jamais aussi reconnus parce qu'ils n'ont pas eu l'incroyable cheminement de Pat. Il a eu un destin exceptionnel. »

Bob Gainey a joué pour lui, il a joué contre lui en tant qu'entraîneur et continue à lui vouer une grande estime.

« Il a évolué au cœur d'organisations très importantes dans le monde du hockey, dont trois des six clubs originaux de la LNH. Il a laissé sa marque dans ce sport, une marque qui a trouvé écho chez une foule de joueurs, de partisans et de fans. »

Son vieux partenaire d'enquête, John Janusz, a pu suivre l'odyssée de Pat Burns de très près, et aussi de plus loin. En parlant de son complice, il se fait possessif :

« Les Canadiens l'ont eu, les Leafs l'ont eu, puis les Bruins et enfin les Devils. Mais il demeure notre coach, le petit gars de Gatineau. Le reste du monde peut l'aimer et se souvenir de lui, mais il est à nous. Et nous ne le laisserons jamais partir. »

Jason Burns a dû faire son deuil de l'irremplaçable présence de son père, de cette dimension d'un personnage plus grand que nature. Mais le père demeure toujours présent dans l'ADN et dans le cœur de son fils.

« Son attitude, sa manière de parler et d'agir, son ardeur au travail. Il était toujours divertissant, c'était toujours agréable d'être avec lui. Même à la toute fin de sa vie, il trouvait le moyen de rire.

« J'aime me rappeler nos étés à Magog, quand nous faisions du ski nautique, du bateau, de la pêche. C'étaient de bons moments parce qu'il était détendu. Pas un jour ne passe sans que je pense à lui. J'aimerais qu'il soit encore là pour me guider, surtout au niveau du hockey et du coaching. J'aimerais pouvoir lui donner un coup de fil et parler de n'importe quoi avec lui. Je m'ennuie d'entendre sa voix, quand il répondait au téléphone et me disait : *"Duuude, what's up, my man?"* Oui, je m'ennuie de mon père. »

Et Jason n'est pas le seul : le hockey aussi s'ennuie de lui.

Le hockey, ce sport que Pat Burns aimait plus que tout, et qui le lui a bien rendu.

Requiem

Pat Burns a dirigé 1 019 matchs dans la LNH. Ses équipes en ont gagné 501, perdu 353 et annulé 165. En 149 parties éliminatoires, il en a gagné 78 et perdu 71. Il a été sacré entraîneur de l'année trois fois avec autant d'équipes différentes. En 2003, il a mené les Devils du New Jersey à la conquête de leur troisième coupe Stanley.

Ce sont là des exploits remarquables dans une vie qui s'est terminée trop tôt, à l'âge de 58 ans.

Ses cendres reposent à Georgeville, un village au bord du lac Memphrémagog, à deux pas d'un terrain qu'il avait acheté lors de sa première saison avec les Canadiens de Montréal.

L'épitaphe figurant sur sa pierre tombale se lit ainsi :

Patrick J. Burns
1952-2010
Dévotion. Discipline. Courage.

Remerciements

Explorer la vie de Pat Burns a pris pour moi la forme d'un pèlerinage privilégié. Je suis reconnaissante à tous ces gens qui ont bien voulu partager avec moi leurs souvenirs et leurs opinions. Je dois aussi beaucoup à tous les journalistes qui ont couvert la carrière de Pat et dont les articles et chroniques, que j'ai abondamment cités, m'ont été précieux. J'insiste en particulier sur les reportages réalisés par les journalistes affectés à la couverture des quatre équipes que Pat a dirigées.

Merci à Patrick McCormick, un ami très cher, pour sa révision attentive du manuscrit et toutes les fautes qu'il y a relevées ; celles qui pourraient subsister me sont imputables.

Merci à Michael Cook, rédacteur en chef du *Toronto Star*, qui m'a permis de prendre le congé sans lequel je n'aurais pu écrire ce livre. Merci aussi à l'équipe de Doubleday Canada, tout spécialement à l'éditeur Tim Rostron, dont le soutien m'a aidée à terminer ce livre dans les délais prévus.

Je recommencerais cette aventure demain matin.

Rosie DiManno
27 mai 2012

Index

Table des matières